René Guénon

L'Erreur spirite

Essai

 Le code de la propriété intellectuelle du 1er juillet 1992 interdit en effet expressément la photocopie à usage collectif sans autorisation des ayants droit. Or, cette pratique s'est généralisée dans les établissements d'enseignement supérieur, provoquant une baisse brutale des achats de livres et de revues, au point que la possibilité même pour les auteurs de créer des œuvres nouvelles et de les faire éditer correctement est aujourd'hui menacée. En application de la loi du 11 mars 1957, il est interdit de reproduire intégralement ou partiellement le présent ouvrage, sur quelque support que ce soit, sans autorisation de l'Éditeur ou du Centre Français d'Exploitation du Droit de Copie , 20, rue Grands Augustins, 75006 Paris.

ISBN : 978-2-37976-186-7

10 9 8 7 6 5 4 3 2 1

René Guénon

L'Erreur spirite

Essai

Table de Matières

AVANT-PROPOS	7
PREMIÈRE PARTIE	11
Chapitre I	11
Chapitre II	19
Chapitre III	31
Chapitre IV	38
Chapitre 5	54
Chapitre VI	65
Chapitre VII	80
DEUXIÈME PARTIE	106
Chapitre I	106
Chapitre II	113
Chapitre III	124
Chapitre IV	131
Chapitre V	150
Chapitre VI	162
Chapitre VII	186
Chapitre VIII	202
Chapitre IX	225
Chapitre X	246
Chapitre XI	269
Chapitre XII	285
Chapitre XIII	296
Chapitre XIV	315
CONCLUSION	326

AVANT-PROPOS

En abordant la question du spiritisme, nous tenons à dire tout de suite, aussi nettement que possible, dans quel esprit nous entendons la traiter. Une foule d'ouvrages ont déjà été consacrés à cette question, et, dans ces derniers temps, ils sont devenus plus nombreux que jamais ; pourtant, nous ne pensons pas qu'on ait encore dit là-dessus tout ce qu'il y avait à dire, ni que le présent travail risque de faire double emploi avec aucun autre. Nous ne nous proposons pas, d'ailleurs, de faire un exposé complet du sujet sous tous ses aspects, ce qui nous obligerait à reproduire trop de choses qu'on peut trouver facilement dans d'autres ouvrages, et ce qui serait, par conséquent, une tâche aussi énorme que peu utile. Nous croyons préférable de nous borner aux points qui ont été traités jusqu'ici de la façon la plus insuffisante : c'est pourquoi nous nous attacherons tout d'abord à dissiper les confusions et les méprises que nous avons eu fréquemment l'occasion de constater en cet ordre d'idées, et ensuite nous montrerons surtout les erreurs qui forment le fond de la doctrine spirite, si tant est que l'on puisse consentir à appeler cela une doctrine.

Nous pensons qu'il serait difficile, et d'ailleurs peu intéressant, d'envisager la question, dans son ensemble, au point de vue historique ; en effet, on peut faire l'histoire d'une secte bien définie, formant un tout nettement organisé, ou possédant au moins une certaine cohésion ; mais ce n'est pas ainsi que se présente le spiritisme. Il est nécessaire de faire remarquer que les spirites ont été, dès l'origine, divisés en plusieurs écoles, qui se sont encore multipliées par la suite, et qu'ils ont toujours constitué d'innombrables groupements indépendants et parfois rivaux les uns des autres ; si même il était possible de dresser une liste complète de toutes ces écoles et de tous ces groupements, la fastidieuse monotonie d'une telle énumération ne serait certes pas compensée par le profit qu'on en pourrait retirer. Et encore faut-il ajouter que, pour pouvoir se dire spirite, il n'est nullement indispensable d'appartenir à une association quelconque ; il suffit d'admettre certaines théories, qui s'accompagnent ordinairement de pratiques correspondantes ; bien des gens peuvent faire du spiritisme isolément, ou en petits groupes, sans se rattacher à aucune organisation, et il y a là un élément que l'historien ne saurait atteindre. En cela, le spiritisme se comporte tout autrement que le théosophisme et la plupart des écoles occultistes ; ce point est loin d'être le plus important parmi tous ceux qui l'en distinguent, mais il est la conséquence de certaines autres différences moins extérieures, sur lesquelles nous aurons l'occasion de nous expliquer. Nous pensons que ce que nous venons de dire fait assez comprendre pourquoi nous n'introduirons ici les considérations historiques que dans la mesure où elles nous paraîtront susceptibles d'éclairer notre exposé, et sans en faire l'objet d'une partie spéciale.

Un autre point que nous n'entendons pas davantage traiter d'une façon complète, c'est l'examen des phénomènes que les spirites invoquent à l'appui de leurs théories, et que d'autres, tout en en admettant également la réalité, interprètent d'ailleurs d'une façon entièrement différente. Nous en dirons assez pour indiquer ce que nous pensons à cet égard, mais la description plus ou moins détaillée de ces phénomènes a été si souvent donnée par les expérimentateurs qu'il serait tout à fait superflu d'y revenir ; du reste, ce n'est pas là ce qui nous intéresse particulièrement, et nous préférons, à ce propos, signaler la possibilité de certaines explications que les expérimentateurs dont il s'agit, spirites ou non, ne soupçonnent certainement pas. Sans doute, il convient de remarquer que, dans le spiritisme, les théories ne sont jamais séparées de l'expérimentation, et nous n'entendons pas non plus les en séparer entièrement dans notre exposé ; mais ce que nous prétendons, c'est que les phénomènes ne fournissent qu'une base purement illusoire aux théories spirites, et aussi que, sans ces dernières, ce n'est plus du tout au spiritisme que l'on aurait affaire. D'ailleurs, cela ne nous empêche pas de reconnaître que, si le spiritisme était uniquement théorique, il serait beaucoup moins dangereux qu'il ne l'est et n'exercerait pas le même attrait sur bien des gens ; et nous insisterons d'autant plus sur ce danger qu'il constitue le plus pressant des motifs qui nous ont déterminé à écrire ce livre.

Nous avons déjà dit ailleurs combien est néfaste, à notre avis, l'expansion de ces théories diverses qui ont vu le jour depuis moins d'un siècle, et que l'on peut désigner, d'une façon générale, sous le nom de « néo-spiritualisme ». Assurément, il y a, à notre époque, bien d'autres « contrevérités », qu'il est bon de combattre égale-

AVANT-PROPOS

ment ; mais celles-là ont un caractère tout spécial, qui les rend plus nuisibles peut-être, et en tout cas d'une autre manière, que celles qui se présentent sous une forme simplement philosophique ou scientifique. Tout cela, en effet, est plus ou moins de la « pseudo-religion » ; cette expression, que nous avons appliquée au théosophisme, nous pourrions aussi l'appliquer au spiritisme ; bien que ce dernier affiche souvent des prétentions scientifiques en raison du côté expérimental dans lequel il croit trouver, non seulement la base, mais la source même de sa doctrine, il n'est au fond qu'une déviation de l'esprit religieux, conforme à cette mentalité « scientiste » qui est celle de beaucoup de nos contemporains. De plus, parmi toutes les doctrines « néo-spiritua-listes », le spiritisme est certainement la plus répandue et la plus populaire, et cela se comprend sans peine, car il en est la forme la plus « simpliste », nous dirions même volontiers la plus grossière ; il est à la portée de toutes les intelligences, si médiocres soient-elles, et les phénomènes sur lesquels il s'appuie, ou du moins les plus ordinaires d'entre eux, peuvent aussi être facilement obtenus par n'importe qui. C'est donc le spiritisme qui fait le plus grand nombre de victimes, et ses ravages se sont encore accrus en ces dernières années, dans des proportions inattendues, par un effet du trouble que les récents événements ont apporté dans les esprits. Quand nous parlons ici de ravages et de victimes, ce ne sont point de simples métaphores : toutes les choses de ce genre, et le spiritisme plus encore que les autres, ont pour résultat de déséquilibrer et de détraquer irrémédiablement une foule de malheureux qui, s'ils ne les avaient rencontrées sur leur chemin, auraient pu continuer à vivre d'une vie normale. Il y a là un péril qui ne saurait être tenu pour négligeable, et que, dans les circonstances actuelles surtout, il est particulièrement nécessaire et opportun de dénoncer avec insistance ; et ces considérations viennent, pour nous, renforcer la préoccupation, d'ordre plus général, de sauvegarder les droits de la vérité contre toutes les formes de l'erreur.

Nous devons ajouter que notre intention n'est pas de nous en tenir à une critique purement négative ; il faut que la critique, justifiée par les raisons que nous venons de dire, nous soit une occasion d'exposer en même temps certaines vérités. Alors même que, sur bien des points, nous serons obligé de nous borner à des indications assez sommaires pour rester dans les limites que nous entendons nous imposer, nous n'en pensons pas moins qu'il nous sera possible de faire entrevoir ainsi bien des questions ignorées, susceptibles d'ouvrir de nouvelles voies de recherches à ceux qui sauront en apprécier la portée. Nous tenons d'ailleurs à prévenir que notre point de vue est fort différent, sous bien des rapports, de celui de la plupart des auteurs qui ont parlé du spiritisme, pour le combattre aussi bien que pour le défendre ; nous nous inspirons toujours, avant tout, des données de la métaphysique pure, telle que les doctrines orientales nous l'ont fait connaître ; nous estimons que c'est seulement ainsi qu'on peut réfuter pleinement certaines erreurs, et non en se plaçant sur leur propre terrain. Nous savons trop bien aussi que, au point de vue philosophique, et même au point de vue scientifique, on peut discuter indéfiniment sans en être plus avancé, et que se prêter à de telles controverses, c'est souvent faire le jeu de son adversaire, pour peu que celui-ci ait quelque habileté à faire dévier la discussion. Nous sommes donc plus persuadé que quiconque de la nécessité d'une direction doctrinale dont on ne doit jamais s'écarter, et qui seule permet de toucher impunément à certaines choses ; et, d'autre part, comme nous voulons ne fermer la porte à aucune possibilité, et ne nous élever que contre ce que nous savons être faux, cette direction ne peut être, pour nous, que de l'ordre métaphysique, dans le sens où nous avons dit ailleurs que l'on devait entendre ce mot. Il va de soi qu'un ouvrage comme celui-ci ne doit pas pour cela être regardé comme proprement métaphysique dans toutes ses parties ; mais nous ne craignons pas d'affirmer qu'il y a, dans son inspiration, plus de métaphysique vraie que dans tout ce à quoi les philosophes donnent ce nom indûment. Et que personne ne s'effraie de cette déclaration : cette métaphysique vraie à laquelle nous faisons allusion n'a rien de commun avec les subtilités rebutantes de la philosophie, ni avec toutes les confusions que celle-ci crée et entretient à plaisir, et, de plus, la présente étude, dans son ensemble, n'aura rien de la rigueur d'un exposé exclusivement doctrinal. Ce que nous voulons dire, c'est que nous sommes guidé constamment par des principes qui, pour quiconque les a compris, sont d'une absolue certitude, et sans lesquels on risque fort de s'égarer dans les ténébreux labyrinthes du « monde inférieur », ainsi que trop d'explorateurs téméraires, malgré tous leurs titres scientifiques ou philosophiques, nous en ont donné le triste exemple.

Tout cela ne signifie point que nous méprisions les efforts de ceux qui se sont placés à des points de vue différents du nôtre ; bien au contraire, nous estimons que tous ces points de vue, pour autant qu'ils sont légitimes et valables, ne peuvent que s'harmoniser et se compléter. Mais il y a des distinctions à faire et une hiérarchie à observer : un point de vue particulier ne vaut que dans un certain domaine, et il faut prendre garde aux limites au delà desquelles il cesse d'être applicable ; c'est ce qu'oublient trop souvent les spécialistes des sciences expérimentales. D'un autre côté, ceux qui se placent au point de vue religieux ont l'inappréciable avantage d'une direction doctrinale comme celle dont nous avons parlé, mais qui, en raison de la forme qu'elle revêt, n'est pas universellement acceptable, et qui d'ailleurs suffit à les empêcher de se perdre, mais non à leur fournir des solutions adéquates à toutes les questions. Quoi qu'il en soit, en présence des événements actuels, nous sommes persuadé qu'on ne fera jamais trop pour s'opposer à certaines activités malfaisantes, et que tout effort accompli dans ce sens, pourvu qu'il soit bien dirigé, aura son utilité, étant peut-être mieux adapté qu'un autre pour porter sur tel ou tel point déterminé ; et, pour parler un langage que quelques-uns comprendront, nous dirons encore qu'il n'y aura jamais trop de lumière répandue pour dissiper toutes les émanations du « Satellite sombre ».

PREMIÈRE PARTIE
Distinctions et précisions nécessaires

Chapitre I
Définition du spiritisme

Puisque nous nous proposons de distinguer tout d'abord le spiritisme de diverses autres choses que l'on confond trop souvent avec lui, et qui en sont pourtant fort différentes, il est indispensable de commencer par le définir avec précision. À première vue, il semble que l'on puisse dire ceci : le spiritisme consiste essentiellement à admettre la possibilité de communiquer avec les morts : c'est là ce qui le constitue proprement, ce sur quoi toutes les écoles spirites sont nécessairement d'accord, quelles que soient leurs divergences théoriques sur d'autres points plus ou moins importants, qu'elles regardent toujours comme secondaires par rapport à celui-là. Mais ce n'est pas suffisant : le postulat fondamental du spiritisme, c'est que la communication avec les morts est, non seulement une possibilité, mais un fait ; si on l'admet uniquement à titre de possibilité, on n'est pas vraiment spirite par là même. Il est vrai que, dans ce dernier cas, on s'interdit de réfuter d'une façon absolue la doctrine des spirites, ce qui est déjà grave ; comme nous aurons à le montrer par la suite, la communication avec les morts, telle qu'ils l'entendent, est une impossibilité pure et simple, et ce n'est qu'ainsi que l'on peut couper court à toutes leurs prétentions d'une manière complète et définitive. En dehors de cette attitude, il ne saurait y avoir que des compromissions plus ou moins fâcheuses, et, quand on s'engage dans la voie des concessions et des accommodements, il est difficile de savoir où l'on s'arrêtera. Nous en avons la preuve dans ce qui est arrivé à certains, théosophistes et occultistes notamment, qui protesteraient énergiquement, et avec raison d'ailleurs, si on les traitait de spirites, mais qui, pour des raisons diverses, ont admis que la communication avec les morts pouvait avoir lieu réellement dans des cas plus ou moins rares et exceptionnels. Reconnaître cela, c'est en somme accorder aux spirites la vérité de leur hypothèse ; mais ceux-ci ne s'en contentent pas, et ce qu'ils prétendent, c'est que cette communication se produit d'une façon courante en quelque sorte, dans toutes leurs séances, et non pas seulement une fois sur cent ou sur mille. Donc, pour les spirites, il suffit de se placer dans certaines conditions pour que s'établisse la communication, qu'ils regardent ainsi, non comme un fait extraordinaire, mais comme un fait normal et habituel ; et c'est là une précision qu'il convient de faire entrer dans la définition même du spiritisme.

Il y a encore autre chose : jusqu'ici, nous avons parlé de communication avec les morts d'une façon très vague ; mais, maintenant, il importe de préciser que, pour les spirites, cette communication s'effectue par des moyens matériels. C'est là encore un élément qui est tout à fait essentiel pour distinguer le spiritisme de certaines autres conceptions, dans lesquelles on admet seulement des communications mentales, intuitives, une sorte d'inspiration ; les spirites les admettent bien aussi, sans doute, mais ce n'est pas à celles-là qu'ils accordent le plus d'importance. Nous discuterons ce point plus tard, et nous pouvons dire tout de suite que la véritable inspiration, que nous sommes fort loin de nier, a en réalité une tout autre source ; mais de telles conceptions sont certainement moins grossières que les conceptions proprement spirites, et les objections auxquelles elles donnent lieu sont d'un ordre quelque peu différent. Ce que nous regardons comme proprement spirite, c'est l'idée que les « esprits » agissent sur la matière, qu'ils produisent des phénomènes physiques, comme des déplacements d'objets, des coups frappés ou d'autres bruits variés, et ainsi de suite ; nous ne rappelons ici que les exemples les plus simples et les plus communs, qui sont aussi les plus caractéristiques. D'ailleurs, il convient d'ajouter que cette action sur la matière est supposée s'exercer, non pas directement, mais par l'intermédiaire d'un être humain vivant, possédant des facultés spéciales, et qui, en raison de ce rôle d'intermédiaire, est appelé « médium ». Il est difficile de définir exactement la nature du pouvoir « médiumnique » ou « médianimique », et, là-dessus, les opinions varient ; il semble qu'on le regarde le plus ordinairement comme étant d'ordre physiologique, ou, si l'on veut, psycho-physiologique. Remarquons dès maintenant que l'introduction de cet intermédiaire ne supprime pas les difficultés : il ne semble pas, au premier abord, qu'il soit plus facile à un « esprit » d'agir immédiatement sur l'organisme d'un être vivant que sur un corps inanimé quelconque ; mais ici interviennent des considérations un peu plus complexes.

Les « esprits », en dépit de l'appellation qu'on leur donne, ne sont pas regardés comme des êtres purement immatériels ; on prétend au contraire qu'ils sont revêtus d'une sorte d'enveloppe qui, tout en étant trop subtile pour être normalement perçue par les sens, n'en est pas moins un organisme matériel, un véritable corps, et que l'on désigne sous le nom plutôt barbare de « périsprit ». S'il en est ainsi, on peut se demander pourquoi cet organisme ne permet pas aux « esprits » d'agir directement sur n'importe quelle matière, et pourquoi il leur est nécessaire de recourir à un médium ; cela, à vrai dire, semble peu logique ; ou bien, si le « périsprit » est par lui-même incapable d'agir sur la matière sensible, il doit en être de même de l'élément correspondant qui existe dans le médium ou dans tout autre être vivant, et alors cet élément ne sert à rien dans la production des phénomènes qu'il s'agit d'expliquer. Naturellement, nous nous contentons de signaler en passant ces difficultés, qu'il appartient aux spirites de résoudre s'ils le peuvent ; il serait sans intérêt de poursuivre une discussion sur ces points spéciaux, parce qu'il y a beaucoup mieux à dire contre le spiritisme ; et, pour nous, ce n'est pas de cette façon que la question doit être posée. Cependant, nous croyons utile d'insister un peu sur la manière dont les spirites envisagent généralement la constitution de l'être humain, et de dire tout de suite, de façon à écarter toute équivoque, ce que nous reprochons à cette conception.

Les Occidentaux modernes ont l'habitude de concevoir le composé humain sous une forme aussi simplifiée et aussi réduite que possible, puisqu'ils ne le font consister qu'en deux éléments, dont l'un est le corps, et dont l'autre est appelé indifféremment âme ou esprit ; nous disons les Occidentaux modernes, parce que, à la vérité, cette théorie dualiste ne s'est définitivement implantée que depuis Descartes. Nous ne pouvons entreprendre de faire ici un historique, même succinct, de la question ; nous dirons seulement que, antérieurement, l'idée qu'on se faisait de l'âme et du corps ne comportait point cette complète opposition de nature qui rend leur union vraiment inexplicable, et aussi qu'il y avait, même en Occident, des conceptions moins « simplistes », et plus rapprochées de celles des Orientaux, pour qui l'être humain est un ensemble beaucoup plus complexe. À plus forte raison était-on loin de songer alors à ce dernier degré de simplification que représentent les théories matérialistes, plus récentes encore que toutes les autres, et d'après lesquelles l'homme n'est même plus du tout un composé, puisqu'il se réduit à un élément unique, le corps. Parmi les anciennes conceptions auxquelles nous venons de faire allusion, on en trouverait beaucoup, sans remonter à l'antiquité, et en allant seulement jusqu'au moyen âge, qui envisagent dans l'homme trois éléments, en distinguant l'âme et l'esprit ; il y a d'ailleurs un certain flottement dans l'emploi de ces deux termes, mais l'âme est le plus souvent l'élément moyen, auquel correspond en partie ce que quelques modernes ont appelé le « principe vital », tandis que l'esprit seul est alors l'être véritable, permanent et impérissable.

PREMIÈRE PARTIE

C'est cette conception ternaire que les occultistes, ou du moins la plupart d'entre eux, ont voulu rénover, en y introduisant d'ailleurs une terminologie spéciale ; mais ils n'en ont point compris le vrai sens, et ils lui ont enlevé toute portée par la manière fantaisiste dont ils se représentent les éléments de l'être humain : ainsi, ils font de l'élément moyen un corps, le « corps astral », qui ressemble singulièrement au « périsprit » des spirites. Toutes les théories de ce genre ont le tort de n'être au fond qu'une sorte de transposition des conceptions matérialistes ; ce « néo-spiritualisme » nous apparaît plutôt comme un matérialisme élargi, et encore cet élargissement même est-il quelque peu illusoire. Ce dont ces théories se rapprochent le plus, et où il faut probablement en chercher l'origine, ce sont les conceptions « vitalistes », qui réduisent l'élément moyen du composé humain au seul rôle de « principe vital », et qui semblent ne l'admettre guère que pour expliquer que l'esprit puisse mouvoir le corps, problème insoluble dans l'hypothèse cartésienne. Le vitalisme, parce qu'il pose mal la question, et parce que, n'étant en somme qu'une théorie de physiologistes, il se place à un point de vue fort spécial, donne prise à une objection des plus simples : ou l'on admet, comme Descartes, que la nature de l'esprit et celle du corps n'ont pas le moindre point de contact, et alors il n'est pas possible qu'il y ait entre eux un intermédiaire ou un moyen terme ; ou l'on admet au contraire, comme les anciens, qu'ils ont une certaine affinité de nature, et alors l'intermédiaire devient inutile, car cette affinité suffit à expliquer que l'un puisse agir sur l'autre. Cette objection vaut contre le vitalisme, et aussi contre les conceptions « néo-spiritualistes » en tant qu'elles en procèdent et qu'elles adoptent son point de vue ; mais, bien entendu, elle ne peut rien contre des conceptions qui envisagent les choses sous de tout autres rapports, qui sont fort antérieures au dualisme cartésien, donc entièrement étrangères aux préoccupations que celui-ci a créées, et qui regardent l'homme comme un être complexe pour répondre aussi exactement que possible à la réalité, non pour apporter une solution hypothétique à un problème artificiel. On peut d'ailleurs, à des points de vue divers, établir dans l'être humain un nombre plus ou moins grand de divisions et de subdivisions, sans que de semblables conceptions cessent pour cela d'être conciliables ; l'essentiel est qu'on ne coupe pas cet être humain en deux moitiés qui semblent n'avoir aucun rapport entre elles, et qu'on ne cherche pas non plus à réunir après coup ces deux moitiés par un troisième terme dont la nature, dans ces conditions, n'est même pas concevable.

Nous pouvons maintenant revenir à la conception spirite, qui est ternaire, puisqu'elle distingue l'esprit, le « périsprit » et le corps ; en un sens, elle peut sembler supérieure à celle des philosophes modernes, en ce qu'elle admet un élément de plus, mais cette supériorité n'est qu'apparente, parce que la façon dont cet élément est envisagé ne correspond pas à la réalité. Nous reviendrons là-dessus par la suite, mais il est un autre point sur lequel, sans pouvoir le traiter complètement pour le moment, nous tenons à appeler dès maintenant l'attention, et ce point est celui-ci : si la théorie spirite est déjà fort inexacte en ce qui concerne la constitution de l'homme pendant la vie, elle est entièrement fausse lorsqu'il s'agit de l'état de ce même homme après la mort. Nous touchons ici au fond même de la question, que nous entendons réserver pour plus tard ; mais nous pouvons, en deux mots, dire que l'erreur consiste surtout en ceci : d'après le spiritisme, il n'y aurait rien de changé par la mort, si ce n'est que le corps a disparu, ou plutôt a été séparé des deux autres éléments, qui restent unis l'un à l'autre comme précédemment ; en d'autres termes, le mort ne différerait du vivant qu'en ce qu'il aurait un élément de moins, le corps. On comprendra sans peine qu'une telle conception soit nécessaire pour qu'on puisse admettre la communication entre les morts et les vivants, et aussi que la persistance du « périsprit », élément matériel, soit non moins nécessaire pour que cette communication puisse avoir lieu par des moyens également matériels ; il y a, entre ces divers points de la théorie, un certain enchaînement ; mais ce que l'on comprend beaucoup moins bien, c'est que la présence d'un médium constitue, aux yeux des spirites, une condition indispensable pour la production des phénomènes. Nous ne voyons pas, nous le répétons, pourquoi, l'hypothèse spirite étant admise, un « esprit » agirait autrement au moyen d'un « périsprit » étranger qu'au moyen du sien propre ; ou bien, si la mort modifie le « périsprit » de façon à lui enlever certaines possibilités d'action, la communication paraît bien compromise. Quoi qu'il en soit, les spirites insistent tellement sur le rôle du médium et y attachent une telle importance, qu'on peut dire sans exagération qu'ils en font un des points fondamentaux de leur doctrine.

Nous ne contestons nullement la réalité des facultés dites « médiumniques », et notre critique ne porte que sur l'interprétation qu'en donnent les spirites ; d'ailleurs, des expérimentateurs qui ne sont point spirites ne voient aucun inconvénient à employer le mot de « médiumnité », simplement pour se faire comprendre en se conformant à l'habitude reçue, et bien que ce mot n'ait plus alors sa raison d'être primitive ; nous continuerons donc à faire de même. D'un autre côté, quand nous disons que nous ne comprenons pas bien le rôle attribué au médium, nous voulons dire que c'est en nous plaçant au point de vue des spirites que nous ne le comprenons pas, du moins en dehors de certains cas déterminés : sans doute, si un « esprit » veut accomplir telles actions particulières, s'il veut parler par exemple, il ne pourra le faire qu'en s'emparant des organes d'un homme vivant ; mais ce n'est plus la même chose lorsque le médium ne fait que prêter à l'« esprit » une certaine force plus ou moins difficile à définir, et à laquelle on a donné des dénominations variées : force neurique, odique, ecténique, et bien d'autres encore. Pour échapper aux objections que nous avons soulevées précédemment, il faut admettre que cette force ne fait pas partie intégrante du « périsprit », et que, n'existant que dans l'être vivant, elle est plutôt de nature physiologique ; nous n'y contredisons pas, mais le « périsprit », si « périsprit » il y a, doit se servir de cette force pour agir sur la matière sensible, et alors on peut se demander quelle est son utilité propre, sans compter que l'introduction de ce nouvel intermédiaire est loin de simplifier la question. Enfin, il semble bien qu'il faille, ou distinguer essentiellement le « périsprit » et la force neurique, ou nier purement et simplement le premier pour ne conserver que la seconde, ou renoncer à toute explication intelligible. De plus, si la force neurique suffit à rendre compte de tout, ce qui s'accorde mieux que toute autre supposition avec la théorie médiumnique, l'existence du « périsprit » n'apparaît plus que comme une hypothèse toute gratuite ; mais aucun spirite n'acceptera cette conclusion, d'autant plus que, à défaut de toute autre considération, elle rend déjà bien douteuse l'intervention des morts dans les phénomènes, qu'il paraît possible d'expliquer plus simplement par certaines propriétés plus ou moins exceptionnelles de l'être vivant. Du reste, au dire des spirites, ces propriétés n'ont rien d'anormal : elles existent chez tout être humain, au moins à l'état latent ; ce qui est rare, c'est qu'elles atteignent un degré suffisant pour produire des phénomènes évidents, et les médiums proprement dits sont les individus qui se trouvent dans ce dernier cas, que leurs facultés se soient développées spontanément ou par l'effet d'un entraînement spécial ; encore cette rareté n'est-elle que relative.

Maintenant, il est encore un dernier point sur lequel nous jugeons utile d'insister : lorsqu'on parle de « communiquer avec les morts », on emploie une expression dont bien des gens, à commencer par les spirites eux-mêmes, ne soupçonnent certainement pas l'ambiguïté ; si l'on entre réellement en communication avec quelque chose, quelle en est exactement la nature ? Pour les spirites, la réponse est extrêmement simple : ce avec quoi l'on communique, c'est ce qu'ils appellent improprement des « esprits » ; nous disons improprement à cause de la présence supposée du « périsprit » ; un tel « esprit » est identiquement le même individu humain qui a vécu antérieurement sur la terre, et, à cela près qu'il est maintenant « désincarné », c'est-à-dire dépouillé de son corps visible et tangible, il est demeuré absolument tel qu'il était durant sa vie terrestre, ou plutôt il est tel qu'il serait si cette vie s'était continuée jusqu'à maintenant ; c'est, en un mot, l'homme véritable qui « survit » et qui se manifeste dans les phénomènes du spiritisme. Mais nous étonnerons fort les spirites, et sans doute aussi la plupart de leurs adversaires, en disant que la simplicité même de cette réponse n'a rien de satisfaisant ; quant à ceux qui auront compris ce que nous avons déjà dit à propos de la constitution de l'être humain et de sa complexité, ils comprendront aussi la corrélation qui existe entre les deux questions. La prétention de communiquer avec les morts dans le sens que nous venons de dire est quelque chose de très nouveau, et elle est un des éléments qui donnent au spiritisme un caractère spécifiquement moderne ; autrefois, s'il arrivait qu'on parlât aussi de communiquer avec les morts, c'est d'une tout autre façon qu'on l'entendait ; nous savons bien que cela paraîtra fort extraordinaire à la grande majorité de nos contemporains, mais pourtant c'est ainsi. Nous expliquerons cette affirmation par la suite, mais nous avons tenu à la formuler avant d'aller plus loin, d'abord parce que, sans cela, la définition du spiritisme demeurerait vague et incomplète, encore que beaucoup puissent ne pas s'en apercevoir, et aussi parce que c'est surtout l'ignorance de cette question qui fait prendre le spiritisme pour autre chose que la doctrine d'invention toute récente qu'il est en réalité.

Chapitre II
Les origines du spiritisme

Le spiritisme date exactement de 1848 ; il importe de remarquer cette date, parce que diverses particularités des théories spirites reflètent la mentalité spéciale de leur époque d'origine, et parce que c'est dans les périodes troublées, comme le fut celle-là, que les choses de ce genre, grâce au déséquilibre des esprits, naissent et se développent de préférence. Les circonstances qui entourèrent les débuts du spiritisme sont assez connues et ont été maintes fois relatées ; il nous suffira donc de les rappeler brièvement, en insistant seulement sur les points qui sont plus particulièrement instructifs, et qui sont peut-être ceux qu'on a le moins remarqués.

On sait que c'est en Amérique que le spiritisme, comme beaucoup d'autres mouvements analogues, eut son point de départ : les premiers phénomènes se produisirent en décembre 1847 à Hydesville, dans l'État de New-York, dans une maison où venait de s'installer la famille Fox, qui était d'origine allemande, et dont le nom était primitivement Voss. Si nous mentionnons cette origine allemande, c'est que, si l'on veut un jour établir complètement les causes réelles du mouvement spirite, on ne devra pas négliger de diriger certaines recherches du côté de l'Allemagne ; nous dirons pourquoi tout à l'heure. Il semble bien, d'ailleurs, que la famille Fox n'ait joué là-dedans, au début du moins, qu'un rôle tout involontaire, et que, même par la suite, ses membres n'aient été que des instruments passifs d'une force quelconque, comme le sont tous les médiums. Quoi qu'il en soit, les phénomènes en question, qui consistaient en bruits divers et en déplacements d'objets, n'avaient en somme rien de nouveau ni d'inusité ; ils étaient semblables à ceux que l'on a observés de tout temps dans ce qu'on appelle les « maisons hantées » ; ce qu'il y eut de nouveau, c'est le parti qu'on en tira ultérieurement. Au bout de quelques mois, on eut l'idée de poser au frappeur mystérieux quelques questions auxquelles il répondit correctement ; pour commencer, on ne lui demandait que des nombres, qu'il indiquait par des séries de coups réguliers ; ce fut un Quaker nommé Isaac Post qui s'avisa de nommer les lettres de l'alphabet en invitant l' « esprit » à désigner par un coup celles qui composaient les mots qu'il voulait faire entendre, et qui inventa ainsi le moyen de communication qu'on appela *spiritual telegraph*. L'« esprit » déclara qu'il était un certain Charles B. Rosna, colporteur de son vivant, qui avait été assassiné dans cette maison et enterré dans le cellier, où l'on trouva effectivement quelques débris d'ossements. D'autre part, on remarqua que les phénomènes se produisaient surtout en présence des demoiselles Fox, et c'est de là que résulta la découverte de la médiumnité ; parmi les visiteurs qui accouraient de plus en plus nombreux, il y en eut qui crurent, à tort ou à raison, constater qu'ils étaient doués du même pouvoir. Dès lors, le *modern spiritualism*, comme on l'appela tout d'abord, était fondé ; sa première dénomination était en somme la plus exacte, mais, sans doute pour abréger, on en est arrivé, dans les pays anglo-saxons, à employer le plus souvent le mot *spiritualism* sans épithète ; quant au nom de « spiritisme », c'est en France qu'il fut inventé un peu plus tard.

Il se constitua bientôt des réunions ou *spiritual circles*, où de nouveaux médiums se révélèrent en grand nombre ; d'après les « communications » ou « messages » qu'on y reçut, ce mouvement spirite, ayant pour but l'établissement de relations régulières entre les habitants des deux mondes, avait été préparé par des « esprits » scientifiques et philosophiques qui, pendant leur existence terrestre, s'étaient occupés spécialement de recherches sur l'électricité et sur divers autres fluides impondérables. En tête de ces « esprits » se trouvait Benjamin Franklin, que l'on prétend avoir donné souvent des indications sur la manière de développer et de perfectionner les voies de communications entre les vivants et les morts. Dès les premiers temps, en effet, on s'ingénia à trouver, avec le concours des « esprits », des moyens plus commodes et plus rapides : de là les tables tournantes et frappantes, puis les cadrans alphabétiques, les crayons attachés à des corbeilles ou à des planchettes mobiles, et autres instruments analogues. L'emploi du nom de Benjamin Franklin, outre qu'il était assez naturel dans un milieu américain,

PREMIÈRE PARTIE

est bien caractéristique de quelques-unes des tendances qui devaient s'affirmer dans le spiritisme ; lui-même n'était assurément pour rien dans cette affaire, mais les adhérents du nouveau mouvement ne pouvaient vraiment faire mieux que de se placer sous le patronage de ce « moraliste » de la plus incroyable platitude. Et, à ce sujet, il convient de faire une autre réflexion : les spirites ont conservé quelque chose de certaines théories qui avaient cours vers la fin du XVIIIe siècle, époque où l'on avait la manie de parler de « fluides » à tout propos ; l'hypothèse du « fluide électrique », aujourd'hui abandonnée depuis longtemps, servit de type à bien d'autres conceptions, et le « fluide » des spirites ressemble tellement à celui des magnétiseurs, que le mesmérisme, tout en étant fort éloigné du spiritisme, peut être regardé en un sens comme un de ses précurseurs et comme ayant contribué dans une certaine mesure à en préparer l'apparition.

La famille Fox, qui se considérait maintenant comme chargée tout spécialement de la mission de répandre la connaissance des phénomènes « spiritualistes », fut chassée de l'Église épiscopale méthodiste à laquelle elle appartenait. Par la suite, elle alla s'établir à Rochester, où les phénomènes continuèrent, et où elle fut d'abord en butte à l'hostilité d'une grande partie de la population ; il y eut même une véritable émeute dans laquelle elle faillit être massacrée, et elle ne dut son salut qu'à l'intervention d'un Quaker nommé George Willets. C'est la seconde fois que nous voyons un Quaker jouer un rôle dans cette histoire, et cela s'explique sans doute par quelques affinités que cette secte présente incontestablement avec le spiritisme : nous ne faisons pas seulement allusion aux tendances « humanitaires », mais aussi à l'étrange « inspiration » qui se manifeste dans les assemblées des Quakers, et qui s'annonce par le tremblement auquel ils doivent leur nom ; il y a là quelque chose qui ressemble singulièrement à certains phénomènes médiumniques, bien que l'interprétation diffère naturellement. En tout cas, on conçoit que l'existence d'une secte comme celle des Quakers ait pu contribuer à faire accepter les premières manifestations « spiritualistes » [1] ; peut-être y eut-il aussi, au XVIIIe siècle, une relation analogue entre les exploits des convulsionnaires jansénistes et le

---
[1] Par une coïncidence assez curieuse, le fondateur de la secte des Quakers, au XVIIe siècle, s'appelait George Fox ; on prétend qu'il avait, ainsi que quelques-uns de ses disciples immédiats, le pouvoir de guérir les maladies.

succès du « magnétisme animal »[1].

L'essentiel de ce qui précède est emprunté au récit d'un auteur américain, récit que tous les autres se sont ensuite contentés de reproduire plus ou moins fidèlement ; or il est curieux que cet auteur, qui s'est fait l'historien des débuts du *modern spiritualism*[2], soit Mme Emma Hardinge-Britten, qui était membre de la société secrète désignée par les initiales « H. B. of L. » (*Hermetic Brotherhood of Luxor*), dont nous avons déjà parlé ailleurs à propos des origines de la Société Théosophique. Nous disons que ce fait est curieux, parce que la H. B. of L., tout en étant nettement opposée aux théories du spiritisme, n'en prétendait pas moins avoir été mêlée d'une façon fort directe à la production de ce mouvement. En effet, d'après les enseignements de la H. B. of L., les premiers phénomènes « spiritualistes » ont été provoqués, non point par les « esprits » des morts, mais bien par des hommes vivants agissant à distance, par des moyens connus seulement de quelques initiés ; et ces initiés auraient été, précisément, les membres du « cercle intérieur » de la H. B. of L. Malheureusement, il est difficile de remonter, dans l'histoire de cette association, plus haut que 1870, c'est-à-dire que l'année même où Mme Hardinge-Britten publia le livre dont nous venons de parler (livre où il n'est d'ailleurs fait, bien entendu, aucune allusion à ce dont il s'agit maintenant) ; aussi certains ont-ils cru pouvoir dire que, malgré ses prétentions à une grande ancienneté, elle ne datait guère que de cette époque. Mais, même si cela était vrai, ce ne le serait que pour la forme que la H. B. of L. avait revêtue en dernier lieu ; en tout cas, elle avait recueilli l'héritage de diverses autres organisations qui, elles, existaient très certainement avant le milieu du XIXe siècle, comme la « Fraternité d'Eulis », qui était dirigée, au moins extérieurement, par Paschal Beverly Randolph, personnage fort énigmatique qui mourut en 1875. Au fond, peu importent le nom et la forme de l'organisation qui serait effectivement intervenue dans les événements que nous venons de rappeler ; et nous devons dire que la thèse de la H. B. of L., en elle-même et indépendamment de ces contingences, nous apparaît au moins comme fort plausible ; nous allons essayer d'en

---

1 Pour expliquer le cas des convulsionnaires, Allan Kardec fait intervenir, outre le magnétisme, « des esprits d'une nature peu élevée » (*Le Livre des Esprits*, pp, 210-212).

2 *History of modern american spiritualism.*

expliquer les raisons.

A cet effet, il ne nous paraît pas inopportun de formuler quelques observations générales sur les « maisons hantées », ou sur ce que certains ont proposé d'appeler des « lieux fatidiques » ; les faits de ce genre sont loin d'être rares, et ils ont été connus de tout temps ; on en trouve des exemples dans l'antiquité aussi bien qu'au moyen âge et dans les temps modernes, comme le prouve notamment ce qui est rapporté dans une lettre de Pline le Jeune. Or les phénomènes qui se produisaient en pareil cas offrent une constance tout à fait remarquable ; ils peuvent être plus ou moins intenses, plus ou moins complexes, mais ils ont certains traits caractéristiques qui se retrouvent toujours et partout ; d'ailleurs, le fait de Hydesville ne doit certainement pas être compté parmi les plus remarquables, car on n'y constata que les plus élémentaires de ces phénomènes. Il convient de distinguer au moins deux cas principaux : dans le premier, qui serait celui de Hydesville si ce que nous avons rapporté est bien exact, il s'agit d'un lieu où quelqu'un a péri de mort violente, et où, de plus, le corps de la victime est demeuré caché. Si nous indiquons la réunion de ces deux conditions, c'est que, pour les anciens, la production des phénomènes était liée au fait que la victime n'avait pas reçu la sépulture régulière, accompagnée de certains rites, et que c'est seulement en accomplissant ces rites, après avoir retrouvé le corps, qu'on pouvait les faire cesser ; c'est ce qu'on voit dans le récit de Pline le Jeune, et il y a là quelque chose qui mériterait de retenir l'attention. A ce propos, il serait très important de déterminer exactement ce qu'étaient les « mânes » pour les anciens, et aussi ce que ceux-ci entendaient par divers autres termes qui n'étaient nullement synonymes, quoique les modernes ne sachent plus guère en faire la distinction ; les recherches de cet ordre pourraient éclairer d'une façon bien inattendue la question des évocations, sur laquelle nous reviendrons plus loin. Dans le second cas, il ne s'agit plus de manifestations d'un mort, ou plutôt, pour rester dans le vague qui convient ici jusqu'à nouvel ordre, de quelque chose qui provient d'un mort ; on y saisit au contraire sur le fait l'action d'un homme vivant : il en est, dans les temps modernes, des exemples typiques, qui ont été soigneusement constatés dans tous leurs détails, et celui qui est le plus souvent cité, qui est devenu classique en quelque sorte, est constitué par les faits qui se produisirent au presbytère de Cideville, en Normandie, de 1849 à 1851, c'est-à-dire fort peu de temps après les événements de Hydesville, et alors que ceux-ci étaient encore à peu près inconnus en France [1]. Ce sont là, disons-le nettement, des faits de sorcellerie bien caractérisés, qui ne peuvent intéresser en rien les spirites, sauf en ce qu'ils paraissent fournir une confirmation à la théorie de la médiumnité entendue dans un sens assez large : il faut que le sorcier qui veut se venger des habitants d'une maison arrive à toucher l'un deux, qui deviendra dès lors son instrument inconscient et involontaire, et qui servira pour ainsi dire de « support » à une action qui pourra désormais s'exercer à distance, mais seulement lorsque ce « sujet » passif sera présent. Ce n'est pas un médium au sens où les spirites l'entendent, puisque l'action dont il est le moyen n'a pas la même origine, mais c'est quelque chose d'analogue, et l'on peut supposer tout au moins, sans préciser autrement, que des forces du même ordre sont mises en jeu dans tous les cas ; c'est ce que prétendent les occultistes contemporains qui ont étudié ces faits, et qui, il faut le dire, ont tous été plus ou moins influencés par la théorie spirite, En effet, depuis que le spiritisme existe, lorsqu'une maison hantée est signalée quelque part, on commence, en vertu d'une idée préconçue, par chercher le médium, et, avec un peu de bonne volonté, on arrive toujours à en découvrir un ou même plusieurs ; nous ne voulons pas dire qu'on ait toujours tort ; mais il y a eu aussi bien des exemples de lieux entièrement déserts, de demeures abandonnées, où des phénomènes de hantise se produisaient en l'absence de tout être humain, et l'on ne peut prétendre que des témoins accidentels, qui souvent ne les observaient que de loin, y aient joué le rôle de médiums. Il est peu vraisemblable que les lois suivant lesquelles agissent certaines forces, quelles qu'elles soient, aient été changées ; nous maintiendrons donc, contre les occultistes, que la présence d'un médium n'est pas toujours une condition nécessaire, et qu'il faut, ici comme ailleurs, se défier des préjugés qui risquent de fausser le résultat d'une observation. Nous ajouterons que la hantise sans médium appartient au premier des deux cas que nous avons distingués ; un sorcier n'aurait aucune

---

[1] Les faits de Cideville ont été rapportés dès 1853 par Eudes de Mirville, qui en avait été le témoin oculaire, dans un livre intitulé *Des esprits et de leurs manifestations fluidiques*, où se trouve aussi l'indication de plusieurs faits analogues, et qui fut suivi de cinq autres volumes traitant du même ordre de questions.

raison de s'en prendre à un lieu inhabité, et d'ailleurs il se peut qu'il ait besoin, pour agir, de conditions qui ne sont point requises pour des phénomènes qui se produisent spontanément, alors même que ces phénomènes présentent des apparences à peu près similaires de part et d'autre. Dans le premier cas, qui est la véritable hantise, la production des phénomènes est attachée au lieu même qui a été le théâtre d'un crime ou d'un accident, et où certaines forces se trouvent condensées d'une façon permanente ; c'est donc sur le lieu que les observateurs devraient alors porter principalement leur attention ; maintenant, que l'action des forces en question soit parfois intensifiée par la présence de personnes douées de certaines propriétés, cela n'a rien d'impossible, et c'est peut-être ainsi que les choses se sont passées à Hydesville, en admettant toujours que les faits aient été rapportés exactement, ce que nous n'avons d'ailleurs aucune raison spéciale de mettre en doute.

Dans ce cas qui semble explicable par « quelque chose » que nous n'avons pas défini, qui provient d'un mort, mais qui n'est certainement pas son esprit, si par esprit on entend la partie supérieure de l'être, cette explication doit-elle exclure toute possibilité d'intervention d'hommes vivants ? Nous le croyons pas nécessairement, et nous ne voyons pas pourquoi une force préexistante ne pourrait pas être dirigée et utilisée par certains hommes qui en connaissent les lois ; il semble plutôt que cela doive être relativement plus facile que d'agir là où aucune force de ce genre n'existait antérieurement, ce que fait pourtant un simple sorcier. Naturellement, on doit supposer que des « adeptes », pour employer un terme rosicrucien dont l'usage est devenu assez courant, ou des initiés d'un rang élevé, ont des moyens d'action supérieurs à ceux des sorciers, et d'ailleurs très différents, non moins que le but qu'ils se proposent ; sous ce dernier rapport, il faudrait remarquer aussi qu'il peut y avoir des initiés de bien des sortes, mais, pour le moment, nous envisageons la chose d'une façon tout à fait générale. Dans l'étrange discours qu'elle prononça en 1898 devant une assemblée de spirites, et que nous avons cité longuement dans notre histoire du théosophisme [1], Mme Annie Besant prétendit que les « adeptes » qui avaient provoqué le mouvement « spiritualiste » s'étaient ser-

---

[1] Discours prononcé à l'Alliance Spiritualiste de Londres, le 7 avril 1898 : *Le Théosophisme*, pp. 133-137.

vis des « âmes des morts » ; comme elle se proposait de tenter un rapprochement avec les spirites, elle sembla, avec plus ou moins de sincérité, prendre cette expression d' « âmes des morts » dans le sens que ceux-ci lui donnent ; mais nous qui n'avons aucune arrière-pensée « politique », nous pouvons fort bien l'entendre d'une tout autre façon, comme désignant simplement ce « quelque chose » dont nous avons parlé. Il nous semble que cette interprétation s'accorde beaucoup mieux que toute autre avec la thèse de la H. B. of L. ; assurément, ce n'est pas là ce qui nous importe le plus, mais cette constatation nous donne à penser que les membres de l'organisation dont il s'agit, ou tout au moins ses dirigeants, savaient vraiment à quoi s'en tenir sur la question ; en tout cas, ils le savaient certainement mieux que Mme Besant, dont la thèse, malgré le correctif qu'elle y apportait, n'était pas beaucoup plus acceptable pour les spirites. Nous croyons d'ailleurs qu'il est exagéré, en la circonstance, de vouloir faire intervenir des « adeptes » au sens strict de ce mot ; mais nous répétons qu'il se peut que des initiés, quels qu'ils soient, aient provoqué les phénomènes de Hydesville, en se servant des conditions favorables qu'ils y rencontraient, ou qu'ils aient à tout le moins imprimé une certaine direction déterminée à ces phénomènes alors qu'ils avaient déjà commencé à se produire. Nous n'affirmons rien à cet égard, nous disons seulement que la chose n'a rien d'impossible, quoi que certains puissent en penser ; nous ajouterons cependant qu'il y a encore une autre hypothèse qui peut paraître plus simple, ce qui ne veut pas dire forcément qu'elle soit plus vraie : c'est que les agents de l'organisation en cause, que ce soit la H. B. of L. ou toute autre, se soient contentés de profiter de ce qui se passait pour créer le mouvement « spiritualiste », en agissant par une sorte de suggestion sur les habitants et les visiteurs de Hydesville. Cette dernière hypothèse représente pour nous un minimum d'intervention, et il faut bien accepter au moins ce minimum, car, sans cela, il n'y aurait aucune raison plausible pour que le fait de Hydesville ait eu des conséquences que n'avaient jamais eues les autres faits analogues qui s'étaient présentés antérieurement ; si un tel fait était, par lui-même, la condition suffisante de la naissance du spiritisme, celui-ci serait certainement apparu à une époque beaucoup plus reculée. Du reste, nous ne croyons guère aux mouvements spontanés, que ce soit dans l'ordre politique, ou dans l'ordre religieux, ou dans ce domaine assez mal défini dont nous nous occupons présentement ; il faut toujours une impulsion, encore que les gens qui deviennent ensuite les chefs apparents du mouvement puissent souvent en ignorer la provenance tout autant que les autres ; mais il est bien difficile de dire exactement comment les choses se sont passées dans un cas de ce genre, car il est évident que ce côté des événements ne se trouve consigné dans aucun procès-verbal, et c'est pourquoi les historiens qui veulent à toute force ne s'appuyer que sur les seuls documents écrits n'en tiennent aucun compte et préfèrent le nier purement et simplement, alors que c'est peut-être ce qu'il y a de plus essentiel. Ces dernières réflexions ont, dans notre pensée, une portée très générale ; nous les bornerons là pour ne pas nous lancer dans une trop longue digression, et nous reviendrons sans plus tarder à ce qui concerne spécialement l'origine du spiritisme.

Nous avons dit qu'il y avait eu des cas similaires à celui de Hydesville, et plus anciens ; le plus semblable de tous, c'est ce qui se passa en 1762 à Dibbelsdorf, en Saxe, où le « spectre frappeur » répondit exactement de la même façon aux questions qu'on lui posait [1] ; si donc il n'avait pas fallu autre chose, le spiritisme aurait fort bien pu naître en cette circonstance, d'autant plus que l'événement eut assez de retentissement pour attirer l'attention des autorités et celle des savants. D'autre part, quelques années avant les débuts du spiritisme, le Dr Kerner avait publié un livre sur le cas de la « voyante de Prevorst », Mme Hauffe, autour de laquelle se produisaient de nombreux phénomènes du même ordre ; on remarquera que ce cas, comme le précédent, a eu lieu en Allemagne, et, bien qu'il y en ait eu aussi en France et ailleurs, c'est une des raisons pour lesquelles nous avons noté l'origine allemande de la famille Fox. Il est intéressant, à ce propos, d'indiquer d'autres rapprochements ; dans la seconde moitié du XVIIIe siècle, certaines branches de la haute Maçonnerie allemande s'occupèrent particulièrement d'évocations ; l'histoire la plus connue dans ce domaine est celle de Schrœpfer, qui se suicida en 1774. Ce n'était pas de spiritisme qu'il s'agissait alors, mais de magie, ce qui est extrêmement différent, comme nous l'expliquerons par la suite ; mais il n'en est pas moins

---

[1] Une relation de ce fait, d'après les documents contemporains, a été publiée dans la *Revue Spirite* en 1858.

vrai que des pratiques de ce genre, si elles avaient été vulgarisées, auraient pu déterminer un mouvement tel que le spiritisme, par suite des idées fausses que le grand public se serait faites inévitablement à leur sujet. Il y eut certainement aussi en Allemagne, depuis le début du XIXe siècle, d'autres sociétés secrètes qui n'avaient pas le caractère maçonnique, et qui s'occupaient également de magie et d'évocations, en même temps que de magnétisme ; or la H. B. of L., ou ce dont elle prit la suite, fut précisément en rapport avec certaines de ces organisations. Sur ce dernier point, on peut trouver des indications dans un ouvrage anonyme intitulé *Ghostland* [1], qui fut publié sous les auspices de la H. B. of L., et que quelques-uns ont même cru pouvoir attribuer à Mme Hardinge-Britten ; pour notre part, nous ne croyons pas que celle-ci en ait été réellement l'auteur, mais il est au moins probable que c'est elle qui s'occupa de l'éditer [2]. Nous pensons qu'il y aurait lieu de diriger de ce côté des investigations dont le résultat pourrait être fort important pour dissiper certaines obscurités ; si pourtant le mouvement spirite ne fut pas suscité tout d'abord en Allemagne, mais en Amérique, c'est qu'il devait trouver dans cette dernière contrée un milieu plus favorable que partout ailleurs, comme le prouve du reste la prodigieuse éclosion de sectes et d'écoles « néo-spiritualistes » qu'on a pu y constater depuis lors, et qui se continue actuellement plus que jamais.

Il nous reste à poser ici une dernière question : quel but se proposaient les inspirateurs du *modern spiritualism* à ses débuts ? Il semble que le nom même qui fut alors donné à ce mouvement l'indique d'une façon assez claire : il s'agissait de lutter contre l'envahissement du matérialisme, qui atteignit effectivement à cette époque sa plus grande extension, et auquel on voulait opposer ainsi une sorte de contrepoids ; et, en appelant l'attention sur des phénomènes pour lesquels le matérialisme, du moins le matéria-

---

1 Cet ouvrage a été traduit en français, mais assez mal, et seulement en partie, sous ce titre : *Au Pays des Esprits*, qui est fort équivoque et ne rend pas le sens réel du titre anglais.

2 D'autres ont cru que l'auteur de *Ghostland* et d'*Art Magic* était le même que celui de *Light of Egypt*, de *Celestial Dynamics* et de *Language of the Stars* (Sédir, *Histoire des Rose-Croix*, p. 122) ; mais nous pouvons affirmer que c'est là une erreur. L'auteur des trois derniers ouvrages, également anonymes, est T. H. Burgoyne, qui fut secrétaire de la H. B. of L. ; les deux premiers sont de beaucoup antérieurs.

lisme ordinaire, était incapable de fournir une explication satisfaisante, on le combattait en quelque sorte sur son propre terrain, ce qui ne pouvait avoir de raison d'être qu'à l'époque moderne, car le matérialisme proprement dit est d'origine fort récente, aussi bien que l'état d'esprit qui accorde aux phénomènes et à leur observation une importance presque exclusive. Si le but fut bien celui que nous venons de définir, en nous référant d'ailleurs aux affirmations de la H. B. of L., c'est maintenant le moment de rappeler ce que nous avons dit plus haut en passant, qu'il y a des initiés de sortes très différentes, et qui peuvent se trouver souvent en opposition entre eux ; ainsi, parmi les sociétés secrètes allemandes auxquelles nous avons fait allusion, il en est qui professaient au contraire des théories absolument matérialistes, quoique d'un matérialisme singulièrement plus étendu que celui de la science officielle. Bien entendu, quand nous parlons d'initiés comme nous le faisons en ce moment, nous ne prenons pas ce mot dans son acception la plus élevée, mais nous voulons simplement désigner par là des hommes possédant certaines connaissances qui ne sont pas dans le domaine public ; c'est pourquoi nous avons eu soin de préciser qu'il devait y avoir erreur à supposer que des « adeptes » aient pu être intéressés, au moins directement, à la création du mouvement spirite. Cette remarque permet de s'expliquer qu'il existe des contradictions et des oppositions entre des écoles différentes ; nous ne parlons naturellement que des écoles qui ont des connaissances réelles et sérieuses, bien que d'un ordre relativement inférieur, et qui ne ressemblent en rien aux multiples formes du « néo-spiritualisme » ; ces dernières en seraient plutôt des contrefaçons. Maintenant, une autre question se présente encore : susciter le spiritisme pour lutter contre le matérialisme, c'était en somme combattre une erreur par une autre erreur ; pourquoi donc agir ainsi ? Il se peut, à vrai dire, que le mouvement ait promptement dévié en s'étendant et se popularisant, qu'il ait échappé au contrôle de ses inspirateurs, et que le spiritisme ait pris dès lors un caractère qui ne répondait guère à leurs intentions ; quand on veut faire œuvre de vulgarisation, on doit s'attendre à des accidents de ce genre, qui sont à peu près inévitables, car il est des choses qu'on ne met pas impunément à la portée du premier venu, et cette vulgarisation risque d'avoir des conséquences qu'il est presque impossible de prévoir ; et, dans le cas qui nous occupe, si même les promoteurs avaient prévu ces conséquences dans une certaine mesure, ils pouvaient encore penser, à tort et à raison, que c'était là un moindre mal en comparaison de celui qu'il s'agissait d'empêcher. Nous ne croyons pas, quant à nous que le spiritisme soit moins pernicieux que le matérialisme, quoique ses dangers soient tout différents ; mais d'autres peuvent juger les choses autrement, et estimer aussi que la coexistence de deux erreurs opposées, se limitant pour ainsi dire l'une l'autre, soit préférable à la libre expansion d'une seule de ces erreurs. Il se peut même que bien des courants d'idées, aussi divergents que possible, aient eu une origine analogue, et aient été destinés à servir à une sorte de jeu d'équilibre qui caractérise une politique très spéciale ; en cet ordre de choses, on aurait le plus grand tort de s'en tenir aux apparences extérieures. Enfin, si une action publique de quelque étendue ne peut s'opérer qu'au détriment de la vérité, certains en prennent assez facilement leur parti, trop facilement peut-être ; on connait l'adage : *vulgus vult decipi*, que quelques-uns complètent ainsi : *ergo decipiatur* ; et c'est là encore un trait, plus fréquent qu'on ne le croirait, de cette politique à laquelle nous faisons allusion. On peut ainsi garder la vérité pour soi et répandre en même temps des erreurs qu'on sait être telles, mais qu'on juge opportunes ; ajoutons qu'il peut y avoir aussi une tout autre attitude, consistant à dire la vérité pour ceux qui sont capables de la comprendre, sans trop se préoccuper des autres ; ces attitudes contraires ont peut-être toutes deux leur justification, suivant les cas, et il est probable que la première seule permet une action très générale ; mais c'est là un résultat auquel tous ne s'intéressent pas également, et la seconde répond à des préoccupations d'un ordre plus purement intellectuel. Quoi qu'il en soit, nous n'apprécions pas, nous exprimons seulement, à titre de possibilités, les conclusions auxquelles conduisent certaines déductions que nous ne pouvons songer à exposer entièrement ici ; cela nous entraînerait fort loin, et le spiritisme n'apparaîtrait plus là-dedans que comme un incident tout à fait secondaire. Du reste, nous n'avons pas la prétention de résoudre complètement toutes les questions que nous sommes amené à soulever ; nous pouvons cependant affirmer que, sur le sujet que nous avons traité dans ce chapitre, nous en avons dit certainement beaucoup plus qu'il n'en avait jamais été dit jusqu'ici.

Chapitre III
Débuts du spiritisme en France

Dès 1850, le *modern spiritualism* était répandu partout aux États-Unis, grâce à une propagande dans laquelle, fait à noter, les journaux socialistes se signalèrent tout particulièrement ; et, en 1852, les « spiritualistes » tinrent à Cleveland leur premier congrès général. C'est aussi en 1852 que la nouvelle croyance fit son apparition en Europe : elle fut importée d'abord en Angleterre par des médiums américains ; de là, l'année suivante, elle gagna l'Allemagne, puis la France. Toutefois, il n'y eut alors dans ces divers pays rien de comparable à l'agitation causée en Amérique, où, pendant une dizaine d'années surtout, phénomènes et théories furent l'objet des discussions les plus violentes et les plus passionnées.

C'est en France, comme nous l'avons dit, qu'on employa pour la première fois la dénomination de « spiritisme » ; et ce mot nouveau servit à désigner quelque chose qui, tout en se basant sur les mêmes phénomènes, était effectivement assez différent, quant aux théories, de ce qu'avait été jusqu'alors le *modern spiritualism* des Américains et des Anglais. On a souvent remarqué, en effet, que les théories exposées dans les « communications » dictées par les prétendus « esprits » sont généralement en rapport avec les opinions du milieu où elles sont produites, et où, naturellement, elles n'en sont acceptées qu'avec plus d'empressement ; cette observation peut permettre de se rendre compte, au moins en partie, de leur origine réelle. Les enseignements des « esprits », en France, furent donc en désaccord avec ce qu'ils étaient dans les pays anglo-saxons sur nombre de points qui, pour n'être pas de ceux que nous avons fait entrer dans la définition générale du spiritisme, n'en sont pas moins importants ; ce qui fit la plus grande différence, ce fut l'introduction de l'idée de réincarnation, dont les spirites français firent un véritable dogme, alors que les autres refusèrent presque tous de l'admettre. Ajoutons d'ailleurs que c'est surtout en France qu'on paraît avoir éprouvé, presque dès le début, le besoin de rassembler les « communications » obtenues de façon à en former un corps de doctrine ; c'est ce qui fait qu'il y eut une école spirite française possédant une certaine unité, du moins à l'origine, car cette unité était évidemment difficile à maintenir, et il se produisit par la suite diverses scissions qui donnèrent naissance à autant d'écoles nouvelles.

Le fondateur de l'école spirite française, ou du moins celui que ses adhérents s'accordent à regarder comme tel, fut Hippolyte Rivail : c'était un ancien instituteur de Lyon, disciple du pédagogue suisse Pestalozzi, qui avait abandonné l'enseignement pour venir à Paris, où il avait dirigé pendant quelque temps le théâtre des Folies-Marigny. Sur le conseil des « esprits », Rivail prit le nom celtique d'Allan Kardec, qui était censé avoir été le sien dans une existence antérieure ; c'est sous ce nom qu'il publia les divers ouvrages qui furent, pour les spirites français, le fondement même de leur doctrine, et qui le sont toujours restés pour la plupart d'entre eux [1]. Nous disons que Rivail publia ces ouvrages, mais non qu'il les écrivit à lui seul ; en effet, leur rédaction, et par suite la fondation du spiritisme français, furent en réalité l'œuvre de tout un groupe, dont il n'était en somme que le porte-parole. Les livres d'Allan Kardec sont une sorte d'œuvre collective, le produit d'une collaboration ; et, par là, nous entendons autre chose que la collaboration des « esprits », proclamée par Allan Kardec lui-même, qui déclare les avoir composés à l'aide des « communications » que lui et d'autres avaient reçues, et qu'il avait d'ailleurs fait contrôler, revoir et corriger par des « esprits supérieurs ». En effet, pour les spirites, puisque l'homme est fort peu changé par la mort, on ne peut se fier à ce que disent tous les « esprits » : il en est qui peuvent nous tromper, soit par malice, soit par simple ignorance, et c'est ainsi qu'on prétend expliquer les « communications » contradictoires ; seulement, il est permis de se demander comment les « esprits supérieurs » peuvent être distingués des autres. Quoi qu'il en soit, il est une opinion qui est assez répandue, même parmi les spirites, et qui est entièrement erronée : c'est celle d'après laquelle Allan Kardec aurait écrit ses livres sous une sorte d'inspiration ; la vérité est qu'il ne fut jamais médium, que c'était au contraire un magnétiseur (nous disons au contraire parce que ces deux qualités semblent incompatibles), et que c'est au moyen de ses « sujets » qu'il obtenait des « communications ». Quant aux « esprits supérieurs » par qui celles-ci furent

---

1 Les principaux ouvrages d'Allan Kardec sont les suivants : *Le Livre des Esprits* ; *Le Livre des Médiums* ; *La Genèse, les miracles et les prédictions selon le spiritisme* ; *Le Ciel et l'Enfer ou la Justice divine selon le spiritisme* ; *L'Évangile selon le spiritisme* ; *Le Spiritisme à sa plus simple expression* ; *Caractères de la révélation spirite*, etc.

corrigées et coordonnées, ils n'étaient pas tous « désincarnés » ; Rivail lui-même ne fut pas étranger à ce travail, mais il ne semble pas y avoir eu la plus grande part ; nous croyons que l'arrangement des « documents d'outre-tombe », comme on disait, doit être attribué surtout à divers membres du groupe qui s'était formé autour de lui. Seulement, il est probable que la plupart d'entre eux, pour des raisons diverses, préféraient que cette collaboration demeurât ignorée du public ; et d'ailleurs, si on avait su qu'il y avait là des écrivains de profession, cela eût peut-être fait douter un peu de l'authenticité des « communications », ou tout au moins de l'exactitude avec laquelle elles étaient reproduites, bien que leur style, du reste, fût loin d'être remarquable.

Nous pensons qu'il est bon de rapporter ici, sur Allan Kardec et sur la façon dont fut composée sa doctrine, ce qui a été écrit par le fameux médium anglais Dunglas Home, qui se montra souvent plus sensé que bien d'autres spirites : « Je classe la doctrine d'Allan Kardec parmi les illusions de ce monde, et j'ai de bonnes raisons pour cela... Je ne mets nullement en doute sa parfaite bonne foi... Sa sincérité se projeta, nuage magnétique, sur l'esprit sensitif de ceux qu'il appelait ses médiums. Leurs doigts confiaient au papier les idées qui s'imposaient ainsi forcément à eux, et Allan Kardec recevait ses propres doctrines comme des messages envoyés du monde des esprits. Si les enseignements fournis de cette manière émanaient réellement des grandes intelligences qui, selon lui, en étaient les auteurs, auraient-ils pris la forme que nous leur voyons ? Où donc Jamblique apprit-il si bien le français d'aujourd'hui ? Et comment Pythagore a-t-il pu si complètement oublier le grec, sa langue natale ?... Je n'ai jamais rencontré un seul cas de clairvoyance magnétique où le sujet ne reflétât directement ou indirectement les idées du magnétiseur. Ceci est démontré d'une manière frappante par Allan Kardec lui-même. Sous l'empire de sa volonté énergique, ses médiums étaient autant de machines à écrire, qui reproduisaient servilement ses propres pensées. Si parfois les doctrines publiées n'étaient pas conformes à ses désirs, il les corrigeait à souhait. On sait qu'Allan Kardec *n'était pas médium*. Il ne faisait que magnétiser ou « psychologiser » (qu'on nous pardonne ce néologisme) des personnes plus impressionnables que lui »[1]. Cela est

---
1 *Les Lumières et les Ombres du Spiritualisme*, pp. 112-114.

tout à fait exact, sauf que la correction des « enseignements » ne doit pas être attribuée au seul Allan Kardec, mais à son groupe tout entier ; et, de plus, la teneur même des « communications » pouvait déjà être influencée par les autres personnes qui assistaient aux séances, ainsi que nous l'expliquerons plus loin.

Parmi les collaborateurs d'Allan Kardec qui n'étaient pas de simples « sujets », quelques-uns étaient doués de facultés médiumniques diverses ; il en est un, en particulier, qui possédait un curieux talent de « médium dessinateur ». Nous avons trouvé à ce sujet, dans un article qui parut en 1859, deux ans après la publication du *Livre des Esprits*, un passage que nous croyons intéressant de reproduire, étant donnée la personnalité dont il s'agit : « Il y a quelques mois, une quinzaine de personnes appartenant à la société polie et instruite, dont quelques-unes ont même un nom dans la littérature, étaient réunies dans un salon du faubourg Saint-Germain pour contempler des dessins à la plume exécutés manuellement par un médium présent à la séance, mais inspirés et dictés par... Bernard Palissy. Je dis bien : M. S..., une plume à la main, une feuille de papier blanche devant lui, mais sans l'idée d'aucun sujet d'art, avait évoqué le célèbre potier. Celui-ci était venu et avait imprimé à ses doigts la suite de mouvements nécessaires pour exécuter sur le papier des dessins d'un goût exquis, d'une grande richesse d'ornementation, d'une exécution très délicate et très fine, dont un représente, si l'on veut bien le permettre, la maison habitée par Mozart dans la planète Jupiter ! Il faut ajouter, pour prévenir toute stupéfaction, que Palissy se trouve être le voisin de Mozart dans ce lieu retiré, ainsi qu'il l'a très positivement indiqué au médium. Il n'est pas douteux, d'ailleurs, que cette maison ne soit celle d'un grand musicien, car elle est toute décorée de croches et de clefs... Les autres dessins représentent également des constructions élevées dans diverses planètes ; l'une d'elles est celle du grand-père de M. S... Celui-ci parle de les réunir toutes dans un album ; ce sera littéralement un album de l'autre monde »[1]. Ce M. S..., qui, en dehors de ses singulières productions artistiques, fut un des collaborateurs les plus constants d'Allan Kardec, n'est autre que le célèbre dramaturge Victorien Sardou. Au même groupe appartenait un

---

[1] *La Doctrine spirite*, par le Dr Dechambre : *Gazette hebdomadaire de médecine et de chirurgie*, 1859.

PREMIÈRE PARTIE

autre auteur dramatique, beaucoup moins connu aujourd'hui, Eugène Nus ; mais celui-ci, par la suite, se sépara du spiritisme dans une certaine mesure [1], et il fut un des premiers adhérents français de la Société Théosophique. Nous mentionnerons encore, d'autant plus qu'il est probablement un des derniers survivants de la première organisation intitulée « Société parisienne d'études spirites », M. Camille Flammarion ; il est vrai qu'il n'y vint qu'un peu plus tard, et qu'il était fort jeune alors ; mais il est difficile de contester que les spirites l'aient regardé comme un des leurs, car, en 1869, il prononça un discours aux obsèques d'Allan Kardec. Pourtant, M. Flammarion a parfois protesté qu'il n'était point spirite, mais d'une façon quelque peu embarrassée ; ses ouvrages n'en montrent pas moins assez clairement ses tendances et ses sympathies ; et nous voulons parler ici de ses ouvrages en général, et non pas seulement de ceux qu'il a consacrés spécialement à l'étude des phénomènes dits « psychiques » ; ces derniers sont surtout des recueils d'observations, où l'auteur, malgré ses prétentions « scientifiques », a d'ailleurs fait entrer bien des faits qui n'ont point été sérieusement contrôlés. Ajoutons que son spiritisme, avoué ou non, n'empêcha pas M. Flammarion d'être nommé membre honoraire de la Société Théosophique lorsque celle-ci fut introduite en France [2].

S'il y a dans les milieux spirites un certain élément « intellectuel », ne fut-il qu'une petite minorité, on peut se demander comment il se fait tous les livres spirites, à commencer par ceux d'Allan Kardec, soient manifestement d'un niveau si bas. Il est bon de rappeler, à cet égard, que toute œuvre collective reflète surtout la mentalité des éléments les plus inférieurs du groupe qui l'a produite ; si étrange que cela paraisse, c'est pourtant une remarque qui est familière à tous ceux qui ont quelque peu étudié la « psychologie des foules » ; et c'est sans doute là une des raisons pour lesquelles les prétendues « révélations d'outre-tombe » ne sont généralement qu'un tissu de banalités, car elles sont effectivement, dans bien des cas, une œuvre collective, et, comme elles sont la base de tout le reste, ce caractère doit naturellement se retrouver dans toutes les productions spirites. De plus, les « intellectuels » du spiritisme sont surtout des littérateurs ; nous pouvons noter ici l'exemple de Victor

1 Voir les ouvrages d'Eugène Nus intitulés *Choses de l'autre monde*, *Les Grands Mystères* et *ÀA la recherche des destinées*.
2 *Le Lotus*, avril 1887, p. 125.

Hugo, qui, pendant son séjour à Jersey, fut converti au spiritisme par Mme de Girardin [1] ; chez les littérateurs, le sentiment prédomine le plus souvent sur l'intelligence, et le spiritisme est surtout chose sentimentale. Quant aux savants qui, ayant abordé l'étude des phénomènes sans idée préconçue, ont été amenés, d'une façon plus ou moins détournée et dissimulée, à entrer dans les vues des spirites (et nous ne parlons pas de M. Flammarion, qui est plutôt un vulgarisateur, mais de savants jouissant d'une réputation plus sérieuse et mieux établie), nous aurons l'occasion de revenir sur leur cas ; mais nous pouvons dire tout de suite que, en raison de leur spécialisation, la compétence de ces savants se trouve limitée à un domaine restreint, et que, hors de ce domaine, leur opinion n'a pas plus de valeur que celle du premier venu ; et d'ailleurs l'intellectualité proprement dite a fort peu de rapports avec les qualités requises pour réussir dans les sciences expérimentales telles que les modernes les conçoivent et les pratiquent.

Mais revenons aux origines du spiritisme français : on peut y vérifier ce que nous avons affirmé précédemment, que les « communications » sont en harmonie avec les opinions du milieu. En effet, le milieu où se recrutèrent surtout les premiers adhérents de la nouvelle croyance, ce fut celui des socialistes de 1848 ; on sait que ceux-ci étaient, pour la plupart, des « mystiques » dans le plus mauvais sens du mot, ou, si l'on veut, des « pseudo-mystiques » ; il était donc tout naturel qu'ils vinssent au spiritisme, avant même que la doctrine n'en eût été élaborée, et, comme ils influèrent sur cette élaboration, ils y retrouvèrent ensuite non moins naturellement leurs propres idées, réfléchies par ces véritables « miroirs psychiques » que sont les médiums. Rivail, qui appartenait à la Maçonnerie, avait pu y fréquenter beaucoup des chefs d'écoles socialistes, et il avait probablement lu les ouvrages de ceux qu'il ne connaissait pas personnellement ; c'est de là que proviennent la plupart des idées qui furent exprimées par lui et par son groupe, et notamment, comme nous avons eu déjà l'occasion de le dire ailleurs, l'idée de réincarnation ; nous avons signalé, sous ce rapport, l'influence certaine de Fourier et de Pierre Leroux [2]. Certains contemporains n'avaient pas manqué de faire le rapprochement,

---

1 Voir le récit donné par Auguste Vacquerie dans ses *Miettes de l'histoire*.
2 *Le Théosophisme*, p. 116.

et parmi eux le Dr Dechambre, dans l'article dont nous avons déjà cité un extrait un peu plus haut ; à propos de la façon dont les spirites envisagent la hiérarchie des êtres supérieurs, et après avoir rappelé les idées des néo-platoniciens (qui en étaient d'ailleurs beaucoup plus éloignées qu'il ne semble le croire), il ajoute ceci : « Les instructeurs invisibles de M. Allan Kardec n'auraient pas eu besoin de converser dans les airs avec l'esprit de Porphyre pour en savoir si long ; ils n'avaient qu'à causer quelques instants avec M. Pierre Leroux, plus facile probablement à rencontrer, ou encore avec Fourier [1]. L'inventeur du Phalanstère aurait été flatté de leur apprendre que notre âme revêtira un corps de plus en plus éthéré à mesure qu'elle traversera les huit cents existences (en chiffre rond) auxquelles elle est destinée. » Ensuite, parlant de la conception « progressiste », ou, comme on dirait plutôt aujourd'hui, « évolutionniste », à laquelle l'idée de la réincarnation est étroitement liée, le même auteur dit encore : « Ce dogme ressemble fort à celui de M. Pierre Leroux, pour qui les manifestations de la vie universelle, auxquelles il ramène la vie de l'individu, ne sont à chaque nouvelle existence qu'une étape de plus vers le progrès » [2]. Cette conception avait une telle importance pour Allan Kardec, qu'il l'avait exprimée dans une formule dont il avait fait en quelque sorte sa devise : « Naître, mourir, renaître encore et progresser sans cesse, telle est la loi. » Il serait facile de trouver bien d'autres similitudes portant sur des points secondaires ; mais il ne s'agit pas, pour le moment, de poursuivre un examen détaillé des théories spirites, et ce que nous venons de dire suffit pour montrer que, si le mouvement « spiritualiste » américain fut en réalité provoqué par des hommes vivants, c'est à des esprits également « incarnés » qu'on doit la constitution de la doctrine spirite française, directement pour ce qui est d'Allan Kardec et de ses collaborateurs, et indirectement quant aux influences plus ou moins « philosophiques » qui s'exercèrent sur eux ; mais, cette fois, ceux qui intervinrent ainsi n'étaient plus du tout des initiés, même d'un ordre inférieur. Nous n'entendons pas, pour les raisons que nous avons dites, continuer à suivre le spiritisme dans toutes les étapes de son développement ; mais les considérations historiques qui précèdent, ainsi que les explications dont elles ont été l'occasion, étaient indispensables pour

---

1 Voir surtout, à ce sujet, la *Théorie des quatre mouvements* de Fourier.
2 *La Doctrine spirite*, par le Dr Dechambre.

permettre de comprendre ce qui va suivre.

Chapitre IV
Caractère moderne du spiritisme

Ce qu'il y a de nouveau dans le spiritisme, comparé à tout ce qui avait existé antérieurement, ce ne sont pas les phénomènes, qui ont été connus de tout temps, ainsi que nous l'avons déjà fait remarquer à propos des « maisons hantées » ; et il serait d'ailleurs bien étonnant que ces phénomènes, s'ils sont réels, aient attendu jusqu'à notre époque pour se manifester, ou que du moins personne ne s'en soit aperçu jusque là. Ce qu'il y a de nouveau, ce qui est spécialement moderne, c'est l'interprétation que les spirites donnent des phénomènes dont ils s'occupent, la théorie par laquelle ils prétendent les expliquer ; mais c'est justement cette théorie qui constitue proprement le spiritisme, comme nous avons eu soin d'en avertir dès le début ; sans elle, il n'y aurait pas de spiritisme, mais il y aurait quelque chose d'autre, et quelque chose qui pourrait même être totalement différent. Il est tout à fait essentiel d'insister là-dessus, d'abord parce que ceux qui sont insuffisamment au courant de ces questions ne savent pas faire les distinctions nécessaires, et ensuite parce que les confusions sont entretenues par les spirites eux-mêmes, qui se plaisent à affirmer que leur doctrine est vieille comme le monde. C'est là, d'ailleurs, une attitude singulièrement illogique chez des gens qui font profession de croire au progrès ; les spirites ne vont pas jusqu'à se recommander d'une tradition imaginaire, comme le font les théosophistes contre qui nous avons formulé ailleurs la même objection [1], mais ils semblent voir du moins, dans l'ancienneté qu'ils attribuent faussement à leur croyance (et beaucoup le font certainement de très bonne foi), une raison susceptible de la fortifier dans une certaine mesure. Au fond, tous ces gens n'en sont pas à une contradiction près, et s'ils ne s'aperçoivent même pas de la contradiction, c'est parce que l'intelligence entre pour fort peu de chose dans leur conviction ; c'est pourquoi leurs théories, étant surtout d'origine et d'essence sentimentales, ne méritent pas vraiment le nom de doctrine, et, s'ils y sont attachés, c'est presque uniquement parce qu'ils les trouvent « consolantes » et

---
1 *Le Théosophisme*, p. 108.

propres à satisfaire les aspirations d'une vague religiosité.

La croyance même au progrès, qui joue un rôle si important dans le spiritisme, montre déjà que celui-ci est chose essentiellement moderne, puisqu'elle est elle-même toute récente et ne remonte guère au delà de la seconde moitié du XVIIIe siècle, époque dont les conceptions, nous l'avons vu, ont laissé des traces dans la terminologie spirite, de même qu'elles ont inspiré toutes ces théories socialistes et humanitaires qui ont, d'une façon plus immédiate, fourni les éléments doctrinaux du spiritisme, parmi lesquels il faut noter tout spécialement l'idée de la réincarnation. Cette idée, en effet, est extrêmement récente aussi, malgré des assertions contraires maintes fois répétées, et qui ne reposent que sur des assimilations entièrement erronées ; c'est également vers la fin du XVIIIe siècle que Leasing la formula pour la première fois, à notre connaissance du moins, et cette constatation reporte notre attention vers la Maçonnerie allemande, à laquelle cet auteur appartenait, sans compter qu'il fut vraisemblablement en rapport avec d'autres sociétés secrètes du genre de celles dont nous avons parlé précédemment ; il serait curieux que ce qui souleva tant de protestations de la part des « spiritualistes » américains ait eu des origines apparentées à celles de leur propre mouvement. Il y aurait lieu de se demander si ce n'est pas par cette voie que la conception exprimée par Lessing a pu se transmettre un peu plus tard à certains socialistes français ; mais nous ne pouvons rien assurer à cet égard, car il n'est pas prouvé que Fourier et Pierre Leroux en aient eu réellement connaissance, et il peut se faire, après tout, que la même idée leur soit venue d'une façon indépendante, pour résoudre une question qui les préoccupait fortement, et qui était tout simplement celle de l'inégalité des conditions sociales. Quoi qu'il en soit, ce sont eux qui ont été vraiment les promoteurs de la théorie réincarnationniste, popularisée par le spiritisme qui la leur a empruntée, et où d'autres sont ensuite venus la chercher à leur tour. Nous renverrons à la seconde partie de cette étude l'examen approfondi de cette conception, qui, si grossière qu'elle soit, a acquis de nos jours une véritable importance en raison de l'étonnante fortune que le spiritisme français lui a faite : non seulement elle a été adoptée par la plupart des écoles « néo-spiritualistes » qui ont été créées ultérieurement, et dont certaines, comme le théosophisme en particulier, sont arrivées à la faire pénétrer dans les milieux, jusqu'alors réfractaires, du spiritisme anglo-saxon ; mais encore on voit des gens qui l'acceptent sans être rattachés de près ou de loin à aucune de ces écoles, et qui ne se doutent pas qu'ils subissent en cela l'influence de certains courants mentaux dont ils ignorent à peu près tout, dont peut-être ils connaissent à peine l'existence. Pour le moment, nous nous bornerons à dire, en nous réservant de l'expliquer par la suite, que la réincarnation n'a absolument rien de commun avec des conceptions anciennes comme celles de la « métempsychose » et de la « transmigration », auxquelles les « néo-spiritualistes » veulent l'identifier abusivement ; et l'on peut au moins pressentir, parce que nous avons dit en cherchant à définir le spiritisme, que l'explication des différences capitales qu'ils méconnaissent se trouve dans ce qui se rapporte à la constitution de l'être humain, aussi bien pour cette question que pour celle de la communication avec les morts, sur laquelle nous allons dès maintenant nous arrêter plus longuement.

Il est une erreur assez répandue, qui consiste à vouloir rattacher le spiritisme au culte des morts, tel qu'il existe plus ou moins dans toutes les religions, et aussi dans diverses doctrines traditionnelles qui n'ont aucun caractère religieux ; en réalité, ce culte, sous quelque forme qu'il se présente, n'implique nullement une communication effective avec les morts ; tout au plus pourrait-on parler peut-être, dans certains cas, d'une sorte de communication idéale, mais jamais de cette communication par des moyens matériels dont l'affirmation constitue le postulat fondamental du spiritisme. En particulier, ce qu'on appelle le « culte des ancêtres », établi en Chine conformément aux rites confucianistes (qui, il ne faut pas l'oublier, sont purement sociaux et non point religieux), n'a absolument rien à voir avec des pratiques évocatoires quelconques ; et cet exemple est pourtant un de ceux auxquels ont recours le plus fréquemment les partisans de l'antiquité et de l'universalité du spiritisme, qui précisent même que les évocations se font souvent, chez les Chinois, par des procédés tout à fait semblables aux leurs. Voici à quoi est due cette confusion : il y a effectivement, en Chine, des gens qui font usage d'instruments assez analogues aux « tables tournantes » ; mais ce sont là des pratiques divinatoires qui sont du domaine de la magie et qui sont tout à fait étrangères aux rites confucianistes. D'ailleurs, ceux qui font de la magie une profession sont profondément méprisés, là aussi bien que dans l'Inde, et l'emploi de ces procédés est regardé comme blâmable, en dehors de certains cas déterminés dont nous n'avons pas à nous occuper ici, et qui n'ont qu'une similitude tout extérieure avec les cas ordinaires ; l'essentiel, en effet, n'est pas le phénomène provoqué, mais le but pour lequel on le provoque, et aussi la façon dont il est produit. Ainsi, la première distinction qu'il y a lieu de faire est entre la magie et le « culte des ancêtres », et c'est même plus qu'une distinction, puisque c'est, en fait aussi bien qu'en droit, une séparation absolue ; mais il y a encore autre chose : c'est que la magie n'est point le spiritisme, qu'elle en diffère théoriquement du tout au tout, et pratiquement dans une très large mesure. D'abord, nous devons faire remarquer que le magicien est tout le contraire d'un médium ; il joue dans la production des phénomènes un rôle essentiellement actif, tandis que le médium est, par définition, un instrument purement passif ; le magicien aurait, sous ce rapport, plus d'analogie avec le magnétiseur, et le médium avec le « sujet » de celui-ci ; mais il faut ajouter que le magicien n'opère pas nécessairement au moyen d'un « sujet », que cela est même fort rare, et que le domaine où s'exerce son action est autrement étendu et complexe que celui où opère le magnétiseur. En second lieu, la magie n'implique point que les forces qu'elle met en jeu soient des « esprits » ou quelque chose d'analogue, et, là même où elle présente des phénomènes comparables à ceux du spiritisme, elle en fournit une tout autre explication ; on peut fort bien, par exemple, employer un procédé de divination quelconque sans admettre que les « âmes des morts » soient pour quoi que ce soit dans les réponses obtenues. Ce que nous venons de dire a d'ailleurs une portée tout à fait générale : les procédés que les spirites se félicitent de rencontrer en Chine existaient aussi dans l'antiquité grécoromaine ; ainsi, Tertullien parle de la divination qui se faisait « par le moyen des chèvres et des tables », et d'autres auteurs, comme Théocrite et Lucien, parlent aussi de vases et de cribles qu'on faisait tourner ; mais, en tout cela, c'est exclusivement de divination qu'il s'agit. Du reste, même si les « âmes des morts » peuvent, dans certains cas, être mêlées à des pratiques de ce genre (ce que semble indiquer le texte de Tertullien), ou, en d'autres termes, si l'évocation vient, plus ou moins exceptionnellement, s'y joindre à la divination pure et simple, c'est que les « âmes » dont il s'agit sont autre chose que ce que les spirites appellent des « esprits » ; elles sont seulement ce « quelque chose » à quoi nous avons fait allusion plus haut pour expliquer certains phénomènes, mais dont nous n'avons pas encore précisé la nature. Nous y reviendrons plus à loisir dans un instant, et nous achèverons ainsi de montrer que le spiritisme n'a aucun droit à se recommander de la magie, même envisagée dans cette branche spéciale qui concerne les évocations, si tant est que ce puisse être là une recommandation ; mais, de la Chine, à propos de laquelle nous avons été conduit à ces considérations, il nous faut auparavant passer à l'Inde, à propos de laquelle il a été commis d'autres erreurs du même ordre que nous tenons à relever également en particulier.

Nous avons trouvé, à cet égard, des choses étonnantes dans un livre qui a pourtant une apparence sérieuse, ce qui est d'ailleurs la raison pour laquelle nous croyons devoir le mentionner ici spécialement : ce livre, assez connu, est celui du Dr Paul Gibier [1], qui n'était nullement un spirite ; il veut avoir une attitude scientifiquement impartiale, et toute la partie expérimentale semble fort consciencieusement faite. Seulement, on peut se demander comment il se fait que presque tous ceux qui se sont occupés de ces choses, même en prétendant s'en tenir à un point de vue strictement scientifique et en s'abstenant de conclure en faveur de l'hypothèse spirite, aient cru nécessaire d'afficher des opinions anticatholiques qui ne paraissent pas avoir un rapport bien direct avec ce dont il s'agit ; il y a là quelque chose qui est vraiment étrange ; et le livre du Dr Gibier contient, dans ce genre, des passages capables de rendre jaloux M. Flammarion lui-même, qui aime tant à introduire des déclamations de cette sorte jusque dans ses ouvrages de vulgarisation astronomique. Mais ce n'est pas à cela que nous voulons nous arrêter pour le moment ; il y a autre chose sur quoi il est plus important d'insister, parce que beaucoup de gens peuvent ne pas s'en apercevoir : c'est que ce même livre contient, en ce qui concerne l'Inde, de véritables énormités. La provenance, d'ailleurs, en est facile à indiquer : l'auteur a eu le tort très grave

---

1 *Le Spiritisme ou Fakirisme occidental.*

PREMIÈRE PARTIE

d'ajouter foi, d'une part, aux récits fantaisistes de Louis Jacolliot [1], et, d'autre part, aux documents non moins fantaisistes qui lui avaient été communiqués par une certaine « Société Atmique » qui existait alors à Paris (c'était en 1886), et qui d'ailleurs n'était guère représentée que par son seul fondateur, l'ingénieur Tremeschini. Nous ne nous arrêterons pas sur les erreurs de détail, comme celle qui consiste à prendre le titre d'un traité astronomique pour le nom d'un homme [2] ; elles ne sont intéressantes qu'en ce qu'elles montrent déjà le peu de sérieux des renseignements utilisés. Nous avons parlé d'énormités ; nous ne croyons pas que le mot soit trop fort pour qualifier des choses comme celles-ci : « La doctrine spirite moderne… se trouve presque complètement d'accord avec la religion ésotérique actuelle des brahmes. Or celle-ci s'enseignait aux initiés des degrés inférieurs dans les temples de l'Himâlaya, il y a peut-être plus de *cent mille ans* ! Le rapprochement est au moins curieux, et l'on peut dire, sans tomber dans le paradoxe, que le spitisme n'est que le brahmanisme ésotérique à l'air libre » [3]. D'abord, il n'y a pas de « Brâhmanisme ésotérique » à proprement parler, et, comme nous nous sommes déjà expliqué là-dessus ailleurs [4], nous n'y reviendrons pas ; mais, y en eût-il un, il ne pourrait pas avoir le moindre rapport avec le spiritisme, parce que ce serait contradictoire avec les principes mêmes du Brâhmanisme en général, et aussi parce que le spiritisme est une des doctrines les plus grossièrement exotériques qui aient jamais existé. Si l'on veut faire allusion à la théorie de la réincarnation, nous répéterons qu'elle n'a jamais été enseignée dans l'Inde, même par les Bouddhistes, et qu'elle appartient en propre aux occidentaux modernes ; ceux qui prétendent le contraire ne savent pas de quoi ils parlent [5] ; mais l'erreur de notre auteur est encore plus grave et plus complète, car voici ce que nous lisons plus loin : « Chez les brahmes, la pratique de l'évocation des morts est la base fondamentale de la liturgie des temples et

---

1 *Le Spiritisme dans la Monde ; La Bible dans l'Inde ; Les Fils de Dieu ; Christna et le Christ ; Histoire des Vierges ; La Genèse de l'Humanité*, etc.
2 *Sûrya-Shiddhanta* (orthographié *Souryo-Shiddhanto*) ; on précise même que cet astronome imaginaire aurait vécu il y a cinquante-huit mille ans !
3 *Le Spiritisme*, p. 76.
4 *Introduction générale à l'étude des doctrines hindoues*, pp. 152-154.
5 Le Dr Gibier va jusqu'à traduire avatars par « réincarnations » (p. 117), et il croit que ce terme s'applique à l'âme humaine.

le fond de la doctrine religieuse » [1]. Cette assertion est exactement le contraire de la vérité : nous pouvons affirmer de la façon la plus catégorique que tous les Brâhmanes sans exception, bien loin de faire de l'évocation un élément fondamental de leur doctrine et de leurs rites, la proscrivent absolument et sous toutes ses formes. Il parait que ce sont « les récits des voyageurs européens », et probablement surtout ceux de Jacolliot, qui ont appris au Dr Gibier que « les évocations des âmes des ancêtres ne peuvent être faites que par les brahmes des divers degrés » [2] ; or les pratiques de ce genre, quand elles ne peuvent être entièrement supprimées, sont du moins abandonnées à des hommes des classes les plus inférieures, souvent même à des *châṇḍâlas*, c'est-à-dire à des hommes sans caste (ce que les Européens appellent des *parias*), et encore s'efforce-t-on de les en détourner autant qu'il est possible. Jacolliot est manifestement de mauvaise foi dans bien des cas, comme lorsqu'il travestit *Isha Krishna en Jezeus Christna* pour les besoins d'une thèse antichrétienne ; mais, de plus, lui et ses pareils peuvent fort bien avoir été parfois mystifiés, et, s'il leur est arrivé, au cours de leur séjour dans l'Inde, d'être témoins de phénomènes réels, on s'est certainement bien gardé de leur en faire connaître la véritable explication. Nous faisons allusion surtout aux phénomènes des fakirs ; mais, avant d'aborder ce point, nous dirons encore ceci : dans l'Inde, lorsqu'il arrive que ce que les spirites appellent médiumnité se manifeste spontanément (nous disons spontanément parce que nul ne chercherait jamais à acquérir ou à développer cette faculté), on considère que c'est là une véritable calamité pour le médium et pour son entourage ; les gens du peuple n'hésitent pas à attribuer au diable les phénomènes de cet ordre, et ceux mêmes qui y mêlent les morts dans une certaine mesure n'envisagent que l'intervention des *prêtas*, c'est-à-dire d'éléments inférieurs qui demeurent attachés au cadavre, éléments rigoureusement identiques aux « mânes » des anciens Latins, et qui ne représentent aucunement l'esprit. Partout, du reste, les médiums naturels ont toujours été regardés comme des « possédés » ou des « obsédés », suivant les cas, et on ne s'est occupé d'eux que pour s'efforcer de les délivrer et de les guérir ; il n'y a que les spirites qui aient fait de cette infirmité un privilège, qui cherchent à l'entretenir et à la cultiver, voire même à la provo-

1 *Le spiritisme*, p. 117.
2 *Ibid.*, p.118.

quer artificiellement, et qui entourent d'une incroyable vénération les malheureux qui en sont affligés, au lieu de les regarder comme un objet de pitié ou de répulsion. Il suffit de n'avoir aucun préjugé pour voir clairement le danger de cet étrange renversement des choses : le médium, quelle que soit la nature des influences qui s'exercent sur lui et par lui, doit être considéré comme un véritable malade, comme un être anormal et déséquilibré ; dès lors que le spiritisme, bien loin de remédier à ce déséquilibre, tend de toutes ses forces à le propager, il doit être dénoncé comme dangereux pour la salubrité publique ; et d'ailleurs, ce n'est pas là son unique danger.

Mais revenons à l'Inde, à propos de laquelle il nous reste à traiter une dernière question, afin de dissiper l'équivoque qui s'exprime dans le titre même que le Dr Gibier a donné à son livre : qualifier le spiritisme de « fakirisme occidental », c'est prouver tout simplement qu'on ne connaît rien, non du spiritisme sur lequel il est trop facile de se renseigner, mais du fakirisme. Le mot *fakir*, qui est arabe et signifie proprement un « pauvre » ou un « mendiant », est appliqué dans l'Inde à une catégorie d'individus qui sont fort peu considérés en général, sauf des Européens, et qu'on ne regarde que comme des sortes de jongleurs amusant la foule par leurs tours. En disant cela, nous ne voulons pas dire que l'on conteste le moins du monde la réalité de leurs pouvoirs spéciaux ; mais ces pouvoirs, dont l'acquisition suppose un entraînement long et pénible, sont d'ordre inférieur et, comme tels, jugés peu désirables ; les rechercher, c'est montrer qu'on est incapable d'atteindre des résultats d'un autre ordre, pour lesquels ils ne peuvent être qu'un obstacle ; et nous trouvons encore ici un exemple du discrédit qui s'attache, en Orient, à tout ce qui est du domaine de la magie. En fait, les phénomènes des fakirs sont parfois simulés ; mais cette simulation même suppose une puissance de suggestion collective, s'exerçant sur tous les assistants, qui n'est guère moins étonnante, à première vue, que la production des phénomènes réels ; cela n'a rien de commun avec la prestidigitation (qui est exclue par les conditions mêmes auxquelles se soumettent tous les fakirs), et c'est bien autre chose que l'hypnotisme des Occidentaux. Quant aux phénomènes réels, dont les autres sont une imitation, ils sont, nous l'avons dit, du ressort de la magie ; le fakir, toujours actif et conscient dans leur production, est un magicien, et, dans l'autre cas, il peut être assimilé à un magnétiseur ; il ne ressemble donc en rien au médium, et même, si un individu possède la moindre dose de médiumnité, cela suffit à le rendre incapable d'obtenir aucun des phénomènes du fakirisme de la façon qui caractérise essentiellement celui-ci, car les procédés mis en œuvre sont diamétralement opposés, et cela même pour les effets qui présentent quelque ressemblance extérieure ; du reste, cette ressemblance n'existe que pour les plus élémentaires des phénomènes présentés par les fakirs. D'autre part, aucun fakir n'a jamais prétendu que les « esprits » ou les « âmes des morts » eussent la moindre part à la production de ces phénomènes ; ou du moins, s'il en est qui ont dit quelque chose de ce genre à des Européens tels que Jacolliot, ils n'en croyaient absolument rien ; comme la plupart des Orientaux, ils ne faisaient en cela que répondre dans le sens de l'opinion préconçue qu'ils découvraient chez leurs interlocuteurs, à qui ils ne voulaient pas faire connaître la vraie nature des forces qu'ils maniaient ; et d'ailleurs, à défaut d'autres motifs pour agir ainsi, ils devaient juger que toute explication véritable eût été parfaitement inutile, étant donnée la mentalité des gens à qui ils avaient affaire. Si peu instruits que soient certains fakirs, ils ont encore quelques notions qui paraîtraient « transcendantes » à la généralité des Occidentaux actuels ; et, sur les choses même qu'ils sont incapables d'expliquer, ils n'ont point ces idées fausses qui sont tout l'essentiel du spiritisme, car ils n'ont aucune raison de faire des suppositions qui seraient en complet désaccord avec toutes les conceptions traditionnelles hindoues. La magie des fakirs n'est point de la magie évocatoire, que nul n'oserait exercer publiquement ; les morts n'y sont donc absolument pour rien ; et, d'autre part, la magie évocatoire elle-même, si l'on comprend bien ce qu'elle est, peut plutôt contribuer à renverser l'hypothèse spirite qu'à la confirmer. Nous avons cru bon de donner tous ces éclaircissements, au risque de paraître un peu long, parce que, sur cette question du fakirisme et sur celles qui lui sont connexes, l'ignorance est générale en Europe : les occultistes n'en savent guère plus là-dessus que les spirites et les « psychistes » [1] ; d'un autre côté, certains écrivains catholiques qui ont voulu traiter le même sujet se sont bornés à reproduire les erreurs qu'ils ont trouvées chez les

---

[1] Pour l'interprétation occultiste, voir *Le Fakirisme hindou*, par Sédir.

autres [1] ; quant aux savants « officiels », ils se contentent naturellement de nier ce qu'ils ne peuvent expliquer, à moins que, plus prudemment encore, ils ne préfèrent le passer sous silence.

Si les choses sont telles que nous venons de le dire dans les antiques civilisations qui se sont maintenues jusqu'à nos jours, comme celles de la Chine et de l'Inde, il y a déjà de fortes présomptions pour qu'il en ait été de même dans les civilisations disparues qui, d'après tout ce qu'on en sait, reposaient sur des principes traditionnels analogues. C'est ainsi, par exemple, que les anciens Égyptiens envisageaient la constitution de l'être humain d'une façon qui ne s'éloigne guère des conceptions hindoues et chinoises ; il semble bien qu'il en ait été de même pour les Chaldéens ; on avait donc dû tirer de là des conséquences semblables, tant en ce qui concerne les états posthumes que pour expliquer spécialement les évocations. Nous n'avons pas à entrer ici dans le détail, mais seulement à donner des indications générales ; et il ne faut pas s'arrêter à certaines divergences apparentes, qui ne sont point des contradictions, mais qui correspondent seulement à une diversité de points de vue ; d'une tradition à une autre, si la forme diffère, le fond reste identique, et cela tout simplement parce que la vérité est une. Cela est tellement vrai que des peuples comme les Grecs et les Romains, qui avaient déjà perdu en grande partie la raison d'être de leurs rites et de leurs symboles, gardaient cependant encore certaines données qui concordent parfaitement avec tout ce qu'on trouve plus complètement ailleurs, mais que les modernes ne comprennent plus ; et l'ésotérisme de leurs « mystères » comportait probablement beaucoup d'enseignements qui, chez les Orientaux, sont exposés plus ouvertement, sans pourtant être jamais vulgarisés, parce que leur nature même s'y oppose ; d'ailleurs, nous avons bien des raisons de penser que les « mystères » eux-mêmes avaient une origine tout orientale. Nous pouvons donc, en parlant de la magie et des

---

1 Voir *Le Fakirisme*, par Charles Godard, qui cite Jacolliot comme une autorité, croit à l'existence de l' « adepte » Koot-Hoomi, et va jusqu'à confondre le fakirisme avec le yoga et avec diverses choses d'un tout autre caractère. Cet auteur était d'ailleurs un ancien occultiste, bien qu'il l'ait nié en des termes qui nous autorisent à suspecter fortement sa sincérité (*L'Occultisme contemporain*, p. 70) ; maintenant qu'il est mort, il n'y a sans doute aucun inconvénient pour personne à faire connaître qu'il collabora longtemps à l'*Initiation* sous le pseudonyme de *Saturninus* ; dans l'*Echo du Merveilleux,* il signait *Timothée.*

évocations, dire que tous les anciens les comprenaient de la même façon ; on retrouverait partout les mêmes idées, quoique revêtues d'expressions diverses, parce que les anciens, comme les Orientaux d'aujourd'hui, savaient vraiment à quoi s'en tenir sur ces choses. Dans tout ce qui nous est parvenu, on ne trouve pas trace de quoi que ce soit qui ressemble au spiritisme ; et pour le reste, nous voulons dire pour ce qui est entièrement perdu, il est trop évident que les spirites ne peuvent l'invoquer en leur faveur, et que, si l'on peut en dire quelque chose, c'est que des raisons de cohérence et d'analogie conduisent à penser qu'ils n'y trouveraient pas davantage de quoi justifier leurs prétentions.

C'est la distinction de la magie et du spiritisme que nous voulons encore préciser maintenant, de façon à compléter ce que nous en avons déjà dit ; et tout d'abord, pour écarter certains malentendus, nous dirons que la magie est proprement une science expérimentale, qui n'a rien à voir avec des conceptions religieuses ou pseudo-religieuses quelconques ; ce n'est point ainsi que se comporte le spiritisme, dans lequel ces dernières sont prédominantes, et cela même lorsqu'il se prétend « scientifique ». Si la magie a toujours été traitée plus ou moins comme une « science occulte », réservée à un petit nombre, c'est en raison des graves dangers qu'elle présente ; pourtant, sous ce rapport, il y a une différence entre celui qui, s'entourant de toutes les précautions nécessaires, provoque consciemment des phénomènes dont il a étudié les lois, et celui qui, ignorant tout de ces lois, se met à la merci de forces inconnues en attendant passivement ce qui va se produire ; on voit par là tout l'avantage que le magicien a sur le spirite, médium ou simple assistant, même en admettant que toutes les autres conditions soient comparables. En parlant des précautions nécessaires, nous pensons aux règles précises et rigoureuses auxquelles sont soumises les opérations magiques, et qui ont toutes leur raison d'être ; les spirites négligent jusqu'aux plus élémentaires de ces règles, ou plutôt ils n'en ont pas la moindre idée, et ils agissent comme des enfants qui, inconscients du danger, joueraient avec les machines les plus redoutables, et déclencheraient ainsi, sans que rien puisse les en protéger, des forces capables de les foudroyer. Il va sans dire que tout cela n'est pas pour recommander la magie, bien au contraire, mais uniquement pour montrer que, si elle est fort dangereuse, le spiritisme l'est bien davantage ; et il l'est encore d'une autre façon, en ce sens qu'il est dans le domaine public, tandis que la magie fut toujours réservée à quelques-uns, d'abord parce qu'on la tenait volontairement cachée, précisément parce qu'on l'estimait redoutable, et ensuite en raison des connaissances qu'elle suppose et de la complexité de ses pratiques. D'ailleurs, il est à remarquer que ceux qui ont de ces choses une connaissance complète et profonde se sont toujours abstenus rigoureusement des pratiques magiques, à part quelques cas tout à fait exceptionnels, et où ils agissent d'une tout autre manière que le magicien ordinaire ; celui-ci est donc le plus souvent un « empirique », dans une certaine mesure du moins, non qu'il soit dépourvu de toute connaissance, mais en ce sens qu'il ne sait pas toujours les vraies raisons de tout ce qu'il fait ; mais, en tout cas, si de tels magiciens s'exposent à certains dangers, comme ils ont toujours été peu nombreux (et d'autant moins nombreux que ces pratiques, à part celles qui sont relativement inoffensives, sont sévèrement prohibées, et à juste titre, par la législation de tous les peuples qui savent de quoi il s'agit), le péril est très limité, tandis que, avec le spiritisme, il est pour tous sans exception. Mais en voilà assez sur la magie en général ; nous ne considérerons plus maintenant que la magie évocatoire, branche fort restreinte, et la seule avec laquelle le spiritisme puisse prétendre avoir des rapports ; à vrai dire, bien des phénomènes qui se manifestent dans les séances spirites ne relèvent point de ce domaine spécial, et il n'y a alors d'évocation que dans l'intention des assistants, non dans les résultats effectivement obtenus ; mais, sur la nature des forces qui interviennent dans ce cas, nous réserverons nos explications pour un autre chapitre. Pour tout ce qui rentre dans cette catégorie, même s'il s'agit de faits semblables, il est trop évident que l'interprétation magique et l'interprétation spirite sont totalement différentes ; pour les évocations, nous allons voir qu'elles ne le sont guère moins, en dépit de certaines apparences trompeuses.

De toutes les pratiques magiques, les pratiques évocatoires sont celles qui, chez les anciens, furent l'objet des interdictions les plus formelles ; et pourtant on savait alors que ce qu'il pouvait s'agir d'évoquer réellement, ce n'étaient point des « esprits » au sens moderne, que les résultats auxquels on pouvait prétendre étaient en somme de bien moindre importance ; comment donc eût-on jugé le spiritisme, à supposer, ce qui n'est pas, que les affirmations de celui-ci répondissent à quelque possibilité ? On savait bien, disons-nous, que ce qui peut être évoqué ne représente point l'être réel et personnel, désormais hors d'atteinte parce qu'il est passé à un autre état d'existence (nous en reparlerons dans la seconde partie de cette étude), que ce sont uniquement ces éléments inférieurs que l'être a en quelque sorte laissés derrière lui, dans le domaine de l'existence terrestre, à la suite de cette dissolution du composé humain que nous appelons la mort. C'est là, nous l'avons déjà dit, ce que les anciens Latins appelaient les « mânes » ; c'est aussi ce à quoi les Hébreux donnaient le nom d'*ob*, qui est toujours employé dans les textes bibliques quand il est question d'évocations, et que certains prennent à tort pour la désignation d'une entité démoniaque. En effet, la conception hébraïque de la constitution de l'homme concorde parfaitement avec toutes les autres ; et, en nous servant, pour nous faire mieux comprendre à ce sujet, de correspondances empruntées au langage aristotélicien, nous dirons que non seulement l'*ob* n'est point l'esprit ou l' « âme rationnelle » (*neshamah*), mais qu'il n'est pas davantage l' « âme sensitive » (*ruahh*), ni même l' « âme végétative » (*nephesh*). Sans doute la tradition judaïque semble indiquer, comme une des raisons de la défense d'évoquer l'*ob*[1], qu'un certain rapport subsiste entre lui et les principes supérieurs, et ce point serait à examiner de plus près en tenant compte de la façon assez particulière dont cette même tradition envisage les états posthumes de l'homme ; mais, en tout cas, ce n'est pas à l'esprit que l'*ob* demeure lié directement et immédiatement, c'est au contraire au corps, et c'est pourquoi la langue rabbinique l'appelle *habal de garmin* ou « souffle des ossements »[2] ; c'est précisément ce qui permet d'expliquer les phénomènes que nous avons signalés plus haut. Ainsi, ce dont il s'agit ne ressemble en rien au « périsprit » des spirites, ni au « corps astral » des occultistes, qui sont supposés revêtir l'esprit même du mort ; et d'ailleurs il y a encore une autre différence capitale, car ce n'est nullement un corps : c'est, si l'on veut, comme une forme subtile, qui peut seulement prendre une apparence corporelle illusoire en se manifestant dans

---

1 *Deutéronome*, XVIII, 11.
2 Et non pas « corps de la résurrection », comme l'a traduit l'occultiste allemand Carl von Leiningen (communication faite à la Société Psychologique de Munich, le 5 mars 1887).

certaines conditions, d'où le nom de « double » que lui donnaient alors les Egyptiens. Du reste, ce n'est véritablement qu'une apparence sous tous les rapports : séparé de l'esprit, cet élément ne peut être conscient au vrai sens de ce mot ; mais il possède néanmoins un semblant de conscience, image virtuelle, pour ainsi dire, de ce qu'était la conscience du vivant ; et le magicien, revivifiant cette apparence en lui prêtant ce qui lui fait défaut, donne temporairement à sa conscience réflexe une consistance suffisante pour en obtenir des réponses lorsqu'il l'interroge, ainsi que cela a lieu notamment quand l'évocation est faite pour un but divinatoire, ce qui constitue proprement la « nécromancie ». Nous nous excuserons si ces explications, qui seront d'ailleurs complétées par ce que nous dirons à propos de forces d'un autre ordre, ne paraissent pas parfaitement claires ; il est fort difficile de rendre ces choses en langage ordinaire, et on est bien forcé de se contenter d'expressions qui ne représentent souvent que des approximations ou des « façons de parler » ; la faute en est pour une bonne part à la philosophie moderne, qui, ignorant totalement ces questions, ne peut nous fournir une terminologie adéquate pour les traiter. Maintenant, il pourrait encore se produire, à propos de la théorie que nous venons d'esquisser, une équivoque qu'il importe de prévenir : il peut sembler, si l'on s'en tient à une vue superficielle des choses, que l'élément posthume dont il s'agit soit assimilable à ce que les théosophistes appellent des « coques », qu'ils font effectivement intervenir dans l'explication de la plupart des phénomènes du spiritisme ; mais il n'en est rien, quoique cette dernière théorie soit bien probablement dérivée de l'autre, mais par une déformation qui prouve l'incompréhension de ses auteurs. En effet, pour les théosophistes, une « coque » est un « cadavre astral », c'est-à-dire le reste d'un corps en voie de décomposition ; et, outre que ce corps est censé n'avoir été abandonné par l'esprit que plus ou moins longtemps après la mort, au lieu d'être essentiellement lié au « corps physique », la conception même de « corps invisibles » nous apparaît comme grossièrement erronée, et elle est une de celles qui nous font qualifier le « néo-spiritualisme » de « matérialisme transposé ». Sans doute, la théorie de la « lumière astrale » de Paracelse, qui est d'ailleurs d'une portée beaucoup plus générale que ce dont nous nous occupons présentement, contient au moins une part de vérité ; mais les occultistes ne l'ont guère comprise, et elle a fort peu de rapports avec leur « corps astral » ou avec le « plan » auquel ils donnent le même nom, conceptions toutes modernes, en dépit de leurs prétentions, et qui ne s'accordent avec aucune tradition authentique.

Nous joindrons à ce que nous venons de dire quelques réflexions qui, pour ne pas se rapporter directement à notre sujet, ne nous en paraissent pas moins nécessaires, parce qu'il faut tenir compte de la mentalité spéciale des Occidentaux actuels. Ceux-ci, en effet, quelles que soient leurs convictions religieuses ou philosophiques, sont pratiquement « positivistes », en grande majorité du moins ; il semble même qu'ils ne puissent sortir de cette attitude sans verser dans les extravagances du « néo-spiritualisme », peut-être parce qu'ils ne connaissent rien d'autre. Cela est à un tel point que bien des gens très sincèrement religieux, mais influencés par le milieu, tout en ne pouvant faire autrement que d'admettre certaines possibilités en principe, se refusent énergiquement à en accepter les conséquences et en arrivent à nier en fait, sinon en droit, tout ce qui ne rentre pas dans l'idée qu'ils se font de ce qu'on est convenu d'appeler la « vie ordinaire » ; à ceux-là, les considérations que nous exposons ne paraîtront sans doute pas moins étranges ni moins choquantes qu'aux « scientistes » les plus bornés. Cela nous importerait assez peu, à vrai dire, si les gens de cette sorte ne se croyaient parfois plus compétents que quiconque en fait de religion, et même qualifiés pour porter, au nom de cette religion, un jugement sur des choses qui dépassent leur entendement ; c'est pourquoi nous pensons qu'il est bon de leur faire entendre un avertissement, sans trop nous illusionner pourtant sur les effets qu'il produira. Nous rappellerons donc que nous n'entendons nullement nous placer ici au point de vue religieux, et que les choses dont nous parlons appartiennent à un domaine entièrement distinct de celui de la religion ; d'ailleurs, si nous exprimons certaines conceptions, c'est exclusivement parce que nous savons qu'elles sont vraies, donc indépendamment de toute préoccupation étrangère à la pure intellectualité ; mais nous ajouterons que, malgré cela, ces conceptions permettent, mieux que beaucoup d'autres, de comprendre certains points concernant la religion elle-même. Nous demanderons par exemple ceci : comment peut-on justifier le culte catholique des reliques, ou encore le pèlerinage aux tombeaux des saints, si l'on

PREMIÈRE PARTIE

n'admet pas que quelque chose qui n'est pas matériel demeure, d'une manière ou d'une autre, attaché au corps après la mort ? Cependant, nous ne dissimulerons pas que, en unissant ainsi les deux questions, nous présentons les choses d'une façon trop simplifiée ; en réalité, les forces dont il s'agit dans ce cas (et nous employons à dessein ce mot de « forces » dans un sens très général) ne sont point identiques à celles dont nous nous sommes occupé précédemment, quoiqu'il y ait un certain rapport ; elles sont d'un ordre bien supérieur, parce qu'il intervient autre chose qui est comme surajouté, et leur mise en œuvre ne relève plus aucunement de la magie, mais plutôt de ce que les néo-platoniciens appelaient la « théurgie » : encore une distinction qu'il convient de ne pas oublier. Pour prendre un autre exemple du même ordre, le culte des images et l'idée que certains lieux jouissent de privilèges spéciaux sont tout à fait inintelligibles si l'on n'admet pas qu'il y a là de véritables centres de forces (quelle que soit d'ailleurs la nature de ces forces), et que certains objets peuvent jouer en quelque sorte un rôle de « condensateurs » : qu'on se reporte simplement à la Bible et qu'on y voie ce qui est dit de l'arche d'alliance, ainsi que du temple de Jérusalem, et l'on comprendra peut-être ce que nous voulons dire. Nous touchons ici à la question des « influences spirituelles », sur laquelle nous n'avons pas à insister, et dont le développement rencontrerait d'ailleurs bien des difficultés ; pour l'aborder, on doit faire appel à des données proprement métaphysiques, et de l'ordre le plus élevé. Nous citerons seulement un dernier cas : dans certaines écoles d'ésotérisme musulman, le « Maître » (*Sheikh*) qui fut leur fondateur, bien que mort depuis des siècles, est regardé comme toujours vivant et agissant par son « influence spirituelle » (*barakah*) ; mais cela ne fait intervenir à aucun degré sa personnalité réelle, qui est, non seulement au delà de ce monde, mais aussi au delà de tous les « paradis », c'est-à-dire des états supérieurs qui ne sont encore que transitoires. On voit assez combien nous sommes loin ici, non plus seulement du spiritisme, mais même de la magie ; et, si nous en avons parlé, c'est surtout pour ne pas laisser incomplète l'indication des distinctions nécessaires ; la différence qui sépare ce dernier ordre de choses de tous les autres est même la plus profonde de toutes.

Nous pensons maintenant en avoir dit assez pour montrer que, avant les temps modernes, il n'y eut jamais rien de comparable au spiritisme ; pour l'Occident, nous avons surtout envisagé l'antiquité, mais tout ce qui se rapporte à la magie est également valable pour le moyen âge. Si pourtant on voulait à toute force trouver quelque chose à quoi l'on pût assimiler le spiritisme jusqu'à un certain point, et à la condition de ne le considérer que dans ses pratiques (puisque ses théories ne se rencontrent pas ailleurs), ce qu'on trouverait serait tout simplement la sorcellerie. En effet, les sorciers sont manifestement des « empiriques », encore que le plus ignorant d'entre eux en sache peut-être plus long que les spirites à plus d'un égard ; ils ne connaissent que les branches les plus basses de la magie, et les forces qu'ils mettent en jeu, les plus inférieures de toutes, sont celles-là mêmes auxquelles les spirites ont ordinairement affaire. Enfin, les cas de « possession » et d' « obsession », en corrélation étroite avec les pratiques de la sorcellerie, sont les seules manifestations authentiques de la médiumnité que l'on ait constatées avant l'apparition du spiritisme ; et, depuis lors, les choses ont-elles tellement changé que les mêmes mots ne leur soient plus applicables ? Nous n'en croyons rien ; mais vraiment, si les spirites ne peuvent se recommander que d'une parenté aussi suspecte et aussi peu enviable, nous leur conseillerions plutôt de renoncer à revendiquer pour leur mouvement une filiation quelconque, et de prendre leur parti d'une modernité qui, en bonne logique, ne devrait point être une gêne pour des partisans du progrès.

Chapitre 5
Spiritisme et occultisme

L'occultisme est aussi une chose fort récente, peut-être même un peu plus récente encore que le spiritisme ; ce terme semble avoir été employé pour la première fois par Alphonse-Louis Constant, plus connu sous le pseudonyme d'Eliphas Lévi, et il nous paraît bien probable que c'est lui qui en fut l'inventeur. Si le mot est nouveau, c'est que ce qu'il sert à désigner ne l'est pas moins : jusque là, il y avait eu des « sciences occultes », plus ou moins occultes d'ailleurs, et aussi plus ou moins importantes ; la magie était une de ces sciences, et non leur ensemble comme certains modernes l'ont prétendu [1] ; de même l'alchimie, l'astrologie et bien d'autres encore ; mais on n'avait jamais cherché à les réunir en un corps de doctrine unique, ce qu'implique essentiellement la dénomination d'« occultisme ». À vrai dire, ce soi-disant corps de doctrine est formé d'éléments bien disparates : Eliphas Lévi voulait le constituer surtout avec la kabbale hébraïque, l'hermétisme et la magie ; ceux qui vinrent après lui devaient donner à l'oc-cultisme un caractère assez différent. Les ouvrages d'Eliphas Lévi, quoique beaucoup moins profonds qu'ils ne veulent en avoir l'air, exercèrent une influence extrêmement étendue : ils inspirèrent les chefs des écoles les plus diverses, comme Mme Blavatsky, la fondatrice de la Société Théosophique, surtout à l'époque où elle publia *Isis Dévoilée*, comme l'écrivain maçonnique américain Albert Pike, comme les néo-rosicruciens anglais. Les théosophistes ont d'ailleurs continué à employer assez volontiers le mot d'occultisme pour qualifier leur propre doctrine, qu'on peut bien regarder en effet comme une variété spéciale d'occultisme, car rien ne s'oppose à ce qu'on fasse de cette désignation le nom générique d'écoles multiples dont chacune a sa conception particulière ; toutefois, ce n'est pas ainsi qu'on l'entend le plus habituellement. Eliphas Lévi mourut en 1875, l'année même où fut fondée la Société Théosophique ; en France, il se passa alors quelques années pendant lesquelles il ne fut plus guère question d'occultisme ; c'est vers 1887 que le Dr Gérard Encausse, sous le nom de Papus, reprit cette dénomination, en s'efforçant de grouper autour de lui tous ceux qui avaient des tendances analogues, et c'est surtout à partir du moment où il se sépara de la Société Théosophique, en 1890, qu'il prétendit en quelque sorte monopoliser le titre d'occultisme au profit de son école. Telle est la genèse de l'occultisme français ; on a dit parfois que cet occultisme n'était en somme que du « papusisme », et cela est vrai à plus d'un égard, car une bonne partie de ses théories ne sont effectivement que l'œuvre d'une fantaisie individuelle ; il en est même qui s'expliquent tout simplement par le désir d'opposer, à la fausse « tradition orientale » des théosophistes, une « tradition occidentale » non moins imaginaire. Nous n'avons pas ici à faire l'histoire de l'occultisme, ni à exposer l'ensemble de ses doctrines ; mais, avant de parler de ses rapports avec le spiritisme et de ce qui l'en distingue,

---

1 Papus, *Traité méthodique de Science occulte*, p. 324.

ces explications sommaires étaient indispensables, afin que personne ne puisse s'étonner de nous voir classer l'occultisme parmi les conceptions « néo-spiritualistes ».

Comme les théosophistes, les occultistes en général sont pleins de dédain pour les spirites, et cela se comprend jusqu'à un certain point, car le théosophisme et l'occultisme ont tout au moins une apparence superficielle d'intellectualité que n'a même pas le spiritisme, et ils peuvent s'adresser à des esprits d'un niveau un peu supérieur. Aussi voyons-nous Papus, faisant allusion au fait qu'Allan Kardec était un ancien instituteur, traiter le spiritisme de « philosophie primaire » [1] ; et voici comment il apprécie les milieux spirites : « Ne recrutant que peu de croyants dans les milieux scientifiques, cette doctrine s'est rabattue sur la quantité d'adhérents que lui fournirent les classes moyennes et surtout le peuple. Les « groupes d'études », tous plus « scientifiques » les uns que les autres, sont formés de personnes toujours très honnêtes, toujours de grande bonne foi, anciens officiers, petits commerçants ou employés, dont l'instruction scientifique et surtout philosophique laisse beaucoup à désirer. Les instituteurs sont des « lumières » dans ces groupes » [2]. Cette médiocrité est en effet très frappante ; mais Papus, qui critique si vivement le défaut de sélection parmi les adhérents du spiritisme, fut-il lui-même, pour sa propre école, toujours exempt de tout reproche sous ce rapport ? Nous aurons suffisamment répondu à cette question lorsque nous aurons fait remarquer que son rôle fut surtout celui d'un « vulgarisateur » ; cette attitude, bien différente de celle d'Eliphas Lévi, est tout à fait incompatible avec des prétentions à l'ésotérisme, et il y a là une contradiction que nous ne nous chargeons pas d'expliquer. En tout cas, ce qu'il y a de certain, c'est que l'occultisme, pas plus que le théosophisme, n'a rien de commun avec un ésotérisme véritable, sérieux et profond ; il faut n'avoir aucune notion de ces choses pour se laisser séduire par le vain mirage d'une « science initiatique » supposée, qui n'est en réalité qu'une érudition toute superficielle et de seconde ou de troisième main. La contradiction que nous venons de signaler n'existe pas dans le spiritisme, qui rejette absolument tout ésotérisme, et dont le caractère éminemment

---

1 *Traité méthodique de Science occulte*, pp. 324 et 909.
2 *Traité méthodique de Science occulte*, p. 331.

« démocratique » s'accorde parfaitement avec un intense besoin de propagande ; c'est plus logique que l'attitude des occultistes, mais les critiques de ceux-ci n'en sont pas moins justes en elles-mêmes, et il nous arrivera de les citer à l'occasion.

Nous ne reviendrons pas, parce que nous en avons déjà reproduit ailleurs de nombreux extraits [1], sur les critiques, parfois fort violentes, qu'adressèrent au spiritisme les chefs du théosophisme, dont plusieurs avaient pourtant passé par cette école ; celles des occultistes français sont, d'une façon générale, formulées en termes plus modérés. Au début, il y eut cependant des attaques assez vives de part et d'autre ; les spirites étaient particulièrement offensés de se voir traités, en « profanes » par des gens parmi lesquels se trouvaient quelques-uns de leurs anciens « frères » ; mais on put ensuite remarquer des tendances à la conciliation, surtout du côté des occultistes, que leur « éclectisme » prédisposait à des concessions plutôt regrettables. Le premier effet en fut la réunion à Paris, dès 1889, d'un « Congrès spirite et spiritualiste » où toutes les écoles étaient représentées ; naturellement, cela ne fit pas disparaître les dissensions et les rivalités ; mais, peu à peu, les occultistes en arrivèrent à faire, dans leur « syncrétisme » peu cohérent, une part de plus en plus large aux théories spirites, assez vainement d'ailleurs, car les spirites ne consentirent jamais pour cela à les regarder comme de vrais « croyants ». Il y eut pourtant des exceptions individuelles : tandis que ce glissement se produisait, l'occultisme se « vulgarisait » de plus en plus, et ses groupements, plus largement ouverts qu'à l'origine, accueillaient des gens qui, pour y entrer, ne cessaient point d'être spirites ; ceux-là représentaient peut-être une élite dans le spiritisme, mais une élite bien relative, et le niveau des milieux occultistes alla toujours en s'abaissant ; peut-être décrirons-nous quelque jour cette « évolution » à rebours. Nous avons déjà parlé, à propos du théosophisme, de ces gens qui adhèrent simultanément à des écoles dont les théories se contredisent, et qui ne s'en soucient guère, parce qu'ils sont avant tout des sentimentaux ; nous ajouterons que, dans tous ces groupements, l'élément féminin prédomine, et que beaucoup ne s'intéressèrent jamais, dans l'occultisme, qu'à l'étude des « arts divinatoires », ce qui donne la juste mesure de leurs capacités intellectuelles.

---
1 *Le Théosophisme*, pp. 124-129.

Avant d'aller plus loin, nous donnerons l'explication d'un fait que nous avons signalé dès le début : il y a, parmi les spirites, nombre d'individus et de petits groupes isolés, tandis que les occultistes se rattachent presque toujours à quelque organisation, plus ou moins solide, plus ou moins bien constituée, mais permettant à ceux qui en font partie de se dire « initiés » à quelque chose, ou leur donnant l'illusion de l'être. C'est que les spirites n'ont aucune initiation et ne veulent même entendre parler de rien qui y ressemble de près ou de loin, car un des caractères essentiels de leur mouvement est d'être ouvert à tous sans distinction et de n'admettre aucune espèce de hiérarchie ; aussi certains de leurs adversaires ont-ils fait complètement fausse route en croyant pouvoir parler d'une « initiation spirite », qui est entièrement inexistante ; il faut dire d'ailleurs que, de divers côtés, on a bien abusé de ce mot d' « initiation ». Les occultistes, au contraire, prétendent se recommander d'une tradition, à tort il est vrai, mais enfin ils le prétendent ; c'est pourquoi ils pensent qu'il leur faut une organisation appropriée par laquelle les enseignements puissent se transmettre régulièrement ; et, si un occultiste se sépare d'une telle organisation, c'est ordinairement pour en fonder une autre à côté et devenir « chef d'école » à son tour. À la vérité, les occultistes se trompent lorsqu'ils croient que la transmission des connaissances traditionnelles doit se faire par une organisation revêtant la forme d'une « société », au sens nettement défini où ce mot est pris habituellement par les modernes ; leurs groupements ne sont qu'une caricature des écoles vraiment initiatiques. Pour montrer le peu de sérieux de la soi-disant initiation des occultistes, il suffit, sans entrer dans d'autres considérations, de mentionner la pratique, courante chez eux, des « initiations par correspondance » ; il n'est pas difficile de devenir « initié » dans ces conditions, et ce n'est qu'une formalité sans valeur ni portée ; mais on tient du moins à sauvegarder certaines apparences. À ce propos, nous devons dire encore, pour qu'on ne se méprenne pas sur nos intentions, que ce que nous reprochons surtout à l'occultisme, c'est de n'être point ce pour quoi il se donne ; et notre attitude, à cet égard, est très différente de celle de la plupart de ses autres adversaires, elle est même inverse en quelque sorte. En effet, les philosophes universitaires, par exemple, font grief à l'occultisme de vouloir dépasser les étroites limites dans lesquelles eux-mêmes

PREMIÈRE PARTIE

renferment leurs conceptions, tandis que, pour nous, il a plutôt le tort de ne pas les dépasser effectivement, sauf sur quelques points particuliers où il n'a fait que s'approprier des conceptions antérieures, et sans toujours les comprendre très bien. Ainsi, pour les autres, l'occultisme va ou veut aller trop loin ; pour nous, au contraire, il ne va pas assez loin, et de plus, volontairement ou non, il trompe ses adhérents sur le caractère et la qualité des connaissances qu'il leur fournit. Les autres se tiennent en deçà, nous nous plaçons au delà ; et il en résulte cette conséquence : aux yeux des occultistes, philosophes universitaires et savants officiels sont de simples « profanes », tout aussi bien que les spirites, et ce n'est pas nous qui y contredirons ; mais, à nos yeux, les occultistes également ne sont que des « profanes », et nul ne peut penser autrement parmi ceux qui savent ce que sont les vraies doctrines traditionnelles.

Cela étant dit, nous pouvons revenir à la question des rapports de l'occultisme et du spiritisme ; et nous devons préciser que, dans ce qui suit, il s'agira exclusivement de l'occultisme papusien, très différent, nous l'avons dit, de celui d'Éliphas Lévi. Ce dernier, en effet, était formellement antispirite, et, en outre, il ne crut jamais à la réincarnation ; s'il feignit parfois de se considérer lui-même comme Rabelais réincarné, ce ne fut de sa part qu'une simple plaisanterie : nous avons eu sur ce point le témoignage de quelqu'un qui l'a connu personnellement, et qui, étant d'ailleurs réincarnationniste, ne peut aucunement être suspecté de partialité en la circonstance. Or, la théorie de la réincarnation est un des emprunts que l'occultisme, aussi bien que le théosophisme, a faits au spiritisme, car il y a de tels emprunts, et ces écoles ont bel et bien subi l'influence du spiritisme qui leur est antérieur, en dépit de tout le mépris qu'elles témoignent à son égard. Pour la réincarnation, la chose est très claire : nous avons dit ailleurs comment Mme Blavatsky prit cette idée aux spirites français et la transplanta dans les milieux anglo-saxons ; d'autre part, Papus et quelques-uns des premiers adhérents de son école avaient commencé par être théosophistes, et presque tous les autres vinrent directement du spiritisme ; il n'y a donc pas besoin de chercher plus loin. Sur des points moins fondamentaux, nous avons déjà eu un exemple de l'influence spirite dans l'importance capitale que l'occultisme accorde au rôle des médiums pour la production de certains phénomènes ; on peut en trouver un autre dans la conception du « corps astral », qui n'est pas sans avoir pris bien des particularités du « périsprit », mais avec cette différence, pourtant, que l'esprit est supposé abandonner le « corps astral », plus ou moins longtemps après la mort, de la même façon qu'il a abandonné le « corps physique », tandis que le « périsprit » est censé persister indéfiniment et accompagner l'esprit dans toutes ses réincarnations. Un autre exemple encore, c'est ce que les occultistes appellent l' « état de trouble », c'est-à-dire un état d'inconscience dans lequel l'esprit se trouverait plongé immédiatement après la mort : « Pendant les premiers moments de cette séparation, dit Papus, l'esprit ne se rend pas compte du nouvel état où il est ; il est dans le trouble, il ne croit pas être mort, et ce n'est que progressivement, souvent au bout de plusieurs jours et même de plusieurs mois, qu'il a conscience de son nouvel état » [1]. Ce n'est là que l'exposé de la théorie spirite ; mais, ailleurs, Papus reprend cette théorie à son compte et précise que « l'état de trouble s'étend depuis le commencement de l'agonie jusqu'à la libération de l'esprit et la disparition des écorces » [2], c'est-à-dire des éléments les plus inférieurs du « corps astral ». Les spirites parlent constamment d'hommes qui sont restés plusieurs années sans savoir qu'ils étaient morts, gardant toutes les préoccupations de leur existence terrestre et s'imaginant accomplir encore les actions qui leur étaient habituelles, et certains d'entre eux se donnent même la mission bizarre d' « éclairer les esprits » à ce sujet ; Eugène Nus [3] et d'autres auteurs ont raconté des histoires de ce genre longtemps avant Papus, de sorte que la source où ce dernier a puisé son idée de l' « état de trouble » n'est nullement douteuse. Il convient de mentionner encore ce qui concerne les conséquences attribuées aux actions à travers la série des existences successives, ce que les théosophistes appellent le « karma » ; occultistes et spirites rivalisent de détails invraisemblables sur ces choses, et nous y reviendrons quand nous reparlerons de la réincarnation ; là encore, les spirites peuvent revendiquer la priorité. En poursuivant cet examen, on trouverait encore bien d'autres points où la similitude ne peut s'expliquer que par des emprunts faits au spiritisme, auquel l'occultisme doit ainsi

---

1 *Traité méthodique de Science occulte*, p. 327.
2 *L'état de trouble et l'évolution posthume de l'être humain*, p. 17.
3 *À la recherche des destinées.*

beaucoup plus qu'il ne l'avoue ; il est vrai que tout ce qu'il lui doit ne vaut pas grand-chose ; mais ce qui est le plus important, c'est de voir comment et dans quelle mesure les occultistes admettent l'hypothèse fondamentale du spiritisme, c'est-à-dire la communication avec les morts.

On peut constater dans l'occultisme une préoccupation très visible de donner aux théories un aspect « scientifique », au sens où les modernes l'entendent ; quand on récuse, et souvent à bon droit, la compétence des savants ordinaires en certains ordres de questions, il serait peut-être plus logique de ne pas chercher à imiter leurs méthodes et de ne pas paraître s'inspirer de leur esprit ; mais enfin nous ne faisons que constater un fait. Il faut d'ailleurs noter que les médecins, chez qui se recrutent en très grande partie les « psychistes » dont nous parlerons par la suite, ont fourni aussi un important contingent à l'occultisme, sur lequel les habitudes mentales qu'ils tiennent de leur éducation et de l'exercice de leur profession ont manifestement réagi ; et c'est ainsi que l'on peut s'expliquer la place énorme que tiennent, notamment dans les ouvrages de Papus, des théories que nous pouvons appeler « psycho-physiologiques ». Dès lors, la part de l'expérimentation devait être également considérable, et les occultistes, pour avoir une attitude « scientifique » ou réputée comme telle, devaient tourner principalement leur attention du côté des phénomènes, que les véritables écoles initiatiques ont toujours traités au contraire comme quelque chose de fort négligeable ; ajoutons que cela ne suffit point à concilier à l'occultisme la faveur ni même la sympathie des savants officiels. Du reste, l'attrait des phénomènes ne s'exerça pas que sur ceux qui étaient mus par des préoccupations « scientifiques » ; il en est qui les cultivèrent avec de tout autres intentions, mais avec non moins d'ardeur, car c'est ce côté de l'occultisme qui, avec les « arts divinatoires », intéressait presque uniquement une grande partie de son public, dans laquelle il faut ranger naturellement tous ceux qui étaient plus ou moins spirites. À mesure que ce dernier élément s'accrut, on se relâcha de plus en plus de la rigueur « scientifique » qu'on avait affichée au début ; mais, indépendamment de cette déviation, le caractère expérimental et « phénoméniste » de l'occultisme le prédisposait déjà à entretenir avec le spiritisme des rapports qui, pour n'être pas toujours agréables et courtois, n'en étaient pas moins compromettants. Ce que nous y trouvons à redire, ce n'est pas que l'occultisme ait admis la réalité des phénomènes, que nous ne contestons point, ni même qu'il les ait étudiés spécialement, et nous reviendrons là-dessus à propos du « psychisme » ; mais c'est qu'il ait accordé à cette étude une importance excessive, étant données les prétentions qu'il émettait dans un ordre plus intellectuel, et c'est surtout qu'il ait cru devoir admettre partiellement l'explication spirite, en cherchant seulement à diminuer le nombre des cas auxquels elle serait applicable. « L'occultisme, dit Papus, admet comme absolument réels tous les phénomènes du spiritisme. Cependant, il restreint considérablement l'influence des esprits dans la production de ces phénomènes, et les attribue à une foule d'autres influences en action dans le monde invisible » [1]. Il va sans dire que les spirites protestent énergiquement contre cette restriction, non moins que contre l'affirmation « que l'être humain se scinde en plusieurs entités après la mort et que ce qui vient se communiquer n'est pas l'être tout entier, mais un débris de l'être, une coque astrale » ; et d'ailleurs ils ajoutent que, d'une façon générale, « la science occulte est bien trop difficile à comprendre et bien trop compliquée pour les lecteurs habituels des livres spirites » [2], ce qui ne prouve pas précisément en faveur de ces derniers. Pour notre part, dès lors qu'on admet dans quelque mesure l' « influence des esprits » dans les phénomènes, nous ne voyons pas très bien l'intérêt qui s'attache à la restreindre, soit quant au nombre des cas où elle se manifeste, soit quant aux catégories d' « esprits » qui peuvent être réellement évoquées. Sur ce dernier point, en effet, voici ce que dit encore Papus : « Il semble incontestable que les âmes des morts aimés puissent être évoquées et puissent venir dans certaines conditions. Partant de ce point vrai, les expérimentateurs à imagination active n'ont pas été longs à prétendre que les âmes de tous les morts, anciens et modernes, étaient capables de subir l'action d'une évocation mentale » [3]. Il y a quelque chose de véritablement extraordinaire dans cette façon de faire une sorte d'exception pour les « morts aimés », comme si des considérations sentimentales étaient capables de faire fléchir les lois naturelles ! Ou l'évocation des « âmes des morts », au sens

---

1 *Traité méthodique de Science occulte*, p. 347.
2 *Ibid.*, p. 344.
3 *Ibid.*, p. 331.

des spirites, est une possibilité, ou elle n'en est pas une ; dans le premier cas, il est bien arbitraire de prétendre assigner des limites à cette possibilité, et il serait peut-être plus normal de se rallier tout simplement au spiritisme. En tout cas, on est assez mal venu, dans de telles conditions, à reprocher à celui-ci ce caractère sentimental auquel il doit certainement la plus grande part de son succès, et on n'a guère le droit de faire des déclarations de ce genre : « La Science doit être vraie et non sentimentale, aussi n'a-t-elle cure de cet argument qui veut que la communication avec les morts ne puisse être discutée parce qu'elle constitue une idée très consolante » [1]. Cela est d'ailleurs parfaitement juste, mais, pour être autorisé à le dire, il faut être soi-même indemne de tout sentimentalisme, et ce n'est pas le cas ; sous ce rapport, il n'y a au fond qu'une différence de degré entre le spiritisme et l'occultisme, et, dans ce dernier, les tendances sentimentales et pseudo-mystiques ne firent qu'aller en s'accentuant au cours de cette rapide déchéance à laquelle nous avons déjà fait allusion. Mais, dès les premiers temps, et sans sortir de la question de la communication avec les morts, ses tendances s'affirmaient déjà très suffisamment dans des phrases comme celle-ci : « Quand une mère éplorée voit sa fille se manifester à elle, d'une manière évidente, quand une fille restée seule sur terre voit son père défunt lui apparaître et lui promettre son appui, il y a quatre-vingts chances sur cent pour que ces phénomènes soient bien produits par les « esprits », les *moi* des défunts » [2]. La raison pour laquelle ce sont là des cas privilégiés est, paraît-il, que, « pour qu'un *esprit*, pour que l'être lui-même vienne se communiquer, il faut qu'une *relation fluidique* quelconque existe entre l'évocateur et l'évoqué ». Il faut donc croire que le sentiment doit être considéré comme quelque chose de « fluidique » ; n'avions-nous pas raison de parler de « matérialisme transposé » ? Du reste, toutes ces histoires de « fluides » viennent des magnétiseurs et des spirites : là encore, dans sa terminologie aussi bien que dans ses conceptions, l'occultisme a subi l'influence de ces écoles qu'il qualifie dédaigneusement de « primaires ».

Les représentants de l'occultisme se sont quelquefois départis de leur attitude méprisante à l'égard des spirites, et les avances qu'ils

---

[1] *Traité méthodique de Science occulte*, p. 324.
[2] *Ibid.*, p. 847.

leur tirent en certaines circonstances ne sont pas sans rappeler un peu le discours dans lequel Mme Annie Besant, devant l'Alliance Spiritualiste de Londres, déclarait en 1898 que les deux mouvements, « spiritualiste » et théosophiste, avaient eu la même origine. Les occultistes ont même été plus loin en un sens, puisqu'il leur est arrivé d'affirmer que leurs théories ne sont pas seulement apparentées à celles des spirites, ce qui est incontestable, mais qu'elles leur sont identiques au fond ; Papus l'a dit en propres termes dans la conclusion du rapport qu'il présenta au « Congrès spirite et spiritualiste » de 1889 : « Comme il est facile de le voir, les théories du spiritisme sont les mêmes que celles de l'occultisme, mais en moins détaillé. La portée des enseignements du spiritisme est par suite plus grande, puisqu'il peut être compris par un bien plus grand nombre de personnes. Les enseignements, même théoriques, de l'occultisme sont, de par leur complication même, réservés aux cerveaux pliés à toutes les difficultés des conceptions abstraites. Mais au fond c'est une doctrine identique qu'enseignent les deux grandes écoles »[1]. Il y a là quelque exagération, et peut-être pourrions-nous qualifier cette attitude de « politique », sans toutefois prêter aux occultistes des intentions comparables à celles de Mme Besant ; du reste, les spirites se méfièrent toujours et ne répondirent guère à ces avances, semblant plutôt redouter qu'on ne voulût les amener à tenter une fusion avec d'autres mouvements. Quoi qu'il en soit, il est permis de trouver que l' « éclectisme » des occultistes français est singulièrement large, et bien incompatible avec leur prétention de posséder une doctrine sérieuse et de s'appuyer sur une tradition respectable ; nous irons même plus loin, et nous dirons que toute école qui a quelque chose de commun avec le spiritisme perd par là même tout droit à présenter ses théories comme l'expression d'un véritable ésotérisme.

Malgré tout, on aurait le plus grand tort de confondre occultisme et spiritisme ; si cette confusion est faite par des gens mal informés, la faute, il est vrai, n'en est pas seulement à leur ignorance, mais aussi pour une part, comme nous venons de le voir, aux imprudences des occultistes eux-mêmes. Pourtant, d'une façon générale, il y a plutôt entre les deux mouvements une sorte d'antagonisme, s'affirmant plus violemment du côté des spirites, plus discrètement

---

1 *Traité méthodique de Science occulte*, pp. 359-360.

du côté des occultistes ; il a d'ailleurs suffi, pour heurter les convictions et les susceptibilités des spirites, que les occultistes relèvent quelques-unes de leurs extravagances, ce qui ne les empêche pas d'en commettre eux-mêmes à l'occasion. On peut comprendre maintenant pourquoi nous avons dit que, pour être spirite, il ne fallait pas seulement admettre la communication avec les morts dans des cas plus ou moins exceptionnel ; en outre, les spirites ne veulent entendre parler à aucun prix des autres éléments que les occultistes font intervenir dans la production des phénomènes, et sur lesquels nous reviendrons, si ce n'est que quelques-uns d'entre eux, un peu moins bornés et moins fanatiques que les autres, acceptent qu'il y ait parfois une action inconsciente du médium et des assistants. Enfin, il y a dans l'occultisme une foule de théories auxquelles rien ne correspond dans le spiritisme ; quelle qu'en soit la valeur réelle, elles témoignent tout au moins de préoccupations moins restreintes, et, en somme, les occultistes se sont quelque peu calomniés quand ils ont, avec plus ou moins de sincérité, affecté de traiter les deux écoles sur un pied d'égalité ; il est vrai que, pour être supérieure au spiritisme, une doctrine n'a pas besoin d'être bien solide ni de faire preuve d'une bien grande élévation intellectuelle.

Chapitre VI
Spiritisme et psychisme

Nous avons dit précédemment que, si nous nions absolument toutes les théories du spiritisme, nous ne contestons pas pour cela la réalité des phénomènes que les spirites invoquent à l'appui de ces théories ; nous devons maintenant nous expliquer un peu plus amplement sur ce point. Ce que nous avons voulu dire, c'est que nous n'entendons contester « a priori » la réalité d'aucun phénomène, dès lors que ce phénomène nous apparaît comme possible ; et nous devons admettre la possibilité de tout ce qui n'est pas intrinsèquement absurde, c'est-à-dire de tout ce qui n'implique pas de contradiction ; en d'autres termes, nous admettons en principe tout ce qui répond à la notion de la possibilité entendue en un sens qui est à la fois métaphysique, logique et mathématique. Maintenant, s'il s'agit de la réalisation d'une telle possibilité dans un cas particulier et défini, il faut naturellement envisager d'autres conditions : dire que nous admettons en principe tous les phénomènes dont il s'agit, ce n'est point dire que nous acceptons, sans autre examen, tous les exemples qui en sont rapportés avec des garanties plus ou moins sérieuses ; mais nous n'avons pas à en faire la critique, ce qui est l'affaire des expérimentateurs, et, au point de vue où nous nous plaçons, cela ne nous importe nullement. En effet, dès lors qu'un certain genre de faits est possible, il est sans intérêt pour nous que tel ou tel fait particulier qui y est compris soit vrai ou faux ; la seule chose qui puisse nous intéresser est de savoir comment les faits de cet ordre peuvent être expliqués, et, si nous avons une explication satisfaisante, toute autre discussion nous paraît superflue. Nous comprenons fort bien que telle ne soit pas l'attitude du savant qui amasse des faits pour arriver à se faire une conviction, et qui ne compte que sur le résultat de ses observations pour édifier une théorie ; mais notre point de vue est fort éloigné de celui-là, et d'ailleurs nous ne pensons pas que les faits seuls puissent vraiment servir de base à une théorie, car ils peuvent presque toujours être expliqués également par plusieurs théories différentes. Nous savons que les faits dont il est question sont possibles, puisque nous pouvons les rattacher à certains principes que nous connaissons ; et, comme cette explication n'a rien de commun avec les théories spirites, nous avons le droit de dire que l'existence des phénomènes et leur étude sont choses absolument indépendantes du spiritisme. De plus, nous savons qu'il existe effectivement de tels phénomènes ; nous avons d'ailleurs, à cet égard, des témoignages qui n'ont pu être influencés en rien par le spiritisme, puisque les uns lui sont fort antérieurs, et que les autres proviennent de milieux où il n'a jamais pénétré, de pays où son nom même est aussi inconnu que sa doctrine ; les phénomènes, comme nous l'avons déjà dit, n'ont rien de nouveau ni de spécial au spiritisme. Nous n'avons donc aucune raison pour mettre en doute l'existence de ces phénomènes, et nous en avons au contraire beaucoup pour la regarder comme réelle ; mais il est bien entendu qu'il s'agit toujours en cela de leur existence envisagée d'une façon générale, et d'ailleurs, pour le but que nous nous proposons ici, toute autre considération est parfaitement inutile.

Si nous croyons devoir prendre ces précautions et formuler ces réserves, c'est parce que, sans parler des récits qui ont pu être inventés de toutes pièces par de mauvais plaisants ou pour les besoins de la cause, il s'est produit d'innombrables cas de fraude, ainsi que les spirites eux-mêmes sont bien forcés de le reconnaître [1] ; mais de là à soutenir que tout n'est que supercherie, il y a fort loin. Nous ne comprenons même pas que les négateurs de parti pris insistent autant qu'ils le font sur les fraudes constatées et croient y trouver un argument solide en leur faveur ; nous le comprenons d'autant moins que, comme nous l'avons dit en une autre occasion [2], toute supercherie est toujours une imitation de la réalité ; cette imitation peut sans doute être plus ou moins déformée, mais enfin on ne peut songer à simuler que ce qui existe, et ce serait faire trop grand honneur aux fraudeurs que de les croire capables de réaliser quelque chose d'entièrement nouveau, ce à quoi l'imagination humaine ne parvient d'ailleurs jamais. Au surplus, il y a, dans les séances spirites, des fraudes de plusieurs catégories : le cas le plus simple, mais non le seul, est celui du médium professionnel qui, lorsqu'il ne peut produire de phénomènes authentiques pour une cause ou pour une autre, est poussé par l'intérêt à les simuler ; c'est pourquoi tout médium rétribué doit être tenu pour suspect et surveillé de très près ; et même, à défaut de l'intérêt, la seule vanité peut aussi inciter un médium à frauder. Il est arrivé à la plupart des médiums, même aux plus réputés, d'être pris en flagrant délit ; cela ne prouve point qu'ils ne possèdent pas des facultés très réelles, mais seulement qu'ils ne peuvent pas toujours en faire usage à volonté ; les spirites, qui sont souvent des impulsifs, ont en de tels cas le tort de passer d'un extrême à l'autre et de regarder comme un faux médium, d'une façon absolue, celui à qui pareille mésaventure est advenue, ne fût-ce qu'une seule fois. Les médiums ne sont nullement des saints, comme voudraient le faire croire certains spirites fanatiques, qui les entourent d'un véritable culte ; mais ils sont des malades, ce qui est tout autre chose, en dépit des théories saugrenues de quelques psychologues contemporains. Il faut toujours tenir compte de cet état anormal, qui permet d'expliquer des fraudes d'un autre genre : le médium, comme l'hystérique, éprouve cet irrésistible besoin de mentir, même sans raison, que tous les

---

[1] Le médium Dunglas Home s'est chargé, d'une façon assez peu charitable pour ses collègues, de dénoncer et d'expliquer un grand nombre de fraudes (*Les Lumières et les Ombres du Spiritualisme*, pp. 186-235).
[2] *Le Théosophisme*, pp. 50-52.

hypnotiseurs constatent aussi chez leurs sujets, et il n'a en pareil cas qu'une bien faible responsabilité, si même il en a une ; de plus, il est éminemment apte, non seulement à s'auto-suggestionner, mais encore à subir les suggestions de son entourage, et à agir en conséquence sans savoir ce qu'il fait : il suffit qu'on attende de lui la production d'un phénomène déterminé pour qu'il soit poussé à le simuler automatiquement [1]. Ainsi, il y a des fraudes qui ne sont que semi-conscientes, et d'autres qui sont totalement inconscientes, et où le médium fait souvent preuve d'une habileté qu'il est bien loin de posséder dans son état ordinaire ; tout cela relève d'une psychologie anormale, qui n'a jamais d'ailleurs été étudiée comme elle devrait l'être ; bien des gens ne se doutent pas qu'il y a, jusque dans ce domaine des simulations, un sujet de recherches qui ne seraient point dénuées d'intérêt. Nous laisserons maintenant de côté cette question de la fraude, mais non sans exprimer le regret que les conceptions ordinaires des psychologues et leurs moyens d'investigation soient si étroitement limités que des choses comme celles auxquelles nous venons de faire allusion leur échappent presque complètement, et que, même quand ils veulent s'en occuper, ils n'y comprennent à peu près rien.

Nous ne sommes pas seul à penser que l'étude des phénomènes peut être entreprise d'une façon absolument indépendante des théories spirites ; c'est aussi l'avis de ceux qu'on appelle « psychistes », qui sont ou veulent être en général des expérimentateurs sans idées préconçues (nous disons en général, parce que, là aussi, il y aurait bien quelques distinctions à faire), et qui même s'abstiennent souvent de formuler aucune théorie. Nous conservons les mots de « psychisme » et de « phénomènes psychiques » parce qu'ils sont les plus habituellement employés, et aussi parce que nous n'en avons pas de meilleurs à notre disposition ; mais ils ne sont pas sans donner prise à quelques critiques : ainsi, en toute rigueur, « psychique » et « psychologique » devraient être parfaitement synonymes, et pourtant ce n'est pas de cette façon qu'on l'entend. Les phénomènes dits « psychiques » sont entièrement en

---

[1] Nous rappellerons aussi le cas des faux médiums qui, consciemment ou non, et probablement sous influence au moins partielle d'une suggestion, semblent avoir été les instruments d'une action assez mystérieuse ; à ce propos, nous renverrons à ce que nous avons dit des manifestations du prétendu « John King » en exposant les origines du théosophisme.

PREMIÈRE PARTIE

dehors du domaine de la psychologie classique, et, si même on suppose qu'ils peuvent avoir quelques rapports avec celle-ci, ce ne sont en tout cas que des rapports extrêmement lointains ; du reste, à notre avis, les expérimentateurs s'illusionnent lorsqu'ils croient pouvoir faire rentrer tous ces faits indistinctement dans ce qu'on est convenu d'appeler « psycho-physiologie ». La vérité est qu'il y a là des faits de bien des sortes, et qui ne peuvent être ramenés à une explication unique ; mais la plupart des savants ne sont point si dépourvus d'idées préconçues qu'ils se l'imaginent, et, surtout lorsqu'il s'agit de « spécialistes », ils ont une tendance involontaire à tout réduire à ce qui fait l'objet de leurs études ordinaires ; c'est dire que les conclusions des « psychistes », quand ils en donnent, ne doivent être acceptées que sous bénéfice d'inventaire. Les observations mêmes peuvent être affectées par des préjugés ; les praticiens de la science expérimentale ont d'ordinaire des idées assez particulières sur ce qui est possible et ce qui ne l'est pas, et, de la meilleure foi du monde, ils obligent les faits à s'accorder avec ces idées ; d'autre part, ceux mêmes qui sont le plus opposés aux théories spirites peuvent néanmoins, à leur insu et contre leur gré, subir en quelque façon l'influence du spiritisme. Quoi qu'il en soit, il est très certain que les phénomènes dont il s'agit peuvent faire l'objet d'une science expérimentale comme les autres, différente des autres sans doute, mais du même ordre, et n'ayant en somme ni plus ni moins d'importance ou d'intérêt ; nous ne voyons pas du tout pourquoi il en est qui se plaisent à qualifier ces phénomènes de « transcendants » ou de « transcendantaux », ce qui est un peu ridicule [1]. Cette dernière remarque en appelle une autre : c'est que la dénomination de « psychisme », malgré ses inconvénients, est en tout cas bien préférable à celle de « métapsychique », inventée par le Dr Charles Richet, et adoptée ensuite par le Dr Gustave Geley et quelques autres ; « métapsychique », en effet, est un mot évidemment calqué sur « métaphysique », ce qui ne se justifie par aucune analogie [2]. Quelque opinion que l'on ait sur la nature et la

---

[1] Il existe même une « Société d'études de photographie transcendantale », fondée par Emmanuel Vauchez et présidée par le Dr Foveau de Courmelles, qui a pour but d'encourager et de récompenser les photographes des êtres et des radiations de l'espace » ; il est curieux de voir à quel point certains mots peuvent être détournés de leur sens normal.

[2] Tout récemment, le Dr Richet, présentant son *Traité de Méta-psychique* à l'Aca-

69

cause des phénomènes en question, on peut les regarder comme « psychiques », d'autant plus que ce mot en est arrivé à avoir pour les modernes un sens fort vague, et non pas comme étant « au delà du psychique » ; certains seraient même plutôt en deçà ; en outre, l'étude de n'importe quels phénomènes fait partie de la « physique » au sens très général où l'entendaient les anciens, c'est-à-dire de la connaissance de la nature, et est sans aucun rapport avec la métaphysique, ce qui est « au delà de la nature » étant par la même au delà de toute expérience possible. Il n'y a rien qui puisse être mis en parallèle avec la métaphysique, et tous ceux qui savent ce qu'est vraiment celle-ci ne peuvent protester trop énergiquement contre de pareilles assimilations ; il est vrai que, de nos jours, ni les savants ni même les philosophes ne semblent en avoir la moindre notion.

Nous venons de dire qu'il y a bien des sortes de phénomènes psychiques, et nous ajouterons tout de suite, à cet égard, que le domaine du psychisme nous paraît susceptibles de s'étendre à beaucoup d'autres phénomènes que ceux du spiritisme. Il est vrai que les spirites sont fort envahissants : ils s'efforcent d'exploiter au profit de leurs idées une multitude de faits qui devraient leur rester tout à fait étrangers, n'étant point provoqués par leurs pratiques, et n'ayant aucune relation directe ou indirecte avec leurs théories, puisqu'on ne peut évidemment songer à y faire intervenir les « esprits des morts » ; sans parler des « phénomènes mystiques », au sens propre et théologique de cette expression, phénomènes qui échappent d'ailleurs totalement à la compétence des savants ordinaires, nous citerons seulement des faits comme ceux qu'on réunit sous le nom de « télépathie », et qui sont incontestablement des manifestations d'êtres actuellement vivants [1]. Les incroyables prétentions des spirites à s'annexer les choses les plus diverses ne sont pas sans contribuer à créer et à entretenir dans le public des

démie des Sciences, a déclaré textuellement : « Comme Aristote, au-dessus de la physique, a introduit la métaphysique, au-dessus de la psychique, je présente la métapsychique. » On ne saurait être plus modeste !

1 Un grand nombre de ces faits ont été rassemblés par Gurney, Myers et Podmore, membres de la Société des recherches psychiques de Londres, dans un ouvrage intitulé *Phantasms of the Living*. Il existe une traduction française de cet ouvrage ; mais le traducteur a cru devoir lui donner ce titre bizarre : *Les Hallucinations télépathiques*, qui est en complet désaccord avec l'intention des auteurs, puisqu'il s'agit de phénomènes réels, et qui trahit curieusement l'étroitesse de vues de la science officielle.

confusions regrettables : nous avons eu, à maintes reprises, l'occasion de constater qu'il est des gens qui vont jusqu'à confondre le spiritisme avec le magnétisme et même avec l'hypnotisme ; cela ne se produirait peut-être pas si fréquemment si les spirites ne se mêlaient pas de faits qui ne les regardent en rien. À vrai dire, parmi les phénomènes qui se produisent dans les séances spirites, il en est qui relèvent effectivement du magnétisme ou de l'hypnotisme, et dans lesquels le médium ne se comporte pas autrement qu'un sujet somnambulique ordinaire ; nous faisons notamment allusion au phénomène que les spirites appellent « incarnation », et qui n'est pas autre chose au fond qu'un cas de ces « états seconds », dits improprement « personnalités multiples », qui se manifestent fréquemment aussi chez des malades et chez des hypnotisés ; mais, naturellement, l'interprétation spirite est toute différente. La suggestion joue également un grand rôle dans tout cela, et tout ce qui est suggestion et transmission de pensée se rattache évidemment à l'hypnotisme ou au magnétisme (nous n'insistons pas sur la distinction qu'il y a lieu de faire entre ces deux choses, distinction qui est assez difficile à préciser, et qui n'importe pas ici) ; mais, dès lors qu'on a fait rentrer dans ce domaine un phénomène quelconque, le spiritisme n'a plus rien à y voir. Par contre, nous ne voyons aucun inconvénient à ce que de tels phénomènes soient rattachés au psychisme, dont les limites sont fort indécises et mal définies ; peut-être le point de vue des expérimentateurs modernes ne s'oppose-t-il pas à ce qu'on traite comme une science unique ce qui peut faire l'objet de plusieurs sciences distinctes pour ceux qui l'étudient d'une autre façon et qui, nous ne craignons pas de le dire nettement, savent mieux de quoi il s'agit en réalité.

Cela nous conduit à parler un peu des difficultés du psychisme : si les savants n'arrivent pas, dans ce domaine, à obtenir des résultats bien sûrs et bien satisfaisants, ce n'est pas seulement parce qu'ils ont affaire à des forces qu'ils connaissent mal, mais c'est surtout parce que ces forces n'agissent pas de la même façon que celles qu'ils ont l'habitude de manier, et parce qu'elles ne peuvent guère être soumises aux méthodes d'observation qui réussissent pour ces dernières. En effet, les savants ne peuvent se vanter de connaître sûrement la vraie nature de l'électricité, par exemple, et pourtant cela ne les empêche pas de l'étudier à leur point de vue « phénoméniste », ni surtout de l'utiliser sous le rapport des applications pratiques ; il faut donc que, dans le cas qui nous occupe, il y ait autre chose que cette ignorance à laquelle les expérimentateurs se résignent assez facilement. Ce qu'il importe de remarquer, c'est que la compétence d'un savant « spécialiste » est chose fort limitée ; en dehors de son domaine habituel, il ne peut prétendre à une autorité plus grande que celle du premier venu, et, quelle que soit sa valeur, il n'aura d'autre avantage que celui que peut lui donner l'habitude d'une certaine précision dans l'observation ; encore cet avantage ne compense-t-il qu'imparfaitement certaines déformations professionnelles. C'est pourquoi les expériences psychiques de Crookes, pour prendre un des exemples les plus connus, n'ont point à nos yeux l'importance exceptionnelle que beaucoup se croient obligés de leur attribuer ; nous reconnaissons très volontiers la compétence de Crookes en chimie et en physique, mais nous ne voyons aucune raison de l'étendre à un ordre tout différent. Les titres scientifiques les plus sérieux ne garantissent même pas les expérimentateurs contre des accidents assez vulgaires, comme de se laisser tout simplement mystifier par un médium : cela est peut-être arrivé à Crookes ; cela est sûrement arrivé au Dr Richet, et les trop fameuses histoires de la villa Carmen, à Alger, font même assez peu d'honneur à la perspicacité de ce dernier. Du reste, il y a à cela une excuse, car ces choses sont bien propres à dérouter un physicien ou un physiologiste, voire même un psychologue ; et, par un fâcheux effet de la spécialisation, rien n'est plus naïf et plus dépourvu de tout moyen de défense que certains savants dès qu'on les sort de leur sphère habituelle : nous ne connaissons pas de plus bel exemple, sous ce rapport, que celui de la fantastique collection d'autographes que le célèbre faussaire Vrain-Lucas fit accepter comme authentiques par le mathématicien Michel Chasles ; nul psychiste n'a encore atteint un semblable degré d'extravagante crédulité [1].

Mais ce n'est pas seulement en face de la fraude que les expérimentateurs se trouvent désarmés, faute de connaître mieux la psychologie spéciale des médiums et autres sujets auxquels ils ont

---

1 Henri Poincaré, plus prudent que bien d'autres, ou plus conscient de son manque de préparation, refusa de tenter une expérience avec Eusapia Paladino, trop certain à l'avance, écrivait-il, « qu'il serait roulé » (article de M. Philippe Paguat dans les *Entretiens Idéalistes*, juin 1914, p. 387).

recours ; ils sont encore exposés à bien d'autres dangers. D'abord, quant à la façon de conduire des expériences si différentes de celles auxquelles ils sont accoutumés, ces savants se trouvent parfois plongés dans le plus grand embarras, encore qu'ils ne veuillent pas en convenir, ni peut-être se l'avouer à eux-mêmes ; ainsi, ils n'arrivent pas à comprendre qu'il y ait des faits qu'on ne peut pas reproduire à volonté, et que ces faits soient pourtant aussi réels que les autres ; ils prétendent aussi imposer des conditions arbitraires ou impossibles, comme d'exiger la production en pleine lumière de phénomènes auxquels l'obscurité peut être indispensable ; ils riraient assurément, et à bon droit, de l'ignorant qui, dans le domaine des sciences physico-chimiques, ferait montre d'un aussi complet mépris de toutes les lois et voudrait pourtant à toute force observer quelque chose. Ensuite, à un point de vue plus théorique, ces mêmes savants sont portés à méconnaître les limites de l'expérimentation et à lui demander ce qu'elle ne peut donner ; parce qu'ils s'y sont consacrés exclusivement, ils s'imaginent volontiers qu'elle est la source unique de toute connaissance possible ; et, d'ailleurs, un spécialiste est plus mal placé que quiconque pour apprécier les limites au delà desquelles ses méthodes habituelles cessent d'être valables. Enfin, voici ce qu'il y a peut-être de plus grave : il est toujours extrêmement imprudent, nous l'avons dit, de mettre en jeu des forces dont on ignore tout ; or, à cet égard, les psychistes les plus « scientifiques » n'ont pas de grands avantages sur les vulgaires spirites. Il y a des choses auxquelles on ne touche pas impunément, lorsqu'on n'a pas la direction doctrinale voulue pour être sûr de ne jamais s'égarer ; nous ne le répéterons jamais assez, d'autant plus que, dans le domaine dont il s'agit, un tel égarement est un des effets les plus communs et les plus funestes des forces sur lesquelles on expérimente ; le nombre des gens qui y perdent la raison ne le prouve que trop. Or la science ordinaire est absolument impuissante à donner la moindre direction doctrinale, et il n'est pas rare de voir des psychistes qui, sans aller jusqu'à déraisonner à proprement parler, s'égarent cependant d'une façon déplorable : nous comprenons dans ce cas tous ceux qui, après avoir débuté avec des intentions purement « scientifiques », ont fini par être « convertis » au spiritisme plus ou moins complètement, et plus ou moins ouvertement. Nous dirons même plus : il est déjà fâcheux, pour des hommes qui devraient savoir réfléchir, d'admettre la simple possibilité de l'hypothèse spirite, et cependant il est des savants (nous pourrions même dire que presque tous en sont là) qui ne voient pas pourquoi on ne peut l'admettre, et qui même, en l'écartant « a priori », auraient peur de manquer à l'impartialité à laquelle ils sont tenus ; ils n'y croient pas, c'est entendu, mais enfin ils ne la rejettent pas d'une façon absolue, ils se tiennent seulement sur la réserve, dans une attitude de doute pur et simple, aussi éloignée de la négation que de l'affirmation. Malheureusement, il y a de grandes chances pour que celui qui aborde les études psychiques avec de telles dispositions n'en reste pas là, et pour qu'il glisse insensiblement du côté spirite plutôt que du côté opposé : d'abord, sa mentalité a déjà au moins un point commun avec celle des spirites, en ce qu'elle est essentiellement « phénoméniste » (nous ne prenons pas ce mot dans le sens où on l'applique à une théorie philosophique, nous désignons simplement par là cette sorte de superstition du phénomène qui fait le fond de l'esprit « scientiste ») ; ensuite, il y a l'influence du milieu spirite lui-même, avec lequel le psychiste va nécessairement se trouver en contact au moins indirect, ne serait-ce que par l'intermédiaire des médiums avec lesquels il travaillera, et ce milieu est un épouvantable foyer de suggestion collective et réciproque. L'expérimentateur suggestionne incontestablement le médium, ce qui fausse d'ailleurs les résultats dès qu'il a la moindre idée préconçue, si obscure soit-elle ; mais, sans s'en douter, il peut être à son tour suggestionné par lui ; et ce ne serait rien encore s'il n'y avait que le médium, mais il y a aussi toutes les influences que celui-ci traîne avec lui, et dont le moins qu'on puisse dire est qu'elles sont éminemment malsaines. Le psychiste, dans ces conditions, va se trouver à la merci d'un incident quelconque, le plus souvent d'ordre tout sentimental : à Lombroso, Eusapia Paladino fait voir le fantôme de sa mère ; Sir Oliver Lodge reçoit des « communications » de son fils tué à la guerre ; il n'en faut pas davantage pour déterminer des « conversions ». Ces cas sont peut-être encore plus fréquents qu'on ne le pense, car il y a certainement des savants qui, par crainte de se mettre en désaccord avec leur passé, n'oseraient pas avouer leur « évolution » et se dire franchement spirites, ni même manifester simplement à l'égard du spiritisme une sympathie trop accentuée. Il y en a même qui n'aiment pas qu'on sache qu'ils s'occupent d'études psychiques, comme si cela devait les déconsidérer aux yeux de leurs confrères et du public, trop habitués à assimiler ces choses au spiritisme ; c'est ainsi que Mme Curie et M. d'Arsonval, par exemple, ont caché pendant fort longtemps qu'ils se livraient à ce genre d'expérimentation. Il est curieux de citer, à ce propos, ces quelques lignes d'un article que la *Revue Scientifique* consacra jadis au livre du Dr Gibier dont nous avons déjà parlé : « M. Gibier appelle de ses vœux la formation d'une société pour étudier cette nouvelle branche de la physiologie psychologique, et paraît croire qu'il est chez nous le seul, sinon le premier, parmi les savants compétents, à s'intéresser à cette question. Que M. Gibier se rassure et soit satisfait. Un certain nombre de chercheurs très compétents, ceux mêmes qui ont commencé par le commencement et ont mis un certain ordre dans le fouillis du surnaturel *(sic)*, s'occupent de cette question et continuent leur œuvre… sans en entretenir le public »[1]. Une semblable attitude est vraiment étonnante chez des gens qui, d'ordinaire, aiment tant la publicité, et qui proclament sans cesse que tout ce dont ils s'occupent peut et doit être divulgué aussi largement que possible. Ajoutons que le directeur de la *Revue Scientifique*, à cette époque, était le Dr Richet ; celui-là du moins, sinon les autres, ne devait pas toujours s'enfermer dans cette prudente réserve.

Il est encore une autre remarque qu'il est bon de faire : c'est que certains psychistes, sans pouvoir être soupçonnés de se rallier au spiritisme, ont de singulières affinités avec le « néo-spiritualisme » en général, ou avec l'une ou l'autre de ses écoles ; les théosophistes, en particulier, se sont vantés d'en avoir attiré beaucoup dans leurs rangs, et un de leur organes assurait jadis « que tous les savants qui se sont occupés de spiritisme et que l'on cite comme des classiques, n'ont pas du tout été amenés à croire au spiritisme (à part un ou deux), que presque tous ont donné une interprétation se rapprochant de celle des théosophes, et que les plus célèbres sont *membres de la Société Théosophique* »[2]. Il est certain que les spirites revendiquent beaucoup trop facilement comme étant des leurs tous ceux qui ont été mêlés de près ou de loin à ces études et qui ne sont pas leurs adversaires déclarés ; mais les théosophistes,

---

1 *Revue Scientifique*, 13 novembre 1886, pp. 631-632.
2 *Le Lotus*, octobre 1887.

de leur côté, ont peut-être été un peu trop prompts à faire état de certaines adhésions qui n'avaient rien de définitif ; ils devaient pourtant alors avoir présent à la mémoire l'exemple de Myers et de divers autres membres de la Société des recherches psychiques de Londres, et aussi celui du Dr Richet, qui n'avait fait que passer dans leur organisation, et qui n'avait pas été parmi les derniers, en France, à faire écho à la dénonciation des supercheries de Mme Blavatsky par ladite Société des recherches psychiques [1]. Quoi qu'il en soit, la phrase que nous venons de citer contenait peut-être une allusion à M. Flammarion, qui fut pourtant toujours plus près du spiritisme que de toute autre conception ; elle en contenait certainement une à William Crookes, qui avait effectivement adhéré à la Société Théosophique en 1883, et qui fut même membre du Conseil directeur de la *London Lodge*. Quant au Dr Richet, son rôle dans le mouvement « pacifiste » montre qu'il a bien gardé toujours quelque chose de commun avec les « néo-spiritualistes », chez qui les tendances humanitaires ne s'affirment pas moins bruyamment ; pour ceux qui sont au courant de ces mouvements, des coïncidences comme celle-là constituent un signe beaucoup plus net et plus caractéristique que d'autres ne seraient tentés de le croire. Dans le même ordre d'idées, nous avons déjà fait allusion aux tendances anticatholiques de certains psychistes comme le Dr Gibier ; nous aurions même pu, en ce qui concerne celui-ci, parler plus généralement de tendances antireligieuses, à moins pourtant qu'il ne s'agisse de « religion laïque », suivant l'expression chère à Charles Fauvety, un des premiers apôtres du spiritisme français ; voici en effet quelques lignes que nous extrayons de sa conclusion, et qui sont un suffisant échantillon de ces déclamations : « Nous avons foi dans la Science et nous croyons fermement qu'elle débarrassera

---

[1] Dans une lettre que nous avons citée ailleurs (*Le Théosophisme*, p. 74), le Dr Richet dit qu'il avait connu Mme Blavatsky par l'entremise de Mme de Barrau ; la même personne joua aussi un certain rôle auprès du Dr Gibier, comme on le voit par cette note qui vient à la suite d'un éloge du « grand et consciencieux savant » Burnouf : « Nous devons aussi une mention spéciale à l'œuvre considérable de M. Louis Leblois, de Strasbourg, dont nous devons la connaissance à une dame d'un grand mérite, Mme Caroline de Barrau, mère d'un de nos anciens élèves, aujourd'hui notre ami, le Dr Emile de Barrau » (*Le Spiritisme*, p, 110). L'ouvrage de Leblois, intitulé *Les Bibles et les Initiateurs religieux de l'humanité*, contribua, après ceux de Jacolliot, à inculquer au Dr Gibier les idées fausses qu'il a exprimées sur l'Inde et ses doctrines, et que nous avons signalées précédemment.

PREMIÈRE PARTIE

à tout jamais l'humanité du parasitisme de toutes les espèces de brahmes (l'auteur veut dire de prêtres), et que la religion, ou plutôt la morale devenue scientifique, sera représentée, un jour, par une section particulière dans les académies des sciences de l'avenir »[1]. Nous nous en voudrions d'insister sur de pareilles niaiseries, qui malheureusement ne sont point inoffensives ; il y aurait pourtant une curieuse étude à faire sur la mentalité des gens qui invoquent ainsi la « Science » à tout propos, et qui prétendent la mêler à ce qu'il y a de plus étranger à son domaine ; c'est encore là une des formes que le déséquilibre intellectuel prend volontiers chez nos contemporains, et qui sont peut-être moins éloignées les unes des autres qu'elles ne le semblent ; n'y a-t-il pas un « mysticisme scientiste », voire même un « mysticisme matérialiste », qui sont, tout aussi bien que les aberrations « néo-spiritualistes », d'évidentes déviations du sentiment religieux [2] ?

Tout ce que nous avons dit des savants, nous pouvons le dire aussi des philosophes qui s'occupent pareillement de psychisme ; ils sont beaucoup moins nombreux, mais enfin il y en a aussi quelques-uns. Nous avons eu ailleurs [3] l'occasion de mentionner incidemment le cas de William James, qui, sur la fin de sa vie, manifesta des tendances très prononcées vers le spiritisme ; il est nécessaire d'y insister, d'autant plus que certains ont trouvé « un peu gros » que nous ayons qualifié ce philosophe de spirite et surtout de « sataniste inconscient ». A ce sujet, nous avertirons d'abord nos contradicteurs éventuels, de quelque côté qu'ils se trouvent, que nous tenons en réserve beaucoup de choses autrement « grosses » encore, ce qui ne les empêche pas d'être rigoureusement vraies ; et d'ailleurs, s'ils savaient ce que nous pensons de l'immense majorité des philosophes modernes, les admirateurs de ce qu'on est convenu d'appeler des « grands hommes » seraient sans doute épouvantés. Sur ce que nous appelons « satanisme inconscient », nous nous expliquerons dans une autre partie ; mais, pour le spiritisme de William James, il aurait fallu remarquer qu'il ne s'agissait que de la dernière période (nous parlions d' « aboutissement final »), car les idées de

---
1 *Le Spiritisme*, p. 383.
2 La « religion de l'Humanité », inventée par Auguste Comte, est un des exemples qui illustrent le mieux ce que nous voulons dire ici ; mais la déviation peut fort bien exister sans aller jusqu'à de telles extravagances.
3 *Le Théosophisme*, pp. 35 et 130.

ce philosophe ont prodigieusement varié. Or il est un fait avéré : c'est que William James avait promis de faire, après sa mort, tout ce qui serait en son pouvoir pour communiquer avec ses amis ou avec d'autres expérimentateurs ; cette promesse, faite assurément « dans l'intérêt de la science », n'en prouve pas moins qu'il admettait la possibilité de l'hypothèse spirite [1], chose grave pour un philosophe (ou qui devrait être grave si la philosophie était ce qu'elle veut être), et nous avons des raisons de supposer qu'il était allé encore plus loin en ce sens ; il va sans dire, du reste, qu'une foule de médiums américains ont enregistré des « messages » signés de lui. Cette histoire nous fait souvenir de celle d'un autre Américain non moins illustre, l'inventeur Edison, qui prétendit récemment avoir découvert un moyen des communiquer avec les morts [2] ; nous ne savons ce qu'il en est advenu, car le silence s'est fait là-dessus, mais nous avons toujours été bien tranquille sur les résultats ; cet épisode est instructif en ce qu'il montre encore que les savants les plus incontestables, et ceux qu'on pourrait croire les plus « positifs », ne sont point à l'abri de la contagion spirite. Mais revenons aux philosophes ; à côté de William James, nous avions nommé Bergson ; pour celui-ci, nous nous contenterons de reproduire, parce qu'elle est assez significative par elle-même, la phrase que nous avions déjà citée : « Ce serait quelque chose, ce serait même beaucoup que de pouvoir établir sur le terrain de l'expérience la probabilité de la survivance pour un temps x » [3]. Cette déclaration est au moins inquiétante, et elle nous prouve que son auteur, déjà si près des idées « néo-spiritualistes » par plus d'un côté, est vraiment engagé sur une voie bien dangereuse, ce que nous regrettons surtout pour ceux qui, lui accordant leur confiance, risquent d'y être entraînés à sa suite. Décidément, pour prémunir contre les pires absurdités,

---

1 Cette attitude était aussi celle d'un philosophe universitaire français, M. Emile Boirac, qui, dans un mémoire intitulé *L'Etude scientifique du spiritisme*, présenté au « Congrès de psychologie expérimentale » de 1911, déclara que l'hypothèse spirite représentait « une des explications philosophiques possibles des faits psychiques », et qu'on ne pouvait la repousser « a priori » comme « antiscientifique » ; elle n'est peut-être pas antiscientifique ni antiphilosophique, mais elle est certainement antimétaphysique, ce qui est beaucoup plus grave et plus décisif.

2 Il y a déjà assez longtemps que deux spirites hollandais, MM. Zaalberg van Zelst et Matla, avaient construit un « dynamistographe » ou « appareil destiné à communiquer avec l'au-delà sans médium » (*Le Monde Psychique*, mars 1912).

3 *L'Énergie Spirituelle*.

la philosophie ne vaut pas mieux que la science, puisqu'elle n'est pas même capable, nous ne disons pas de prouver (nous savons bien que ce serait trop lui demander), mais de faire comprendre ou seulement pressentir, si confusément que ce soit, que l'hypothèse spirite n'est qu'une impossibilité pure et simple.

Nous aurions pu donner encore bien d'autres exemples, à tel point que, même en laissant de côté ceux qui sont plus ou moins suspects de spiritisme, les psychistes qui ont des tendances « néo-spiritualistes » paraissent être le plus grand nombre ; en France, c'est surtout l'occultisme, au sens où nous l'avons entendu au chapitre précédent, qui a fortement influencé la plupart d'entre eux. Ainsi, les théories du Dr Grasset, pourtant catholique, ne sont pas sans présenter certains rapports avec celles des occultistes ; celles du Dr Durand de Gros, du Dr Dupouy, du Dr Baraduc, du colonel de Rochas, s'en rapprochent bien davantage encore. Nous ne citons là que quelques noms, pris presque au hasard ; quant à fournir des textes justificatifs, ce ne serait pas bien difficile, mais nous ne pouvons songer à le faire ici, parce que cela nous éloignerait trop de notre sujet. Nous nous en tiendrons donc à ces quelques constatations, et nous demanderons si tout cela s'explique suffisamment par le fait que le psychisme représente un domaine mal connu et mal défini, ou si ce n'est pas plutôt, justement parce qu'il y a trop de cas concordants, le résultat inévitable d'investigations téméraires entreprises, dans ce domaine plus dangereux que tout autre, par des gens qui ignorent jusqu'aux plus élémentaires des précautions à prendre pour l'aborder avec sécurité. Pour conclure, nous ajouterons simplement ceci : en droit, le psychisme est tout à fait indépendant, non seulement du spiritisme, mais aussi de toute sorte de « néo-spiritualisme », et même, s'il veut être purement expérimental, il peut à la rigueur être indépendant de toute théorie quelconque ; en fait, les psychistes sont le plus souvent en même temps des « néo-spiritualistes » plus ou moins conscients et plus ou moins avoués, et cet état de choses est d'autant plus regrettable qu'il est de nature à jeter sur ces études, aux yeux des gens sérieux et intelligents, un discrédit qui finira par laisser le champ libre entièrement aux charlatans et aux déséquilibrés.

Chapitre VII
L'explication des phénomènes

Bien que notre intention ne soit pas d'étudier spécialement les phénomènes du spiritisme, nous devons parler au moins sommairement de leur explication, ne serait-ce que pour montrer qu'on peut fort bien se passer de l'hypothèse spirite, avant d'apporter contre celle-ci des raisons plus décisives. Faisons remarquer, d'ailleurs, que ce n'est point un ordre logique que nous entendons suivre en cela : il y a, en dehors de toute considération relative aux phénomènes, des raisons pleinement suffisantes pour faire rejeter d'une façon absolue l'hypothèse dont il s'agit ; l'impossibilité de celle-ci étant établie, il faut bien, même si l'on n'a pas d'autre explication toute prête pour rendre compte des phénomènes, se décider à en chercher une. Seulement, la mentalité de notre époque, étant surtout tournée du côté expérimental, sera mieux préparée, dans bien des cas, à admettre qu'une théorie est impossible et à examiner sans parti pris les preuves qui en sont données, si on lui a montré tout d'abord qu'elle est inutile, et qu'il existe d'autres théories susceptibles de la remplacer avantageusement. D'un autre côté, il importe de dire tout de suite que beaucoup des faits en question, sinon tous, ne relèvent point de la science ordinaire, ne sauraient rentrer dans les cadres étroits que les modernes ont fixés à celle-ci, et sont, en particulier, tout à fait en dehors du domaine de la physiologie et de celui de la psychologie classique, contrairement à ce que pensent certains psychistes qui s'illusionnent grandement à cet égard. N'éprouvant aucun respect pour les préjugés de la science officielle, nous n'estimons point que nous ayons à nous excuser de l'apparente étrangeté de quelques-unes des considérations qui vont suivre ; mais il est bon de prévenir ceux qui, en raison des habitudes acquises, pourraient les trouver par trop extraordinaires. Tout cela, encore une fois, ne veut point dire que nous accordions aux phénomènes psychiques le moindre caractère « transcendant » ; d'ailleurs, aucun phénomène, de quelque ordre qu'il soit, n'a en lui-même un tel caractère, mais cela n'empêche pas qu'il y en ait beaucoup qui échappent aux moyens d'action de la science occidentale moderne, qui n'est point si « avancée » que le croient ses admirateurs, ou qui du moins ne l'est que sur des points très particuliers. La magie même, du fait quelle est une science expérimentale, n'a absolument rien de « transcendant » ; ce qui peut par contre être regardé comme tel, c'est la « théurgie », dont les effets, même lorsqu'ils ressemblent à ceux de la magie, en diffèrent totalement quant à leur cause ; et c'est précisément la cause, et non pas le phénomène qu'elle produit, qui est alors d'ordre transcendant. Qu'il nous soit permis, pour mieux nous faire comprendre, d'emprunter ici une analogie à la doctrine catholique (nous parlons seulement d'analogie et non d'assimilation, ne nous plaçant pas au point de vue théologique) : il y a des phénomènes, tout à fait semblables extérieurement, qui ont été constatés chez des saints et chez des sorciers ; or il est bien évident que c'est seulement dans le premier cas qu'on peut leur attribuer un caractère « miraculeux » et proprement « surnaturel » ; dans le second cas, ils peuvent tout au plus être dits « préternaturels » ; si pourtant les phénomènes sont les mêmes, c'est donc que la différence ne réside point dans leur nature, mais uniquement dans leur cause, et ce n'est que du « mode » et des « circonstances » que de tels phénomènes tirent leur caractère surnaturel. Il va sans dire que, lorsqu'il s'agit du psychisme, nulle cause transcendante ne saurait intervenir, que l'on considère les phénomènes provoqués ordinairement par les pratiques spirites, ou les phénomènes magnétiques et hypnotiques, ou tous ceux qui leur sont plus ou moins connexes ; nous n'avons donc pas à nous préoccuper ici des choses d'ordre transcendant, et c'est dire qu'il est des questions, comme celle des « phénomènes mystiques » par exemple, qui peuvent rester entièrement en dehors des explications que nous envisagerons, D'autre part, nous n'avons pas à examiner tous les phénomènes psychiques indistinctement, mais seulement ceux qui ont quelque rapport avec le spiritisme ; encore pourrions-nous, parmi ces derniers, laisser de côté ceux qui, comme les phénomènes d' « incarnation » que nous avons déjà mentionnés, ou comme ceux que produisent les « médiums guérisseurs », se ramènent en réalité, soit à la suggestion, soit au magnétisme proprement dit, puisqu'il est manifeste qu'ils s'expliquent très suffisamment en dehors de l'hypothèse spirite. Nous ne voulons pas dire qu'il n'y ait aucune difficulté dans l'explication des faits de cet ordre, mais les spirites ne peuvent tout de même pas prétendre à s'annexer tout le domaine de l'hypnotisme et du magnétisme ; du reste, il est possible que ces faits se trouvent, comme par surcroît, quelque peu éclaircis par les indications que nous donnerons à propos des autres.

Après ces observations générales, indispensables pour poser et délimiter la question comme elle doit l'être, nous pouvons rappeler les principales théories qui ont été émises pour expliquer les phénomènes du spiritisme ; il y en a un assez grand nombre, mais le Dr Gibier a cru pouvoir les ramener à quatre types [1] ; sa classification n'est pas sans défauts, loin de là, mais elle peut nous servir de point de départ. La première, qu'il appelle « théorie de l'être collectif », se définirait ainsi : « Un fluide spécial se dégage de la personne du médium, se combine avec le fluide des personnes présentes pour constituer un personnage nouveau, temporaire, indépendant dans une certaine mesure, et produisant les phénomènes connus. » Ensuite vient la théorie « démoniaque », d'après laquelle « tout est produit par le diable ou ses suppôts », et qui revient en somme à assimiler le spiritisme à la sorcellerie. En troisième lieu, il y a une théorie que le Dr Gibier appelle bizarrement « gnômique », selon laquelle « il existe une catégorie d'êtres, un monde immatériel, vivant à côté de nous et manifestant sa présence dans certaines conditions : ce sont ces êtres qu'on a connus de tout temps sous le nom de génies, fées, sylvains, lutins, gnômes, farfadets, etc. » ; nous ne savons pourquoi il a choisi les gnômes plutôt que d'autres pour donner une dénomination à cette théorie, à laquelle il rattache celle des théosophistes (en l'attribuant faussement au Bouddhisme), qui met les phénomènes sur le compte des « élémentals ». Enfin, il y a la théorie spirite, suivant laquelle « toutes ces manifestations sont dues aux esprits ou âmes des morts, qui se mettent en rapport avec les vivants, en manifestant leurs qualités ou leurs défauts, leur supériorité ou, au contraire, leur infériorité, tout comme s'ils vivaient encore ». Chacune de ces théories, sauf la théorie spirite qui seule est absurde, peut contenir une part de vérité et expliquer effectivement, non pas tous les phénomènes, mais certains d'entre eux ; le tort de leurs partisans respectifs est surtout d'être trop exclusifs et de vouloir tout ramener à une théorie unique. Quant à nous, nous ne pensons même pas que tous les phénomènes sans exception doivent nécessairement être expliqués par l'une ou l'autre des

---

[1] *Le Spiritisme*, pp. 310-311.

théories qui viennent d'être énumérées, car il y a dans cette liste des omissions et des confusions ; d'ailleurs, nous ne sommes pas de ceux qui croient que la simplicité d'une explication est une sûre garantie de sa vérité : on peut assurément souhaiter qu'il en soit ainsi, mais les choses ne sont point obligées de se conformer à nos désirs, et rien ne prouve qu'elles doivent être ordonnées précisément de la façon qui serait la plus commode pour nous ou la plus propre à faciliter notre compréhension ; un tel « anthropocentrisme », chez nombre de savants et de philosophes, suppose vraiment de bien naïves illusions.

La théorie « démoniaque » a le don de mettre spécialement en fureur les spirites aussi bien que les « scientistes », les uns et les autres faisant pareillement profession de ne pas croire au démon ; pour les spirites, il semble qu'il ne doive pas y avoir dans le « monde invisible » autre chose que des êtres humains, ce qui est bien la limitation la plus invraisemblablement arbitraire qui se puisse imaginer. Comme nous aurons à nous expliquer plus loin sur le « satanisme », nous n'y insisterons pas pour le moment ; nous ferons seulement remarquer que l'opposition à cette théorie, qui n'est guère moindre chez les occultistes que chez les spirites, se comprend beaucoup moins de leur part, puisqu'ils admettent l'intervention d'êtres assez variés, ce qui prouve que leurs conceptions sont moins bornées. À ce point de vue, la théorie « démoniaque » pourrait s'associer d'une certaine façon à celle que le Dr Gibier appelle « gnômique », puisque, dans l'une et dans l'autre, il s'agit d'une action exercée par des êtres non humains ; rien ne s'oppose en principe, non seulement à ce qu'il y ait de tels êtres, mais encore à ce qu'ils soient aussi diversifiés que possible. Il est très certain que, presque chez tous les peuples et à toutes les époques, il a été question d'êtres tels que ceux dont le Dr Gibier fait mention, et ce ne doit pas être sans raison, car, quels que soient les noms qui leur ont été donnés, ce qui est dit de leur façon d'agir concorde remarquablement : seulement, nous ne pensons pas qu'ils aient jamais été regardés comme proprement « immatériels », et d'ailleurs la question, sous ce rapport, ne se posait pas exactement de la même manière pour les anciens que pour les modernes, les notions mêmes de « matière » et d' « esprit » ayant grandement changé de signification. D'autre part, la façon dont ces êtres ont été « personnifiés » se rattache surtout aux conceptions populaires, qui recouvrent une vérité plutôt qu'elles ne l'expriment, et qui correspondent plutôt aux apparences manifestées qu'à la réalité profonde ; et c'est un semblable « anthropomorphisme », d'origine tout exotérique, que l'on peut reprocher aussi à la théorie des « élémentals », qui est bien véritablement dérivée de la précédente, qui en est, si l'on veut, une forme modernisée. En effet, les « élémentals », au sens premier de ce mot, ne sont pas autre chose que les « esprits des éléments », que l'ancienne magie partageait en quatre catégories : salamandres ou esprits du feu, sylphes ou esprits de l'air, ondins ou esprits de l'eau, gnômes ou esprits de la terre ; bien entendu, ce mot d' « esprits » n'était point pris là au sens des spirites, mais il désignait des êtres subtils, doués seulement d'une existence temporaire, et n'ayant par conséquent rien de « spirituel » dans l'acception philosophique moderne ; encore n'est-ce là que l'expression exotérique d'une théorie sur le vrai sens de laquelle nous reviendrons dans la suite. Les théosophistes ont accordé une importance considérable aux « élémentals » ; nous avons dit ailleurs que Mme Blavatsky en dut vraisemblablement l'idée à George H. Felt, membre de la H. B. of L., qui l'attribuait d'ailleurs tout à fait gratuitement aux anciens Egyptiens. Par la suite, cette théorie fut plus ou moins étendue et modifiée, tant par les théosophistes eux-mêmes que par les occultistes français, qui la leur empruntèrent évidemment, tout en prétendant ne rien leur devoir ; du reste, elle est de celles sur lesquelles les idées de ces écoles ne furent jamais bien fixées, et nous ne voudrions pas être chargé de concilier tout ce qui a été dit des « élémentals ». La masse des théosophistes et des occultistes s'en tient à la conception la plus grossièrement anthropomorphique ; mais il en est qui ont voulu donner à la théorie une allure plus « scientifique », et qui, manquant complètement de données traditionnelles pour lui restituer son sens original et ésotérique, l'ont tout simplement accommodée aux idées modernes ou aux caprices de leur propre fantaisie. Ainsi, les uns ont essayé d'identifier les « élémentals » aux monades de Leibnitz [1] ; les autres les ont réduits à n'être plus que des « forces inconscientes », comme Papus pour qui ils sont en outre « les globules sanguins de l'univers » [2], ou même

---

1 Conférence faite à l'*Aryan Theosophical Society* de New-York, le 14 décembre 1886, par C.H.A. Bjerregaard : *Le Lotus,* septembre 1888.
2 *Traité méthodique de Science occulte,* p. 373.

de simples « centres de forces », en même temps que des « potentialités d'êtres » [1] ; d'autres encore out cru y voir « des embryons d'âmes animales ou humaines » [2] ; il en est aussi quelques-uns qui, dans un tout autre sens, ont poussé la confusion jusqu'à les assimiler aux « hiérarchies spirituelles » de la kabbale judaïque, d'où il résulterait qu'il faut comprendre sous ce nom d' « élémentals » les anges et les démons, auquel on prétend ainsi faire « perdre leur caractère fantaisiste » [3] ! Ce qui est surtout fantaisiste, ce sont ces assemblages de conceptions disparates dont les occultistes sont coutumiers ; celles où il se trouve quelque chose de vrai ne leur appartiennent pas en propre, mais sont des conceptions anciennes plus ou moins mal interprétées, et les occultistes semblent avoir pris à tâche, sans doute involontairement, de brouiller toutes les notions plutôt que de les éclaircir ou d'y mettre de l'ordre.

Un exemple de ces fausses interprétations nous a déjà été fourni par la théorie des « coques astrales », que le Dr Gibier a complètement oubliée dans sa nomenclature, et qui est encore un emprunt fait par l'occultisme au théosophisme ; comme nous avons rétabli plus haut le vrai sens de ce dont elle est une déformation, nous n'y reviendrons pas, mais nous rappellerons que c'est seulement de la façon que nous avons indiquée alors que l'on peut admettre dans certains phénomènes une intervention des morts, ou plutôt un simulacre d'intervention des morts, puisque leur être réel n'y est aucunement intéressé et n'est point affecté par ces manifestations. Quant à la théorie des « élémentaires », sur laquelle l'occultisme et le théosophisme ne se différencient pas plus nettement que sur les précédentes, elle apparaît comme extrêmement flottante, se confondant parfois avec celle des « coques », et allant ailleurs, et le plus fréquemment, jusqu'à s'identifier à l'hypothèse spirite elle-même, à laquelle elle apporte seulement certaines restrictions. D'une part, Papus a écrit ceci : « Ce que le spirite appelle un *esprit*, un *moi*, l'occultiste l'appelle un *élémentaire*, une *coque astrale* » [4]. Nous ne pouvons croire qu'il ait été de bonne foi en faisant cette assimilation, inacceptable pour les spirites ; mais poursuivons : « Les principes inférieurs illuminés par l'intelligence de l'âme hu-

---
1 Marius Decrespe (Maurice Després), *Les Microbes de l'Astral*.
2 *Ibid.*, p. 39.
3 Jules Lermina, *Magie pratique*, pp. 218-220.
4 *Traité méthodique de Science occulte*, p. 347.

maine (avec laquelle ils n'ont plus qu'un « lien fluidique ») forment ce que les occultistes appellent un *élémentaire*, et flottent autour de la terre dans le monde invisible, tandis que les principes supérieurs évoluent sur un autre plan... Dans la plupart des cas, l'esprit qui vient dans une séance est l'élémentaire de la personne évoquée, c'est-à-dire un être qui ne possède du défunt que les instincts et la mémoire des choses terrestres » [1]. Cela est assez net, et, s'il y a une différence entre une « coque » proprement dite et un « élémentaire », c'est que la première est littéralement un « cadavre astral », tandis que le second est censé garder encore un « lien fluidique » avec les principes supérieurs ; remarquons en passant que cela paraît impliquer que tous les éléments de l'être humain doivent se situer quelque part dans l'espace ; les occultistes, avec leurs « plans », prennent une image assez grossière pour une réalité. Mais, d'autre part, les affirmations que nous venons de reproduire n'empêchent pas le même auteur, en d'autres endroits du même ouvrage, de qualifier les « élémentaires » d' « êtres conscients et volontaires », de les présenter comme « les cellules nerveuses de l'univers », et d'assurer que « ce sont eux qui apparaissent aux malheureuses victimes des hallucinations de la sorcellerie sous la figure du diable, auquel *(sic)* on fait des pactes » [2] ; ce dernier rôle, du reste, est plus souvent attribué par les occultistes aux « élémentals ». Ailleurs encore, Papus précise que l' « élémentaire » (et là il prétend que ce terme, qui n'a pourtant rien d'hébraïque, appartient à la kabbale) « est formé par l'esprit immortel supérieurement, par le corps astral (partie supérieure) médianement, par les écorces inférieurement » [3]. Ce serait donc, d'après cette nouvelle version, l'être humain véritable et complet, tel qu'il est constitué pendant le temps plus ou moins long où il séjourne dans le « plan astral » ; c'est là l'opinion qui a prévalu parmi les occultistes, aussi bien que parmi les théosophistes, et les uns et les autres en sont arrivés à admettre assez généralement que cet être peut être évoqué tant qu'il se trouve dans cet état, c'est-à-dire au cours de la période qui va de la « mort physique » à la « mort astrale ». Seulement, on ajoute que les « désincarnés » qui se manifestent le plus volontiers dans les séances spirites (exception faite pour les « morts aimés ») sont les hommes

---

1 *Ibid.*, p. 351.
2 *Ibid.*, pp. 373 et 909-910.
3 *L'état de trouble et l'évolution posthume de l'être humain*, pp. 12-13.

dont la nature est la plus inférieure, notamment les ivrognes, les sorciers et les criminels, et aussi ceux qui ont péri de mort violente, surtout les suicidés ; et c'est même à ces êtres inférieurs, avec lesquels les relations sont réputées fort dangereuses, que certains théosophistes réservent l'appellation d' « élémentaires ». Les spirites, qui sont absolument opposés à toutes les théories dont il a été question jusqu'ici ne semblent pas apprécier beaucoup cette concession, pourtant très grave, et cela se comprend en somme : ils reconnaissent bien eux-mêmes qu'il y a de « mauvais esprits » qui se mêlent à leurs séances, mais, s'il n'y avait que ceux-là, il n'y aurait qu'à s'abstenir soigneusement des pratiques du spiritisme ; c'est en effet ce que recommandent les dirigeants de l'occultisme et surtout du théosophisme, mais sans pouvoir, sur ce point, se faire écouter d'une certaine catégorie de leurs adhérents, pour qui tout ce qui est « phénomène », quelle qu'en soit la qualité, possède un attrait irrésistible.

Nous en arrivons maintenant aux théories qui expliquent les phénomènes par l'action des êtres humains vivants, et que le Dr Gibier réunit assez confusément sous le nom, impropre pour certaines d'entre elles, de « théorie de l'être collectif ». La théorie qui mérite vraiment ce nom vient en réalité se greffer sur une autre qui n'en est pas nécessairement solidaire, et que l'on appelle quelquefois théorie « animiste » ou « vitaliste » ; sous sa forme la plus commune, celle qui s'exprime d'ailleurs dans la définition donnée par le Dr Gibier, on pourrait encore l'appeler théorie « fluidique ». Le point de départ de cette théorie, c'est qu'il y a dans l'homme quelque chose qui est susceptible de s'extérioriser, c'est-à-dire de sortir des limites du corps, et bien des constatations tendent à prouver qu'il en est effectivement ainsi ; nous rappellerons seulement les expériences du colonel de Rochas et de divers autres psychistes sur l' « extériorisation de la sensibilité » et l' « extériorisation de la motricité ». Admettre cela n'implique évidemment l'adhésion à aucune école ; mais certains ont éprouvé le besoin de se représenter ce « quelque chose » sous l'aspect d'un « fluide », qu'ils nomment tantôt « fluide nerveux », tantôt « fluide vital » ; ceux-là sont naturellement des occultistes, qui, là comme partout où il est question de « fluides », n'ont fait que se mettre à la suite des magnétiseurs et des spirites. Ce prétendu « fluide », en effet, ne fait qu'un avec celui des magnétiseurs : c'est l'*od* de Reichenbach, que l'on a voulu rapprocher des « radiations invisibles » de la physique moderne [1] ; c'est lui qui se dégagerait du corps humain sous la forme d'effluves que certains croient avoir photographiés ; mais ceci est une autre question, qui est tout à fait à côté de notre sujet. Quant aux spirites, nous avons dit qu'ils tenaient du mesmérisme cette idée des « fluides », auxquels ils ont également recours pour expliquer la médiumnité ; ce n'est pas là-dessus que portent les divergences, mais seulement sur ceci, que les spirites veulent qu'un « esprit » vienne se servir du « fluide » extériorisé du médium, tandis qu'occultistes et simples psychistes supposent plus raisonnablement que ce dernier, dans nombre de cas, pourrait bien faire à lui seul tous les frais du phénomène. Effectivement, si quelque chose de l'homme s'extériorise, il n'est point besoin de recourir à des facteurs étrangers pour expliquer des phénomènes tels que des coups frappés ou des déplacements d'objets sans contact, qui ne constituent d'ailleurs pas pour cela une « action à distance », car, en somme, un être est partout où il agit : en quelque point que se produise cette action, c'est que le médium y a projeté, sans doute inconsciemment, quelque chose de lui-même. Pour nier qu'une telle chose soit possible, il ne peut y avoir que ceux qui croient que l'homme est absolument limité par son corps, ce qui prouve qu'ils ne connaissent qu'une bien faible partie de ses possibilités ; cette supposition, nous le savons bien, est la plus habituelle chez les Occidentaux modernes, mais elle ne se justifie que par l'ignorance commune : elle revient, en d'autres termes, à soutenir que le corps est en quelque sorte la mesure de l'âme, ce qui est, dans l'Inde, une des thèses hétérodoxes des *Jainas* (nous n'employons les mots de corps et d'âme que pour nous faire comprendre plus facilement), et ce qu'il est trop aisé de réduire à l'absurde pour que nous y insistions : conçoit-on que l'âme doive ou même puisse suivre les variations quantitatives du corps, et que, par exemple, l'amputation d'un membre entraîne en elle un amoindrissement proportionnel ? Du reste, on a peine à comprendre que la philosophie moderne ait posé une question aussi dépourvue de sens que celle du « siège de l'âme », comme s'il s'agissait de quelque chose de « localisable » ; et les occultistes ne sont pas davantage exempts de reproche sous ce rapport, puisqu'ils

---

[1] Voir la brochure de Papus intitulée *Lumière invisible, Médiumnité et Magie*. — Ne pas confondre cet *od* très moderne avec l'*ob* hébraïque.

PREMIÈRE PARTIE

ont une tendance à localiser, même après la mort, tous les éléments de l'être humain ; pour ce qui est des spirites, ils répètent à chaque instant que les « esprits » sont « dans l'espace », ou encore dans ce qu'ils nomment l' « erraticité ». C'est précisément cette même habitude de tout matérialiser que nous critiquons aussi dans la théorie « fluidique » : nous n'y trouverions rien à redire si, au lieu de parler de « fluides », on parlait simplement de « forces », comme le font d'ailleurs des psychistes plus prudents ou moins atteints par le « néo-spiritualisme » ; ce mot de « forces » est sans doute bien vague, mais il n'en vaut que mieux dans un cas comme celui-là, car nous ne voyons pas que la science ordinaire soit en état de permettre une plus grande précision.

Mais revenons aux phénomènes que peut expliquer la force extériorisée : les cas que nous avons mentionnés sont les plus élémentaires de tous ; en sera-t-il encore de même quand on y trouvera la marque d'une certaine intelligence, comme, par exemple, quand la table qui se meut répond plus ou moins bien aux questions qu'on lui pose ? Nous n'hésiterons pas à répondre affirmativement pour un grand nombre de cas : il est plutôt exceptionnel que les réponses ou les « communications » obtenues dépassent sensiblement le niveau intellectuel du médium ou des assistants ; le spirite qui, possédant quelques facultés médiumniques, s'enferme chez lui pour consulter sa table à propos de n'importe quoi, ne se doute pas que c'est tout simplement avec lui-même qu'il communique par ce moyen détourné, et c'est pourtant ce qui lui arrive le plus ordinairement. Dans les séances des groupes, la présence d'assistants plus ou moins nombreux vient un peu compliquer les choses ; le médium n'en est plus réduit à sa seule pensée, mais, dans l'état spécial où il se trouve et qui le rend éminemment accessible à la suggestion sous toutes ses formes, il pourra tout aussi bien refléter et exprimer la pensée de l'un quelconque des assistants. D'ailleurs, dans ce cas comme dans le précédent, il ne s'agit pas forcément d'une pensée qui est nettement consciente au moment présent, et même une telle pensée ne s'exprimera guère que si quelqu'un a la volonté bien arrêtée d'influencer les réponses ; habituellement, ce qui se manifeste appartient plutôt à ce domaine très complexe que les psychologues appellent le « subconscient ». On a parfois abusé de cette dernière dénomination, parce qu'il est commode, en maintes circonstances, de faire appel à ce qui est obscur et mal défini ; il n'en est pas moins vrai que le « subconscient » correspond à une réalité ; seulement, il y a de tout là-dedans, et les psychologues, dans la limite des moyens dont ils disposent, seraient fort embarrassés pour y mettre un peu d'ordre. Il y a d'abord ce qu'on peut appeler la « mémoire latente » : rien ne s'oublie jamais d'une façon absolue, comme le prouvent les cas de « réviviscence » anormale qui ont été assez souvent constatés ; il suffit donc que quelque chose ait été connu de l'un des assistants, même s'il croit l'avoir complètement oublié, pour qu'il n'y ait pas lieu de chercher ailleurs si cela vient à s'exprimer dans une « communication » spirite. Il y a aussi toutes les « prévisions » et tous les « pressentiments », qui arrivent parfois, même normalement, à devenir assez clairement conscients chez certaines personnes ; c'est à cet ordre qu'il faut certainement rattacher bien des prédictions spirites qui se réalisent, sans compter qu'il y en a beaucoup d'autres, et probablement un plus grand nombre, qui ne se réalisent pas, et qui représentent de vagues pensées quelconques prenant corps comme peut le faire n'importe quelle rêverie [1]. Mais nous irons plus loin : une « communication » énonçant des faits réellement inconnus de tous les assistants peut cependant provenir du « subconscient » de l'un deux, car, sous ce rapport aussi, on est fort loin de connaître ordinairement toutes les possibilités de l'être humain : chacun de nous peut être en rapport, par cette partie obscure de lui-même, avec des êtres et des choses dont il n'a jamais eu connaissance au sens courant de ce mot, et il s'établit là d'innombrables ramifications auxquelles il est impossible d'assigner des limites définies. Ici, nous sommes bien loin des conceptions de la psychologie classique ; cela pourra donc sembler fort étrange, de même que le fait que les « communications » peuvent être influencées par les pensées de personnes non présentes ; pourtant, nous ne craignons pas d'affirmer qu'il n'y a à tout cela aucune impossibilité. Nous reviendrons à l'occasion sur la question du « subconscient » ; pour le moment, nous n'en parlons que pour montrer que les spirites sont fort imprudents d'invoquer, comme preuves certaines à l'appui de leur théorie, des faits du genre de ceux auxquels nous venons de faire allusion.

---

1 Il y a aussi des prédictions qui ne se réalisent que parce qu'elles ont agi à la façon de suggestions ; nous y reviendrons quand nous parlerons spécialement des dangers du spiritisme.

Ces dernières considérations permettront de comprendre ce qu'est la théorie de l' « être collectif » proprement dite et quelle part de vérité elle renferme ; cette théorie, disons-le tout de suite, a été admise par quelques spirites plus indépendants que les autres, et qui ne croient pas qu'il soit indispensable de faire intervenir les « esprits » dans tous les cas sans exception : tels sont Eugène Nus, qui est sans doute le premier à avoir employé cette expression d' « être collectif » [1], et M. Camille Flammarion. D'après cette théorie, l' « être collectif » serait formé par une sorte de combinaison des « périsprits » ou des « fluides » du médium et des assistants ; et il se fortifierait à chaque séance, pourvu que les assistants soient toujours les mêmes ; les occultistes se sont emparés de cette conception avec d'autant plus d'empressement qu'ils pensaient pouvoir la rapprocher des idées d'Eliphas Lévi sur les *eggrégores* [2] ou « entités collectives », Il faut cependant remarquer, pour ne pas pousser trop loin l'assimilation, que, chez Eliphas Lévi, il s'agissait, beaucoup plus généralement, de ce qu'on pourrait appeler l' « âme » d'une collectivité quelconque, comme une nation par exemple ; le grand tort des occultistes, en des cas comme celui-là, est de prendre à la lettre certaines façons de parler, et de croire qu'il s'agit véritablement d'un être comparable à un être vivant, et qu'ils situent naturellement sur le « plan astral ». Pour en revenir à l' « être collectif » des séances spirites, nous dirons simplement que, en laissant de côté tout « fluide », il ne faut y voir que ces actions et réactions des divers « subconscients » en présence, dont nous avons parlé tout à l'heure, l'effet des relations qui s'établissent entre eux d'une manière plus ou moins durable, et qui s'amplifient à mesure que le groupe se constitue plus solidement. Il y a d'ailleurs des cas où le « subconscient », individuel ou collectif, explique tout à lui seul, sans qu'il y ait la moindre extériorisation de force chez le médium ou chez les assistants : il en est ainsi pour les « médiums à incarnations » et même pour les « médiums écrivains » ; ces états, redisons le encore une fois, sont rigoureusement identiques à des états som-

---

1 *Les Grands Mystères.*
2 C'est ainsi qu'Eliphas Lévi écrit ce mot, qu'il a tiré du *Livre d'Hénoch*, et dont il donne une étymologie latine qui est absurde ; l'orthographe correcte serait *égrégores* ; le sens ordinaire en grec est « veilleurs », mais il est bien difficile de savoir à quoi ce mot s'applique exactement dans le texte, qui peut se prêter à toutes sortes d'interprétations fantaisistes.

nambuliques purs et simples (à moins qu'il ne s'agisse d'une véritable « possession », mais cela n'arrive pas si couramment). A ce propos, nous ajouterons qu'il y a de grandes ressemblances entre le médium, le sujet hypnotique, et aussi le somnambule naturel ; il y a un certain ensemble de conditions « psycho-physiologiques » qui leur sont communes, et la façon dont ils se comportent est bien souvent la même. Nous citerons ici ce que dit Papus sur les rapports de l'hypnotisme et du spiritisme : « Une série d'observations rigoureuses nous a conduit à cette idée que le spiritisme et l'hypnotisme n'étaient pas deux champs d'études différents, mais bien les degrés divers d'un même ordre de phénomènes ; que le *médium* présentait avec le *sujet* des points communs nombreux, points qu'on n'a pas, que je sache, fait suffisamment ressortir jusqu'ici. Mais le spiritisme conduit à des résultats expérimentaux bien plus complets que l'hypnotisme ; le médium est bien un sujet, mais un sujet qui pousse les phénomènes au delà du domaine actuellement connu en hypnotisme » [1]. Sur ce point du moins, nous pouvons être d'accord avec les occultistes, mais avec quelques réserves : d'une part, il est certain que l'hypnotisme peut aller beaucoup plus loin que ce qu'ont étudié jusqu'ici certains savants, mais nous ne voyons pourtant aucun avantage à étendre cette dénomination de manière à y faire rentrer tous les phénomènes psychiques sans distinction ; d'autre part, comme nous l'avons dit plus haut, tout phénomène qui est rattaché à l'hypnotisme échappe par là même au spiritisme, et d'ailleurs les résultats expérimentaux obtenus par les pratiques spirites ne constituent point le spiritisme lui-même : ce qui est spiritisme, ce sont les théories, non les faits, et c'est en ce sens que nous disons que le spiritisme n'est qu'erreur et illusion.

Il est encore certaines catégories de phénomènes dont nous n'avons pas parlé, mais qui sont parmi ceux qui supposent évidemment une extériorisation ; ce sont les phénomènes qui sont connus sous les noms d' « apports » et de « matérialisations ». Les « apports » sont en somme des déplacements d'objets, mais avec cette complication que les objets proviennent alors de lieux qui peuvent être très éloignés, et qu'il semble souvent qu'ils aient dû passer à travers des obstacles matériels. Si le médium émet, d'une

---

1 *Traité méthodique de Science occulte*, p. 874. — Suit un parallèle entre le médium et le sujet, qu'il est inutile de reproduire ici, puisque notre intention n'est pas d'entrer dans le détail des phénomènes.

façon ou d'une autre, des prolongements de lui-même pour exercer une action sur les objets, la distance plus ou moins grande ne fait rien à l'affaire, elle implique seulement des facultés plus ou moins développées, et, si l'intervention des « esprits » ou d'autres entités extra-terrestres n'est pas toujours nécessaire, elle ne l'est jamais. La difficulté, ici, réside plutôt dans le fait du passage, réel ou apparent, à travers la matière : pour l'expliquer, certains supposent qu'il y a successivement « dématérialisation » et « rematérialisation » de l'objet apporté ; d'autres construisent des théories plus ou moins compliquées, dans lesquelles ils font jouer le principal rôle à la « quatrième dimension » de l'espace. Nous n'entrerons point dans la discussion de ces diverses hypothèses, mais nous ferons observer qu'il convient de se méfier des fantaisies que l' « hypergéométrie » a inspirées aux « néo-spiritualistes » de différentes écoles ; aussi nous semble-t-il préférable d'envisager simplement, dans le transport de l'objet, des « changements d'état » que nous ne préciserons pas autrement ; et nous ajouterons qu'il se peut, en dépit de la croyance des physiciens modernes, que l'impénétrabilité de la matière ne soit que très relative. Mais, en tout cas, il nous suffit de signaler que, là encore, l'action supposée des « esprits » ne résout absolument rien : dès lors qu'on admet le rôle du médium, il n'est que logique de chercher à expliquer des faits comme ceux-là par des propriétés de l'être vivant ; d'ailleurs, pour les spirites, l'être humain, par la mort, perd certaines propriétés plutôt qu'il n'en acquiert de nouvelles ; enfin, en se plaçant en dehors de toute théorie particulière, l'être vivant est manifestement, au point de vue d'une action s'exerçant sur la matière physique, dans des conditions plus favorables qu'un être dans la constitution duquel n'entre aucun élément de cette matière.

Quant aux « matérialisations », ce sont peut-être les phénomènes les plus rares, mais aussi ceux que les spirites croient les plus probants : comment pourrait-on douter de l'existence et de la présence d'un « esprit » alors qu'il prend une apparence parfaitement sensible, qu'il se revêt d'une forme qui peut être vue, touchée, et même photographiée (ce qui exclut l'hypothèse d'une hallucination) ? Pourtant, les spirites eux-mêmes reconnaissent bien que le médium est pour quelque chose là-dedans : une sorte de substance, d'abord informe et nébuleuse, semble se dégager de son corps, puis se condense graduellement ; cela, tout le monde l'admet, sauf ceux qui contestent la réalité même du phénomène ; mais les spirites ajoutent qu'un « esprit » vient ensuite modeler cette substance, cet « ectoplasme », comme l'appellent certains psychistes, lui donner sa forme, et l'animer comme un véritable corps temporaire. Malheureusement, il y a eu des « matérialisations » de personnages imaginaires, comme il y a eu des « communications » signées par des héros de romans : Eliphas Lévi assure que des personnes ont fait évoquer par Dunglas Home les fantômes de parents supposés, qui n'avaient jamais existé [1] ; on a cité aussi des cas où les formes « matérialisées » reproduisaient tout simplement des portraits, ou même des figures fantaisistes empruntées à des tableaux ou à des dessins que le médium avait vus ; « Lors du Congrès spirite et spiritualiste de 1889, dit Papus, Donald Mac-Nab nous montra un cliché photographique représentant une matérialisation de jeune fille qu'il avait pu toucher ainsi que six de ses amis et qu'il avait réussi à photographier. Le médium en léthargie était visible à côté de l'apparition. Or cette apparition matérialisée n'était que la reproduction *matérielle* d'un vieux dessin datant de plusieurs siècles et qui avait beaucoup frappé le médium alors qu'il était éveillé » [2]. D'un autre côté, si la personne évoquée est reconnue par un des assistants, cela prouve évidemment que cet assistant en avait une image dans sa mémoire, et de là peut fort bien venir la ressemblance constatée ; si au contraire personne n'a connu le soi-disant « désincarné » qui se présente, son identité ne peut être vérifiée, et l'argument spirite tombe encore. Du reste, M. Flammarion lui-même a dû reconnaître que l'identité des « esprits » n'a jamais été démontrée, que les cas les plus remarquables peuvent toujours donner lieu à contestation ; et comment pourrait-il en être autrement, si l'on songe que, même pour un homme vivant, il est à peu près impossible théoriquement, sinon pratiquement, de donner de son identité des preuves vraiment rigoureuses et irréfutables ? Il faut donc s'en tenir à la théorie dite de l' « idéoplastie », d'après laquelle non seulement le substratum de la « matérialisation » est fourni par le médium, mais encore sa forme même est due à une idée ou plus exactement à une image mentale, soit du médium également, soit d'un assistant quelconque, cette image

1 *La Clef des Grands Mystères.*
2 *Traité méthodique de Science occulte*, p. 881.

pouvant d'ailleurs n'être que « subconsciente » ; tous les faits de cet ordre peuvent s'expliquer par cette théorie, et certains d'entre eux ne peuvent pas s'expliquer autrement. Remarquons en passant que, cela étant admis, il en résulte qu'il n'y a pas nécessairement fraude lorsqu'il se présente des « matérialisations » dépourvues de relief comme les dessins dans lesquels on en retrouve le modèle ; bien entendu, cela n'empêche pas que les fraudes soient très fréquentes en fait, mais des cas comme ceux-là devraient être examinés de plus près, au lieu d'être écartés de parti pris. On sait d'ailleurs qu'il y a des « matérialisations » plus ou moins complètes ; il y a parfois des formes qui peuvent être touchées, mais qui n'arrivent pas à se rendre visibles ; il y a aussi des apparitions qui ne sont que partielles, et ces dernières sont le plus souvent des formes de mains. Ces apparitions de mains isolées mériteraient de retenir l'attention : on a cherché à les expliquer en disant que, « comme un objet se prend ordinairement avec la main, le désir de prendre un objet doit nécessairement éveiller l'idée de main et par conséquent la représentation mentale d'une main »[1] ; tout en acceptant cette explication en principe, il est permis de penser qu'elle n'est peut-être pas toujours suffisante, et nous rappellerons à ce propos que des manifestations similaires ont été constatées dans des cas qui sont du domaine de la sorcellerie, comme les faits de Cideville que nous avons déjà mentionnés. La théorie de l' « idéoplastie », d'ailleurs, n'exclut pas forcément toute intervention étrangère, comme pourraient le croire ceux qui sont trop portés à systématiser ; elle restreint seulement le nombre des cas où il faut y faire appel ; notamment, elle n'exclut pas l'action d'hommes vivants non présents corporellement (c'est ainsi qu'opèrent les sorciers), ni celle de forces diverses sur lesquelles nous reviendrons.

Certains disent que ce qui s'extériorise est le « double » du médium ; cette expression est impropre, au moins en ce sens que ce prétendu « double » peut prendre une apparence fort différente de celle du médium lui-même. Pour les occultistes, ce « double » est évidemment identique au « corps astral » ; il en est qui s'exercent à obtenir, d'une façon consciente et volontaire, le « dédoublement » ou la « sortie en astral », c'est-à-dire en somme à réaliser active-

---
1 *Étude expérimentale de quelques phénomènes de force psychique*, par Donald Mac-Nab : *Le Lotus*, mars 1889, p. 729.

ment ce que fait passivement le médium, tout en avouant que les expériences de ce genre sont extrêmement dangereuses. Quand les résultats ne sont pas purement illusoires et dus à une simple autosuggestion, ils sont en tout cas mal interprétés ; nous avons déjà dit qu'il n'est pas possible d'admettre le « corps astral », non plus que les « fluides », parce que ce ne sont là que des représentations fort grossières, consistant à supposer des états matériels qui ne diffèrent guère de la matière ordinaire que par une moindre densité. Quand nous parlons d'un « état subtil », c'est tout autre chose que nous voulons dire : ce n'est pas un corps de matière raréfiée, un « aérosome », suivant le terme adopté par quelques occultistes ; c'est quelque chose qui est véritablement « incorporel » ; nous ne savons d'ailleurs si on doit le dire matériel ou immatériel, et peu nous importe, car ces mots n'ont qu'une valeur très relative pour quiconque se place en dehors des cadres conventionnels de la philosophie moderne, et cet ordre de considérations demeure complètement étranger aux doctrines orientales, les seules où, de nos jours, la question dont il s'agit soit étudiée comme elle doit l'être. Nous tenons à préciser que ce à quoi nous faisons allusion présentement est essentiellement un état de l'homme vivant, car l'être, à la mort, est changé bien autrement que par la simple perte de son corps, contrairement à ce que soutiennent les spirites et même les occultistes ; aussi ce qui est susceptible de se manifester après la mort ne peut-il être regardé que comme une sorte de vestige de cet état subtil de l'être vivant, et ce n'est pas plus cet état lui-même que le cadavre n'est l'organisme animé. Pendant la vie, le corps est l'expression d'un certain état de l'être, mais celui-ci a également, et en même temps, des états incorporels, parmi lesquels celui dont nous parlons est d'ailleurs le plus proche de l'état corporel ; cet état subtil doit se présenter à l'observateur comme une force ou un ensemble de forces plutôt que comme un corps, et l'apparence corporelle des « matérialisations » n'est que surajoutée exceptionnellement à ses propriétés ordinaires. Tout cela a été singulièrement déformé par les occultistes, qui disent bien que le « plan astral » est le « monde des forces », mais que cela n'empêche point d'y placer des corps ; encore convient-il d'ajouter que les « forces subtiles » sont bien différentes, tant par leur nature que par leur mode d'action, des forces qu'étudie la physique ordinaire.

PREMIÈRE PARTIE

Ce qu'il y a de curieux à noter comme conséquence de ces dernières considérations, c'est ceci : ceux même qui admettent qu'il est possible d'évoquer les morts (nous voulons dire l'être réel des morts) devraient admettre qu'il soit également possible, et même plus facile, d'évoquer un vivant, puisque le mort n'a pas acquis, à leurs yeux, d'éléments nouveaux, et que d'ailleurs, quel que soit l'état dans lequel on le suppose, cet état, comparé à celui des vivants, n'offrira jamais une similitude aussi parfaite que si l'on compare des vivants entre eux, d'où il suit que les possibilités de communication, si elles existent, ne peuvent en tout cas être qu'amoindries et non pas augmentées. Or il est remarquable que les spirites s'insurgent violemment contre cette possibilité d'évoquer un vivant, et qu'ils semblent la trouver particulièrement redoutable pour leur théorie ; nous qui dénions tout fondement à celle-ci, nous reconnaissons au contraire cette possibilité, et nous allons tâcher d'en montrer un peu plus clairement les raisons. Le cadavre n'a pas de propriétés autres que celles de l'organisme animé, il garde seulement certaines des propriétés qu'avait celui-ci ; de même, l'*ob* des Hébreux, ou le *prêta* des Hindous, ne saurait avoir de propriétés nouvelles par rapport à l'état dont il n'est qu'un vestige ; si donc cet élément peut être évoqué, c'est que le vivant peut l'être aussi dans son état correspondant. Bien entendu, ce que nous venons de dire suppose seulement une analogie entre différents états, et non une assimilation avec le corps ; l'*ob* (conservons-lui ce nom pour plus de simplicité) n'est pas un « cadavre astral », et ce n'est que l'ignorance des occultistes, confondant analogie et identité, qui en a fait la « coque » dont nous avons parlé ; les occultistes, disons-le encore une fois, n'ont recueilli que des lambeaux de connaissances incomprises. Que l'on veuille bien remarquer encore que toutes les traditions s'accordent à reconnaître la réalité de l'évocation magique de l'*ob*, quelque nom qu'elles lui donnent ; en particulier, la Bible hébraïque rapporte le cas de l'évocation du prophète Samuel [1], et d'ailleurs, si ce n'était une réalité, les défenses qu'elle contient à ce sujet seraient sans portée et sans signification. Mais revenons à notre question : si un homme vivant peut être évoqué, il y a, avec le cas du mort, cette différence que, le composé qu'il est n'étant point dissocié, l'évocation affectera nécessai-

---

[1] *I Samuel*, XXVIII.

rement son être réel ; elle peut donc avoir des conséquences autrement graves sous ce rapport que celle de l'*ob*, ce qui ne veut point dire que cette dernière n'en ait pas aussi, mais dans un autre ordre. D'un autre côté, la possibilité d'évocation doit être réalisable surtout si l'homme est endormi, parce qu'il se trouve précisément alors, quant à sa conscience actuelle, dans l'état correspondant à ce qui peut être évoqué, à moins toutefois qu'il ne soit plongé dans le véritable sommeil profond, où rien ne peut l'atteindre et où aucune influence extérieure ne peut plus s'exercer sur lui ; cette possibilité se réfère seulement à ce que nous pouvons appeler l'état de rêve, intermédiaire entre la veille et le sommeil profond, et c'est également de ce côté, disons-le en passant, qu'il faudrait chercher effectivement la véritable explication de tous les phénomènes du rêve, explication qui n'est pas moins impossible aux psychologues qu'aux physiologistes. Il est à peine utile de dire que nous ne conseillerions à personne de tenter l'évocation d'un vivant, ni surtout de se soumettre volontairement à une telle expérience, et qu'il serait extrêmement dangereux de donner publiquement la moindre indication pouvant aider à obtenir ce résultat ; mais le plus fâcheux est qu'il peut arriver qu'on l'obtienne quelquefois sans l'avoir cherché, et c'est là un des inconvénients accessoires que présente la vulgarisation des pratiques empiriques des spirites ; nous ne voulons pas exagérer l'importance d'un tel danger, mais c'est déjà trop qu'il existe, si exceptionnellement que ce soit. Voici ce que dit à ce sujet un psychiste qui s'est posé en adversaire résolu de l'hypothèse spirite, l'ingénieur Donald Mac-Nab : « Il peut arriver que dans une séance on matérialise l'identité physique d'une personne éloignée, en rapport psychique avec le médium. Alors, si on agit maladroitement, on peut tuer cette personne. Bien des cas de mort subite peuvent se rapporter à cette cause »[1]. Ailleurs, le même auteur envisage aussi, outre l'évocation proprement dite, d'autres possibilités du même ordre : « Une personne éloignée peut assister psychiquement à la séance, de sorte que l'on s'explique très bien que l'on puisse observer le fantôme de cette personne ou de toute autre image contenue dans son inconscient, y compris celles des personnes mortes qu'elle a connues. La personne qui se manifeste ainsi n'en a généralement pas conscience, mais elle éprouve

---

1 Article déjà cité : *Le Lotus*, mars 1889, p. 732. — La dernière phrase est même soulignée dans le texte.

une sorte d'absence ou d'abstraction. Ce cas est moins rare qu'on ne pense » [1]. Que l'on remplace simplement ici « inconscient » par « subconscient », et l'on verra que c'est exactement, au fond, ce que nous avons dit plus haut de ces obscures ramifications de l'être humain qui permettent d'expliquer tant de choses dans les « communications » spirites. Avant d'aller plus loin, nous ferons encore remarquer que le « médium à matérialisations » est toujours plongé dans ce sommeil spécial que les spirites anglo-saxons appellent *trance*, parce que sa vitalité, aussi bien que sa conscience, est alors concentrée dans l' « état subtil » ; et même, à vrai dire, cette trance est bien plus semblable à une mort apparente que ne l'est le sommeil ordinaire, parce qu'il y a alors, entre cet « état subtil » et l'état corporel, une dissociation plus ou moins complète. C'est pourquoi, dans toute expérience de « matérialisation », le médium est constamment en danger de mort, non moins que l'occultiste qui s'essaie au « dédoublement » ; pour éviter ce danger, il faudrait recourir à des moyens spéciaux que ni l'un ni l'autre ne sauraient avoir à leur disposition ; malgré toutes leurs prétentions, les occultistes « pratiquants » sont, tout comme les spirites, de simples empiriques qui ne savent pas même ce qu'ils font.

L' « état subtil » dont nous parlons, et auquel doivent être rapportées en général, non seulement les « matérialisations », mais aussi toutes les autres manifestations qui supposent une « extériorisation » à un degré quelconque, cet état, disons-nous, porte le nom de *taijasa* dans la doctrine hindoue, parce que celle-ci regarde le principe correspondant comme étant de la nature de l'élément igné (*têjas*), qui est à la fois chaleur et lumière. Cela pourrait être mieux compris par un exposé de la constitution de l'être humain telle que cette doctrine l'envisage ; mais nous ne pouvons songer à l'entreprendre ici, car cette question exigerait toute une étude spéciale, que nous avons d'ailleurs l'intention de faire quelque jour. Pour le moment, nous devons nous borner à signaler très sommairement quelques-unes des possibilités de cet « état subtil », possibilités qui dépassent d'ailleurs de beaucoup tous les phénomènes du spiritisme, et auxquelles ceux-ci ne sont même plus comparables ; telles sont par exemple les suivantes : possibilité de transférer dans cet état l'intégralité de la conscience individuelle, et non plus seule-

---

[1] *Ibid.*, p. 742.

ment une portion de « subconscience » comme cela a lieu dans le sommeil ordinaire et dans les états hypnotiques et médiumniques ; possibilité de « localiser » cet état en un endroit quelconque, ce qui est l'« extériorisation » proprement dite, et de condenser en cet endroit, par son moyen, une apparence corporelle qui est analogue à la « matérialisation » des spirites, mais sans l'intervention d'aucun médium ; possibilité de donner à cette apparence, soit la forme même du corps (et alors elle mériterait vraiment le nom de « double »), soit toute autre forme correspondant à une image mentale quelconque ; enfin, possibilité de « transposer » dans cet état, si l'on peut ainsi s'exprimer, les éléments constitutifs du corps lui-même, ce qui semblera sans doute plus extraordinaire encore que tout le reste. On remarquera qu'il y a là de quoi expliquer, entre autres choses, les phénomènes de « bilocation », qui sont de ceux auxquels nous faisions allusion lorsque nous disions qu'il y a des phénomènes dont on trouve des exemples, extérieurement semblables, chez des saints et chez des sorciers ; on y trouve également l'explication de ces histoires, trop répandues pour être sans fondement, de sorciers qui ont été vus errant sous des formes animales, et l'on pourrait encore y voir pourquoi les coups portés à ces formes ont leur répercussion, en blessures réelles, sur le corps même du sorcier, aussi bien que lorsque le fantôme de celui-ci se montre sous sa forme naturelle, qui peut d'ailleurs n'être pas visible pour tous les assistants ; sur ce dernier point comme sur bien d'autres, le cas de Cideville est particulièrement frappant et instructif. D'un autre côté, c'est à des réalisations très incomplètes et très rudimentaires de la dernière des possibilités que nous avons énumérées qu'il faudrait rattacher les phénomènes de « lévitation », dont nous n'avions pas parlé précédemment (et pour lesquels il faudrait répéter la même observation que pour la « bilocation »), les changements de poids constatés chez les médiums (et qui ont donné à certains psychistes l'illusion absurde de pouvoir « peser l'âme »), et aussi ces « changements d'état », ou tout au moins de modalité, qui doivent se produire dans les « apports ». Il y a de même des cas que l'on pourrait regarder comme représentant une « bilocation » incomplète : tels sont tous les phénomènes de « télépathie », c'est-à-dire les apparitions d'êtres humains à distance, se produisant pendant leur vie ou au moment même de leur mort, apparitions qui peuvent d'ailleurs présenter des degrés de consistance extrêmement variables. Les possibilités dont il s'agit, étant bien au delà du domaine du psychisme ordinaire, permettent d'expliquer « a fortiori » beaucoup des phénomènes qu'étudie celui-ci ; mais ces phénomènes, comme on vient de le voir, n'en représentent que des cas atténués, réduits aux proportions les plus médiocres. Nous ne parlons d'ailleurs en tout cela que de possibilités, et nous convenons qu'il est des choses sur lesquelles il serait assez difficile d'insister, étant donnée surtout la tournure de la mentalité dominante à notre époque ; à qui ferait-on croire, par exemple, qu'un être humain, dans certaines conditions, peut quitter l'existence terrestre sans laisser un cadavre derrière lui ? Pourtant, nous en appellerons encore au témoignage de la Bible : Hénoch « ne parut plus, parce que Dieu l'avait pris » [1] ; Moïse « fut enseveli par le Seigneur, et personne n'a connu son sépulcre » [2] ; Elie monta aux cieux sur un « char de feu » [3], qui rappelle étrangement le « véhicule igné » de la tradition hindoue ; et, si ces exemples impliquent l'intervention d'une cause d'ordre transcendant, il n'en est pas moins vrai que cette intervention même présuppose certaines possibilités dans l'être humain. Quoi qu'il en soit, nous n'indiquons tout cela que pour donner à réfléchir à ceux qui en sont capables, et pour leur faire concevoir jusqu'à un certain point l'étendue de ces possibilités de l'être humain, si complètement insoupçonnées du plus grand nombre ; pour ceux-là aussi, nous ajouterons que tout ce qui se rapporte à cet « état subtil » touche de très près à la nature même de la vie, que des anciens comme Aristote, d'accord en cela avec les Orientaux, assimilaient à la chaleur même, propriété spécifique de l'élément *têjas* [4]. En outre, cet élément est en quelque sorte polarisé en chaleur et lumière, d'où il résulte que l' « état subtil », est lié à l'état corporel de deux façons différentes et complémentaires, par le système nerveux quant à la qualité lumineuse, et par le sang quant à la qualité calorique ; il y a là les principes de toute une

---

[1] *Genèse*, V, 24.
[2] *Deutéronome*, XXXIV, 6.
[3] *II Rois*, II, 11.
[4] Il ne s'agit pas pour cela d'un « principe vital » au sens de certaines théories modernes, qui ne sont guère moins déformées que celle du « corps astral » ; nous ne savons dans quelle mesure le « médiateur plastique » de Cudworth peut échapper à la même critique.

« psycho-physiologie » qui n'a aucun rapport avec celle des Occidentaux modernes, et dont ceux-ci n'ont pas la moindre notion. Ici, il faudrait encore rappeler le rôle du sang dans la production de certains phénomènes, son emploi dans divers rites magiques et même religieux, et aussi son interdiction, en tant qu'aliment, par des législations traditionnelles comme celle des Hébreux ; mais cela pourrait nous entraîner bien loin, et d'ailleurs ces choses ne sont pas de celles dont il est indifférent de parler sans réserve. Enfin, l' « état subtil » ne doit pas être envisagé seulement dans les êtres vivants individuels, et, comme tout autre état, il a sa correspondance dans l'ordre cosmique ; c'est à quoi se réfèrent les mystères de l' « Œuf du Monde », cet antique symbole commun aux Druides et aux Brâhmanes.

Il semble que nous soyons bien loin des phénomènes du spiritisme ; cela est vrai, mais c'est pourtant la dernière remarque que nous venons de faire qui va nous y ramener, en nous permettant de compléter l'explication que nous en proposons, et à laquelle il manquait encore quelque chose. L'être vivant, en chacun de ses états, est en rapport avec le milieu cosmique correspondant ; cela est évident pour l'état corporel, et, pour les autres, l'analogie doit être observée ici comme en toutes choses ; la véritable analogie, correctement appliquée, ne saurait, cela va sans dire, être rendue responsable de ces abus de la fausse analogie que l'on relève à chaque instant chez les occultistes. Ceux-ci, sous le nom de « plan astral », ont dénaturé, caricaturé pour ainsi dire, le milieu cosmique qui correspond à l' « état subtil », milieu incorporel, dont un « champ de forces » est la seule image que puisse se faire un physicien, et encore sous la réserve que ces forces sont tout autres que celles qu'il est habitué à manier. Voilà donc de quoi expliquer les actions étrangères qui peuvent, dans certains cas, venir s'adjoindre à l'action des êtres vivants, s'y combiner en quelque sorte pour la production des phénomènes ; et, là encore, ce qu'il faut craindre le plus en formulant des théories, c'est de limiter arbitrairement des possibilités que l'on peut dire proprement indéfinies (nous ne disons pas infinies). Les forces susceptibles d'entrer en jeu sont diverses et multiples ; qu'on doive les regarder comme provenant d'êtres spéciaux, ou comme de simples forces dans un sens plus voisin de celui où le physicien entend ce mot, peu importe quand on s'en tient aux généralités, car l'un et l'autre peuvent être vrais suivant les cas. Parmi ces forces, il en est qui sont, par leur nature, plus rapprochées du monde corporel et des forces physiques, et qui, par conséquent, se manifesteront plus aisément en prenant contact avec le domaine sensible par l'intermédiaire d'un organisme vivant (celui d'un médium) ou par tout autre moyen. Or ces forces sont précisément les plus inférieures de toutes, donc celles dont les effets peuvent être les plus funestes et devraient être évités le plus soigneusement ; elles correspondent, dans l'ordre cosmique, à ce que sont les plus basses régions du « subconscient » dans l'être humain. C'est dans cette catégorie qu'il faut ranger toutes les forces auxquelles la tradition extrême-orientale donne la dénomination générique d' « influences errantes », forces dont le maniement constitue la partie la plus importante de la magie, et dont les manifestations, parfois spontanées, donnent lieu à tous ces phénomènes dont la « hantise » est le type le plus connu ; ce sont, en somme, toutes les énergies non individualisées, et il y en a naturellement de bien des sortes. Certaines de ces forces peuvent être dites vraiment « démoniaques » ou « sataniques » ; ce sont celles-là, notamment, que met en jeu la sorcellerie, et les pratiques spirites peuvent aussi les attirer souvent, quoique involontairement ; le médium est un être que sa malencontreuse constitution met en rapport avec tout ce qu'il y a de moins recommandable en ce monde, et même dans les mondes inférieurs. Dans les « influences errantes » doit être également compris tout ce qui, provenant des morts, est susceptible de donner lieu à des manifestations sensibles, car il s'agit là d'éléments qui ne sont plus individualisés ; tel est l'*ob* lui-même, et tels sont à plus forte raison tous ces éléments psychiques de moindre importance qui représentent « le produit de la désintégration de l'inconscient (ou mieux du « subconscient ») d'une personne morte »[1] ; ajoutons que, dans les cas de mort violente, l'*ob* conserve pendant un certain temps un degré tout spécial de cohésion et de quasi-vitalité, ce qui permet de rendre compte de bon nombre de phénomènes. Nous ne donnons là que quelques exemples, et d'ailleurs, nous le répétons, il n'y a point à indiquer une source nécessaire de ces influences ; d'où qu'elles viennent, elles peuvent être captées suivant certaines lois ; mais les savants

---

1 Article déjà cité de Donald Mac-Nab : *Le Lotus*, mars 1889, p. 742.

ordinaires, qui ne connaissent absolument rien de ces lois, ne devraient pas s'étonner d'avoir quelques déconvenues et de ne pouvoir se faire obéir de la « force psychique », qui paraît quelquefois se plaire à déjouer les plus ingénieuses combinaisons de leur méthode expérimentale ; ce n'est pas que cette force (qui d'ailleurs n'est pas une) soit plus « capricieuse » qu'une autre, mais encore faut-il savoir la diriger ; malheureusement, elle a d'autres méfaits à son actif que les tours qu'elle joue aux savants. Le magicien, qui connaît les lois des « influences errantes », peut les fixer par divers procédés, par exemple en prenant pour support certaines substances ou certains objets agissant à la façon de « condensateurs » ; il va sans dire qu'il n'y a qu'une ressemblance purement extérieure entre les opérations de ce genre et l'action des « influences spirituelles » dont il a été question précédemment. Inversement, le magicien peut aussi dissoudre les « conglomérats » de force subtile, qu'ils aient été formés volontairement par lui ou par d'autres, ou qu'ils se soient constitués spontanément ; à cet égard, le pouvoir des pointes a été connu de tout temps. Ces deux actions inverses sont analogues à ce que l'alchimie appelle « coagulation » et « solution » (nous disons analogues et non identiques, car les forces mises en œuvre par l'alchimie et par la magie ne sont pas exactement du même ordre) ; elles constituent l' « appel » et le « renvoi » par lesquels s'ouvre et se ferme toute opération de la « magie cérémonielle » occidentale ; mais celle-ci est éminemment symbolique, et, en prenant à la lettre la façon dont elle « personnifie » les forces, on en arriverait aux pires absurdités ; c'est d'ailleurs ce que font les occultistes. Ce qu'il y a de vrai sous ce symbolisme, c'est surtout ceci : les forces en question peuvent être réparties en différentes classes, et la classification adoptée dépendra du point de vue où l'on se place ; celle de la magie occidentale distribue les forces, suivant leurs affinités, en quatre « royaumes élémentaires », et il ne faut pas chercher d'autre origine ni d'autre signification réelle à la théorie moderne des « élémentals » [1]. D'autre part, dans l'intervalle compris entre les deux phases inverses qui sont les deux extrêmes de son opération, le magicien peut prêter aux forces qu'il a captées une sorte de conscience, reflet ou prolongement de la sienne propre, qui leur constitue comme une individualité temporaire ; et

---

[1] La magie utilise aussi, en outre, des classifications à base astrologique ; mais nous n'avons pas à nous en occuper ici.

c'est cette individualisation factice qui, à ceux que nous appelons des empiriques et qui appliquent des règles incomprises, donne l'illusion d'avoir affaire à des êtres véritables. Le magicien qui sait ce qu'il fait, s'il interroge ces pseudo-individualités qu'il a lui-même suscitées aux dépens de sa propre vitalité, ne peut voir là qu'un moyen de faire apparaître, par un développement artificiel, ce que son « subconscient » contenait déjà à l'état latent ; la même théorie est d'ailleurs applicable, avec les modifications voulues, à tous les procédés divinatoires quels qu'ils soient. C'est là aussi que réside, lorsque la simple extériorisation des vivants n'y suffit pas entièrement, l'explication des « communications » spirites, avec cette différence que les influences, n'étant dirigées dans ce cas par aucune volonté, s'y expriment de la façon la plus incohérente et la plus désordonnée ; il y a bien aussi une autre différence, qui est dans les procédés mis en œuvre, car l'emploi d'un être humain comme « condensateur », antérieurement au spiritisme, était l'apanage des sorciers de la plus basse classe ; et il y en a même encore une troisième, car, nous l'avons déjà dit, les spirites sont plus ignorants que le dernier des sorciers, et aucun de ceux-ci n'a jamais poussé l'inconscience jusqu'à prendre les « influences errantes » pour les « esprits des morts ». Avant de quitter ce sujet, nous tenons à ajouter encore que, outre le mode d'action dont nous venons de parler et qui est le seul connu des magiciens ordinaires, du moins en Occident, il en est un autre tout différent, dont le principe consiste à condenser les influences en soi-même, de façon à pouvoir s'en servir à volonté et à avoir ainsi à sa disposition une possibilité permanente de produire certains phénomènes ; c'est à ce mode d'action que doivent être rapportés les phénomènes des fakirs ; mais qu'on n'oublie pas que ceux-ci ne sont encore que des ignorants relatifs, et que ceux qui connaissent le plus parfaitement les lois de cet ordre de choses sont en même temps ceux qui se désintéressent le plus complètement de leur application.

Nous ne prétendons pas que les indications qui précèdent constituent, sous la forme très abrégée que nous leur avons donnée, une explication absolument complète des phénomènes du spiritisme ; cependant, elles contiennent tout ce qu'il faut pour fournir cette explication, dont nous avons tenu à montrer au moins la possibilité avant d'apporter les vraies preuves de l'inanité des théories spirites. Nous avons dû condenser dans ce chapitre des considérations dont le développement demanderait plusieurs volumes ; encore y avons-nous insisté plus qu'il ne nous aurait convenu de le faire si les circonstances actuelles ne nous avaient prouvé la nécessité d'opposer certaines vérités au flot montant des divagations « néo-spiritualistes ». Ces choses, en effet, ne sont pas de celles sur lesquelles il nous plaît de nous arrêter, et nous sommes loin d'éprouver, pour le « monde intermédiaire » auquel elles se rapportent, l'attrait que témoignent les amateurs de « phénomènes » ; aussi ne voudrions-nous pas avoir, dans ce domaine, à aller au-delà de considérations tout à fait générales et synthétiques, les seules d'ailleurs dont l'exposé ne puisse présenter aucun inconvénient. Nous avons la conviction que ces explications, telles qu'elles sont, vont déjà beaucoup plus loin que tout ce qu'on pourrait trouver ailleurs sur le même sujet ; mais nous tenons à avertir expressément qu'elles ne sauraient être d'aucune utilité à ceux qui voudraient entreprendre des expériences ou tenter de se livrer à des pratiques quelconques, choses qui, loin de devoir être favorisées si peu que ce soit, ne seront jamais déconseillées assez énergiquement.

DEUXIÈME PARTIE
Examen des théories spirites

Chapitre I
Diversité des écoles spirites

Avant d'aborder l'examen des théories spirites, nous devons rappeler que ces théories varient considérablement suivant les écoles ; ce qui constitue le spiritisme en général, c'est seulement l'hypothèse de la communication avec les morts et de leur manifestation par des moyens d'ordre sensible. Pour tout le reste, il peut y avoir des divergences et il y en a effectivement, même sur des points aussi importants que la réincarnation, admise par les uns et rejetée par les autres ; et la constatation de ces divergences serait déjà une raison de douter sérieusement de la valeur des prétendues révélations spirites. En effet, ce qui fait le caractère tout spécial du spiritisme, c'est que ce qu'il présente comme sa doctrine est entièrement basé sur les enseignements des « esprits » ; il y a là une contrefaçon de la « révélation », au sens religieux, qu'il n'est pas inutile de souligner, d'autant plus que les spirites ne se font pas faute de prétendre que c'est à des manifestations du même ordre que les religions ont dû leur origine, et d'en assimiler les fondateurs à des médiums très puissants, voyants et thaumaturges tout ensemble. Les miracles, en effet, sont ramenés par eux à la proportion des phénomènes qui se produisent dans leurs séances, les prophéties à celle des « messages » qu'ils reçoivent [1], et les exploits de leurs « médiums guérisseurs », notamment, sont volontiers mis en parallèle avec les guérisons rapportées dans l'Évangile [2] ; ces gens semblent tenir par-dessus tout à « naturaliser le surnaturel ». Nous avons d'ailleurs l'exemple d'une pseudo-religion, l'Antoinisme, fondée en Belgique par un « guérisseur », ancien chef d'un groupe spirite, dont les enseignements, pieusement recueillis par ses disciples, ne renferment guère qu'une sorte de morale protestante exprimée en un jargon presque incompréhensible ; on peut en dire à peu près autant de certaines sectes américaines comme la « Christian Science », qui, si elles ne sont point spirites, sont du moins « néo-spiritualistes ». Disons aussi dès maintenant, puisque l'occasion s'en présente, que les spirites se plaisent à interpréter l'Evangile à leur façon, suivant l'exemple du Protestantisme, dont l'influence sur tous ces mouvements ne saurait être niée : c'est ainsi qu'ils croient y trouver jusqu'à des arguments en faveur de la réincarnation. Du reste, si certains spirites se disent volontiers chrétiens, ils ne le sont qu'à la manière des protestants libéraux, car cela n'implique point qu'ils reconnaissent la divinité du Christ, qui n'est pour eux qu'un « esprit supérieur » : telle est l'attitude des spirites français de l'école d'Allan Kardec (il est même une fraction qui s'intitule expressément « chrétienne kardéciste »), et aussi de ceux qui adhèrent plus spécialement au « néo-christianisme » imaginé par le vaudevilliste Albin Valabrègue, lequel est d'ailleurs israélite. Nous connaissons des occultistes qui, au lieu de se dire chrétiens

---

[1] Dans un livre intitulé *Spirite et Chrétien*, Alexandre Bellemare a été jusqu'à écrire ceci : « Nous réduisons les prophètes de l'ancienne loi au niveau des médiums ; nous abaissons ce qui a été indûment élevé ; nous rectifions un sens dénaturé. Et encore, s'il nous fallait faire un choix, nous donnerions de beaucoup la préférence à ce qu'écrivent journellement les médiums actuels sur ce qu'ont écrit les médiums de l'Ancien Testament. »

[2] Voir Léon Denis, *Christianisme et Spiritisme*, pp. 89-91 ; *Dans l'Invisible*, pp. 423-439.

comme tout le monde, préfèrent se qualifier de « christiques », afin de marquer par là qu'ils n'entendent adhérer à aucune Église constituée ; les spirites devraient bien trouver aussi quelque mot propre à éviter toute équivoque, car ils sont certainement beaucoup plus éloignés du christianisme réel que les occultistes auxquels nous faisons allusion.

Mais revenons aux enseignements des « esprits » et à leurs innombrables contradictions : même en admettant que ces « esprits » soient ce pour quoi ils se donnent, quel intérêt peut-on avoir à écouter ce qu'ils disent s'ils ne s'accordent pas entre eux, et si, malgré leur changement de condition, ils n'en savent pas plus long que les vivants ? Nous savons bien ce que répondent les spirites, qu'il y a des « esprits inférieurs » et des « esprits supérieurs », et que ces derniers seuls sont dignes de foi, tandis que les autres, bien loin de pouvoir « éclairer » les vivants, ont souvent besoin au contraire d'être « éclairés » par eux, sans compter les « esprits farceurs » auxquels on doit une foule de « communications » triviales ou même obscènes, et qu'il faut se contenter de chasser purement et simplement ; mais comment distinguer ces diverses catégories d' « esprits » ? Les spirites s'imaginent avoir affaire à un « esprit supérieur » lorsqu'ils reçoivent une « communication » à laquelle ils trouvent un caractère « élevé », soit parce qu'elle a une allure de prêche, soit parce qu'elle contient des divagations vaguement philosophiques ; mais, malheureusement, les gens sans parti pris n'y voient généralement qu'un tissu de platitudes, et si, comme il arrive souvent, cette « communication » est signée d'un grand homme, elle tendrait à faire croire que celui-ci a fait tout autre chose que de « progresser » depuis sa mort, ce qui met en défaut l'évolutionnisme spirite. D'autre part, ces « communications » sont celles qui renferment des enseignements proprement dits ; comme il en est de contradictoires, elles ne peuvent toutes émaner pareillement d' « esprits supérieurs », de sorte que le ton sérieux qu'elles affectent n'est pas une garantie suffisante ; mais à quel autre critérium peut-on recourir ? Chaque groupe est naturellement en admiration devant les « communications » qu'il obtient, mais se dédie aisément de celles que reçoivent les autres, surtout lorsqu'il s'agit de groupes entre lesquels il existe une certaine rivalité ; en effet, chacun d'eux a généralement son médium attitré, et les médiums font preuve d'une incroyable jalousie à l'égard de leurs confrères, prétendant monopoliser certains « esprits », contestant l'authenticité des « communications » d'autrui, et les groupes tout entiers les suivent dans cette attitude ; et tous les milieux où l'on prêche la « fraternité universelle » en sont là plus ou moins ! Quand il y a contradiction dans les enseignements, c'est encore bien autre chose ; tout ce que les uns attribuent à des « esprits supérieurs », les autres y voient l'œuvre d' « esprits inférieurs », et réciproquement, comme dans la querelle entre réincarnationnistes et antiréincarnationnistes ; chacun fait appel au témoignage de ses « guides » ou de ses « contrôles » [1], c'est-à-dire des « esprits » en qui il a mis sa confiance, et qui, bien entendu, s'empressent de le confirmer dans l'idée de leur propre « supériorité » et de l' « infériorité » de leurs contradicteurs. Dans ces conditions, et quand les spirites sont si loin de s'entendre sur la qualité de leurs « esprits », comment pourrait-on ajouter foi à leurs facultés de discernement ? Et, même si l'on ne discute pas la provenance de leurs enseignements, ceux-ci peuvent-ils avoir beaucoup plus de valeur que les opinions des vivants, puisque ces opinions, même erronées, persistent après la mort, à ce qu'il paraît, et ne doivent s'effacer ou se corriger qu'avec une extrême lenteur ? C'est ainsi qu'on veut expliquer, par exemple, que, tandis que la majorité des « communications », surtout en France, sont d'un « déisme » qui sent la fin du XVIIIe siècle, il en est quelques-unes qui sont franchement athées, et il y en a même de matérialistes, ce qui est moins paradoxal que cela n'en a l'air, étant donné ce que sont les conceptions spirites de la vie future. Du reste, des « communications » de ce genre peuvent aussi trouver des partisans dans quelques milieux ; Jules Lermina, le « vieux petit employé » de la *Lanterne*, n'acceptait-il pas volontiers la qualification de « spirite matérialiste » ? Devant toutes ces incohérences, il n'est que prudent, de la part des spirites, de reconnaître que leur doctrine n'est pas absolument stable, qu'elle est susceptible d' « évoluer » comme les « esprits » eux-mêmes ; et peut-être, avec leur mentalité spéciale, ne sont-ils pas éloignés de voir là une marque de supériorité. Ils déclarent en effet « s'en remettre à la raison et aux progrès de la science, se réservant de modifier leurs <u>croyances à mesure</u> que le progrès et l'expérience en démontreront

---

[1] Le premier terme est celui des spirites français, le second celui des spirites anglo-saxons.

la nécessité » [1] ; on ne saurait assurément être plus moderne et plus « progressiste ». Les spirites pensent probablement, comme Papus, que « cette idée de l'évolution progressive met fin à toutes les conceptions plus ou moins profondes des théologies sur le Ciel et l'Enfer » [2] ; les pauvres gens ne se doutent pas que, en s'enthousiasmant pour cette idée, ils sont tout simplement dupes de la plus naïve de toutes les illusions.

Dans les conditions que nous venons de décrire, on conçoit que le spiritisme soit quelque peu anarchique et ne puisse avoir une organisation bien définie ; il a cependant été formé, dans différents pays, des sortes d'associations très larges, où les divers groupes spirites, ou du moins la majorité d'entre eux, s'unissent sans renoncer à leur autonomie ; il s'agit plutôt là d'une entente que d'une direction effective. Telles sont les « Fédérations » comme il en existe notamment en Belgique et dans plusieurs États de l'Amérique du Sud ; en France, il a été fondé, en 1919, une « Union Spirite » dont les prétentions sont plus grandes, car à son siège réside un « Comité de direction du spiritisme », mais nous ne savons jusqu'à quel point cette direction est suivie, et, en tout cas, il est certain qu'il y a toujours des dissidents [3]. Au sein même de l'école kardéciste proprement dite, l'accord n'est pas absolument parfait : les uns, comme M. Léon Denis, déclarent s'en tenir strictement au kardécisme pur ; les autres, comme M. Gabriel Delanne, veulent donner au mouvement spirite des tendances plus « scientifiques ». Certains spirites affirment même que « le spiritisme-religion doit céder la place au spiritisme-science » [4] ; mais, au fond, le spiritisme, quelque forme qu'il revête, et quelles que soient ses prétentions « scientifiques », ne pourra jamais être autre chose qu'une pseudo-religion. Nous pouvons reproduire, comme particulièrement significatives sous ce rapport, les questions qui furent posées et discutées, en 1913, au Congrès spirite international de Genève : « A quel rôle le spiri-

---

1 Dr Gibier, *Le spiritisme*, p. 141. — Cf. Léon Denis, *Christianisme et Spiritisme*, p. 282.
2 *Traité méthodique de Science occulte*, p. 360.
3 Au Congrès spirite qui se tint à Bruxelles en janvier 1910, il avait été formé un projet plus ambitieux encore, celui d'une « Fédération Spirite Universelle » ; il ne semble pas qu'il y ait jamais été donné suite, bien qu'il ait été constitué alors un « Bureau international du Spiritisme », sous la présidence du chevalier Le Clément de Saint-Marcq.
4 *Le Fraterniste*, 19 décembre 1913.

DEUXIÈME PARTIE

tisme peut-il prétendre dans l'évolution religieuse de l'humanité ? Le spiritisme est-il la religion scientifique universelle ? Quel est le rapport entre le spiritisme et les autres religions existant actuellement ? Le spiritisme peut-il être assimilé à un culte ? » La déclaration que nous venons de citer n'émane d'ailleurs pas de l'école kardéciste ; elle est empruntée à l'organe d'une secte dénommée « Fraternisme », qui professe des théories assez particulières, et qui a acquis un développement considérable, surtout dans les milieux ouvriers du Nord de la France ; nous en reparlerons à l'occasion, ainsi que de quelques autres sectes du même genre, qui ne sont pas parmi les moins dangereuses.

En Amérique, le lien entre tous les groupements est surtout constitué par de vastes réunions en plein air appelées *camp-meetings*, qui se tiennent à intervalles plus ou moins réguliers, et où l'on entend pendant plusieurs jours les discours et les exhortations des chefs du mouvement et des médiums « inspirés » ; c'est tout autre chose que les congrès européens. C'est d'ailleurs dans son pays d'origine, comme il est naturel, que le spiritisme a donné naissance aux associations les plus nombreuses et du caractère le plus varié ; nulle part, il ne s'est jamais posé plus ouvertement en religion que dans quelques-unes de ces associations. En effet, il est des spirites qui n'ont pas craint de former des « Églises », avec une organisation tout à fait semblable à celle des innombrables sectes protestantes du même pays : telle est, par exemple, l' « Église du Vrai Spiritualisme », fondée sous l'inspiration de l' « esprit » du Rév. Samuel Watson, un ancien pasteur méthodiste qui s'était jadis converti au *modern spiritualism*. D'autres préfèrent la forme de ces sociétés secrètes ou demi-secrètes qui sont si fort en honneur aux États-Unis, et qui se décorent à l'envi des titres les plus pompeux, les plus impressionnants pour les « profanes » ; un Américain pourra en imposer à ceux qui ne savent pas de quoi il s'agit, en se présentant comme membre de l' « Ancien Ordre de Melchisédek », autrement appelé « Fraternité de Jésus »[1], ou d'un quelconque « Ordre des Mages » (il y en a plusieurs de ce nom) ; et l'on sera tout étonné de découvrir ensuite qu'on a tout simplement affaire à un vulgaire

---

1 Cet Ordre, sous les auspices duquel fonctionne l' « Association des Camp-Meetings de Sion-Hill », dans l'Arkansas, est dirigé par un « Suprême Temple » qui se réunit annuellement dans cette même localité, et qui est composé de délégués « choisis par les Royaumes de Lumière » *(sic)*.

spirite. Des organisations de ce genre peuvent d'ailleurs aussi n'être pas spécialement spirites, mais compter un très grand nombre de spirites parmi leurs membres ; du reste, dans les multiples formes du « néo-spiritualisme », il y en a quelques-unes qui ne sont guère qu'un spiritisme plus ou moins perfectionné. C'est à tel point qu'on se demande parfois si l'apparence occultiste et les prétentions ésotériques de tel ou tel groupement ne sont pas un simple masque pris par quelques spirites qui ont voulu s'isoler de la masse et opérer une sorte de sélection relative ; et, si les spirites en général répudient tout ésotérisme, la présence de certains d'entre eux dans les milieux proprement occultistes prouve déjà qu'il peut y avoir bien des accommodements et des transitions ; la conduite de ces gens n'est pas toujours rigoureusement conforme à leurs principes, si tant est qu'ils aient des principes. C'est surtout chez les spirites anglo-saxons qu'on trouve des choses du genre de celles auxquelles nous faisons allusion : nous avons déjà parlé ailleurs d'une société anglaise soi-disant rosicrucienne, dite « Ordre de la Rosée et de la Lumière », que les organisations avec lesquelles elle était en concurrence accusèrent de pratiquer la « magie noire »[1] ; ce qu'il y a de certain, c'est qu'elle n'avait aucun rapport avec l'ancienne Rose-Croix dont elle prétendait tirer son origine, que la plupart de ses membres étaient spirites, et que, en réalité, on y faisait plutôt du spiritisme qu'autre chose. « Leurs guides, lisons-nous en effet dans une lettre publiée par un organe théosophiste, sont des élémentaires : Francisco le moine, M. Sheldon, et Abdallah ben Yusuf, ce dernier ancien adepte arabe ; ils sacrifient des chevreaux ; ils ont voulu former un cercle pour obtenir des informations d'une manière défendue. Il y a aussi parmi eux des astrologues et des sectateurs aveugles d'Hiram Butler »[2]. Ce dernier personnage avait fondé à Boston une « Fraternité Esotérique », qui se donnait pour but « l'étude et le développement du vrai sens interne de l'inspiration divine, et l'interprétation de toutes les Ecritures » ; les ouvrages assez nombreux qu'il publia ne contiennent rien de sérieux. Toutefois, dans l'exemple que nous venons de donner, on ne peut pas dire qu'il s'agisse d'une école spirite à proprement parler ; mais on peut supposer, ou bien que le spiritisme s'était infiltré dans une organisation préexistante, ou bien qu'il n'y avait là qu'un déguise-

[1] *Le Théosophisme*, pp. 33-34.
[2] *Lucifer*, 15 juin 1889.

ment destiné à faire illusion au moyen d'un nom usurpé ; en tout cas, si ce n'était véritablement que du spiritisme, cela voulait pourtant affecter d'être autre chose. Si nous avons cité ce cas, c'est pour mieux montrer toutes les formes qu'un mouvement comme celui-là est susceptible de prendre ; et, à ce propos, nous rappellerons encore l'influence que le spiritisme a manifestement exercée sur l'occultisme et le théosophisme, malgré l'antagonisme apparent où il se trouve vis-à-vis de ces écoles plus récentes, dont les fondateurs et les chefs, ayant d'abord été spirites pour la plupart, gardèrent toujours quelque chose de leurs premières idées.

Chapitre II
L'influence du milieu

Bien que les théories spirites soient tirées des « communications » des prétendus « esprits », elles sont toujours en rapport étroit avec les idées qui ont cours dans le milieu où elles s'élaborent ; cette constatation appuie fortement la thèse que nous avons exposée, et d'après laquelle la principale source réelle de ces « communications » se trouverait dans le « subconscient » du médium et des assistants. Nous rappelons qu'il peut d'ailleurs se former une sorte de combinaison des divers « subconscients » en présence, de façon à donner tout au moins l'illusion d'une « entité collective » ; nous disons l'illusion, parce qu'il n'y a que les occultistes qui, avec leur manie de voir en tout et partout des « êtres vivants » (et ils reprochent aux religions leur prétendu anthropomorphisme !), peuvent se laisser prendre aux apparences jusqu'à croire qu'il s'agit là d'un être véritable. Quoi qu'il en soit, la formation de cette « entité collective », si l'on veut conserver cette façon de parler, explique le fait, remarqué par tous les spirites, que les « communications » sont d'autant plus nettes et plus cohérentes que les séances sont tenues plus régulièrement et toujours avec les mêmes assistants ; aussi insistent-ils sur ces conditions, même sans en connaître la raison, et hésitent-ils souvent à admettre de nouveaux membres dans des groupes déjà constitués, préférant les engager à former d'autres groupes ; du reste, une réunion trop nombreuse se prêterait mal à l'établissement de liens solides et durables entre ses membres. L'influence des assistants peut aller très loin et se manifester autrement encore que dans les « communications », si l'on en croit le spirite russe Aksakoff, d'après lequel l'aspect des « matérialisations » se modifierait chaque fois que de nouveaux assistants sont introduits dans les séances ou elles se produisent, ces « matérialisations » continuant cependant à se présenter sous la même identité ; naturellement, ce fait s'explique pour lui par les emprunts que les « esprits matérialisés » font aux « périsprits » des vivants, mais nous pouvons, quant et nous, y voir la réalisation d'une sorte d' « image composite » à laquelle chacun fournit quelques traits, une fusion s'opérant entre les produits des divers « subconscients » individuels.

Bien entendu, nous n'excluons pas la possibilité d'action d'influences étrangères ; mais, d'une façon générale, ces influences, quelles qu'elles soient, lorsqu'elles interviennent, doivent être en conformité avec les tendances des groupements où elles se manifestent. En effet, il faut qu'elles y soient attirées par certaines affinités ; les spirites, ignorant les lois suivant lesquelles agissent ces influences, sont bien forcés d'accueillir ce qui se présente et ne peuvent le déterminer à leur gré. D'autre part, nous avons dit que les « influences errantes » ne peuvent être regardées comme proprement conscientes par elles-mêmes ; c'est à l'aide des « subconscients » humains qu'elles se forment une conscience temporaire, de sorte que, au point de vue des manifestations intelligentes, le résultat est ici exactement le même que lorsqu'il n'y a que la seule action des forces extériorisées des assistants. La seule exception qu'il y ait lieu de faire concerne la conscience réflexe qui peut demeurer inhérente à des éléments psychiques ayant appartenu à des êtres humains et actuellement en voie de désagrégation ; mais les réponses qui proviennent de cette source ont généralement un caractère fragmentaire et incohérent, de sorte que les spirites eux-mêmes n'y font guère attention ; et pourtant c'est là tout ce qui provient authentiquement des morts, encore que l' « esprit » de ceux-ci, ou leur être réel, n'y soit assurément pour rien.

Il y a encore lieu d'envisager autre chose, dont l'action peut être très importante : ce sont les éléments empruntés, non plus aux assistants immédiats, mais à l'ambiance générale. L'existence de tendances ou de courants mentaux dont la force est prédominante pour une époque et pour un pays déterminés est assez ordinairement connue, au moins vaguement, pour qu'on puisse comprendre sans peine ce que nous voulons dire. Ces courants agissent plus ou moins sur tout le monde, mais leur influence est particulièrement forte sur les individus que l'on peut appeler « sensitifs », et, chez les médiums, cette qualité est portée à son plus haut degré. D'autre part, chez les individus normaux, c'est principalement dans le domaine du « subconscient » que s'exerce cette même influence ; elle s'affirmera donc plus nettement quand le contenu de ce « subconscient » apparaîtra au dehors, ainsi qu'il arrive précisément dans les séances spirites, et l'on doit rapporter à cette origine beaucoup de ces banalités invraisemblables qui s'étalent dans les « communications ». Il peut même y avoir, dans cet ordre, des manifestations qui semblent présenter un plus grand intérêt : il y a des idées dont on dit vulgairement qu'elles sont « dans l'air », et l'on sait que certaines découvertes scientifiques ont été faites simultanément par plusieurs personnes travaillant indépendamment les unes des autres ; si de tels résultats n'ont jamais été obtenus par les médiums, c'est que, même s'ils reçoivent une idée de ce genre, ils sont bien incapables d'en tirer parti, et tout ce qu'ils feront dans ce cas sera de l'exprimer sous une forme plus ou moins ridicule, quelquefois presque incompréhensible, mais qui fera l'admiration des ignorants parmi lesquels le spiritisme recrute l'immense majorité de ses adhérents. Voilà de quoi expliquer les « communications » à allure scientifique ou philosophique, que les spirites présentent comme une preuve de la vérité de leur doctrine, lorsque le médium, étant trop inintelligent ou illettré, leur semble évidemment incapable d'avoir inventé de pareilles choses ; et encore devons-nous ajouter que, dans bien des cas, ces « communications » sont tout simplement le reflet de lectures quelconques, peut-être incomprises, et qui ne sont pas forcément celles du médium lui-même. Les idées ou les tendances mentales dont nous parlons agissent un peu à la façon des « influences errantes », et même cette dénomination est si compréhensive qu'on peut les y faire rentrer, comme constituant une classe spéciale de ces influences : elles ne sont pas forcément incorporées au « subconscient » des individus, elles peuvent aussi demeurer à l'état de courants plus ou moins indéterminés (mais qui, cela va sans dire, n'ont rien des courants « fluidiques » des occultistes), et se manifester néanmoins dans les séances spirites. En effet, dans ces séances, ce n'est pas seulement le médium, c'est le groupe tout entier qui se met dans un état de passivité ou, si l'on veut, de « réceptivité » ; c'est ce qui lui permet d'attirer les « influences errantes » en général, puisqu'il serait incapable de les capter en exerçant sur elles une action positive comme le fait le magicien. Cette passivité, avec toutes les conséquences qu'elle entraîne, est le plus grand de tous les dangers du spiritisme ; il faut d'ailleurs y joindre, sous ce rapport, le déséquilibre et la dissociation partielle que ces pratiques provoquent dans les éléments constitutifs de l'être humain, et qui, même chez ceux qui ne sont pas médiums, ne sont point négligeables : la fatigue éprouvée par les simples assistants après une séance le montre assez, et, à la longue, les effets peuvent être des plus funestes.

Il est un autre point qui demanderait une attention toute particulière : il existe des organisations qui sont tout le contraire des groupes spirites, en ce sens qu'elles s'appliquent à provoquer et à entretenir, de façon consciente et volontaire, certains courants mentaux. Si l'on considère d'une part une telle organisation, et d'autre part un groupe spirite, on voit ce qui pourra se produire : l'une émettra un courant, l'autre le recevra ; on aura ainsi un pôle positif et un pôle négatif entre lesquels s'établira une sorte de « télégraphie psychique », surtout si l'organisation envisagée est capable, non seulement de produire le courant, mais aussi de le diriger. Une explication de ce genre est d'ailleurs applicable aux faits de « télépathie » ; mais, dans ceux-ci, la communication s'établit entre deux individus, et non entre deux collectivités, et, en outre, elle est le plus souvent tout accidentelle et momentanée, n'étant pas plus voulue d'un côté que de l'autre. On voit que ceci se rattache à ce que nous avons dit des origines réelles du spiritisme et du rôle qui a pu y être joué par des hommes vivants, sans que ceux-ci aient semblé y prendre la moindre part : un mouvement comme celui-là était éminemment propre à servir à la propagation de certaines idées, dont la provenance pouvait demeurer entièrement ignorée de ceux mêmes qui y participeraient ; mais l'inconvénient était que l'instrument ainsi créé pouvait aussi se trouver à la merci d'autres influences quelconques, peut-être même opposées à celles qui étaient primitivement en action. Nous ne pouvons insister davantage là-dessus, ni donner ici une théorie plus complète de ces

DEUXIÈME PARTIE

centres d'émission mentale auxquels nous faisons allusion ; bien que ce soit assez difficile, il est possible que nous le fassions en une autre occasion. Nous n'ajouterons qu'un mot à ce sujet, afin d'éviter toute fausse interprétation : lorsqu'il s'agit d'expliquer la « télépathie », les psychistes font volontiers appel à quelque chose qui ressemble plus ou moins aux « ondes hertziennes » ; il y a là, en effet, une analogie qui peut aider, sinon à comprendre les choses, du moins à se les représenter dans une certaine mesure ; mais, si l'on dépasse les limites dans lesquelles cette analogie est valable, on n'a plus qu'une image presque aussi grossière que celle des « fluides », malgré son apparence plus « scientifique » ; en réalité, la nature des forces dont il s'agit est essentiellement différente de celle des forces physiques.

Mais revenons à l'influence du milieu considérée dans le cas le plus général : que cette influence ait agi préalablement sur les spirites eux-mêmes, ou qu'elle prenne corps spécialement à l'occasion de leurs séances, c'est à elle qu'il faut rapporter la plupart des variations que subissent les théories du spiritisme. C'est ainsi, par exemple, que les « esprits » sont « polygamistes » chez les Mormons, et que, dans d'autres milieux américains, ils sont « néo-malthusiens » ; et il est certain que l'attitude des diverses fractions à l'égard de la réincarnation s'explique d'une façon toute semblable. En effet, nous avons vu comment cette idée de la réincarnation avait trouvé en France un milieu tout préparé pour la recevoir et la développer ; par contre, si les spirites anglo-saxons l'ont rejetée, c'est, au dire de certains, en raison de leurs conceptions « bibliques ». A vrai dire, ce motif n'apparaît pas comme absolument suffisant en lui-même, puisque les spirites français invoquent le témoignage de l'Evangile en faveur de la réincarnation ; et, dans un milieu protestant surtout, les interprétations les plus fantaisistes peuvent se donner libre cours. Seulement, si les « esprits » anglais et américains ont déclaré que la réincarnation était en désaccord avec la Bible (qui d'ailleurs n'en parle pas, pour la bonne raison que c'est une idée toute moderne), c'est que telle était la pensée de ceux qui les interrogeaient ; dans le cas contraire, ils auraient sûrement exprimé une tout autre opinion, et ils n'auraient même pas été embarrassés pour apporter des textes à l'appui, puisque les réincarnationnistes le font effectivement. Il y a mieux encore : il paraît que, en Amérique particulièrement, la réincarnation est repoussée parce que la possibilité que leur esprit revienne animer le corps d'un nègre fait horreur aux blancs [1] ! Si les « esprits » américains ont mis en avant un pareil motif, ce n'est pas seulement, comme le disent les spirites français, parce qu'ils n'étaient pas complètement « dégagés » de leurs préjugés terrestres ; c'est parce qu'ils n'étaient que le reflet de la mentalité de ceux qui recevaient leurs « messages », c'est-à-dire de la mentalité vulgaire des Américains ; et l'importance accordée à des considérations de cet ordre montre, en outre, à quel point peut être poussé ce ridicule sentimentalisme qui est commun à tous les spirites. S'il est aujourd'hui des spirites anglo-saxons qui admettent la réincarnation, c'est sous l'influence des idées théosophistes ; le spiritisme ne fait jamais que suivre les courants mentaux, il ne peut en aucun cas leur donner naissance, en raison de cette attitude de passivité que nous avons signalée. Du reste, les tendances les plus générales du spiritisme sont celles de l'esprit moderne lui-même, comme la croyance au progrès et à l'évolution par exemple ; tout le reste vient de courants plus particuliers, agissant dans des milieux moins étendus, mais surtout, la plupart du temps, dans les milieux que l'on peut regarder comme « moyens » sous le rapport de l'intelligence et de l'instruction. A ce point de vue, il y aurait lieu de remarquer le rôle joué par les conceptions que répandent les ouvrages de vulgarisation scientifique ; beaucoup de spirites appartiennent à la classe à laquelle s'adressent ces ouvrages, et, s'il en est dont le niveau mental est encore inférieur, les mêmes idées leur parviennent par l'intermédiaire des autres, ou bien ils les puisent tout simplement dans l'ambiance. Quant aux idées d'un ordre plus élevé, comme elles ne sont point intensifiées par une semblable expansion, elles ne viennent jamais se refléter dans les « communications » spirites, et il y a plutôt à s'en féliciter, car le « miroir psychique » qu'est un médium ne pourrait que les déformer, et cela sans profit pour personne, les spirites étant parfaitement incapables d'apprécier ce qui dépasse les conceptions courantes.

Lorsqu'une école spirite est parvenue à constituer un semblant de doctrine, à fixer certaines grandes lignes, les variations, à l'intérieur de cette école, ne portent plus que sur des points secondaires,

---

[1] Dr Gibier, *Le Spiritisme*, pp, 138-139.

mais, dans ces limites, elles continuent à suivre les mêmes lois. Il peut cependant arriver que les « communications » persistent alors à traduire une mentalité qui est plutôt celle de l'époque où cette école s'est établie, parce que cette mentalité est demeurée celle de ses adhérents, bien qu'elle ne corresponde plus entièrement à l'ambiance. C'est ce qui s'est produit pour le kardécisme, qui a toujours gardé quelques traits de ces milieux socialistes de 1848 dans lesquels il a pris naissance ; mais il faut dire aussi que l'esprit qui animait ces milieux n'a pas entièrement disparu, même en dehors du spiritisme, et qu'il leur a survécu, sous des formes diverses, dans toutes les variétés d' « humanitarisme » qui se sont développées depuis lors ; mais le kardécisme est demeuré plus près des anciennes formes, tandis que d'autres étapes de ce développement se sont en quelque sorte « cristallisées » dans des mouvements « néo-spiritualistes » de date plus récente. Du reste, les tendances démocratiques sont inhérentes au spiritisme en général, et même, d'une façon plus ou moins accentuée, à tout le « néo-spiritualisme » ; il en est ainsi parce que le spiritisme, reflétant fidèlement l'esprit moderne en cela comme en bien d'autres choses, est et ne peut être qu'un produit de la mentalité démocratique ; c'est, comme on l'a dit très justement, « la religion du démocrate, l'hérésie où pouvait seule aboutir, en religion, la démocratie » [1]. Quant aux autres écoles « néo-spiritualistes », elles sont pareillement des créations spécifiquement modernes, influencées d'ailleurs, de près ou de loin, par le spiritisme lui-même ; mais celles qui admettent une pseudo-initiation, si illusoire qu'elle soit, et par suite une certaine hiérarchie, sont moins logiques que le spiritisme, car il y a là, qu'on le veuille ou non, quelque chose qui est nettement contraire à l'esprit démocratique. Sous ce rapport, mais dans un ordre d'idées un peu différent, il y aurait un sujet de remarques bien curieuses dans certaines attitudes contradictoires, comme celle des branches de la Maçonnerie actuelle (surtout en France et dans les autres pays dits latins) qui, tout en affichant les prétentions les plus farouchement démocratiques, n'en conservent pas moins soigneusement l'ancienne hiérarchie, sans s'apercevoir de l'incompatibilité ; et c'est précisément cette inconscience de la contradiction qui est surtout digne d'attirer l'attention de ceux qui veulent étudier les caractères

---

1 *Les Lettres*, décembre 1921, pp. 913-914.

de la mentalité contemporaine ; mais cette inconscience ne se manifeste peut-être nulle part avec autant d'ampleur, si l'on peut dire, que chez les spirites et chez ceux qui ont avec eux quelques affinités.

À certains égards, l'observation de ce qui se passe dans les milieux spirites peut fournir, pour les raisons que nous venons d'exposer, des indications assez nettes sur les tendances qui prédominent à un moment donné, par exemple dans le domaine de la politique. Ainsi, les spirites français demeurèrent longtemps, en grande majorité, attachés à des conceptions socialistes fortement teintées d'internationalisme ; mais, quelques années avant la guerre, un changement se produisit : l'orientation générale fut alors celle d'un radicalisme à tendances patriotiques accentuées ; il n'y eut que l'anticléricalisme qui ne varia jamais. Aujourd'hui, l'internationalisme a reparu sous des formes diverses : c'est naturellement dans les milieux de ce genre que des idées comme celle de la « Société des Nations » devaient susciter le plus d'enthousiasme ; et, d'autre part, parmi les ouvriers qui sont gagnés au spiritisme, celui-ci est redevenu socialiste, mais d'un socialisme à la mode nouvelle, bien différent de celui de 1848, qui était ce qu'on pourrait appeler un socialisme de « petite bourgeoisie ». Enfin, nous savons qu'on fait actuellement beaucoup de spiritisme dans certains milieux communistes [1], et nous sommes persuadé que tous les « esprits » doivent y prêcher le bolchevisme ; sans cela, d'ailleurs, ils ne sauraient y trouver le moindre crédit.

En considérant les « communications » comme nous venons de le faire, nous n'avons en vue que celles qui sont obtenues en dehors de toute fraude, car les autres n'ont évidemment aucun intérêt ; la plupart des spirites sont certainement de très bonne foi, et il n'y a que les médiums professionnels qui puissent être suspectés « a priori », même lorsqu'ils ont donné des preuves manifestes de leurs facultés. D'ailleurs, les tendances réelles des milieux spirites se montrent mieux dans les petits groupes privés que dans les séances des médiums en renom ; encore faut-il savoir distinguer

---

1 Lénine lui-même s'est déclaré spirite dans une conversation avec une institutrice parisienne qui eut naguère des démêlés avec la justice ; il est difficile de savoir si cette profession de foi fut vraiment sincère, ou s'il ne faut voir là qu'un simple acte de politesse à l'égard d'une fervente spirite ; en tout cas, il y a longtemps que le spiritisme sévit furieusement en Russie, dans toutes les classes de la société.

entre les tendances générales et celles qui sont propres à tel ou tel groupe. Ces dernières se traduisent spécialement dans le choix des noms sous lesquels se présentent les « esprits », surtout ceux qui sont les « guides » attitrés du groupe ; on sait que ce sont généralement des noms de personnages illustres, ce qui ferait croire que ceux-là se manifestent beaucoup plus volontiers que les autres et qu'ils ont acquis une espèce d'ubiquité (nous aurons à faire une remarque analogue au sujet de la réincarnation), mais aussi que les qualités intellectuelles qu'ils possédaient sur cette terre se sont fâcheusement amoindries. Dans un groupe ou la religiosité était la note dominante, les « guides » étaient Bossuet et Pie IX ; dans d'autres où l'on se pique de littérature, ce sont de grands écrivains, parmi lesquels celui qu'on rencontre le plus souvent est Victor Hugo, sans doute parce qu'il fut spirite lui-même. Seulement, il y a ceci de curieux : chez Victor Hugo, n'importe qui ou même n'importe quoi s'exprimait en vers d'une parfaite correction, ce qui concorde avec notre explication ; nous disons n'importe quoi, car il recevait parfois des « communications » d'entités fantaisistes, comme « l'ombre du sépulcre » (il n'y a qu'à se reporter à ses œuvres pour en voir la provenance) [1] ; mais, chez le commun des spirites, Victor Hugo a oublié jusqu'aux règles les plus élémentaires de la prosodie, si ceux qui l'interrogent les ignorent eux-mêmes. Il y a pourtant des cas moins défavorables ; un ancien officier (il y en a beaucoup parmi les spirites), qui s'est fait connaître par des expériences de « photographie de la pensée » dont les résultats sont au moins contestables, est fermement convaincu que sa fille est inspirée par Victor Hugo ; cette personne possède effectivement une facilité de versification peu commune, et elle s'est même acquis quelque notoriété, ce qui ne prouve rien assurément, à moins d'admettre avec certains spirites que toutes les prédispositions naturelles sont dues à une influence des « esprits », et que ceux qui font preuve de certains talents dès leur jeunesse sont tous des mé-

---

[1] Signalons à ce propos que l' « Esprit de Vérité » (dénomination tirée de l'Evangile) figure parmi les signataires du manifeste qui sert de préambule au *Livre des Esprits* (la préface de l'*Evangile selon le Spiritisme* porte cette même signature), et aussi que Victor Hennequin, un des premiers spirites français, qui d'ailleurs mourut fou, était inspiré par l' « âme de la terre », qui le persuada qu'il était élevé au rang de « sous-dieu » de la planète (voir Eugène Nus, *Choses de l'autre monde*, p. 139) ; comment les spirites, qui attribuent tout aux « désincarnés », expliquent-ils ces bizarreries ?

diums sans le savoir ; d'autres spirites, par contre, ne veulent voir dans les mêmes faits qu'un argument en faveur de la réincarnation. Mais revenons aux signatures des « communications », et citons ce que dit à ce sujet un psychiste peu suspect de partialité, le Dr L. Moutin : « Un homme de science ne sera point satisfait et sera loin d'approuver des communications idiotes d'Alexandre le Grand, de César, du Christ, de la Sainte Vierge, de saint Vincent de Paul, de Napoléon Ier, de Victor Hugo, etc., que soutiennent exactes une foule de pseudo-médiums. L'abus des grands noms est détestable, car il fait naître le scepticisme. Nous avons souvent démontré à ces *médiums* qu'ils se trompaient, en posant, aux soi-disant esprits présents, des questions qu'ils devaient connaître, mais que les médiums ignoraient. Ainsi, par exemple, Napoléon Ier ne se souvenait plus de Waterloo ; saint Vincent de Paul ne savait plus un mot de latin ; le Dante ne comprenait pas l'italien ; Lamartine, Alfred de Musset étaient incapables d'accoupler deux vers. Prenant *ces esprits* en flagrant délit d'ignorance et faisant toucher la vérité du doigt à *ces médiums*, pensez-vous que nous ébranlions leur conviction ? Non, car l'*esprit-guide* soutenait que nous étions de mauvaise foi et que nous cherchions à empêcher une *grande mission* de s'accomplir, *mission dévolue à son médium*. Nous avons connu plusieurs de ces *grands missionnaires* qui ont terminé leur *mission* dans des maisons spéciales ! » [1]. Papus, de son côté, dit ceci : « Quand saint Jean, la Vierge Marie ou Jésus Christ viennent se communiquer, cherchez dans l'assistance un croyant catholique, c'est de son cerveau et pas d'autre chose qu'est issue l'idée directrice. De même quand, ainsi que je l'ai vu, d'Artagnan se présente, inutile de voir *(sic)* qu'il s'agit d'un fervent d'Alexandre Dumas. » Nous n'avons à cela que deux corrections à faire : d'une part, il faut remplacer le « cerveau » par le « subconscient » (ces « néo-spiritualistes » parlent quelquefois comme de purs matérialistes) ; d'autre part, comme les « croyants catholiques » proprement dits sont plutôt rares dans les groupes spirites, tandis que les « communications » du Christ ou des saints ne le sont pas du tout, il faudrait parler seulement d'une influence d'idées catholiques, subsistant à l'état « subconscient » chez ceux mêmes qui s'en croient le plus complètement « affranchis » ; la nuance est assez importante. Papus

---

[1] *Le Magnétisme humain, l'Hypnotisme et le Spiritualisme moderne*, pp. 370-371.

poursuit en ces termes : « Quand Victor Hugo vient faire des vers de treize pieds ou donner des conseils culinaires, quand Mme de Girardin vient déclarer sa flamme posthume à un médium américain [1], il y a quatre-vingt-dix chances sur cent pour qu'il s'agisse là d'une erreur d'interprétation. Le point de départ de l'idée impulsive doit être cherché tout près » [2]. Nous dirons plus nettement : dans ces cas et dans tous les autres sans exception, il y a toujours une erreur d'interprétation de la part des spirites ; mais ces cas sont peut-être ceux où l'on peut découvrir le plus facilement l'origine véritable des « communications », pour peu qu'on se livre à une petite enquête sur les lectures, les goûts et les préoccupations habituelles des assistants. Bien entendu, les « communications » les plus extraordinaires par leur contenu ou par leur provenance supposée ne sont pas celles que les spirites accueillent avec le moins de respect et d'empressement ; ces gens sont complètement aveuglés par leurs idées préconçues, et leur crédulité semble n'avoir pas de bornes, tandis que leur intelligence et leur discernement en ont de fort resserrées ; nous parlons de la masse, car il y a des degrés dans l'aveuglement, Le fait d'accepter les théories spirites peut être une preuve de sottise ou seulement d'ignorance ; ceux qui sont dans le premier cas sont incurables, et on ne peut que les plaindre ; quant à ceux qui se trouvent dans le second cas, il n'en est peut-être pas de même, et on peut chercher à leur faire comprendre leur erreur, à moins qu'elle ne soit tellement enracinée en eux qu'elle leur ait imprimé une déformation mentale irrémédiable.

---

1 Il s'agit d'Henry Lacroix, dont nous parlerons plus loin.
2 *Traité méthodique de Science occulte* p. 847 ; cf. *ibid.*, p. 341. — Voici encore un exemple cité par Dunglas Home, et qui peut assurément être compté parmi les plus extravagants : « Dans les notes d'une séance tenue à Naples, parmi les esprits qui se présentèrent devant trois personnes, on voit Margherita Pusterla, Denys de Syracuse, Cléopâtre, Richard Cœur-de-Lion, Aladdin, Belcadel, Guerrazzi, Manin et Vico ; puis Abraham, Melchisédec, Jacob, Moïse, David, Sennachérib, Elisée, Joachim, Judith, Jaël, Samuel, Daniel, Marie-Madeleine, saint Paul, saint Pierre et saint Jean, sans compter les autres, car on assure dans ces notes que les esprits de la Bible vinrent tous, les uns après les autres, se présenter devant le Nazaréen, précédé par Jean-Baptiste » (*Les Lumières et les Ombres du Spiritualisme*, pp. 168, 169).

Chapitre III
Immortalité et survivance

Entre autres prétentions injustifiées, les spirites ont celle de fournir la « preuve scientifique » ou la « démonstration expérimentale de l'immortalité de l'âme » [1] ; cette affirmation implique un certain nombre d'équivoques, qu'il importe de dissiper avant même de discuter l'hypothèse fondamentale de la communication avec les morts. Tout d'abord, il peut y avoir une équivoque portant sur le mot même d' « immortalité », car ce mot n'a pas le même sens pour tout le monde : ce que les Occidentaux appellent ainsi n'est pas ce que les Orientaux désignent par des termes qui peuvent cependant sembler équivalents, qui le sont même parfois exactement si l'on s'en tient au seul point de vue philologique. Ainsi, le mot sanscrit *amrita* se traduit bien littéralement par « immortalité », mais il s'applique exclusivement à un état qui est supérieur à tout changement, car l'idée de « mort » est ici étendue à un changement quelconque. Les Occidentaux, au contraire, ont l'habitude de n'appeler « mort » que la fin de l'existence terrestre, et d'ailleurs ils ne conçoivent guère les autres changements analogues, car il semble que ce monde soit pour eux la moitié de l'Univers, tandis que, pour les Orientaux, il n'en représente qu'une portion infinitésimale ; nous parlons ici des Occidentaux modernes, car l'influence du dualisme cartésien est bien pour quelque chose dans cette façon si restreinte d'envisager l'Univers. Il faut y insister d'autant plus que ces choses sont généralement ignorées, et, en outre, ces considérations faciliteront grandement la réfutation proprement dite de la théorie spirite : au point de vue de la métaphysique pure, qui est le point de vue oriental, il n'y a pas en réalité deux mondes, celui-ci et « l'autre », corrélatifs et pour ainsi dire symétriques ou parallèles ; il y a une série indéfinie et hiérarchisée de mondes, c'est-à-dire d'états d'existence (et non pas de lieux), dans laquelle celui-ci n'est qu'un élément qui n'a ni plus ni moins d'importance ou de valeur que n'importe quel autre, qui est simplement à la place qu'il doit occuper dans l'ensemble, au même titre que tous les autres. Par suite, l'immortalité, au sens que nous avons indiqué, ne peut pas

---

1 Un ouvrage de M. Gabriel Delanne a pour titre *L'Ame est immortelle : Démonstration expérimentale.*

être atteinte dans « l'autre monde » comme le pensent les Occidentaux, mais seulement au delà de tous les mondes, c'est-à-dire de tous les états conditionnés ; notamment, elle est en dehors du temps et de l'espace, et aussi de toutes les conditions analogues à celles-là ; étant absolument indépendante du temps et de tout autre mode possible de la durée, elle s'identifie à l'éternité même. Cela ne veut point dire que l'immortalité telle que la conçoivent les Occidentaux n'ait pas aussi une signification réelle, mais qui est tout autre : elle n'est en somme qu'une prolongation indéfinie de la vie, dans des conditions modifiées et transposées, mais qui demeurent toujours comparables à celles de l'existence terrestre ; le fait même qu'il s'agit d'une « vie » le prouve suffisamment, et il est à remarquer que cette idée de « vie » est une de celles dont les Occidentaux s'affranchissent le plus difficilement, même quand ils ne professent pas à son égard le respect superstitieux qui caractérise certains philosophes contemporains ; il faut ajouter qu'ils n'échappent guère plus facilement au temps et à l'espace, et, si on n'y échappe pas, il n'y a pas de métaphysique possible. L'immortalité, au sens occidental, n'est pas en dehors du temps, suivant la conception ordinaire, et, même suivant une conception moins « simpliste », elle n'est pas en dehors d'une certaine durée ; c'est une durée indéfinie, qui peut être appelée proprement « perpétuité », mais qui n'a aucun rapport avec l'éternité, pas plus que l'indéfini, qui procède du fini par développement, n'en a avec l'Infini. Cette conception correspond effectivement à un certain ordre de possibilités ; mais la tradition extrême-orientale, se refusant à la confondre avec celle de l'immortalité vraie, lui accorde seulement le nom de « longévité » ; au fond, ce n'est qu'une extension dont sont susceptibles les possibilités de l'ordre humain. On s'en aperçoit aisément lorsqu'on se demande ce qui est immortel dans l'un et l'autre cas : au sens métaphysique et oriental, c'est la personnalité transcendante ; au sens philosophicothéologique et occidental, c'est l'individualité humaine. Nous ne pouvons développer ici la distinction essentielle de la personnalité et de l'individualité ; mais, ne sachant que trop quel est l'état d'esprit de bien des gens, nous tenons à dire expressément qu'il serait vain de chercher une opposition entre les deux conceptions dont nous venons de parler, car, étant d'ordre totalement différent, elles ne s'excluent pas plus qu'elles ne se confondent. Dans l'Univers, il y a place pour toutes les possibilités, à la condition qu'on sache mettre chacune d'elles à son rang véritable ; malheureusement, il n'en est point de même dans les systèmes des philosophes, mais c'est là une contingence dont on aurait grand tort de s'embarrasser.

Quand il est question de « prouver expérimentalement l'immortalité », il va de soi qu'il ne saurait en aucune façon s'agir de l'immortalité métaphysique : cela est, par définition même, au delà de toute expérience possible ; d'ailleurs, les spirites n'en ont évidemment pas la moindre idée, de sorte qu'il n'y a lieu de discuter leur prétention qu'en se plaçant uniquement au point de vue de l'immortalité entendue au sens occidental. Même à ce point de vue, la « démonstration expérimentale » dont ils parlent apparaît comme une impossibilité, pour peu qu'on veuille y réfléchir un instant ; nous n'insisterons pas sur l'emploi abusif qui est fait du mot « démonstration » ; l'expérience est incapable de « démontrer » proprement quelque chose, au sens rigoureux de ce mot, celui qu'il a en mathématiques par exemple ; mais passons là-dessus, et remarquons seulement que c'est une étrange illusion, propre à l'esprit moderne, que celle qui consiste à faire intervenir la science, et spécialement la science expérimentale, dans des choses où elle n'a que faire, et à croire que sa compétence peut s'étendre à tout. Les modernes, enivrés par le développement qu'ils sont parvenus à donner à ce domaine très particulier, et s'y étant d'ailleurs appliqués si exclusivement qu'ils ne voient plus rien en dehors, en sont arrivés tout naturellement à méconnaître les limites à l'intérieur desquelles l'expérimentation est valable, et au delà desquelles elle ne peut plus donner aucun résultat ; nous parlons ici de l'expérimentation dans son sens le plus général, sans aucune restriction, et, bien entendu, ces limites seront encore plus étroites si l'on n'envisage que les modalités assez peu nombreuses qui constituent les méthodes reconnues et mises en usage par les savants ordinaires. Il y a précisément, dans le cas qui nous occupe, une méconnaissance des limites de l'expérimentation ; nous en rencontrerons un autre exemple à propos des prétendues preuves de la réincarnation, exemple plus frappant peut-être encore, ou du moins d'apparence plus singulière, et qui nous donnera l'occasion de compléter ces considérations en nous plaçant à un point de vue un peu différent.

L'expérience ne porte jamais que sur des faits particuliers et déterminés, ayant lieu en un point défini de l'espace et en un moment également défini du temps ; du moins, tels sont tous les phénomènes qui peuvent être l'objet d'une constatation expérimentale dite « scientifique » (et c'est là ce qu'entendent aussi les spirites). Cela est assez ordinairement reconnu, mais on se méprend peut-être plus aisément sur la nature et la portée des généralisations auxquelles l'expérience peut légitimement donner lieu (et qui la dépassent d'ailleurs considérablement) : ces généralisations ne peuvent porter que sur des classes ou des ensembles de faits, dont chacun, pris à part, est tout aussi particulier et aussi déterminé que celui sur lequel on a fait les constatations dont on généralise ainsi les résultats, de sorte que ces ensembles ne sont indéfinis que numériquement, en tant qu'ensembles, non quant à leurs éléments. Ce que nous voulons dire, c'est ceci : on n'est jamais autorisé à conclure que ce qu'on a constaté en un certain lieu de la surface terrestre se produit semblablement en tout autre lieu de l'espace, ni qu'un phénomène que l'on a observé dans une durée très limitée est susceptible de se prolonger pendant une durée indéfinie ; naturellement, nous n'avons pas ici à sortir du temps et de l'espace, ni à considérer autre chose que des phénomènes, c'est-à-dire des apparences ou des manifestations extérieures. Il faut savoir distinguer entre l'expérience et son interprétation : les spirites, ainsi que les psychistes, constatent certains phénomènes, et nous n'entendons pas discuter la description qu'ils en donnent ; c'est l'interprétation des spirites, quant à la cause réelle de ces phénomènes, qui est radicalement fausse. Admettons pourtant, pour un instant, que cette interprétation soit correcte, et que ce qui se manifeste soit véritablement un être humain « désincarné » ; s'ensuivra-t-il nécessairement que cet être soit immortel, c'est-à-dire que son existence posthume ait une durée réellement indéfinie ? On voit sans peine qu'il y a là une extension illégitime de l'expérience, consistant à attribuer l'indéfinité temporelle à un fait constaté pour un temps défini ; et, même en acceptant l'hypothèse spirite, cela seul suffirait à en réduire l'importance et l'intérêt à d'assez modestes proportions. L'attitude des spirites qui s'imaginent que leurs expériences établissent l'immortalité n'est pas mieux fondée logiquement que ne le serait celle d'un homme qui, n'ayant jamais vu mourir un être vivant, affirmerait qu'un tel être doit continuer à exister indéfiniment dans les mêmes conditions, pour la seule raison qu'il aurait constaté cette existence dans un certain intervalle ; et cela, nous le répétons, sans rien préjuger de la vérité ou de la fausseté du spiritisme même, puisque notre comparaison, pour être entièrement juste, suppose même implicitement sa vérité.

Il y a pourtant des spirites qui se sont aperçus plus ou moins clairement de ce qu'il y avait là d'illusoire, et qui, pour faire disparaître ce sophisme inconscient, ont renoncé à parler d'immortalité pour ne plus parler que de « survie » ou de « survivance » ; ils échappent ainsi, nous le reconnaissons très volontiers, aux objections que nous venons de formuler. Nous ne voulons pas dire que ces spirites, en général, ne soient pas aussi persuadés que les autres de l'immortalité, qu'ils ne croient pas comme eux à la perpétuité de la « survivance » ; mais cette croyance a alors le même caractère que chez les non-spirites, elle ne diffère plus très sensiblement de ce qu'elle peut être, par exemple, pour les adhérents d'une religion quelconque, sauf en ce que, pour l'appuyer, on ajoute aux raisons ordinaires le témoignage des « esprits » ; mais les affirmations de ceux-ci sont bien sujettes à caution, car, aux yeux des spirites eux-mêmes, elles peuvent n'être souvent que le résultat des idées qu'ils avaient sur cette terre : si un spirite « immortaliste » explique de cette façon les « communications » qui nient l'immortalité (car il y en a), en vertu de quel principe accordera-t-il plus d'autorité à celles qui l'affirment ? Au fond, c'est tout simplement parce que ces dernières sont en accord avec ses propres convictions ; mais encore faut-il que ces convictions aient une autre base, qu'elles soient établies indépendamment de son expérience, donc fondées sur des raisons qui ne sont plus spécialement propres au spiritisme. En tout cas, il nous suffit de constater que des spirites sentent la nécessité de renoncer à la prétention de prouver « scientifiquement » l'immortalité : c'est déjà un point acquis, et même un point important pour déterminer exactement la portée de l'hypothèse spirite.

L'attitude que nous venons de définir en dernier lieu est aussi celle des philosophes contemporains qui ont des tendances plus ou moins marquées vers le spiritisme ; la seule différence, c'est que ces philosophes mettent au conditionnel ce que les spirites affirment catégoriquement ; en d'autres termes, les uns se contentent de parler de la possibilité de prouver expérimentalement la survivance, tandis que les autres regardent la preuve comme déjà faite. M. Bergson, immédiatement avant d'écrire la phrase que nous avons reproduite plus haut, et où il envisage précisément cette possibilité, reconnaît que « l'immortalité elle-même ne saurait être prouvée expérimentalement » ; sa position est donc très nette à cet égard ; et, pour ce qui est de la survivance, il pousse la prudence jusqu'à parler seulement de « probabilité », peut-être parce qu'il se rend compte, jusqu'à un certain point, que l'expérimentation ne donne pas de véritables certitudes. Seulement, tout en réduisant ainsi la valeur de la preuve expérimentale, il trouve que « ce serait déjà quelque chose », que « ce serait même beaucoup » ; aux yeux d'un métaphysicien, au contraire, et même sans y apporter tant de restrictions, ce serait fort peu de chose, pour ne pas dire que ce serait tout à fait négligeable. En effet, l'immortalité au sens occidental est déjà chose toute relative, qui, comme telle, ne se rapporte pas au domaine de la métaphysique pure ; que dire d'une simple survivance ? Même en dehors de toute considération métaphysique, nous ne voyons pas bien qu'il puisse y avoir, pour l'homme, un intérêt capital à savoir, de façon plus ou moins probable ou même certaine, qu'il peut compter sur une survivance qui n'est peut-être que « pour un temps x » ; cela peut-il avoir pour lui beaucoup plus d'importance que de savoir plus ou moins exactement ce que durera sa vie terrestre, dont on ne lui présente ainsi qu'une prolongation indéterminée ? On voit combien ceci diffère du point de vue proprement religieux, qui compterait pour rien une survivance qui ne serait pas assurée de la perpétuité ; et, dans l'appel que le spiritisme fait à l'expérience en cet ordre de choses, on peut voir, étant données les conséquences qui en résultent, une des raisons (elle est loin d'être la seule) pour lesquelles il ne sera jamais qu'une pseudo-religion.

Nous avons encore à signaler un autre côté de la question : pour les spirites, quel que soit le fondement de leur croyance à l'immortalité, tout ce qui survit dans l'homme est immortel ; ce qui survit, c'est, rappelons-le, l'ensemble constitué par l'« esprit » proprement dit et par le « périsprit » qui en est inséparable. Pour les occultistes, ce qui survit, c'est pareillement l'ensemble de l'« esprit » et du « corps astral » ; mais, dans cet ensemble, l'« esprit » seul est immortel, et le « corps astral » est périssable [1] ; et pourtant occultistes et spirites prétendent également baser leurs affirmations sur l'expérience, qui montrerait ainsi aux uns la dissolution de l' « organisme invisible » de l'homme, tandis que les autres n'auraient jamais eu l'occasion de rien constater de semblable. D'après la théorie occultiste, il y aurait une « seconde mort », qui serait sur le « plan astral » ce que la mort au sens ordinaire est sur le « plan physique » ; et les occultistes sont bien forcés de reconnaître que les phénomènes psychiques ne sauraient en tout cas prouver la survivance au delà du « plan astral ». Ces divergences montreraient le peu de solidité des prétendues preuves expérimentales, tout au moins en ce qui concerne l'immortalité, s'il en était encore besoin après les autres raisons que nous avons données, et qui d'ailleurs sont beaucoup plus décisives à nos yeux, puisqu'elles en établissent la complète inanité ; malgré tout, il n'est pas sans intérêt de constater que, deux écoles d'expérimentateurs se plaçant dans la même hypothèse, ce qui est immortel pour l'une ne l'est pas pour l'autre. Il faut ajouter, en outre, que la question se trouve encore compliquée, tant pour les spirites que pour les occultistes, par l'introduction de l'hypothèse de la réincarnation : la « survivance » envisagée, et dont les conditions sont diversement décrites par les différentes écoles, ne représente naturellement que la période intermédiaire entre deux vies terrestres successives, puisque, à chaque nouvelle « incarnation », les choses doivent évidemment se retrouver dans le même état qu'à la précédente. C'est donc toujours, somme toute, d'une « survivance » provisoire qu'il s'agit, et, en définitive, la question demeure entière : on ne peut dire, en effet, que cette alternance régulière d'existences terrestres et ultra-terrestres doive se continuer indéfiniment ; les différentes écoles pourront discuter là-dessus, mais ce n'est pas l'expérience qui viendra jamais les départager. Ainsi, si la question est reculée, elle n'est point pour cela résolue, et le même doute subsiste toujours quant à la destinée finale de l'être humain ; du moins, c'est là ce que devrait avouer un réincarnationniste qui voudrait rester conséquent avec lui-même, car sa théorie est plus incapable que toute autre d'apporter ici une solution, surtout s'il prétend se tenir sur le terrain de l'expérience ; il en est qui croient en effet avoir trouvé des preuves expérimen-

---

[1] Papus, *Traité méthodique de Science occulte*, p. 371.

tales de la réincarnation, mais cela est une autre affaire, que nous examinerons plus loin.

Ce qui est à retenir, c'est que ce que les spirites disent de la « survie » ou de la « survivance » s'applique essentiellement, pour eux, à l'intervalle compris entre deux « incarnations » ; c'est là la condition des « esprits » dont ils croient observer les manifestations ; c'est ce qu'ils nomment l' « erraticité », ou encore la vie « dans l'espace », comme si ce n'était pas aussi dans l'espace que se déroule l'existence terrestre ! Un terme comme celui de « survie » est très bien approprié pour désigner leur conception, car elle est littéralement celle d'une vie continuée, et dans des conditions aussi proches que possible de celles de la vie terrestre. Il n'y a pas, chez eux, cette transposition qui permet à d'autres de concevoir la « vie future » et même perpétuelle d'une façon qui répond à une possibilité, quelle que soit d'ailleurs la place que cette possibilité occupe dans l'ordre total ; au contraire, la « survie », telle qu'ils se la représentent, n'est qu'une impossibilité, parce que, transportant telles quelles dans un état les conditions d'un autre état, elle implique un ensemble d'éléments incompatibles entre eux. Cette supposition impossible est d'ailleurs absolument nécessaire au spiritisme, parce que, sans elle, les communications avec les morts ne seraient même pas concevables ; pour pouvoir se manifester comme ils sont censés le faire, il faut que les « désincarnés » soient très près des vivants sous tous les rapports, et que l'existence des uns ressemble singulièrement à celle des autres. Cette similitude est poussée à un degré à peine croyable, et qui montre jusqu'à l'évidence que les descriptions de cette « survie » ne sont qu'un simple reflet des idées terrestres, un produit de l'imagination « subconsciente » des spirites eux-mêmes ; nous pensons qu'il est bon de nous arrêter quelques instants sur ce côté du spiritisme, qui n'est pas un des moins ridicules.

Chapitre IV
Les représentations de la survie

On raconte que certains sauvages se représentent l'existence posthume sur le modèle exact de la vie terrestre : le mort continuerait à accomplir les mêmes actions, à chasser, à pêcher, à faire la guerre, à se livrer en un mot à toutes ses occupations habituelles, sans oublier celles de boire et de manger ; et l'on ne manque pas, bien entendu, de faire remarquer combien de semblables conceptions sont naïves et grossières. À vrai dire, il convient de se méfier toujours un peu de ce qu'on rapporte sur les sauvages, et cela pour plusieurs raisons : d'abord, les récits des voyageurs, source unique de toutes ces histoires, sont souvent fantaisistes ; ensuite, quelqu'un qui croit rapporter fidèlement ce qu'il a vu et entendu peut cependant n'y avoir rien compris et, sans s'en apercevoir, substituer aux faits son interprétation personnelle ; enfin, il y a des savants, ou soi-disant tels, qui viennent encore superposer à tout cela leur propre interprétation, résultat d'idées préconçues : ce qu'on obtient par cette dernière élaboration, ce n'est pas ce que pensent les sauvages, mais ce qu'ils doivent penser conformément à telle théorie « anthropologique » ou « sociologique ». En réalité, les choses sont moins simples, ou, si l'on préfère, elles sont compliquées d'une tout autre façon, parce que les sauvages, tout comme les civilisés, ont des manières de penser qui leur sont particulières, donc qui sont difficilement accessibles aux hommes d'une autre race ; et, avec les sauvages, on a fort peu de ressources pour les comprendre et pour s'assurer qu'on les comprend bien, parce que, généralement, ils ne savent guère expliquer ce qu'ils pensent, en admettant qu'eux-mêmes s'en rendent bien compte. Pour ce qui est de l'assertion que nous rapportions tout à l'heure, on prétend l'appuyer sur un certain nombre de faits qui ne prouvent absolument rien, comme les objets qu'on dépose auprès des morts, les offrandes d'aliments qu'on fait sur les tombeaux ; des rites tout semblables ont existé ou existent encore chez des peuples qui ne sont nullement des sauvages, et ils n'y correspondent point à ces conceptions grossières dont on croit qu'ils sont un indice, parce que leur vraie signification est tout autre que celle que leur attribuent les savants européens, et parce que, en réalité, ils concernent uniquement certains éléments inférieurs de l'être humain. Seulement, les sauvages, qui sont pour nous, non point des « primitifs », mais au contraire des dégénérés, peuvent avoir conservé certains rites sans les comprendre, et cela depuis des temps fort reculés ; la tradition, dont le sens s'est perdu, a fait place chez eux à la routine, ou à la « superstition » au sens étymologique du mot. Dans ces conditions, nous ne voyons aucun inconvénient à ce que certaines tribus tout au moins (il ne faut pas trop généraliser) en soient arrivées à concevoir la vie future à peu près comme on le dit ; mais il n'y a pas besoin d'aller si loin pour trouver, et d'une façon beaucoup plus certaine, des conceptions ou plutôt des représentations qui soient exactement celles-là. D'abord, on en trouverait très probablement, à notre époque autant qu'à toute autre, dans les classes inférieures des peuples qui vantent le plus leur civilisation : si l'on cherchait des exemples parmi les paysans des divers pays d'Europe, nous sommes persuadé que la récolte ne manquerait pas d'être abondante. Mais il y a mieux : dans les mêmes pays, les exemples les plus nets, ceux qui revêtent les formes les plus précises dans leur grossièreté, ne seraient peut-être pas fournis par des illettrés, mais bien plutôt par des gens qui possèdent une certaine instruction, dont quelques-uns sont même regardés communément comme des « intellectuels ». Nulle part, en effet, les représentations du genre spécial dont il s'agit ne se sont jamais affirmées avec autant de force que chez les spirites ; il y a là un curieux sujet d'études, que nous nous permettons de recommander aux sociologues, qui, là du moins, ne courront pas le risque d'une erreur d'interprétation.

Nous ne saurions mieux faire que de citer ici, pour commencer, quelques extraits d'Allan Kardec lui-même ; et voici tout d'abord ce qu'il dit au sujet de l' « état de trouble » qui suit immédiatement la mort ; « Ce trouble présente des circonstances particulières, selon le caractère des individus et surtout selon le genre de mort. Dans les morts violentes, par suicide, supplice, accident, apoplexie, blessures, etc., l'esprit est surpris, étonné, et ne croit pas être mort ; il le soutient avec opiniâtreté ; pourtant il voit son corps, il sait que ce corps est le sien, et il ne comprend pas qu'il en soit séparé ; il va auprès des personnes qu'il affectionne, leur parle, et ne conçoit pas pourquoi elles ne l'entendent pas. Cette illusion dure jusqu'à l'entier dégagement du périsprit ; alors seulement l'esprit se reconnaît et comprend qu'il ne fait plus partie des vivants. Ce phénomène s'explique aisément. Surpris à l'improviste par la mort, l'esprit est étourdi du brusque changement qui s'est opéré en lui ; pour lui, la mort est encore synonyme de destruction, d'anéantissement ; or, comme il pense, qu'il voit, qu'il entend, à son sens il n'est pas mort ; ce qui augmente son illusion, c'est qu'il se voit un corps semblable au précédent pour la forme, mais dont il n'a pas encore eu le temps d'étudier la nature éthérée ; il le croit solide et compact comme le premier ; et quand on appelle son attention sur ce point, il s'étonne de ne pas pouvoir se palper... Certains esprits présentent cette particularité quoique la mort ne soit pas arrivée inopinément ; mais elle est toujours plus générale chez ceux qui, quoique malades, ne pensaient pas à mourir. On voit alors le singulier spectacle d'un esprit assistant à son convoi comme à celui d'un étranger, et en parlant comme d'une chose qui ne le regarde pas, jusqu'au moment où il comprend la vérité... Dans les cas de mort collective, il a été observé que tous ceux qui périssent en même temps ne se revoient pas toujours immédiatement. Dans le trouble qui suit la mort, chacun va de son côté, ou ne se préoccupe que de ceux qui l'intéressent »[1]. Voici maintenant pour ce qu'on pourrait appeler la vie journalière des « esprits » : « La situation des esprits et leur manière de voir les choses varient à l'infini en raison du degré de leur développement moral et intellectuel. Les esprits d'un ordre élevé ne font généralement sur la terre que des séjours de courte durée ; tout ce qui s'y fait est si mesquin en comparaison des grandeurs de l'infini *(sic)*, les choses auxquelles les hommes attachent le plus d'importance sont si puériles à leurs yeux, qu'ils y trouvent peu d'attraits, à moins qu'ils n'y soient appelés en vue de concourir au progrès de l'humanité. Les esprits d'un ordre moyen y séjournent plus fréquemment, quoiqu'ils considèrent les choses d'un point de vue plus élevé que de leur vivant. Les esprits vulgaires y sont en quelque sorte sédentaires et constituent la masse de la population ambiante du monde invisible ; ils ont conservé à peu de chose près les mêmes idées, les mêmes goûts et les mêmes penchants qu'ils avaient sous leur enveloppe corporelle ; ils se mêlent à nos réunions, à nos affaires, à nos amusements, auxquels ils prennent une part plus ou moins active, selon leur caractère. Ne pouvant satisfaire leurs passions, ils jouissent de ceux qui s'y abandonnent et les y excitent. Dans le nombre, il en est de plus sérieux qui voient et observent pour s'instruire et se perfectionner »[2]. Il paraît en effet que les « esprits errants », c'est-à-dire ceux qui attendent une nouvelle incarnation, s'instruisent « en voyant et observant ce qui se passe dans les lieux qu'ils parcourent », et aussi « en écoutant les discours des hommes éclairés et les avis des esprits plus élevés qu'eux, ce qui

1 *Le Livre des Esprits*, pp. 72-73.
2 *Ibid.*, p. 145.

leur donne des idées qu'ils n'avaient pas » [1]. Les pérégrinations de ces « esprits errants », si instructives qu'elles soient, ont l'inconvénient d'être presque aussi fatigantes que les voyages terrestres ; mais « il y a des mondes particulièrement affectés aux êtres errants, mondes dans lesquels ils peuvent habiter temporairement, sortes de bivouacs, de camps pour se reposer d'une trop longue erraticité, état toujours un peu pénible. Ce sont des positions intermédiaires parmi les autres mondes, graduées suivant la nature des esprits qui peuvent s'y rendre, et ceux-ci jouissent d'un bien-être plus ou moins grand » [2]. Tous les « esprits » ne peuvent pas aller partout indifféremment ; voici comment ils expliquent eux-mêmes les relations qu'ils ont entre eux : « Les esprits des différents ordres se voient, mais ils se distinguent les uns des autres. Ils se fuient ou se rapprochent, selon l'analogie ou l'antipathie de leurs sentiments, comme cela a lieu parmi vous. *C'est tout un monde dont le vôtre est le reflet obscurci* [3]. Ceux du même rang se réunissent par une sorte d'affinité et forment des groupes ou familles d'esprits unis par la sympathie et le but qu'ils se proposent : les bons par le désir de faire le bien, les mauvais par le désir de faire le mal, la honte de leurs fautes et le besoin de se trouver parmi des êtres semblables à eux. Telle une grande cité où les hommes de tous rangs et de toutes conditions se voient et se rencontrent sans se confondre ; où les sociétés se forment par l'analogie des goûts ; où le vice et la vertu se coudoient sans se rien dire… Les bons vont partout, et il faut qu'il en soit ainsi pour qu'ils puissent exercer leur influence sur les mauvais ; mais les régions habitées par les bons sont interdites aux esprits imparfaits, afin que ceux-ci ne puissent y apporter le trouble des mauvaises passions… Les esprits se voient et se comprennent ; la parole est matérielle : c'est le reflet de l'esprit. Le fluide universel établit entre eux une communication constante ; c'est le véhicule de la transmission de la pensée, comme pour vous l'air est le véhicule du son ; une sorte de télégraphe universel qui relie tous les mondes, et permet aux esprits de correspondre d'un monde à l'autre… Ils constatent leur individualité par le périsprit qui en fait des êtres distincts les uns pour les autres, comme le corps parmi

---

[1] *Ibid.*, pp. 109-110.
[2] *Le Livre des Esprits*, p. 111.
[3] Cette phrase est soulignée dans le texte ; en renversant le rapport qu'elle indique, on aurait l'exacte expression de la vérité.

les hommes » [1]. Il ne serait pas difficile de multiplier ces citations, d'y joindre des textes qui montrent les « esprits » intervenant dans presque tous les événements de la vie terrestre, et d'autres qui précisent encore les « occupations et missions des esprits » ; mais cela deviendrait vite fastidieux ; il est peu de livres dont la lecture soit aussi insupportable que celle de la littérature spirite en général. Il nous semble que les extraits précédents peuvent se passer de tout commentaire ; nous ferons seulement ressortir, parce qu'elle est particulièrement importante et revient à chaque instant, l'idée que les « esprits » conservent toutes les sensations des vivants ; la seule différence est qu'elles ne leur parviennent plus par des organes spéciaux et localisés, mais par le « périsprit » tout entier ; et les facultés les plus matérielles, les plus évidemment dépendantes de l'organisme corporel, comme la perception sensible, sont regardées comme « des attributs de l'esprit », qui « font partie de son être » [2].

Après Allan Kardec, il est bon de citer le plus « représentatif » de ses disciples actuels, M. Léon Denis : « Les esprits d'ordre inférieur, enveloppés de fluides épais, subissent les lois de la gravitation et sont attirés vers la matière... Tandis que l'âme épurée parcourt la vaste et radieuse étendue, séjourne à son gré sur les mondes et ne voit guère de limites à son essor, l'esprit impur ne peut s'éloigner du voisinage des globes matériels... La vie de l'esprit avancé est essentiellement active, quoique sans fatigues. Les distances n'existent pas pour lui. Il se transporte avec la rapidité de la pensée. Son enveloppe, semblable à une vapeur légère, a acquis une telle subtilité qu'elle devient invisible aux esprits inférieurs. Il voit, entend, sent, perçoit, non plus par les organes matériels qui s'interposent entre la nature et nous et interceptent au passage la plupart des sensations, mais directement, sans intermédiaire, par toutes les parties de son être. Aussi ses perceptions sont-elles autrement claires et multipliées que les nôtres. L'esprit élevé nage en quelque sorte au sein d'un océan de sensations délicieuses. Des tableaux changeants se déroulent à sa vue, des harmonies suaves le bercent et l'enchantent. Pour lui, les couleurs sont des parfums, les parfums sont des sons. Mais, si exquises que soient ses impressions, il peut s'y soustraire et se recueille à volonté, en s'enveloppant d'un voile fluidique, en s'iso-

---

1 *Le Livre des Esprits*, pp. 135-137.
2 *Ibid.*, pp. 116-117.

lant au sein des espaces. L'esprit avancé est affranchi de tous les besoins corporels. La nourriture et le sommeil n'ont pour lui aucune raison d'être… Les esprits inférieurs emportent avec eux, au delà de la tombe, leurs habitudes, leurs besoins, leurs préoccupations matérielles. Ne pouvant s'élever au-dessus de l'atmosphère terrestre, ils reviennent partager la vie des humains, se mêler à leurs luttes, à leurs travaux, à leurs plaisirs… On rencontre dans l'erraticité des foules immenses toujours à la recherche d'un état meilleur qui les fuit… C'est en quelque sorte le vestibule des espaces lumineux, des mondes meilleurs. Tous y passent, tous y séjournent, mais pour s'élever plus haut… Toutes les régions de l'univers sont peuplées d'esprits affairés. Partout des foules, des essaims d'âmes montent, descendent, s'agitent au sein de la lumière ou dans les régions obscures. Sur un point, des auditoires s'assemblent pour recevoir les instructions d'esprits élevés. Plus loin, des groupes se forment pour faire fête à un nouvel arrivant. Ailleurs, d'autres esprits combinent les fluides, leur prêtent mille formes, mille teintes fondues et merveilleuses, les préparent aux subtils usages que leur destinent les génies supérieurs. D'autres foules se pressent autour des globes et les suivent dans leurs révolutions, foules sombres, troublées, qui influent à leur insu sur les éléments atmosphériques. L'esprit, étant fluidique lui-même, agit sur les fluides de l'espace. Par la puissance de sa volonté, il les combine, les dispose à sa guise, leur prête les couleurs et les formes qui répondent à son but. C'est par le moyen de ces fluides que s'exécutent des œuvres qui défient toute comparaison et toute analyse : tableaux changeants, lumineux ; reproductions de vies humaines, vies de foi et de sacrifice, apostolats douloureux, drames de l'infini… C'est dans les demeures fluidiques que se déploient les pompes des fêtes spirituelles. Les esprits purs, éblouissants de lumière, s'y groupent par familles. Leur éclat, les nuances variées de leurs enveloppes, permettent de mesurer leur élévation, de déterminer leurs attributs… La supériorité de l'esprit se reconnaît à son vêtement fluidique. C'est comme une enveloppe tissée avec les mérites et les qualités acquises dans la succession de ses existences. Terne et sombre pour l'âme inférieure, sa blancheur augmente dans la proportion des progrès réalisés et devient de plus en plus pure. Déjà brillante chez l'esprit élevé, elle donne aux âmes supérieures un éclat insoutenable » [1]. Et qu'on n'aille pas dire que ce ne sont là que des façons de parler plus ou moins figurées ; tout cela, pour les spirites, doit être pris rigoureusement à la lettre.

Si extravagantes que soient les conceptions des spirites français au sujet de la « survie », il semble qu'elles soient encore dépassées par celles des spirites anglo-saxons, et par tout ce que ceux-ci racontent des merveilles du *Summerland* ou « pays d'été », comme ils appellent le « séjour des esprits ». Nous avons dit ailleurs que les théosophistes critiquent parfois sévèrement ces sottises, en quoi ils n'ont pas tort : c'est ainsi que Mme Besant parle de « la plus grossière de toutes les représentations, celle du *Summerland* moderne, avec ses « maris-esprits », ses « femmes-esprits », ses « enfants-esprits », allant à l'école et à l'université et devenant des esprits adultes » [2]. Cela est fort juste, assurément, mais on peut se demander si les théosophistes ont bien le droit de se moquer ainsi des « spiritualistes » ; on en jugera par ces quelques citations que nous empruntons à un autre théosophiste éminent, M. Lead-beater : « Après la mort, en arrivant sur le plan astral, les gens ne comprennent pas qu'ils sont morts, et, même s'ils s'en rendent compte, ils ne perçoivent pas tout d'abord en quoi ce monde diffère du monde physique... Ainsi parfois l'on voit des personnes récemment décédées essayer de manger, se préparer des repas complètement imaginaires, tandis que d'autres se construisent des maisons. J'ai positivement vu dans l'au-delà un homme se bâtir une maison pierre à pierre, et, bien qu'il créât chaque pierre par un effort de sa pensée, il n'avait pas compris qu'il aurait tout aussi bien pu construire la maison entière d'un seul coup, par le même procédé, sans se donner plus de mal. Peu à peu il fut conduit, en découvrant que les pierres n'avaient pas de pesanteur, à s'apercevoir que les conditions de ce nouveau milieu différaient de celles auxquelles il était accoutumé sur terre, ce qui l'amena à en continuer l'examen. Dans le *Summerland* [3], les hommes s'entourent de paysages qu'ils se créent eux-mêmes ; d'aucuns cependant s'évitent cette peine et se contentent de ceux qui ont déjà été imaginés par d'autres. Les hommes qui vivent sur le sixième sous-plan, c'est-à-dire près de la

---

1 *Après la mort*, pp. 270-290.
2 *La Mort et l'au-delà*, p. 85 de la traduction française.
3 L'auteur théosophiste accepte donc ici jusqu'au terme même qu'emploient les « spiritualistes ».

terre, sont entourés de la contre-partie astrale des montagnes, des arbres, des lacs physiques, de sorte qu'ils ne sont pas tentés d'en édifier eux-mêmes ; ceux qui habitent les sous-plans supérieurs, qui planent au-dessus de la surface terrestre, se créent tous les paysages qu'ils veulent… Un matérialiste éminent, bien connu pendant sa vie de l'un de nos collègues de la Société Théosophique, fut récemment découvert par celui-ci sur la subdivision la plus élevée du plan astral ; il s'y était entouré de tous ses livres et y poursuivait ses études à peu près comme sur terre » [1]. À part la complication des « plans » et des « sous-plans », nous devons avouer que nous ne voyons pas bien la différence ; il est vrai que M. Leadbeater est un ancien spirite, qui peut être encore influencé par ses idées antérieures, mais beaucoup de ses collègues sont dans le même cas ; le théosophisme a vraiment fait trop d'emprunts au spiritisme pour se permettre de le critiquer. Il est bon de remarquer que les théosophistes attribuent généralement à la « clairvoyance » les prétendues constatations de ce genre, tandis que les spirites les admettent sur la foi de simples « communications » ; pourtant, le spiritisme a aussi ses « voyants », et ce qu'il y a de fâcheux, c'est que, là où il y a divergence entre les écoles, il y a pareillement désaccord entre les visions, celles de chacun étant toujours conformes à ses propres théories ; on ne peut donc pas leur accorder une plus grande valeur qu'aux « communications », qui sont dans le même cas, et la suggestion y joue manifestement un rôle prépondérant.

Mais revenons aux spirites : ce que nous connaissons de plus extraordinaire, dans l'ordre de choses dont il s'agit, c'est un livre intitulé *Mes expériences avec les esprits*, écrit par un Américain d'origine française, nommé Henry Lacroix ; cet ouvrage, qui fut publié à Paris en 1889, prouve que les spirites n'ont pas la moindre conscience du ridicule. Papus lui-même a traité l'auteur de « fanatique dangereux » et a écrit que « la lecture de ce livre suffit à éloigner à jamais du spiritisme tous les hommes sensés » [2] ; Donald Mac-Nab dit que « les personnes qui ne sont pas ennemies d'une douce gaîté n'ont qu'à lire cet ouvrage pour se rendre compte de l'extravagance des spirites », et il « recommande spécialement ce cas à l'attention des aliénistes » [3]. Il faudrait pouvoir reproduire

1 *L'Occultisme dans la Nature*, pp. 19-20 et 44.
2 *Traité méthodique de Science occulte*, p. 341.
3 *Le Lotus*, mars 1889, p. 736.

cette élucubration presque en entier pour montrer jusqu'où peuvent aller certaines aberrations ; c'est véritablement incroyable, et ce serait certainement faire une excellente propagande antispirite que d'en recommander la lecture à ceux que la contagion n'a pas encore gagnés, mais qui risquent d'en être atteints. On peut voir là-dedans, entre autres curiosités, la description et le dessin de la « maison fluidique » de l'auteur (car, à l'en croire, il vivait dans les deux mondes à la fois), et aussi les portraits de ses « enfants-esprits », dessinés par lui « sous leur contrôle mécanique » : il s'agit de douze enfants (sur quinze) qu'il avait perdus, et qui avaient continué à vivre et à grandir « dans le monde fluidique » ; plusieurs même s'y marièrent ! Signalons à ce propos que, d'après le même auteur, « il y aurait assez fréquemment, aux États-Unis, des mariages entre les vivants et les morts » ; il cite le cas d'un juge nommé Lawrence, qui se fit remarier avec sa femme décédée par un pasteur de ses amis [1] ; si le fait est vrai, il donne une triste idée de la mentalité des spirites américains. Ailleurs, on apprend comment les « esprits » se nourrissent, s'habillent, se construisent des demeures ; mais ce qu'il y a de mieux, ce sont peut-être les manifestations posthumes de Mme de Girardin et les divers épisodes qui s'y rattachent ; en voici un échantillon : « C'était la nuit, et j'étais occupé à lire ou à écrire, quand je vis Delphine (Mme de Girardin) arriver auprès de moi avec un fardeau dans ses bras, qu'elle déposa à mes pieds. Je ne vis pas tout de suite ce que c'était, mais je m'aperçus bientôt que cela avait une forme humaine. Je compris alors ce qu'on voulait de moi. C'était de dématérialiser cet esprit malheureux qui portait le nom d'Alfred de Musset ! Et ce qui confirmait pour moi cette version, c'est que Delphine s'était sauvée avec hâte, après avoir rempli sa besogne, comme si elle craignait d'assister à l'opération... L'opération consistait à enlever de la forme entière de l'esprit une sorte d'épiderme, qui se reliait à l'intérieur de l'organisme par toute espèce de fibres ou d'attaches, ou à l'*écorcher*, enfin, ce que je fis avec sang-froid, en commençant par la tête, malgré les cris perçants et les convulsions violentes du patient, que j'entendais et que je voyais assurément, mais sans en tenir aucun compte... Le lendemain, Delphine arriva pour me parler de son protégé, et elle m'annonça qu'après avoir prodigué à ma *victime* tous les soins

---

[1] *Mes expériences avec les esprits*, p. 174.

voulus pour la remettre des effets de la terrible opération que je lui avais fait subir, les amis avaient organisé un « festin de païen » pour célébrer sa délivrance » [1], Non moins intéressant est le récit d'une représentation théâtrale chez les « esprits » : « Tandis que Céleste (une des « filles-esprits » de l'auteur) m'accompagnait un jour dans une de mes promenades, Delphine arriva inopinément auprès de nous, et elle dit à ma fille : « Pourquoi n'invites-tu pas ton père à aller t'entendre à l'Opéra ? » Céleste répondit : « Mais il faudra que je demande au directeur ! »… Quelques jours après, Céleste vint m'annoncer que son directeur m'invitait et qu'il serait enchanté de me recevoir avec les amis qui m'accompagneraient. Je me rendis un soir à l'Opéra avec Delphine et une dizaine d'amis (esprits)… La salle immense, en amphithéâtre, où nous nous rendîmes, regorgeait d'assistants. Heureusement, dans nos places choisies, avec nos amis, nous avions de l'espace pour nous mouvoir en toute liberté. L'auditoire, composé à peu près de vingt mille personnes, devenait par moments une mer agitée, quand la pièce remuait les cœurs du public connaisseur. *Aridide, ou les Signes du Temps*, tel est le nom de cet opéra, où Céleste, comme premier sujet, a paru avantageusement, resplendissante, embrasée du feu artistique qui l'anime. À sa douze-centième représentation, cet effort d'une collaboration des têtes les plus en renom captive encore tellement les esprits, que la foule des curieux, ne trouvant pas de place dans l'enceinte, formait de ses corps compressés une voûte (ou un toit) compacte à l'édifice. La troupe active, en relief, sans compter les comparses ni l'orchestre, était de cent cinquante artistes de premier ordre… Céleste est venue souvent me dire le nom d'autres pièces où elle figurait. Elle m'annonça une fois que Balzac avait composé un bien bel opéra ou un drame à larges vues, et qui était en répétition » [2]. Malgré ses succès, la pauvre Céleste, quelque temps après, se brouilla avec son directeur et fut congédiée ! Une autre fois, l'auteur assiste à une séance d'un autre genre, « dans un beau temple circulaire, dédié à la Science » ; là, sur l'invitation du président, il monte à la tribune et prononce un grand discours « devant cette docte assemblée de cinq à six cents esprits s'occupant de science :

---

1 *Mes expériences avec les esprits*, pp. 22-24.
2 *Ibid.*, pp. 101-103. — Cela n'empêche pas les « esprits », en dehors de ces représentations qui leur sont spécialement destinées, d'assister aussi à celles qui se donnent dans notre monde (*ibid.*, pp. 155-156).

c'était une de leurs réunions périodiques »[1]. À quelque temps de là, il entre en relations avec l' « esprit » du peintre Courbet, le guérit d'une « ivrognerie posthume », puis le fait nommer « directeur d'une grande académie de peinture qui jouit d'une belle réputation dans la zone où il se trouvait »[2]. Voici maintenant la Maçonnerie des « esprits », qui n'est pas sans présenter quelques analogies avec la « Grande Loge Blanche » des théosophistes : « Les « grands frères » sont des êtres qui ont passé par tous les degrés de la vie spirituelle et de la vie matérielle. Ils forment une société, à diverses classes, laquelle société se trouve *établie* (pour me servir d'un mot terrestre) sur les confins du monde fluidique et du monde éthéré, lequel est le plus haut, le monde « parfait ». Cette société, appelée la Grande Frérie, est l'avant-garde du monde éthéré ; c'est le gouvernement administratif des deux sphères, spirituelle et matérielle, ou du monde fluidique et de la terre. C'est cette société, avec le concours législatif du monde éthéré proprement dit, qui gouverne les esprits et les « mortels », à travers toutes leurs phases d'existence »[3]. En un autre passage, on peut lire le récit d'une « initiation majeure » dans la « Grande Frérie », celle d'un défunt spirite belge nommé Jobard[4] ; cela ressemble passablement aux initiations maçonniques, mais les « épreuves » y sont plus sérieuses et ne sont pas purement symboliques. Cette cérémonie fut présidée par l'auteur lui-même, qui, bien que vivant, avait un des plus hauts grades dans cette étrange association ; un autre jour, on le voit « se mettre à la tête de la troupe du Tiers-Ordre *(sic)*, composé à peu près de dix mille esprits, masculins et féminins », pour aller « dans une colonie peuplée par des esprits un peu rétrogrades », et « purifier l'atmosphère de ce lieu, où se trouvait au delà d'un million d'habitants, par un procédé chimique à nous connu, afin de produire un réactif salutaire dans les idées entretenues parmi ces populations » ; il paraît que « ce pays formait une dépendance de la France fluidique »[5], car, là comme chez les théosophistes, chaque région de la terre a sa « contrepartie fluidique ». La « Grande Frérie » est en lutte avec une autre organisation, également « fluidique », qui

---

1 *Mes expériences avec les esprits*, pp. 214-215.
2 *Ibid.*, p. 239.
3 *Ibid.*, p. 81.
4 *Ibid.*, pp. 180-183.
5 *Mes expériences avec les esprits*, pp. 152-154.

est, bien entendu, « un Ordre clérical » [1] ; du reste, l'auteur, en ce qui le concerne personnellement, déclare expressément que « le principal but de sa mission est de miner et de restreindre l'autorité cléricale dans l'autre monde, et par contre-coup dans celui-ci » [2]. En voilà assez sur ces folies ; mais nous tenions à en donner un petit aperçu, parce qu'elles font apparaître, en quelque sorte à l'état de grossissement, une mentalité qui est aussi, à un degré plus ou moins atténué, celle de beaucoup d'autres spirites et « néo-spiritualistes » ; n'est-on pas fondé, dès lors, à dénoncer ces choses comme un véritable danger public ?

Donnons encore, à titre de curiosité, cette description, bien différente des précédentes, qu'un « esprit » a faite de sa vie dans l'au-delà : « Le plus souvent, l'homme meurt sans avoir conscience de ce qui lui arrive. Il revient à la conscience après quelques jours, quelquefois après quelques mois. Le réveil est loin d'être agréable. Il se voit entouré d'êtres qu'il ne reconnaît pas : la tête de ces êtres ressemble le plus souvent à un crâne de squelette. La terreur qui s'empare de lui lui fait souvent perdre connaissance une deuxième fois. Peu à peu, on s'accoutume à ces visions. Le corps des esprits est matériel et se compose d'une masse gazeuse ayant à peu près la pesanteur de l'air ; ce corps se compose d'une tête et d'une poitrine ; il n'a ni bras, ni jambes, ni abdomen. Les esprits se meuvent avec une vitesse qui dépend de leur volonté. Quand ils se meuvent bien vite, leur corps s'allonge et devient cylindrique ; quand ils se meuvent avec la plus grande vitesse possible, leur corps prend la forme d'une spirale qui compte quatorze tours avec un diamètre de trente-cinq centimètres. La spire peut avoir un diamètre d'environ quatre centimètres. Dans cette forme, ils obtiennent une vitesse qui égale celle du son... Nous nous trouvons ordinairement dans les demeures des hommes, car la pluie et le vent nous sont très désagréables. Nous voyons ordinairement insuffisamment ; il y a trop peu de lumière pour nous. La lumière que nous préférons est l'acétylène ; c'est la lumière idéale. En second lieu, les médiums répandent une lumière qui nous permet de voir jusqu'à une distance d'environ un mètre autour d'eux ; cette lumière attire les esprits. Les esprits voient peu des habits de l'homme ; les habits ressemblent à

---

1 *Ibid.*, pp. 170-171.
2 *Ibid.*, p. 29.

un nuage ; ils voient même quelques organes intérieurs du corps humain ; mais ils ne voient pas le cerveau à cause du crâne osseux. Mais ils entendent les hommes penser, et quelquefois ces pensées se font entendre bien loin quoique aucune parole n'ait été prononcée par la bouche. Dans le monde des esprits règne la loi du plus fort, c'est un état d'anarchie. Si les séances ne réussissent pas, c'est qu'un esprit malveillant ne quitte pas la table et se repose dessus d'une séance à l'autre, de sorte que les esprits qui désirent entrer en communication sérieuse avec les membres du cercle ne peuvent pas s'approcher de la table... En moyenne, les esprits vivent de cent à cent cinquante ans. La densité du corps augmente jusqu'à l'âge de cent ans ; après cela, la densité et la force diminuent, et enfin ils se dissolvent, comme tout se dissout dans la nature... Nous sommes soumis aux lois de la pression de l'air ; nous sommes matériels ; nous ne nous intéressons pas, nous nous ennuyons. Tout ce qui est matière est soumis aux lois de la matière : la matière se décompose ; notre vie ne dure pas plus de cent cinquante ans au plus ; alors nous mourons pour toujours » [1]. Cet « esprit » matérialiste et négateur de l'immortalité doit être regardé par la majorité des spirites comme passablement hétérodoxe et peu « éclairé » ; et les expérimentateurs qui ont reçu ces étranges « communications » assurent en outre que « les esprits les plus intelligents protestent positivement contre l'idée de Dieu » [2] ; nous avons bien des raisons de penser qu'eux-mêmes avaient de fortes préférences pour l'athéisme et le « monisme ». Quoi qu'il en soit, les gens qui ont enregistré sérieusement les divagations dont nous venons de donner un échantillon sont de ceux qui ont la prétention d'étudier les phénomènes « scientifiquement » : ils s'entourent d'appareils impressionnants, et ils s'imaginent même avoir créé une nouvelle science, la « psychologie physique » ; n'y a-t-il pas là de quoi dégoûter de ces études les hommes sensés, et n'est-on pas tenté d'excuser ceux qui préfèrent tout nier « a priori » ? Pourtant, tout à côté de l'article auquel nous avons emprunté les citations précédentes, nous en trouvons un autre dans lequel un psychiste, qui n'est d'ailleurs qu'un spirite à peine déguisé, déclare tranquillement que « les douteurs, les contradicteurs et les entêtés dans l'étude des phéno-

---

1 Communication reçue par MM. Zaalberg van Zelst et Matla, de la Haye : *Le Monde Psychique*, mars 1912.
2 *Le Secret de la Mort*, par Matla et Zaalberg van Zelst : *id.*, avril 1912.

mènes psychiques doivent être considérés comme des malades », que « l'esprit scientifique préconisé dans ces sortes d'examen peut provoquer, à la longue, chez l'examinateur une sorte de manie, si l'on peut dire,… un délire chronique, à paroxysmes, une sorte de folie lucide », enfin que « le doute s'installant sur un terrain prédisposé peut évoluer jusqu'à la folie maniaque » [1]. Évidemment, les gens qui sont trop bien équilibrés doivent passer pour des fous aux yeux de ceux qui sont plus ou moins détraqués ; il n'y a là rien que de très naturel, mais il est peu rassurant de penser que, si le spiritisme continue à gagner du terrain, il viendra peut-être un jour où quiconque se permettra de le critiquer s'exposera tout simplement à être interné dans quelque asile d'aliénés !

Une question à laquelle les spirites attachent une grande importance, mais sur laquelle ils ne peuvent arriver à s'entendre, est celle de savoir si les « esprits » conservent leur sexe ; elle les intéresse surtout par les conséquences qu'elle peut avoir au point de vue de la réincarnation : si le sexe est inhérent au « périsprit », il doit demeurer invariable dans toutes les existences. Evidemment, pour ceux qui ont pu assister à des « mariages d'esprits », comme Henry Lacroix, la question est résolue affirmativement, ou plutôt elle ne se pose même pas ; mais tous les spirites ne jouissent pas de facultés aussi exceptionnelles. Allan Kardec, d'ailleurs, s'était prononcé nettement pour la négative : « Les esprits n'ont point de sexes comme vous l'entendez, car les sexes dépendent de l'organisation (il veut sans doute dire de l'organisme). Il y a entre eux amour et sympathie, mais fondés sur la similitude des sentiments. » Et il ajoutait : « Les esprits s'incarnent hommes ou femmes parce qu'ils n'ont pas de sexe ; comme ils doivent progresser en tout, chaque sexe, comme chaque position sociale, leur offre des épreuves et des devoirs spéciaux et l'occasion d'acquérir de l'expérience. Celui qui serait toujours homme ne saurait que ce que savent les hommes » [2]. Mais ses disciples n'ont point la même assurance, sans doute parce qu'ils ont reçu à ce sujet trop de « communications » contradictoires ; aussi, en 1913, un organe spirite, le *Fraterniste*, éprouva le besoin de poser expressément la question, et il le fit en ces termes : « Comment concevez-vous la vie de l'au-delà ? En particulier, les

---

1 *Id.*, mars 1912.
2 *Le Livre des Esprits*, p. 88.

esprits ou, plus exactement, les périsprits conservent-ils leur sexe ou devient-on neutre en entrant dans le plan astral ? Et si l'on perd le sexe, comment expliquer qu'en s'incarnant à nouveau un sexe soit nettement déterminé ? On sait que beaucoup d'occultistes prétendent que le périsprit est le moule sur lequel se forme le nouveau corps. » La dernière phrase contient une erreur en ce qui concerne les occultistes proprement dits, puisque ceux-ci disent au contraire que le « corps astral », qui est pour eux l'équivalent du « périsprit », se dissout dans l'intervalle de deux « incarnations » ; l'opinion qu'elle exprime est plutôt celle de certains spirites ; mais il y a tant de confusions dans tout cela qu'on est assurément excusable de ne pas s'y reconnaître. M. Léon Denis, après avoir « demandé l'avis de ses guides spirituels », répondit que « le sexe subsiste, mais reste neutre et sans utilité », et que, « lors de la réincarnation, le périsprit se relie de nouveau à la matière et reprend le sexe qui lui était habituel », à moins toutefois « qu'un esprit ne désire changer de sexe, ce qui lui est accordé ». M. Gabriel Delanne se montra, sur ce point particulier, plus fidèle à l'enseignement d'Allan Kardec, car il déclara que « les esprits sont asexués, tout simplement parce qu'ils n'ont pas besoin de se reproduire dans l'au-delà », et que « certains faits de réincarnation semblent prouver que les sexes alternent pour le même esprit suivant le but auquel *(sic)* il s'est proposé ici-bas ; c'est, du moins, ce qui semble ressortir comme enseignement des communications reçues un peu partout depuis un demi-siècle » [1]. Parmi les réponses qui furent publiées, il y eut aussi celles de plusieurs occultistes, notamment de Papus, qui, invoquant l'autorité de Swedenborg, écrivait ceci : « Il existe des sexes pour les êtres spirituels, mais ces sexes n'ont aucun rapport avec leurs analogues sur la terre. Il y a dans le plan invisible des êtres sentimentalement féminins et des êtres mentalement masculins. En venant sur terre, chacun de ces êtres peut prendre un autre sexe matériel que le sexe astral qu'il possédait. » D'autre part, un occultiste dissident, M. Ernest Bosc, avouait franchement concevoir la vie dans l'au-delà « absolument comme dans ce bas monde, mais avec cette différence que, de l'autre côté, n'ayant plus à nous occuper entièrement de nos intérêts matériels, il nous reste beaucoup plus de temps pour travailler mentalement et spirituellement à notre évo-

---

1 *Le Fraterniste*, 13 mars 1914.

lution ». Ce « simplisme » ne l'empêchait pas de protester à juste titre contre une énormité qui suivait le questionnaire du *Fraterniste*, et qui était celle-ci : « On comprendra toute l'importance de cette question lorsque nous aurons dit que, pour beaucoup de spiritistes *(sic)*, les esprits sont asexués, cependant que les occultistes croient aux incubes et aux succubes, accordant ainsi un sexe à nos amis de l'Espace. » Personne n'avait jamais dit que les incubes et les succubes fussent des humains « désincarnés » ; certains occultistes semblent les regarder comme des « élémentals », mais, avant eux, tous ceux qui y ont cru ont été unanimes à les considérer comme des démons et rien d'autre ; si c'est là ce que les spirites appellent « leurs amis de l'Espace », c'est tout à fait édifiant !

Nous avons dû anticiper un peu sur la question de la réincarnation ; nous signalerons encore, pour terminer ce chapitre, un autre point qui donne lieu à autant d'opinions divergentes que le précédent : les réincarnations se font-elles toutes sur la terre, ou peuvent-elles se faire aussi dans d'autres planètes ? Allan Kardec enseigne que « l'âme peut revivre plusieurs fois sur le même globe, si elle n'est pas assez avancée pour passer dans un monde supérieur »[1] ; pour lui, il peut y avoir une pluralité d'existences terrestres, mais il y a aussi des existences sur d'autres planètes, et c'est le degré d'évolution des « esprits » qui détermine leur passage de l'une à l'autre. Voici les précisions qu'il donne en ce qui concerne les planètes du système solaire : « Selon les esprits, de tous les globes qui composent notre système planétaire, la terre est un de ceux dont les habitants sont le moins avancés physiquement et moralement ; Mars lui serait encore inférieur et Jupiter de beaucoup supérieur à tous égards. Le soleil ne serait point un monde habité par des êtres corporels, mais un lieu de rendez-vous des esprits supérieurs, qui de là rayonnent par la pensée vers les autres mondes, qu'ils dirigent par l'entremise d'esprits moins élevés auxquels ils se transmettent par l'intermédiaire du fluide universel. Comme constitution physique, le soleil serait un foyer d'électricité. Tous les soleils sembleraient être dans une position identique. Le volume et l'éloignement du soleil n'ont aucun rapport nécessaire avec le degré d'avancement des mondes, puisqu'il paraîtrait que Vénus serait plus avancée que la terre, et Saturne moins que Jupiter. Plusieurs

---

[1] *Le Livre des Esprits*, pp. 76-77.

esprits qui ont animé des personnes connues sur la terre ont dit être réincarnés dans Jupiter, l'un des mondes les plus voisins de la perfection, et l'on a pu s'étonner de voir, dans ce globe si avancé, des hommes que l'opinion ne plaçait pas ici-bas sur la même ligne. Cela n'a rien qui doive surprendre, si l'on considère que certains esprits habitant cette planète ont pu être envoyés sur la terre pour y remplir une mission qui, à nos yeux, ne les plaçait pas au premier rang ; secondement, qu'entre leur existence terrestre et celle dans Jupiter, ils ont pu en avoir d'intermédiaires dans lesquelles ils se sont améliorés ; troisièmement, enfin, que dans ce monde, comme dans le nôtre, il y a différents degrés de développement, et qu'entre ces degrés il peut y avoir la distance qui sépare chez nous le sauvage de l'homme civilisé. Ainsi, de ce que l'on habite Jupiter, il ne s'ensuit pas que l'on soit au niveau des êtres les plus avancés, pas plus qu'on n'est au niveau d'un savant de l'Institut parce qu'on habite Paris » [1]. Nous avons déjà vu l'histoire des « esprits » habitant Jupiter à propos des dessins médiumniques de Victorien Sardou ; on pourrait se demander comment il se fait que ces « esprits », tout en vivant présentement sur une autre planète, peuvent cependant envoyer des « messages » aux habitants de la terre ; les spirites croiraient-ils donc avoir résolu à leur façon le problème des communications interplanétaires ? Leur opinion semble être que ces communications sont effectivement possibles par leurs procédés, mais seulement dans le cas où il s'agit d' « esprits supérieurs », qui, « tout en habitant certains mondes, n'y sont pas confinés comme les hommes sur la terre, et peuvent mieux que les autres être partout » [2]. Certains « clairvoyants » occultistes et théosophistes, comme M. Leadbeater, prétendent posséder le pouvoir de se transporter sur d'autres planètes pour y faire des « investigations » ; sans doute doivent-ils être rangés parmi ces « esprits supérieurs » dont parlent les spirites ; mais ceux-ci, même s'ils pouvaient aussi s'y transporter en personne, n'ont nul besoin de se donner cette peine, puisque les « esprits », incarnés ou non, viennent d'eux-mêmes satisfaire leur curiosité et leur raconter ce qui se passe dans ces mondes. A vrai dire, ce que racontent ces « esprits » n'est pas bien intéressant ; dans le livre de Dunglas Home que nous avons déjà cité à propos d'Allan Kardec, il y a un chapitre intitulé *Absurdités*,

[1] *Le Livre des Esprits*, pp. 81-82.
[2] *Le Livre des Esprits*, p. 81.

dont nous détachons ce passage : « Les quelques données scientifiques que nous soumettons à l'appréciation du lecteur nous ont été fournies sous forme de brochure. C'est un recueil précieux qui ferait les délices du monde savant. On y voit, par exemple, que le verre joue un grand rôle dans la planète Jupiter ; c'est une matière indispensable, le complément nécessaire à toute existence aisée dans ces parages. Les morts sont mis dans des caisses en verre, et celles-ci placées à titre d'ornement dans les habitations. Les maisons aussi sont en verre, de sorte qu'il ne fait pas bon lancer des pierres dans cette planète. Il y a des rangées de ces palais de cristal qui s'appellent *Séména*. On y pratique une sorte de cérémonie mystique, et à cette occasion, c'est-à-dire une fois tous les sept ans, on promène le saint sacrement par les villes en verre sur un char en verre. Les habitants sont de taille gigantine, comme dit Scarron ; ils ont de sept à huit pieds de hauteur. Ils ont pour animaux domestiques une race spéciale de grands perroquets. On en trouve invariablement un, lorsqu'on entre dans une maison, derrière la porte, en train de tricoter des bonnets de nuit... Si nous en croyons un autre médium, non moins bien renseigné, c'est le riz qui s'accommode le mieux au sol de la planète Mercure, si je ne me trompe. Mais là, il ne pousse pas comme sur la terre sous forme de plante ; grâce à des influences climatériques et à une manipulation entendue, il s'élance dans les airs à une hauteur qui dépasse la cime des plus grands chênes. Le citoyen mercuriel qui désire jouir à la perfection de l'otium *cum dignitate* doit, lorsqu'il est jeune, mettre tout son avoir dans une rizière. Il choisit, parmi les plus altières de son domaine, une tige pour y grimper jusqu'au faîte ; puis, à l'exemple du rat dans un fromage, il s'introduit à l'intérieur de l'énorme cosse pour en dévorer le fruit délicieux. Quand il a tout mangé, il recommence la même besogne sur une autre tige »[1]. Il est regrettable que Home n'ait pas donné de références précises, mais nous n'avons aucune raison de douter de l'authenticité de ce qu'il rapporte, et qui est certainement dépassé de beaucoup par les extravagances d'Henry Lacroix ; ces niaiseries, qui sont bien dans le ton ordinaire des « communications » spirites, dénotent surtout une grande pauvreté d'imagination. Cela est bien loin de valoir les fantaisies des écrivains qui ont supposé des voyages dans d'autres planètes, et

---

[1] *Les Lumières et les Ombres du Spiritualisme*, pp. 179-181.

qui, du moins, ne prétendaient pas que leurs inventions fussent l'expression de la réalité ; il est d'ailleurs des cas où de tels ouvrages ont exercé une influence certaine ; nous avons entendu une « voyante » spirite donner une description des habitants de Neptune qui était manifestement inspirée des romans de Wells. Il est à remarquer que, même chez les écrivains les mieux doués sous le rapport de l'imagination, les fantaisies de ce genre sont toujours restées bien terrestres au fond : ils ont constitué les habitants des autres planètes avec des éléments empruntés à ceux de la terre et plus ou moins modifiés, soit quant à leurs proportions, soit quant à leur arrangement ; il ne pouvait en être autrement, et c'est là un des meilleurs exemples qu'on puisse donner pour montrer que l'imagination n'est rien de plus qu'une faculté d'ordre sensible. Cette observation doit faire comprendre pourquoi nous rapprochons ici ces conceptions de celles qui concernent la « survie » proprement dite : c'est que, dans les deux cas, la source réelle est exactement la même ; et le résultat est ce qu'il peut être quand on a affaire à l'imagination « subconsciente » de gens fort ordinaires et plutôt au-dessous de la moyenne. Ce sujet, comme nous l'avons dit, se relie d'ailleurs directement à la question même de la communication avec les morts : ce sont ces représentations toutes terrestres qui permettent de croire à la possibilité d'une telle communication ; et nous sommes ainsi conduit à aborder enfin l'examen de l'hypothèse fondamentale du spiritisme, examen qui sera grandement facilité et simplifié par tout ce qui précède.

Chapitre V
La communication avec les morts

En discutant la communication avec les morts, ou la réincarnation, ou tout autre point de la doctrine spirite, il est un genre d'arguments dont nous ne tiendrons aucun compte : ce sont les arguments d'ordre sentimental, que nous regardons comme absolument nuls, aussi bien dans un sens que dans l'autre. On sait que les spirites ont volontiers recours à ces raisons qui n'en sont point, qu'ils en font le plus grand cas, et qu'ils sont sincèrement persuadés qu'elles peuvent réellement justifier leurs croyances ; cela est tout à fait conforme à leur mentalité. Les spirites, assurément, sont loin d'avoir le monopole du sentimentalisme, qui est assez généralement prédominant chez les Occidentaux modernes ; mais leur sentimentalisme revêt des formes particulièrement irritantes pour quiconque est exempt de leurs préjugés : nous ne connaissons rien de plus sottement puéril que ces invocations adressées aux « chers esprits », ces chants par lesquels s'ouvrent la plupart des séances, cet absurde enthousiasme en présence des « communications » les plus banales et des manifestations les plus ridicules. Il n'y a rien d'étonnant, dans ces conditions, à ce que les spirites insistent à tout propos sur ce qu'il y a de « consolant » dans leurs théories ; qu'ils les trouvent telles, c'est leur affaire, et nous n'avons rien à y voir ; nous constatons seulement qu'il y en a d'autres, au moins aussi nombreux, qui ne partagent point cette appréciation et qui pensent même exactement le contraire, ce qui, du reste, ne prouve rien non plus. En général, quand deux adversaires se servent des mêmes arguments, il est bien probable que ces arguments ne valent rien ; et, dans le cas présent, nous avons toujours été étonné de voir que certains ne trouvent rien de mieux à dire contre le spiritisme que ceci, qu'il est peu « consolant » de se représenter les morts venant débiter des inepties, remuer des tables, se livrer à mille facéties plus ou moins grotesques ; certes, nous serions plutôt de cet avis que de celui des spirites, qui, eux, trouvent cela très « consolant », mais nous ne pensons pas que ces considérations aient à intervenir quand il s'agit de se prononcer sur la vérité ou la fausseté d'une théorie. D'abord, rien n'est plus relatif : chacun trouve « consolant » ce qui lui plaît, ce qui s'accorde avec ses propres dispositions sentimentales, et il n'y a pas à discuter là-dessus, pas plus que sur tout ce qui n'est qu'affaire de goût ; ce qui est absurde, c'est de vouloir persuader aux autres que telle appréciation vaut mieux que l'appréciation contraire. Ensuite, tous n'ont pas un égal besoin de « consolations » et, par suite, ne sont pas disposés à accorder la même importance à ces considérations ; à nos yeux, elles n'en ont qu'une bien médiocre, parce que ce qui nous importe, c'est la vérité : les sentimentaux n'envisagent pas les choses ainsi, mais, encore une fois, leur manière de voir ne vaut que pour eux, tandis que la vérité doit s'imposer également à tous, pour peu qu'on soit capable de la comprendre. Enfin, la vérité n'a pas à être « consolante » ; s'il en est qui, la connaissant, lui trouvent ce caractère, c'est tant mieux pour eux, mais cela ne vient que de la façon spéciale dont leur sentimentalité s'en trouve affectée ; à côté de ceux-là, il peut y en avoir d'autres sur qui l'effet produit sera tout différent et même opposé, et il est même certain qu'il y en aura toujours, car rien n'est plus variable et plus divers que le sentiment ; mais, dans tous les cas, la vérité n'y sera pour rien.

Cela dit, nous rappellerons que, quand il s'agit de communication avec les morts, cette expression implique que ce avec quoi l'on communique est l'être réel du mort ; c'est bien ainsi que l'entendent les spirites, et c'est là ce que nous avons à considérer exclusivement. Il ne saurait être question de l'intervention d'éléments quelconques provenant des morts, éléments plus ou moins secondaires et dissociés ; nous avons dit que cette intervention est parfaitement possible, mais les spirites, par contre, ne veulent pas en entendre parler ; nous n'avons donc plus à nous en occuper ici, et nous aurons une observation semblable à faire en ce qui concerne la réincarnation. Ensuite, nous rappellerons également que, pour les spirites, il s'agit essentiellement de communiquer avec les morts par des moyens matériels ; du moins, c'est en ces termes que nous avons défini leur prétention au début, parce qu'ils étaient suffisants pour nous faire comprendre ; mais il y a là une équivoque possible, parce qu'il peut y avoir des conceptions de la matière qui soient extrêmement différentes, et que ce qui n'est pas matériel pour les uns peut cependant l'être pour les autres sans compter ceux à qui l'idée même de matière est étrangère ou paraît vide de sens ; nous dirons donc, pour plus de clarté et de précision, que les spirites envisagent une communication établie par des moyens d'ordre sensible. C'est là, en effet, ce qui constitue l'hypothèse fondamentale du spiritisme ; c'est précisément ce dont nous affirmons l'impossibilité absolue, et nous allons avoir maintenant à en donner les raisons. Nous tenons à ce que l'on comprenne bien notre position à cet égard : un philosophe, tout en se refusant à admettre la vérité ou même la probabilité de la théorie spirite, peut cependant la regarder comme représentant une hypothèse comme une autre, et, même s'il la trouve fort peu plausible, il peut se faire que la communication avec les morts ou la réincarnation lui apparaissent comme des « problèmes », qu'il n'a peut-être aucun moyen de résoudre ; pour nous, au contraire, il n'y a là aucun « problème », parce que ce ne sont que des impossibilités pures et simples. Nous ne prétendons pas que la démonstration en soit facilement compréhensible pour tous, parce qu'elle fait appel à des données d'ordre métaphysique, d'ailleurs relativement élémentaires ; nous ne prétendons pas non plus l'exposer ici d'une façon absolument complète, parce que tout ce qu'elle présuppose ne saurait être développé dans le cadre de cette étude, et il est des points que nous reprendrons ailleurs. Cependant, cette démonstration, lorsqu'elle est pleinement comprise, entraîne la certitude absolue, comme tout ce qui a un caractère vraiment métaphysique ; si donc certains ne la trouvent pas pleinement satisfaisante, la faute n'en sera qu'à l'expression imparfaite que nous lui donnerons, ou à la compréhension également imparfaite qu'ils en auront eux-mêmes.

Pour que deux êtres puissent communiquer entre eux par des moyens sensibles, il faut d'abord que tous deux possèdent des sens, et, de plus, il faut que leurs sens soient les mêmes, au moins partiellement ; si l'un deux ne peut avoir de sensations, ou s'ils n'ont pas de sensations communes, aucune communication de cet ordre n'est possible. Cela peut sembler très évident, mais ce sont les vérités de ce genre qu'on oublie le plus facilement, ou auxquelles on ne fait pas attention ; et pourtant elles ont souvent une portée qu'on ne soupçonne pas. Des deux conditions que nous venons d'énoncer, c'est la première qui établit d'une façon absolue l'impossibilité de la communication avec les morts au moyen des pratiques spirites ; quant à la seconde, elle compromet au moins très gravement la possibilité des communications interplanétaires. Ce dernier point se rattache immédiatement à ce que nous avons dit à la fin du chapitre précédent ; nous allons l'examiner en premier lieu, car les considérations qu'il va nous permettre d'introduire faciliteront la compréhension de l'autre question, celle qui nous intéresse principalement ici.

Si l'on admet la théorie qui explique toutes les sensations par des mouvements vibratoires plus ou moins rapides, et si l'on considère le tableau où sont indiqués les nombres de vibrations par seconde qui correspondent à chaque sorte de sensations, on est frappé par le fait que les intervalles représentant ce que nos sens nous transmettent sont très petits par rapport à l'ensemble : ils sont séparés par d'autres intervalles où il n'y a rien de perceptible pour nous, et, de plus, il n'est pas possible d'assigner une limite déterminée à la fréquence croissante ou décroissante des vibrations [1], de sorte qu'on doit considérer le tableau comme pouvant se prolonger de part et d'autre par des possibilités indéfinies de sensations, auxquelles ne correspond pour nous aucune sensation effective. Mais dire qu'il y a des possibilités de sensations, c'est dire que ces sensations peuvent exister chez des êtres autres que nous, et qui, par contre, peuvent n'avoir aucune de celles que nous avons ; quand nous disons nous, ici, nous ne voulons pas dire seulement les hommes, mais tous les êtres terrestres en général, car il n'apparaît pas que les sens varient chez eux dans de grandes proportions, et, même si leur extension est susceptible de plus ou de moins, ils restent toujours fondamentalement les mêmes. La nature de ces sens semble donc bien être déterminée par le milieu terrestre ; elle n'est pas une propriété inhérente à telle ou telle espèce, mais elle tient à ce que les êtres considérés vivent sur la terre et non ailleurs ; sur toute autre planète, analogiquement, les sens doivent être déterminés de même, mais ils peuvent alors ne coïncider en rien avec ceux que possèdent les êtres terrestres, et même il est extrêmement probable que, d'une façon générale, il doit en être ainsi. En effet, toute possibilité de sensation doit pouvoir être réalisée quelque part dans le monde corporel, car tout ce qui est sensation est essentiellement une faculté corporelle ; ces possibilités étant indéfinies, il y a très peu de chances pour que les mêmes soient réalisées deux fois, c'est-à-dire pour que des êtres habitant deux planètes différentes possèdent des sens qui coïncident en totalité ou même en partie. Si l'on suppose cependant que cette coïncidence puisse se réaliser malgré tout, il y a encore une fois très peu de chances pour qu'elle se réalise précisément dans des conditions de proximité temporelle et spatiale telles qu'une communication puisse s'établir ; nous voulons dire que ces chances, qui sont déjà infinitésimales pour tout ensemble du monde corporel, se trouvent indéfiniment réduites si l'on envisage seulement les astres qui existent simultanément à un moment quelconque, et indéfiniment plus encore si, parmi ces astres, on ne considère

---

[1] Il est évident que la fréquence d'une vibration par seconde ne représente aucunement une limite minima, la seconde étant une unité toute relative, comme l'est d'ailleurs toute unité de mesure ; l'unité arithmétique pure est seule absolument indivisible.

que ceux qui sont très voisins les uns des autres, comme le sont les différentes planètes appartenant à un même système ; il doit en être ainsi, puisque le temps et l'espace représentent eux-mêmes des possibilités indéfinies. Nous ne disons pas qu'une communication interplanétaire soit une impossibilité absolue ; nous disons seulement que ses chances de possibilité ne peuvent s'exprimer que par une quantité infinitésimale à plusieurs degrés, et que, si l'on pose la question pour un cas déterminé, comme celui de la terre et d'une autre planète du système solaire, on ne risque guère de se tromper en les regardant comme pratiquement nulles ; c'est là, en somme, une simple application de la théorie des probabilités. Ce qu'il importe de remarquer, c'est que ce qui fait obstacle à une communication interplanétaire, ce ne sont pas des difficultés du genre de celles que peuvent éprouver par exemple, pour communiquer entre eux, deux hommes dont chacun ignore totalement le langage de l'autre ; ces difficultés ne seraient pas insurmontables, parce que ces deux êtres pourraient toujours trouver, dans les facultés qui leur sont communes, un moyen d'y remédier dans une certaine mesure ; mais, là où les facultés communes n'existent pas, du moins dans l'ordre où doit s'opérer la communication, c'est-à-dire dans l'ordre sensible, l'obstacle ne peut être supprimé par aucun moyen, parce qu'il tient à la différence de nature des êtres considérés. Si des êtres sont tels que rien de ce qui provoque des sensations en nous n'en provoque en eux, ces êtres sont pour nous comme s'ils n'existaient pas, et réciproquement ; quand bien même ils seraient à côté de nous, nous n'en serions pas plus avancés, et nous ne nous apercevrions peut-être même pas de leur présence, ou, en tout cas, nous ne reconnaîtrions probablement pas que ce sont là des êtres vivants. Cela, disons-le en passant, permettrait même de supposer qu'il n'y a rien d'impossible à ce qu'il existe dans le milieu terrestre des êtres entièrement différents de tous ceux que nous connaissons, et avec lesquels nous n'aurions aucun moyen d'entrer en rapport ; mais nous n'insisterons pas là-dessus, d'autant plus que, s'il y avait de tels êtres, ils n'auraient évidemment rien de commun avec notre humanité. Quoi qu'il en soit, ce que nous venons de dire montre combien il y a de naïveté dans les illusions que se font certains savants à l'égard des communications interplanétaires ; et ces illusions procèdent de l'erreur que nous avons signalée précédemment, et qui consiste à transporter partout des représentations purement terrestres. Si l'on dit que ces représentations sont les seules possibles pour nous, nous en convenons, mais il vaut mieux n'avoir aucune représentation que d'en avoir de fausses ; il est parfaitement vrai que ce dont il s'agit n'est pas imaginable, mais il ne faut pas en conclure que cela n'est pas concevable, car cela l'est au contraire très facilement. Une des grandes erreurs des philosophes modernes consiste à confondre le concevable et l'imaginable ; cette erreur est particulièrement visible chez Kant, mais elle ne lui est pas spéciale, et elle est même un trait général de la mentalité occidentale, du moins depuis que celle-ci s'est tournée à peu près exclusivement du côté des choses sensibles ; pour quiconque fait une semblable confusion, il n'y a évidemment pas de métaphysique possible.

Le monde corporel, comportant des possibilités indéfinies, doit contenir des êtres dont la diversité est pareillement indéfinie ; pourtant, ce monde tout entier ne représente qu'un seul état d'existence, défini par un certain ensemble de conditions déterminées, qui sont communes à tout ce qui s'y trouve compris, encore qu'elles puissent s'y exprimer de façons extrêmement variées. Si l'on passe d'un état d'existence à un autre, les différences seront incomparablement plus grandes, puisqu'il n'y aura plus de conditions communes, celles-là étant remplacées par d'autres qui, d'une façon analogue, définissent cet autre état ; il n'y aura donc plus, cette fois, aucun point de comparaison avec l'ordre corporel et sensible envisagé dans son intégralité, et non plus seulement dans telle ou telle de ses modalités spéciales, comme celle qui constitue, par exemple, l'existence terrestre. Des conditions comme l'espace et le temps ne sont aucunement applicables à un autre état, parce qu'elles sont précisément de celles qui définissent l'état corporel ; si même il y a ailleurs quelque chose qui y correspond analogiquement, ce « quelque chose » ne peut, en tout cas, donner lieu pour nous à aucune représentation ; l' « imagination, faculté de l'ordre sensible, ne saurait atteindre des réalités d'un autre ordre, pas plus que ne le peut la sensation elle-même, qui lui fournit tous les éléments de ses constructions. Donc, ce n'est pas dans l'ordre sensible que l'on pourra jamais trouver un moyen d'entrer en rapport avec ce qui est d'un autre ordre ; il y a là une hétérogénéité radicale, ce qui ne veut pas dire une irréductibilité principielle : s'il peut y avoir communication entre deux états différents, ce ne peut être que par l'intermédiaire d'un principe commun et supérieur à ces deux états, et non directement de l'un à l'autre ; mais il est bien évident que la possibilité que nous envisageons ici ne concerne à aucun degré le spiritisme. À ne considérer que les deux états en eux-mêmes, nous dirons ceci : la possibilité de communication nous apparaissait tout à l'heure comme extrêmement improbable, alors qu'il ne s'agissait pourtant encore que d'êtres appartenant à des modalités diverses d'un même état ; maintenant qu'il s'agit d'êtres appartenant à des états différents, la communication entre eux est une impossibilité absolue. Nous précisons qu'il est question seulement, pour le moment tout au moins, d'une communication qu'on supposerait établie par les moyens que chacun de ces êtres peut trouver dans les conditions de son propre état, c'est-à-dire par les facultés qui résultent en lui de ces conditions mêmes, ce qui est le cas des facultés sensibles dans l'ordre corporel ; et c'est bien, en effet, aux facultés sensibles que les spirites ont recours. C'est une impossibilité absolue, parce que les facultés dont il s'agit sont rigoureusement propres à un seul des états envisagés, comme le sont les conditions dont elles dérivent ; si ces conditions étaient communes aux deux états, ceux-ci se confondraient et n'en seraient qu'un seul, puisque c'est par ces conditions que se définit un état d'existence [1]. L'absurdité du spiritisme est ainsi pleinement démontrée, et nous pourrions nous en tenir là ; pourtant, comme la rigueur même de cette démonstration peut la rendre difficilement saisissable pour ceux qui ne sont pas habitués à envisager les choses de cette façon, nous y joindrons quelques observations complémentaires qui, en présentant la question sous un aspect un peu différent et plus particularisé, rendront cette absurdité plus apparente encore.

Pour qu'un être puisse se manifester dans le monde corporel, il faut qu'il possède des facultés appropriées, c'est-à-dire des facultés de sensation et d'action, et qu'il possède aussi des organes correspondant à ces facultés ; sans de tels organes, en effet, ces facultés

---

[1] Il y aurait une réserve à faire, en ce sens qu'il est, comme nous le dirons plus loin, une condition commune à tout état individuel, à l'exclusion des états non-individuels ; mais ceci n'affecte en rien notre démonstration, que nous avons tenu à présenter sous une forme aussi simple que possible, sans pourtant que ce soit au détriment de la vérité.

pourraient bien exister, mais seulement à l'état latent et virtuel, elles seraient de pures potentialités qui ne s'actualiseraient pas, et elles ne serviraient en rien à ce dont il s'agit. Donc, si même on suppose que l'être qui a quitté l'état corporel pour passer à un autre état conserve en lui, d'une certaine façon, les facultés de l'état corporel, ce ne peut être qu'à titre de potentialités, et ainsi elles ne peuvent lui être désormais d'aucun usage pour communiquer avec les êtres corporels. Un être peut d'ailleurs porter en lui des potentialités correspondant à tous les états dont il est susceptible, et même il le doit en quelque manière, sans quoi ces états ne seraient pas des possibilités pour lui ; mais nous parlons ici de l'être dans sa réalité totale, et non pas de cette partie de l'être qui ne renferme que les possibilités d'un seul état, comme l'individualité humaine par exemple. Cela est donc bien au delà de tout ce que nous avons à envisager présentement, et, si nous y avons fait allusion, c'est uniquement pour ne rien négliger de ce qui pourrait sembler susceptible de donner lieu à quelque objection ; d'autre part, pour éviter toute équivoque, nous devons ajouter que ce que représente l'individualité humaine n'est pas précisément l'état corporel seul, mais comporte en outre divers prolongements qui, avec cet état corporel proprement dit, constituent encore un seul et même état ou degré de l'existence universelle. Ici, nous n'avons guère à nous préoccuper de cette dernière complication, puisque, s'il est vrai que l'état corporel n'est pas un état absolument complet, il est pourtant seul en cause dans toute manifestation sensible ; au fond, sensible et corporel s'identifient complètement. Pour revenir à notre point de départ, nous pouvons donc dire qu'une communication par des moyens sensibles n'est possible qu'entre des êtres qui possèdent un corps ; cela revient en somme à dire qu'un être, pour se manifester corporellement, doit être lui-même corporel, et, sous cette dernière forme, la chose n'est que trop évidente. Les spirites eux-mêmes ne peuvent aller ouvertement contre cette évidence ; c'est pourquoi, sans trop se rendre compte des raisons qui les y obligent, ils supposent que leurs « esprits » conservent toutes les facultés de sensation des êtres terrestres, et ils leur attribuent en outre un organisme, une sorte de corps qui n'en est pas un, puisqu'il aurait des propriétés incompatibles avec la notion même de corps, et qu'il n'aurait pas toutes les propriétés qui sont essentiellement in-

DEUXIÈME PARTIE

hérentes à cette notion : il en garderait bien quelques-unes, comme d'être soumis à l'espace et au temps, mais cela est loin d'être suffisant. Il ne saurait y avoir de milieu : ou un être a un corps, ou il n'en a pas ; s'il est mort au sens ordinaire du mot, ce que les spirites appellent « désincarné », cela veut dire qu'il a quitté son corps ; dès lors, il n'appartient plus au monde corporel, d'où il suit que toute manifestation sensible lui est devenue impossible ; nous serions presque tenté de nous excuser d'avoir à insister sur des choses si simples au fond, mais nous savons que cela est nécessaire.

Nous ferons remarquer encore que cette argumentation ne préjuge rien de l'état posthume de l'être humain : de quelque façon que l'on conçoive cet état, on peut s'accorder à reconnaître qu'il n'est nullement corporel, à moins que l'on n'accepte ces grossières représentations de la « survie » que nous avons décrites au chapitre précédent, avec tous les éléments contradictoires qu'elles comportent ; cette dernière opinion n'est pas de celles que l'on peut discuter sérieusement, et toute autre opinion, quelle qu'elle soit, doit entraîner nécessairement la négation formelle de l'hypothèse spirite. Cette remarque est très importante, parce qu'il y a deux cas à envisager effectivement : ou bien l'être, après la mort, et du fait même de ce changement, est passé dans un état entièrement différent et défini par des conditions tout autres que celles de son état précédent, et alors la réfutation que nous avons exposée en premier lieu s'applique immédiatement et sans aucune restriction ; ou bien il demeure encore dans quelque modalité du même état, mais autre que la modalité corporelle, et caractérisée par la disparition de l'une au moins des conditions dont la réunion est nécessaire pour constituer la corporéité : la condition qui a forcément disparu (ce qui ne veut pas dire que d'autres ne puissent pas avoir disparu aussi), c'est la présence de la matière, ou, d'une façon plus précise et plus exacte, de la « matière quantifiée »[1]. Nous pouvons admettre que ces deux cas correspondent l'un et l'autre à des possibilités : dans le premier, l'individualité humaine a fait place à un autre état, individuel ou non, qui ne peut plus aucunement être dit humain ; dans le second, au contraire, on peut dire que l'individualité humaine subsiste par quelqu'un de ces prolongements auxquels nous avons fait allusion, mais cette individualité est dès lors

---

1 *Materia quantitate signata*, suivant l'expression scolastique.

incorporelle, donc incapable de manifestation sensible, ce qui suffit pour qu'elle ne puisse être absolument pour rien dans les phénomènes du spiritisme. Il est à peine besoin d'indiquer que c'est au second cas que répond, entre autres, la conception de l'immortalité entendue au sens religieux et occidental ; en effet, c'est bien de l'individualité humaine qu'il s'agit alors, et d'ailleurs le fait qu'on y transporte l'idée de vie, si modifiée qu'on la suppose, implique que cet état conserve certaines des conditions de l'état précédent, car la vie même, dans toute l'extension dont elle est susceptible, n'est qu'une de ces conditions et rien de plus. Il y aurait encore un troisième cas à envisager : c'est celui de l'immortalité entendue au sens métaphysique et oriental, c'est-à-dire du cas où l'être est passé, d'une façon immédiate ou différée (car peu importe, quant au but final, qu'il y ait eu ou non des états intermédiaires), à l'état inconditionné, supérieur à tous les états particuliers dont il a été question jusqu'ici, et en lequel tous ces états ont leur principe ; mais cette possibilité est d'un ordre trop transcendant pour que nous nous y arrêtions actuellement, et il va de soi que le spiritisme, avec son point de départ « phénoménique », n'a rien à voir avec les choses de cet ordre ; il nous suffira de dire qu'un tel état est au delà, non plus seulement de la manifestation sensible, mais de toute manifestation sous quelque mode que ce soit.

Nous n'avons naturellement envisagé, dans tout ce qui précède, que la communication avec les morts telle que l'admettent les spirites ; on pourrait encore se demander, après en avoir établi l'impossibilité, s'il n'y a pas, par contre, possibilité de communication d'un tout autre genre, se traduisant par une sorte d'inspiration ou d'intuition spéciale, en l'absence de tout phénomène sensible ; sans doute, cela ne peut guère intéresser les spirites, mais cela pourrait en intéresser d'autres. Il est difficile de traiter complètement cette question, parce que, si c'est là une possibilité, les moyens d'expression font à peu près entièrement défaut pour en rendre compte ; d'ailleurs, pour que ce soit vraiment une possibilité, cela suppose réalisées des conditions tellement exceptionnelles qu'il est presque inutile d'en parler. Nous dirons cependant que, d'une façon générale, pour pouvoir se mettre en rapport avec un être qui est dans un autre état, il faut avoir développé en soi-même les possibilités de cet état, de sorte que, même si celui qui y parvient est un homme vivant actuellement sur la terre, ce n'est pourtant pas en tant qu'individualité humaine terrestre qu'il peut y parvenir, mais seulement en tant qu'il est aussi autre chose en même temps. Le cas le plus simple, relativement, est celui où l'être avec lequel il s'agit de communiquer est demeuré dans un des prolongements de l'état individuel humain ; il suffit alors que le vivant ait étendu sa propre individualité, dans une direction correspondante, au delà de la modalité corporelle à laquelle elle est communément limitée en acte, sinon en puissance (car les possibilités de l'individualité intégrale sont évidemment les mêmes en tous, mais elles peuvent demeurer purement virtuelles pendant toute l'existence terrestre) ; ce cas peut se trouver réalisé dans certains « états mystiques », et cela peut même se produire alors sans que la volonté de celui qui le réalise y soit intervenue activement. Si nous considérons ensuite le cas où il s'agit de communiquer avec un être qui est passé à un état entièrement différent de l'état humain, nous pouvons dire que c'est pratiquement une impossibilité, car la chose ne serait possible que si le vivant avait atteint un état supérieur, assez élevé pour représenter un principe commun aux deux autres et permettre par là de les unir, comme impliquant « éminemment » toutes leurs possibilités particulières ; mais alors la question n'a plus aucun intérêt, car, étant parvenu à un tel état, il n'aura nul besoin de redescendre à un état inférieur qui ne le concerne pas directement ; enfin, de toute manière, il s'agit en cela de tout autre chose que de l'individualité humaine [1]. Quant à la communication avec un être qui aurait atteint l'immortalité absolue, elle supposerait que le vivant possède lui-même l'état correspondant, c'est-à-dire qu'il ait actuellement et pleinement réalisé sa propre personnalité transcendante ; du reste, on ne peut parler de cet état comme analogue à un état particulier et conditionné : il ne saurait plus y être question de rien qui ressemble à des individualités, et le mot même de communication perd sa signification, précisément parce que toute comparaison avec l'état humain cesse ici d'être applicable. Ces explications peuvent paraître quelque peu obscures encore, mais

---

[1] Nous avons supposé ici que l'être non-humain est dans un état encore individuel ; s'il était dans un état supra-individuel, bien que toujours conditionné, il suffirait que le vivant atteigne le même état, mais alors les conditions seraient telles qu'on ne pourrait guère plus parler de communication, dans un sens analogue à l'acception humaine, qu'on ne le peut quand il s'agit de l'état inconditionné.

il faudrait, pour les éclairer davantage, trop de développements complètement étrangers à notre sujet [1] ; ces développements pourront, à l'occasion, trouver place dans d'autres études. D'ailleurs, la question est loin d'avoir l'importance que certains pourraient être tentés de lui attribuer, parce que la véritable inspiration est tout autre chose que cela en réalité : elle n'a point sa source dans une communication avec d'autres êtres, quels qu'ils soient, mais bien dans une communication avec les états supérieurs de son propre être, ce qui est totalement différent. Aussi pourrions-nous répéter, pour ce genre de choses dont nous venons de parler, ce que nous avons dit déjà à propos de la magie, bien qu'elles soient assurément d'un ordre plus élevé : ceux qui savent vraiment de quoi il s'agit et qui en ont une connaissance profonde se désintéressent entièrement de l'application ; quant aux « empiriques » (dont l'action se trouve d'ailleurs restreinte ici, par la force des choses, au seul cas où n'intervient qu'une extension de l'individualité humaine), on ne peut évidemment les empêcher d'appliquer à tort et à travers les quelques connaissances fragmentaires et incoordonnées dont ils ont pu s'emparer comme par surprise, mais il est toujours bon de les avertir qu'ils ne sauraient le faire qu'à leurs risques et périls.

Chapitre VI
La réincarnation

Nous ne pouvons songer à entreprendre ici une étude absolument complète de la question de la réincarnation, car il faudrait un volume entier pour l'examiner sous tous ses aspects ; peut-être y reviendrons-nous quelque jour ; la chose en vaut la peine, non pas en elle-même, car ce n'est qu'une absurdité pure et simple, mais en raison de l'étrange diffusion de cette idée de réincarnation, qui est, à notre époque, une de celles qui contribuent le plus au détraquement mental d'un grand nombre. Ne pouvant cependant nous dispenser présentement de traiter ce sujet, nous en dirons du moins tout ce qu'il y a de plus essentiel à en dire ; et notre argumentation vaudra, non seulement contre le spiritisme kardéciste, mais aussi contre toutes les autres écoles « néo-spiritualistes » qui,

---

[1] Il faudrait aussi, après avoir supposé que l'initiative vient du vivant, reprendre la question eu sens inverse, ce qui entraînerait encore d'autres complications.

à sa suite, ont adopté cette idée, sauf à la modifier dans des détails plus ou moins importants. Par contre, cette réfutation ne s'adresse pas, comme la précédente, au spiritisme envisagé dans toute sa généralité, car la réincarnation n'en est pas un élément absolument essentiel, et on peut être spirite sans l'admettre, tandis qu'on ne peut pas l'être sans admettre la manifestation des morts par des phénomènes sensibles. En fait, on sait que les spirites américains et anglais, c'est-à-dire les représentants de la plus ancienne forme du spiritisme, furent tout d'abord unanimes à s'opposer à la théorie réincarnationniste, que Dunglas Home, en particulier, critiqua violemment [1] ; il a fallu, pour que certains d'entre eux se décident plus tard à l'accepter, que cette théorie ait, dans l'intervalle, pénétré les milieux anglo-saxons par des voies étrangères au spiritisme. En France même, quelques-uns des premiers spirites, comme Piérart et Anatole Barthe, se séparèrent d'Allan Kardec sur ce point ; mais, aujourd'hui, on peut dire que le spiritisme français tout entier a fait de la réincarnation un véritable « dogme » ; Allan Kardec lui-même, d'ailleurs, n'avait pas hésité à l'appeler de ce nom [2]. C'est au spiritisme français, rappelons-le encore, que cette théorie fut empruntée par le théosophisme d'abord, puis par l'occultisme papusien et diverses autres écoles, qui en ont fait également un de leurs articles de foi ; ces écoles ont beau reprocher aux spirites de concevoir la réincarnation d'une façon peu « philosophique », les modifications et les complications diverses qu'elles y ont apportées ne sauraient masquer cet emprunt initial.

Nous avons déjà noté quelques-unes des divergences qui existent, à propos de la réincarnation, soit parmi les spirites, soit entre eux et les autres écoles ; là-dessus comme sur tout le reste, les enseignements des « esprits » sont passablement flottants et contradictoires, et les prétendues constatations des « clairvoyants » ne le sont pas moins. Ainsi, nous l'avons vu, pour les uns, un être humain se réincarne constamment dans le même sexe ; pour d'autres, il se réincarne indifféremment dans un sexe ou dans l'autre, sans qu'on puisse fixer aucune loi à cet égard ; pour d'autres encore, il y a une alternance plus ou moins régulière entre les incarnations masculines et féminines. De même, les uns disent que l'homme

---

1 *Les Lumières et les Ombres du Spiritualisme*, pp. 118-141.
2 *Le Livre des Esprits*, pp. 75 et 96.

se réincarne toujours sur la terre ; les autres prétendent qu'il peut aussi bien se réincarner, soit dans une autre planète du système solaire, soit même sur un astre quelconque ; certains admettent qu'il y a généralement plusieurs incarnations terrestres consécutives avant de passer à un autre séjour, et c'est là l'opinion d'Allan Kardec lui-même ; pour les théosophistes, il n'y a que des incarnations terrestres pendant toute la durée d'un cycle extrêmement long, après quoi une race humaine tout entière commence une nouvelle série d'incarnations dans une autre sphère, et ainsi de suite. Un autre point qui n'est pas moins discuté, c'est la durée de l'intervalle qui doit s'écouler entre deux incarnations consécutives : les uns pensent qu'on peut se réincarner immédiatement, ou tout au moins au bout d'un temps très court, tandis que, pour les autres, les vies terrestres doivent être séparées par de longs intervalles ; nous avons vu ailleurs que les théosophistes, après avoir d'abord supposé que ces intervalles étaient de douze ou quinze cents ans au minimum, en sont arrivés à les réduire considérablement, et à faire à cet égard des distinctions suivant les « degrés d'évolution » des individus [1]. Chez les occultistes français, il s'est produit également une variation qu'il est assez curieux de signaler : dans ses premiers ouvrages, Papus, tout en attaquant les théosophistes avec lesquels il venait de rompre, répète après eux que, « d'après la science ésotérique, une âme ne peut se réincarner qu'au bout de quinze cents ans environ, sauf dans quelques exceptions très nettes (mort dans l'enfance, mort violente, adeptat) » [2], et il affirme même, sur la foi de Mme Blavatsky et de Sinnett, que « ces chiffres sont tirés de calculs astronomiques par l'ésotérisme hindou » [3], alors que nulle doctrine traditionnelle authentique n'a jamais parlé de la réincarnation, et que celle-ci n'est qu'une invention toute moderne et tout occidentale. Plus tard, Papus rejette entièrement la prétendue loi établie par les théosophistes et déclare qu'on n'en peut donner aucune, disant (nous respectons soigneusement son style) qu' « il serait aussi absurde de fixer un terme fixe de douze cents ans comme de dix ans au temps qui sépare une incarnation d'un retour sur terre, que de fixer pour la vie humaine sur terre une période éga-

---

1 *Le Théosophisme*, pp. 88-90.
2 *Traité méthodique de Science occulte*, pp. 296-297.
3 *Ibid.*, p. 341.

lement fixe »[1]. Tout cela n'est guère fait pour inspirer confiance à ceux qui examinent les choses avec impartialité, et, si la réincarnation n'a pas été « révélée » par les « esprits » pour la bonne raison que ceux-ci n'ont jamais parlé réellement par l'intermédiaire des tables ou des médiums, les quelques remarques que nous venons de faire suffisent déjà pour montrer qu'elle ne peut pas davantage être une vraie connaissance ésotérique, enseignée par des initiés qui, par définition, sauraient à quoi s'en tenir. Il n'y a donc même pas besoin d'aller au fond de la question pour écarter les prétentions des occultistes et des théosophistes ; il reste que la réincarnation soit l'équivalent d'une simple conception philosophique ; effectivement, elle n'est que cela, et elle est même au niveau des pires conceptions philosophiques, puisqu'elle est absurde au sens propre de ce mot. Il y a bien des absurdités aussi chez les philosophes, mais du moins ne les présentent-ils généralement que comme des hypothèses ; les « néo-spiritualistes » s'illusionnent plus complètement (nous admettons ici leur bonne foi, qui est incontestable pour la masse, mais qui ne l'est pas toujours pour les dirigeants), et l'assurance même avec laquelle ils formulent leurs affirmations est une des raisons qui les rendent plus dangereuses que celles des philosophes.

Nous venons de prononcer le mot de « conception philosophique » ; celui de « conception sociale » serait peut-être encore plus juste en la circonstance, si l'on considère ce que fut l'origine réelle de l'idée de réincarnation. En effet, pour les socialistes français de la première moitié du XIXe siècle, qui l'inculquèrent à Allan Kardec, cette idée était essentiellement destinée à fournir une explication de l'inégalité des conditions sociales, qui revêtait à leurs yeux un caractère particulièrement choquant. Les spirites ont conservé ce même motif parmi ceux qu'ils invoquent le plus volontiers pour justifier leur croyance à la réincarnation, et ils ont même voulu étendre l'explication à toutes les inégalités, tant intellectuelles que physiques ; voici ce qu'en dit Allan Kardec : « Ou les âmes à leur naissance sont égales, ou elles sont inégales, cela n'est pas douteux. Si elles sont égales, pourquoi ces aptitudes si diverses ?... Si elles sont inégales, c'est que Dieu les a créées ainsi, mais alors pourquoi cette supériorité innée accordée à quelques-unes ?

---
[1] *La Réincarnation*, pp. 42-43.

Cette partialité est-elle conforme à sa justice et à l'égal amour qu'il porte a toutes ses créatures ? Admettons, au contraire, une succession d'existences antérieures progressives, et tout est expliqué. Les hommes apportent en naissant l'intuition de ce qu'ils ont acquis ; ils sont plus ou moins avancés, selon le nombre d'existences qu'ils ont parcourues, selon qu'ils sont plus ou moins éloignés du point de départ, absolument comme dans une réunion d'individus de tous âges chacun aura un développement proportionné au nombre d'années qu'il aura vécu ; les existences successives seront, pour la vie de l'âme, ce que les années sont pour la vie du corps... Dieu, dans sa justice, n'a pu créer des âmes plus ou moins parfaites ; mais, avec la pluralité des existences, l'inégalité que nous voyons n'a plus rien de contraire à l'équité la plus rigoureuse » [1]. M. Léon Denis dit pareillement : « La pluralité des existences peut seule expliquer la diversité des caractères, la variété des aptitudes, la disproportion des qualités morales, en un mot toutes les inégalités qui frappent nos regards. En dehors de cette loi, on se demanderait en vain pourquoi certains hommes possèdent le talent, de nobles sentiments, des aspirations élevées, alors que tant d'autres n'ont en partage que sottise, passions viles et instincts grossiers. Que penser d'un Dieu qui, en nous assignant une seule vie corporelle, nous aurait fait des parts aussi inégales et, du sauvage au civilisé, aurait réservé aux hommes des biens si peu assortis et un niveau moral si différent ? Sans la loi des réincarnations, c'est l'iniquité qui gouverne le monde... Toutes ces obscurités se dissipent devant la doctrine des existences multiples. Les êtres qui se distinguent par leur puissance intellectuelle ou leurs vertus ont plus vécu, travaillé davantage, acquis une expérience et des aptitudes plus étendues » [2]. Des raisons similaires sont alléguées même par les écoles dont les théories sont moins « primaires » que celles du spiritisme, car la conception réincarnationniste n'a jamais pu perdre entièrement la marque de son origine ; les théosophistes, par exemple, mettent aussi en avant, au moins accessoirement, l'inégalité des conditions sociales. De son côté, Papus fait exactement de même : « Les hommes recommencent un nouveau parcours dans le monde matériel, riches ou pauvres, heureux socialement ou malheureux, suivant les résultats acquis dans les parcours antérieurs, dans les in-

[1] *Le Livre des Esprits*, pp. 102-103.
[2] *Après la mort*, pp. 164-166.

carnations précédentes » [1]. Ailleurs, il s'exprime encore plus nettement à ce sujet : « Sans la notion de la réincarnation, la vie sociale est une iniquité. Pourquoi des êtres inintelligents sont-ils gorgés d'argent et comblés d'honneurs, alors que des êtres de valeur se débattent dans la gêne et dans la lutte quotidienne pour des aliments physiques, moraux ou spirituels ?... On peut dire, en général, que la vie sociale actuelle est déterminée par l'état antérieur de l'esprit et qu'elle détermine l'état social futur » [2].

Une telle explication est parfaitement illusoire, et voici pourquoi : d'abord, si le point de départ n'est pas le même pour tous, s'il est des hommes qui en sont plus ou moins éloignés et qui n'ont pas parcouru le même nombre d'existences (c'est ce que dit Allan Kardec), il y a là une inégalité dont ils ne sauraient être responsables, et que, par suite, les réincarnationnistes doivent regarder comme une « injustice » dont leur théorie est incapable de rendre compte. Ensuite, même en admettant qu'il n'y ait pas de ces différences entre les hommes, il faut bien qu'il y ait eu, dans leur évolution (nous parlons suivant la manière de voir des spirites), un moment où les inégalités ont commencé, et il faut aussi qu'elles aient une cause ; si l'on dit que cette cause, ce sont les actes que les hommes avaient déjà accomplis antérieurement, il faudra expliquer comment ces hommes ont pu se comporter différemment avant que les inégalités se soient introduites parmi eux. Cela est inexplicable, tout simplement parce qu'il y a là une contradiction : si les hommes avaient été parfaitement égaux, ils auraient été semblables sous tous rapports, et, en admettant que cela fût possible, ils n'auraient jamais pu cesser de l'être, à moins que l'on ne conteste la validité du principe de raison suffisante (et, dans ce cas, il n'y aurait plus lieu de chercher ni loi ni explication quelconque) ; s'ils ont pu devenir inégaux, c'est évidemment que la possibilité de l'inégalité était en eux, et cette possibilité préalable suffisait à les constituer inégaux dès l'origine, au moins potentiellement. Ainsi, on n'a fait que reculer la difficulté en croyant la résoudre, et, finalement, elle subsiste tout entière ; mais, à vrai dire, il n'y a pas de difficulté, et le problème lui-même n'est pas moins illusoire que sa solution prétendue. On peut dire de cette question la même chose que de

---
1 *Traité méthodique de Science occulte*, p. 167.
2 *La Réincarnation*, pp. 113 et 118.

beaucoup de questions philosophiques, qu'elle n'existe que parce qu'elle est mal posée ; et, si on la pose mal, c'est surtout, au fond, parce qu'on fait intervenir des considérations morales et sentimentales là où elles n'ont que faire : cette attitude est aussi inintelligente que le serait celle d'un homme qui se demanderait, par exemple, pourquoi telle espèce animale n'est pas l'égale de telle autre, ce qui est manifestement dépourvu de sens. Qu'il y ait dans la nature des différences qui nous apparaissent comme des inégalités, tandis qu'il y en a d'autres qui ne prennent pas cet aspect, ce n'est là qu'un point de vue purement humain ; et, si on laisse de côté ce point de vue éminemment relatif, il n'y a plus à parler de justice ou d'injustice dans cet ordre de choses. En somme, se demander pourquoi un être n'est pas l'égal d'un autre, c'est se demander pourquoi il est différent de cet autre ; mais, s'il n'en était aucunement différent, il serait cet autre au lieu d'être lui-même. Dès lors qu'il y a une multiplicité d'êtres, il faut nécessairement qu'il y ait des différences entre eux ; deux choses identiques sont inconcevables, parce que, si elles sont vraiment identiques, ce ne sont pas deux choses, mais bien une seule et même chose ; Leibnitz a entièrement raison sur ce point. Chaque être se distingue des autres, dès le principe, en ce qu'il porte en lui-même certaines possibilités qui sont essentiellement inhérentes à sa nature, et qui ne sont les possibilités d'aucun autre être ; la question à laquelle les réincarnationnistes prétendent apporter une réponse revient donc tout simplement à se demander pourquoi un être est lui-même et non pas un autre. Si l'on veut voir là une injustice, peu importe, mais, en tous cas, c'est une nécessité ; et d'ailleurs, au fond, ce serait plutôt le contraire d'une injustice : en effet, la notion de justice, dépouillée de son caractère sentimental et spécifiquement humain, se réduit à celle d'équilibre ou d'harmonie ; or, pour qu'il y ait harmonie totale dans l'Univers, il faut et il suffit que chaque être soit à la place qu'il doit occuper, comme élément de cet Univers, en conformité avec sa propre nature. Cela revient précisément à dire que les différences et les inégalités, que l'on se plaît à dénoncer comme des injustices réelles ou apparentes, concourent effectivement et nécessairement, au contraire, à cette harmonie totale ; et celle-ci ne peut pas ne pas être, car ce serait supposer que les choses ne sont pas ce qu'elles sont, puisqu'il y aurait absurdité à supposer qu'il peut arriver à un être quelque chose qui n'est point une conséquence de sa nature ; ainsi les partisans de la justice peuvent se trouver satisfaits par surcroît, sans être obligés d'aller à l'encontre de la vérité.

Allan Kardec déclare que « le dogme de la réincarnation est fondé sur la justice de Dieu et la révélation » [1] ; nous venons de montrer que, de ces deux raisons d'y croire, la première ne saurait être invoquée valablement ; quant à la seconde, comme il veut évidemment parler de la révélation des « esprits », et comme nous avons établi précédemment qu'elle est inexistante, nous n'avons pas à y revenir. Toutefois, ce ne sont là encore que des observations préliminaires, car, de ce qu'on ne voit aucune raison d'admettre une chose, il ne s'ensuit pas forcément que cette chose soit fausse ; on pourrait encore, tout au moins, demeurer à son égard dans une attitude de doute pur et simple. Nous devons dire, d'ailleurs, que les objections que l'on formule ordinairement contre la théorie réincarnationniste ne sont guère plus fortes que les raisons que l'on invoque d'autre part pour l'appuyer ; cela tient, en grande partie, à ce qu'adversaires et partisans de la réincarnation se placent également, le plus souvent, sur le terrain moral et sentimental, et que les considérations de cet ordre ne sauraient rien prouver. Nous pouvons refaire ici la même observation qu'en ce qui concerne la question de la communication avec les morts : au lieu de se demander si cela est vrai ou faux, ce qui seul importe, on discute pour savoir si cela est ou n'est pas « consolant », et l'on peut discuter ainsi indéfiniment sans en être plus avancé, puisque c'est là un critérium purement « subjectif », comme dirait un philosophe. Heureusement, il y a beaucoup mieux à dire contre la réincarnation, puisqu'on peut en établir l'impossibilité absolue ; mais, avant d'en arriver là, nous devons encore traiter une autre question et préciser certaines distinctions, non seulement parce qu'elles sont fort importantes en elles-mêmes, mais aussi parce que, sans cela, certains pourraient s'étonner de nous voir affirmer que la réincarnation est une idée exclusivement moderne. Trop de confusions et de notions fausses ont cours depuis un siècle pour que bien des gens, même en dehors des milieux « néo-spiritualistes », ne s'en trouvent pas gravement influencés ; cette déformation est même arrivée à un tel point que les orientalistes officiels, par exemple, in-

---

1 *Le Livre des Esprits*, p, 75.

terprètent couramment dans un sens réincarnationniste des textes où il n'y a rien de tel, et qu'ils sont devenus complètement incapables de les comprendre autrement, ce qui revient à dire qu'ils n'y comprennent absolument rien.

Le terme de « réincarnation » doit être distingué de deux autres termes au moins, qui ont une signification totalement différente, et qui sont ceux de « métempsychose » et de « transmigration » ; il s'agit là de choses qui étaient fort bien connues des anciens, comme elles le sont encore des Orientaux, mais que les Occidentaux modernes, inventeurs de la réincarnation, ignorent absolument [1]. Il est bien entendu que, lorsqu'on parle de réincarnation, cela veut dire que l'être qui a déjà été incorporé reprend un nouveau corps, c'est-à-dire qu'il revient à l'état par lequel il est déjà passé ; d'autre part, on admet que cela concerne l'être réel et complet, et non pas simplement des éléments plus ou moins importants qui ont pu entrer dans sa constitution à un titre quelconque. En dehors de ces deux conditions, il ne peut aucunement être question de réincarnation ; or la première la distingue essentiellement de la transmigration, telle qu'elle est envisagée dans les doctrines orientales, et la seconde ne la différencie pas moins profondément de la métempsychose, au sens où l'entendaient notamment les Orphiques et les Pythagoriciens. Les spirites, tout en affirmant faussement l'antiquité de la théorie réincarnationniste, disent bien qu'elle n'est pas identique à la métempsychose ; mais, suivant eux, elle s'en distingue seulement en ce que les existences successives sont toujours « progressives », et en ce qu'on doit considérer exclusivement les êtres humains : « Il y a, dit Allan Kardec, entre la métempsychose des anciens et la doctrine moderne de la réincarnation, cette grande différence que les esprits rejettent de la manière la plus absolue la transmigration de l'homme dans les animaux, et réciproquement » [2]. Les anciens, en réalité, n'ont jamais envisagé une telle transmigration, pas plus que celle de l'homme dans d'autres hommes, comme on pourrait

---

[1] Il y aurait lieu de mentionner aussi les conceptions de certains kabbalistes, que l'on désigne sous les noms de « révolution des âmes » et d' « embryonnat » ; mais nous n'en parlerons pas ici, parce que cela nous entraînerait bien loin ; d'ailleurs, ces conceptions n'ont qu'une portée assez restreinte, car elles font intervenir des conditions qui, si étrange que cela puisse sembler, sont tout à fait spéciales au peuple d'Israël.

[2] *Le Livre des Esprits*, p. 96 ; cf. *ibid.*, pp. 262-264.

définir la réincarnation ; sans doute, il y a des expressions plus ou moins symboliques qui peuvent donner lieu à des malentendus, mais seulement quand on ne sait pas ce qu'elles veulent dire véritablement, et qui est ceci : il y a dans l'homme des éléments psychiques qui se dissocient après la mort, et qui peuvent alors passer dans d'autres êtres vivants, hommes ou animaux, sans que cela ait beaucoup plus d'importance, au fond, que le fait que, après la dissolution du corps de ce même homme, les éléments qui le composaient peuvent servir à former d'autres corps ; dans les deux cas, il s'agit des éléments mortels de l'homme, et non point de la partie impérissable qui est son être réel, et qui n'est nullement affectée par ces mutations posthumes. À ce propos, Papus a commis une méprise d'un autre genre, en parlant « des confusions entre la réincarnation ou retour de l'esprit dans un corps matériel, après un stage astral, et la métempsychose ou traversée par le corps matériel de corps d'animaux et de plantes, avant de revenir dans un nouveau corps matériel » [1] ; sans parler de quelques bizarreries d'expression qui peuvent être des lapsus (les corps d'animaux et de plantes ne sont pas moins « matériels » que le corps humain, et ils ne sont pas « traversés » par celui-ci, mais par des éléments qui en proviennent), cela ne pourrait en aucune façon s'appeler « métempsychose », car la formation de ce mot implique qu'il s'agit d'éléments psychiques, et non d'éléments corporels. Papus a raison de penser que la métempsychose ne concerne pas l'être réel de l'homme,

---

[1] *La Réincarnation*, p. 9. — Papus ajoute : « Il ne faut jamais confondre la réincarnation et la métempsychose, l'homme ne rétrogradant pas et l'esprit ne devenant jamais un esprit d'animal, sauf en plan astral, à l'état génial, mais ceci est encore un mystère. » Pour nous, ce prétendu mystère n'en est pas un : nous pouvons dire qu'il s'agit du « génie de l'espèce », c'est-à-dire de l'entité qui représente l'esprit, non pas d'une individualité, mais d'une espèce animale tout entière ; les occultistes pensent, en effet, que l'animal n'est pas comme l'homme un individu autonome, et que, après la mort, son âme retourne à l' « essence élémentale », propriété indivise de l'espèce. D'après la théorie à laquelle Papus fait allusion en termes énigmatiques, les génies des espèces animales seraient des esprits humains parvenus à un certain degré d'évolution et à qui cette fonction aurait été assignée spécialement ; du reste, il y a des « clairvoyants » qui prétendent avoir vu ces génies sous la forme d'hommes à têtes d'animaux, comme les figures symboliques des anciens Égyptiens. La théorie en question est entièrement erronée : le génie de l'espèce est bien une réalité, même pour l'espèce humaine, mais il n'est pas ce que croient les occultistes, et il n'a rien de commun avec les esprits des hommes individuels ; quant au « plan » où il se situe, cela ne rentre pas dans les cadres conventionnels fixés par l'occultisme.

mais il se trompe complètement sur sa nature ; et d'autre part, pour la réincarnation, quand il dit qu' « elle a été enseignée comme un mystère ésotérique dans toutes les initiations de l'antiquité »[1], il la confond purement et simplement avec la transmigration véritable.

La dissociation qui suit la mort ne porte pas seulement sur les éléments corporels, mais aussi sur certains éléments que l'on peut appeler psychiques ; cela, nous l'avons déjà dit en expliquant que de tels éléments peuvent intervenir parfois dans les phénomènes du spiritisme et contribuer à donner l'illusion d'une action réelle des morts ; d'une façon analogue, ils peuvent aussi, dans certains cas, donner l'illusion d'une réincarnation. Ce qu'il importe de retenir, sous ce dernier rapport, c'est que ces éléments (qui peuvent, pendant la vie, avoir été proprement conscients ou seulement « subconscients ») comprennent notamment toutes les images mentales qui, résultant de l'expérience sensible, ont fait partie de ce qu'on appelle mémoire et imagination : ces facultés, ou plutôt ces ensembles, sont périssables, c'est-à-dire sujets à se dissoudre, parce que, étant d'ordre sensible, ils sont littéralement des dépendances de l'état corporel ; d'ailleurs, en dehors de la condition temporelle, qui est une de celles qui définissent cet état, la mémoire n'aurait évidemment aucune raison de subsister. Cela est bien loin, assurément, des théories de la psychologie classique sur le « moi » et son unité ; ces théories n'ont que le défaut d'être à peu près aussi dénués de fondement, dans leur genre, que les conceptions des « néo-spiritualistes ». Une autre remarque qui n'est pas moins importante, c'est qu'il peut y avoir transmission d'éléments psychiques d'un être à un autre sans que cela suppose la mort du premier : en effet, il y a une hérédité psychique aussi bien qu'une hérédité physiologique, cela est assez peu contesté, et c'est même un fait d'observation vulgaire ; mais ce dont beaucoup ne se rendent probablement pas compte, c'est que cela suppose au moins que les parents fournissent un germe psychique, au même titre qu'un germe corporel ; et ce germe peut impliquer potentiellement un ensemble fort complexe d'éléments appartenant au domaine de la « subconscience », en outre des tendances ou prédispositions proprement dites qui, en se développant, apparaîtront d'une façon plus manifeste ; ces éléments « subconscients », au contraire, pourront ne devenir ap-

---

[1] *La Réincarnation*, p. 6.

DEUXIÈME PARTIE

parents que dans des cas plutôt exceptionnels. C'est la double hérédité psychique et corporelle qu'exprime cette formule chinoise : « Tu revivras dans tes milliers de descendants », qu'il serait bien difficile, à coup sûr, d'interpréter dans un sens réincarnationniste, quoique les occultistes et même les orientalistes aient réussi bien d'autres tours de force comparables à celui-là. Les doctrines extrême-orientales envisagent même de préférence le côté psychique de l'hérédité, et elles y voient un véritable prolongement de l'individualité humaine ; c'est pourquoi, sous le nom de « postérité » (qui est d'ailleurs susceptible aussi d'un sens supérieur et purement spirituel), elles l'associent à la « longévité », que les Occidentaux appellent immortalité.

Comme nous le verrons par la suite, certains faits que les réincarnationnistes croient pouvoir invoquer à l'appui de leur hypothèse s'expliquent parfaitement par l'un ou l'autre des deux cas que nous venons d'envisager, c'est-à-dire, d'une part, par la transmission héréditaire de certains éléments psychiques, et, d'autre part, par l'assimilation à une individualité humaine d'autres éléments psychiques provenant de la désintégration d'individualités humaines antérieures, qui n'ont pas pour cela le moindre rapport spirituel avec celle-là. Il y a, en tout ceci, correspondance et analogie entre l'ordre psychique et l'ordre corporel ; et cela se comprend, puisque l'un et l'autre, nous le répétons, se réfèrent exclusivement à ce qu'on peut appeler les éléments mortels de l'être humain. Il faut encore ajouter que, dans l'ordre psychique, il peut arriver, plus ou moins exceptionnellement, qu'un ensemble assez considérable d'éléments se conserve sans se dissocier et soit transféré tel quel à une nouvelle individualité ; les faits de ce genre sont, naturellement, ceux qui présentent le caractère le plus frappant aux yeux des partisans de la réincarnation, et pourtant ces cas ne sont pas moins illusoires que tous les autres [1]. Tout cela, nous l'avons dit, ne concerne ni n'af-

[1] Certains pensent qu'un transfert analogue peut s'opérer pour des éléments corporels plus ou moins subtilisés, et ils envisagent ainsi une « métensomatose » à côté de la « métempsychose » ; on pourrait être tenté de supposer, à première vue, qu'il y a là une confusion et qu'ils attribuent à tort la corporéité aux éléments psychiques inférieurs ; cependant, il peut s'agir réellement d'éléments d'origine corporelle, mais « psychisés », en quelque sorte, par cette transposition dans l' « état subtil » dont nous avons indiqué précédemment la possibilité ; l'état corporel et l'état psychique, simples modalités différentes d'un même état d'existence qui est celui de l'individualité humaine, ne sauraient être totalement séparés. Nous signalons à l'attention

fecte aucunement l'être réel ; on pourrait, il est vrai, se demander pourquoi, s'il en est ainsi, les anciens semblent avoir attaché une assez grande importance au sort posthume des éléments en question. Nous pourrions répondre en faisant simplement remarquer qu'il y a aussi bien des gens qui se préoccupent du traitement que leur corps pourra subir après la mort, sans penser pour cela que leur esprit doive en ressentir le contre-coup ; mais nous ajouterons qu'effectivement, en règle générale, ces choses ne sont point absolument indifférentes ; si elles l'étaient, d'ailleurs, les rites funéraires n'auraient aucune raison d'être, tandis qu'ils en ont au contraire une très profonde. Sans pouvoir insister là-dessus, nous dirons que l'action de ces rites s'exerce précisément sur les éléments psychiques du défunt ; nous avons mentionné ce que pensaient les anciens du rapport qui existe entre leur non-accomplissement et certains phénomènes de « hantise », et cette opinion était parfaitement fondée. Assurément, si on ne considérait que l'être, en tant qu'il est passé à un autre état d'existence, il n'y aurait point à tenir compte de ce que peuvent devenir ces éléments (sauf peut-être pour assurer la tranquillité des vivants) ; mais il en va tout autrement si l'on envisage ce que nous avons appelé les prolongements de l'individualité humaine. Ce sujet pourrait donner lieu à des considérations que leur complexité et leur étrangeté même nous empêchent d'aborder ici ; nous estimons, du reste, qu'il est de ceux qu'il ne serait ni utile ni avantageux de traiter publiquement d'une façon détaillée.

Après avoir dit en quoi consiste vraiment la métempsychose, nous avons maintenant à dire ce qu'est la transmigration proprement dite : cette fois, il s'agit bien de l'être réel, mais il ne s'agit point pour lui d'un retour au même état d'existence, retour qui, s'il pouvait avoir lieu, serait peut-être une « migration » si l'on veut, mais non une « transmigration ». Ce dont il s'agit, c'est, au contraire, le passage de l'être à d'autres états d'existence, qui sont

des occultistes ce que dit à ce sujet un auteur dont ils parlent volontiers sans le connaître, Keleph ben Nathan (Dutoit-Membrini), dans *La Philosophie Divine*, t. I, pp. 62 et 292-293 ; à beaucoup de déclamations mystiques assez creuses, cet auteur mêle parfois ainsi des aperçus fort intéressants. Nous profiterons de cette occasion pour relever une erreur des occultistes, qui présentent Dutoit-Membrini comme un disciple de Louis-Claude de Saint-Martin (c'est Joanny Bricaud qui a fait cette découverte), alors qu'il s'est au contraire exprimé sur le compte de celui-ci en termes plutôt défavorables (*ibid.*, t. I, pp. 245 et 345) ; il y aurait tout un livre à faire, et qui serait bien amusant, sur l'érudition des occultistes et leur façon d'écrire l'histoire.

définis, comme nous l'avons dit, par des conditions entièrement différentes de celles auxquelles est soumise l'individualité humaine (avec cette seule restriction que, tant qu'il s'agit d'états individuels, l'être est toujours revêtu d'une forme, mais qui ne saurait donner lieu à aucune représentation spatiale ou autre, plus ou moins modelée sur celle de la forme corporelle) ; qui dit transmigration dit essentiellement changement d'état. C'est là ce qu'enseignent toutes les doctrines traditionnelles de l'Orient, et nous avons de multiples raisons de penser que cet enseignement était aussi celui des « mystères » de l'antiquité ; même dans des doctrines hétérodoxes comme le Bouddhisme, il n'est nullement question d'autre chose, en dépit de l'interprétation réincarnationniste qui a cours aujourd'hui parmi les Européens. C'est précisément la vraie doctrine de la transmigration, entendue suivant le sens que lui donne la métaphysique pure, qui permet de réfuter d'une façon absolue et définitive l'idée de réincarnation ; et il n'y a même que sur ce terrain qu'une telle réfutation soit possible. Nous sommes donc amené ainsi à montrer que la réincarnation est une impossibilité pure et simple ; il faut entendre par là qu'un même être ne peut pas avoir deux existences dans le monde corporel, ce monde étant considéré dans toute son extension : peu importe que ce soit sur la terre ou sur d'autres astres quelconques [1] ; peu importe aussi que ce soit en tant qu'être humain ou, suivant les fausses conceptions de la métempsychose, sous toute autre forme, animale, végétale ou même minérale. Nous ajouterons encore : peu importe qu'il s'agisse d'existences successives ou simultanées, car il se trouve que quelques-uns ont fait cette supposition, au moins saugrenue, d'une pluralité de vies se déroulant en même temps, pour un même être, en divers lieux, vraisemblablement sur des planètes différentes ; cela nous reporte encore une fois aux socialistes de 1848, car il semble bien que ce soit Blanqui qui ait imaginé le premier une répétition simultanée et indéfinie, dans l'espace, d'individus supposés identiques [2]. Certains occultistes prétendent aussi que l'indi-

---

[1] L'idée de la réincarnation dans diverses planètes n'est pas absolument spéciale aux « néo-spiritualistes » ; cette conception, chère à M. Camille Flammarion, est aussi celle de Louis Figuier (*Le Lendemain de la Mort ou la Vie future selon la Science*) ; il est curieux de voir à quelles extravagantes rêveries peut donner lieu une science aussi « positive » que veut l'être l'astronomie moderne.
[2] *L'Éternité par les Astres.*

vidu humain peut avoir plusieurs « corps physiques », comme ils disent, vivant en même temps dans différentes planètes ; et ils vont jusqu'à affirmer que, s'il arrive à quelqu'un de rêver qu'il a été tué, c'est, dans bien des cas, que, à cet instant même, il l'a été effectivement dans une autre planète ! Cela pourrait sembler incroyable si nous ne l'avions entendu nous-même ; mais on verra, au chapitre suivant, d'autres histoires aussi fortes que celle-là. Nous devons dire aussi que la démonstration qui vaut contre toutes les théories réincarnationnistes, quelque forme qu'elles prennent, s'applique également, et au même titre, à certaines conceptions d'allure plus proprement philosophique, comme la conception du « retour éternel » de Nietzsche, et en un mot à tout ce qui suppose dans l'Univers une répétition quelconque.

Nous ne pouvons songer à exposer ici, avec tous les développements qu'elle comporte, la théorie métaphysique des états multiples de l'être ; nous avons l'intention d'y consacrer, lorsque nous le pourrons, une ou plusieurs études spéciales. Mais nous pouvons du moins indiquer le fondement de cette théorie, qui est en même temps le principe de la démonstration dont il s'agit ici, et qui est le suivant : la Possibilité universelle et totale est nécessairement infinie et ne peut être conçue autrement, car, comprenant tout et ne laissant rien en dehors d'elle, elle ne peut être limitée par rien absolument ; une limitation de la Possibilité universelle, devant lui être extérieure, est proprement et littéralement une impossibilité, c'est-à-dire un pur néant. Or, supposer une répétition au sein de la Possibilité universelle, comme on le fait en admettant qu'il y ait deux possibilités particulières identiques, c'est lui supposer une limitation, car l'infinité exclut toute répétition : il n'y a qu'à l'intérieur d'un ensemble fini qu'on puisse revenir deux fois à un même élément, et encore cet élément ne serait-il rigoureusement le même qu'à la condition que cet ensemble forme un système clos, condition qui n'est jamais réalisée effectivement. Dès lors que l'Univers est vraiment un tout, ou plutôt le Tout absolu, il ne peut y avoir nulle part aucun cycle fermé : deux possibilités identiques ne seraient qu'une seule et même possibilité ; pour qu'elles soient véritablement deux, il faut qu'elles diffèrent par une condition au moins, et alors elles ne sont pas identiques. Rien ne peut jamais revenir au même point, et cela même dans un ensemble qui est seulement indéfini (et non plus infini), comme le monde corporel : pendant qu'on trace un cercle, un déplacement s'effectue, et ainsi le cercle ne se ferme que d'une façon tout illusoire. Ce n'est là qu'une simple analogie, mais elle peut servir pour aider à comprendre que, « a fortiori », dans l'existence universelle, le retour à un même état est une impossibilité : dans la Possibilité totale, ces possibilités particulières que sont les états d'existence conditionnés sont nécessairement en multiplicité indéfinie ; nier cela, c'est encore vouloir limiter la Possibilité ; il faut donc l'admettre, sous peine de contradiction, et cela suffit pour que nul être ne puisse repasser deux fois par le même état. Comme on le voit, cette démonstration est extrêmement simple en elle-même, et, si certains éprouvent quelque peine à la comprendre, ce ne peut être que parce que les connaissances métaphysiques les plus élémentaires leur font défaut ; pour ceux-là, un exposé plus développé serait peut-être nécessaire, mais nous les prierons d'attendre, pour le trouver, que nous ayons l'occasion de donner intégralement la théorie des états multiples ; ils peuvent être assurés, en tout cas, que cette démonstration, telle que nous venons de la formuler en ce qu'elle a d'essentiel, ne laisse rien à désirer sous le rapport de la rigueur. Quant à ceux qui s'imagineraient que, en rejetant la réincarnation, nous risquons de limiter d'une autre façon la Possibilité universelle, nous leur répondrons simplement que nous ne rejetons qu'une impossibilité, qui n'est rien, et qui n'augmenterait la somme des possibilités que d'une façon absolument illusoire, n'étant qu'un pur zéro ; on ne limite pas la Possibilité en niant une absurdité quelconque, par exemple en disant qu'il ne peut exister un carré rond, ou que, parmi tous les mondes possibles, il ne peut y en avoir aucun où deux et deux fassent cinq ; le cas est exactement le même. Il y a des gens qui se font, en cet ordre d'idées, d'étranges scrupules : ainsi Descartes, lorsqu'il attribuait à Dieu la « liberté d'indifférence », par crainte de limiter la toute-puissance divine (expression théologique de la Possibilité universelle), et sans s'apercevoir que cette « liberté d'indifférence », ou le choix en l'absence de toute raison, implique des conditions contradictoires ; nous dirons, pour employer son langage, qu'une absurdité n'est pas telle parce que Dieu l'a voulu arbitrairement, mais que c'est au contraire parce qu'elle est une absurdité que Dieu ne peut pas faire qu'elle soit quelque chose, sans pourtant que cela porte la moindre atteinte à sa toute-puissance, absurdité et impossibilité étant synonymes.

Revenant aux états multiples de l'être, nous ferons remarquer, car cela est essentiel, que ces états peuvent être conçus comme simultanés aussi bien que comme successifs, et que même, dans l'ensemble, on ne peut admettre la succession qu'à titre de représentation symbolique, puisque le temps n'est qu'une condition propre à un de ces états, et que même la durée, sous un mode quelconque, ne peut être attribuée qu'à certains d'entre eux ; si l'on veut parler de succession, il faut donc avoir soin de préciser que ce ne peut être qu'au sens logique, et non pas au sens chronologique. Par cette succession logique, nous entendons qu'il y a un enchaînement causal entre les divers états ; mais la relation même de causalité, si on la prend suivant sa véritable signification (et non suivant l'acception « empiriste » de quelques logiciens modernes), implique précisément la simultanéité ou la coexistence de ses termes. En outre, il est bon de préciser que même l'état individuel humain, qui est soumis à la condition temporelle, peut présenter néanmoins une multiplicité simultanée d'états secondaires : l'être humain ne peut pas avoir plusieurs corps, mais, en dehors de la modalité corporelle et en même temps qu'elle, il peut posséder d'autres modalités dans lesquelles se développent aussi certaines des possibilités qu'il comporte. Ceci nous conduit à signaler une conception qui se rattache assez étroitement à celle de la réincarnation, et qui compte aussi de nombreux partisans parmi les « néo-spiritualistes » : d'après cette conception, chaque être devrait, au cours de son évolution (car ceux qui soutiennent de telles idées sont toujours, d'une façon ou d'une autre, des évolutionnistes), passer successivement par toutes les formes de vie, terrestres et autres. Une telle théorie n'exprime qu'une impossibilité manifeste, pour la simple raison qu'il existe une indéfinité de formes vivantes par lesquelles un être quelconque ne pourra jamais passer, ces formes étant toutes celles qui sont occupées par les autres êtres. D'ailleurs, quand bien même un être aurait parcouru successivement une indéfinité de possibilités particulières, et dans un domaine autrement étendu que celui des « formes de vie », il n'en serait pas plus avancé par rapport au terme final, qui ne saurait être atteint de cette manière ; nous reviendrons là-dessus en parlant plus spécialement de l'évolutionnisme spirite. Pour le moment, nous ferons seulement remarquer ceci : le monde corporel tout entier, dans le déploiement intégral de toutes les possibilités qu'il contient, ne représente qu'une partie du domaine de manifestation d'un seul état ; ce même état comporte donc, « a fortiori », la potentialité correspondante à toutes les modalités de la vie terrestre, qui n'est qu'une portion très restreinte du monde corporel. Ceci rend parfaitement inutile (même si l'impossibilité n'en était prouvée par ailleurs) la supposition d'une multiplicité d'existences à travers lesquelles l'être s'élèverait progressivement de la modalité la plus inférieure, celle du minéral, jusqu'à la modalité humaine, considérée comme la plus haute, en passant successivement par le végétal et l'animal, avec toute la multitude de degrés que comprend chacun de ces règnes ; il en est, en effet, qui font de telles hypothèses, et qui rejettent seulement la possibilité d'un retour en arrière. En réalité, l'individu, dans son extension intégrale, contient simultanément les possibilités qui correspondent à tous les degrés dont il s'agit (nous ne disons pas, qu'on le remarque bien, qu'il les contient ainsi corporellement) ; cette simultanéité ne se traduit en succession temporelle que dans le développement de son unique modalité corporelle, au cours duquel, comme le montre l'embryologie, il passe effectivement par tous les stades correspondants, depuis la forme unicellulaire des êtres organisés les plus rudimentaires, et même, en remontant plus haut encore, depuis le cristal, jusqu'à la forme humaine terrestre. Disons en passant, dès maintenant, que ce développement embryologique, contrairement à l'opinion commune, n'est nullement une preuve de la théorie « transformiste » ; celle-ci n'est pas moins fausse que toutes les autres formes de l'évolutionnisme, et elle est même la plus grossière de toutes ; mais nous aurons l'occasion d'y revenir plus loin. Ce qu'il faut retenir surtout, c'est que le point de vue de la succession est essentiellement relatif, et d'ailleurs, même dans la mesure restreinte où il est légitimement applicable, il perd presque tout son intérêt par cette simple observation que le germe, avant tout développement, contient déjà en puissance l'être complet (nous en verrons tout à l'heure l'importance) ; en tout cas, ce point de vue doit toujours demeurer subordonné à celui de la simultanéité, comme l'exige le caractère purement métaphysique, donc extra-temporel (mais aussi extra-spatial, la coexistence ne supposant pas nécessairement l'espace), de la théorie des états multiples de l'être [1].

Nous ajouterons encore que, quoi qu'en prétendent les spirites et surtout les occultistes, on ne trouve dans la nature aucune analogie en faveur de la réincarnation, tandis que, en revanche, on en trouve de nombreuses dans le sens contraire. Ce point a été assez bien mis en lumière dans les enseignements de la H. B, of L., dont il a été question précédemment, et qui était formellement antiréincarnationniste ; nous croyons qu'il peut être intéressant de citer ici quelques passages de ces enseignements, qui montrent que cette école avait au moins quelque connaissance de la transmigration véritable, ainsi que de certaines lois cycliques : « C'est une vérité absolue qu'exprime l'adepte auteur de *Ghostland*, lorsqu'il dit que, *en tant qu'être impersonnel*, l'homme vit dans une indéfinité de mondes avant d'arriver à celui-ci... Lorsque le grand étage de *conscience*, sommet de la série des manifestations matérielles, est atteint, jamais l'âme ne rentrera dans la matrice de la matière, ne subira l'incarnation matérielle ; désormais, ses renaissances sont dans le royaume de l'esprit. Ceux qui soutiennent la doctrine étrangement illogique de la multiplicité des naissances *humaines* n'ont assurément jamais développé eu eux-mêmes l'état lucide de conscience spirituelle ; sinon, la théorie de la réincarnation, affirmée et soutenue aujourd'hui par un grand nombre d'hommes et de femmes versés dans la « sagesse mondaine », n'aurait pas le moindre crédit. Une éducation *extérieure* est relativement sans valeur comme moyen d'obtenir la connaissance *véritable*... Le gland devient chêne, la noix de coco devient palmier ; mais le chêne a beau donner des myriades d'autres glands, il ne devient plus jamais gland lui-même, ni le palmier ne redevient plus noix. De même pour l'homme : dès que l'âme s'est manifestée sur le plan humain, et a ainsi atteint la conscience de la vie extérieure, elle ne repasse plus jamais par aucun de ses états rudimentaires... Tous les prétendus « réveils de souvenirs » latents, par lesquels certaines personnes assurent se rappeler leurs existences passées, peuvent s'expliquer, et même ne peuvent s'expliquer que par les simples lois de l'*affini-*

---
1 Il faudrait pouvoir critiquer ici les définitions que Leibnitz donne de l'espace (ordre des coexistences) et du temps (ordre des successions) ; ne pouvant l'entreprendre, nous dirons seulement qu'il étend ainsi le sens de ces notions d'une façon tout à fait abusive, comme il le fait aussi, par ailleurs, pour la notion de corps.

DEUXIÈME PARTIE

té et de la *forme*. Chaque race d'êtres humains, considérée *en soi-même*, est *immortelle* ; il en est de même de chaque cycle : jamais le premier cycle ne devient le second, mais les êtres du premier cycle sont (spirituellement) les parents, ou les *générateurs* [1], de ceux du second cycle. Ainsi, chaque cycle comprend une grande famille constituée par la réunion de divers groupements d'âmes humaines, chaque condition étant déterminée par les lois de son *activité*, celles de sa forme et celles de son *affinité* : une trinité des lois… C'est ainsi que l'homme peut être comparé au gland et au chêne : l'âme embryonnaire, non individualisée, devient un homme tout comme le gland devient un chêne, et, de même que le chêne donne naissance à une quantité innombrable de glands, de même l'homme fournit à son tour à une indéfinité d'âmes les moyens de prendre naissance dans le monde spirituel. Il y a correspondance complète entre les deux, et c'est pour cette raison que les anciens Druides rendaient de si grands honneurs à cet arbre, qui était honoré au delà de tous les autres par les puissants Hiérophantes. » Il y a là une indication de ce qu'est la « postérité » entendue au sens purement spirituel ; ce n'est pas ici le lieu d'en dire davantage sur ce point, non plus que sur les lois cycliques auxquelles il se rattache ; peut-être traiterons-nous quelque jour ces questions, si toutefois nous trouvons le moyen de le faire en termes suffisamment intelligibles, car il y a là des difficultés qui sont surtout inhérentes à l'imperfection des langues occidentales.

Malheureusement, la H. B. of L. admettait la possibilité de la réincarnation dans certains cas exceptionnels, comme celui des enfants mort-nés ou morts en bas âge, et celui des idiots de naissance [2] ; nous avons vu ailleurs que Mme Blavatsky avait admis cette manière de voir à l'époque où elle écrivit *Isis Dévoilée* [3]. En réalité, dès lors qu'il s'agit d'une impossibilité métaphysique, il ne saurait y avoir la moindre exception : il suffit qu'un être soit passé par

---

[1] Ce sont les *pitris* de la tradition hindoue.
[2] Il y avait encore un troisième cas d'exception, mais d'un tout autre ordre : c'était celui des « incarnations messianiques volontaires », qui se produiraient tous les six cents ans environ, c'est-à-dire à la fin de chacun des cycles que les Chaldéens appelaient *Naros*, mais sans que le même esprit s'incarne jamais ainsi plus d'une fois, et sans qu'il n'ait consécutivement deux semblables incarnations dans une même race ; la discussion et l'interprétation de cette théorie sortiraient entièrement du cadre de la présente étude.
[3] *Le Théosophisme*, pp. 97-99.

un certain état, ne fût-ce que sous forme embryonnaire, ou même sous forme de simple germe, pour qu'il ne puisse en aucun cas revenir à cet état, dont il a ainsi effectué les possibilités suivant la mesure que comportait sa propre nature ; si le développement de ces possibilités semble avoir été arrêté pour lui à un certain point, c'est qu'il n'avait pas à aller plus loin quant à sa modalité corporelle, et c'est le fait de n'envisager que celle-ci exclusivement qui est ici la cause de l'erreur, car on ne tient pas compte de toutes les possibilités qui, pour ce même être, peuvent se développer dans d'autres modalités du même état ; si l'on pouvait en tenir compte, on verrait que la réincarnation, même dans des cas comme ceux-là, est absolument inutile, ce qu'on peut d'ailleurs admettre dès lors qu'on sait qu'elle est impossible, et que tout ce qui est concourt, quelles que soient les apparences, à l'harmonie totale de l'Univers. Cette question est tout à fait analogue à celle des communications spirites : dans l'une et dans l'autre, il s'agit d'impossibilités ; dire qu'il peut y avoir des exceptions serait aussi illogique que de dire, par exemple, qu'il peut y avoir un petit nombre de cas où, dans l'espace euclidien, la somme des trois angles d'un triangle ne soit pas égale à deux droits ; ce qui est absurde l'est absolument, et non pas seulement « en général ». Du reste, si l'on commence à admettre des exceptions, nous ne voyons pas très bien comment on pourrait leur assigner une limite précise : comment pourrait-on déterminer l'âge à partir duquel un enfant, s'il vient à mourir, n'aura plus besoin de se réincarner, ou le degré que doit atteindre la débilité mentale pour exiger une réincarnation ? Evidemment, rien ne saurait être plus arbitraire, et nous pouvons donner raison à Papus lorsqu'il dit que, « si l'on rejette cette théorie, il ne faut pas admettre d'exception, sans quoi on ouvre une brèche à travers laquelle tout peut passer » [1].

Cette observation, dans la pensée de son auteur, s'adressait surtout à quelques écrivains qui ont cru que la réincarnation, dans certains cas particuliers, était conciliable avec la doctrine catholique ; le comte de Larmandie, notamment, a prétendu qu'elle pouvait être admise pour les enfants morts sans baptême [2]. Il est très vrai que certains textes, comme ceux du quatrième concile de

---

1 *La Réincarnation*, p. 179 ; d'après le Dr Rozier : *Initiation*, avril 1898.
2 *Magie et Religion*.

DEUXIÈME PARTIE

Constantinople, qu'on a cru parfois pouvoir invoquer contre la réincarnation, ne s'y appliquent pas en réalité ; mais les occultistes n'ont pas à en triompher, car, s'il en est ainsi, c'est tout simplement parce que, à cette époque, la réincarnation n'avait pas encore été imaginée. Il s'agissait d'une opinion d'Origène, d'après laquelle la vie corporelle serait un châtiment pour des âmes qui, « préexistant en tant que puissances célestes, auraient pris satiété de la contemplation divine » ; comme on le voit, il n'est pas question là-dedans d'une autre vie corporelle antérieure, mais d'une existence dans le monde intelligible au sens platonicien, ce qui n'a aucun rapport avec la réincarnation. On a peine à concevoir comment Papus a pu écrire que « l'avis du concile indique que la réincarnation faisait partie de l'enseignement, et que s'il y en avait qui revenaient volontairement se réincarner, non par dégoût du Ciel, mais par amour de leur prochain, l'anathème ne pouvait pas les toucher » (il s'est imaginé que cet anathème était porté contre « celui qui proclamerait être revenu sur terre par dégoût du Ciel ») ; et il s'appuie là-dessus pour affirmer que « l'idée de la réincarnation fait partie des enseignements secrets de l'Église »[1]. À propos de la doctrine catholique, nous devons mentionner aussi une assertion des spirites qui est véritablement extraordinaire : Allan Kardec affirme que « le dogme de la résurrection de la chair est la consécration de celui de la réincarnation enseignée par les esprits », et qu' « ainsi l'Église, par le dogme de la résurrection de la chair, enseigne elle-même la doctrine de la réincarnation » ; ou plutôt il présente ces propositions sous forme interrogative, et c'est l' « esprit » de saint Louis qui lui répond que « cela est évident », ajoutant qu' « avant peu on reconnaîtra que le spiritisme ressort à chaque pas du texte même des Ecritures sacrées »[2] ! Ce qui est plus étonnant encore, c'est qu'il se soit trouvé un prêtre catholique, même plus ou moins suspect d'hétérodoxie, pour accepter et soutenir une pareille opinion ; c'est l'abbé J.-A. Petit, du diocèse de Beauvais, ancien familier de la duchesse de Pomar, qui a écrit ces lignes : « La réincarnation a été admise chez la plupart des peuples anciens... Le Christ aussi l'admettait. Si on ne la trouve pas expressément enseignée par les apôtres, c'est que les fidèles devaient réunir en eux les qualités morales qui en affranchissent... Plus tard, quand les grands chefs

1 *La Réincarnation*, p, 171.
2 *Le Livre des Esprits*, pp. 440-442.

et leurs disciples eurent disparu, et que l'enseignement chrétien, sous la pression des intérêts humains, se fut figé en un aride symbole, il ne resta, comme vestige du passé, que la *résurrection de la chair*, ou *dans la chair*, qui, prise au sens étroit du mot, fit croire à l'erreur gigantesque de la résurrection des corps morts » [1]. Nous ne voulons faire là-dessus aucun commentaire, car de telles interprétations sont de celles qu'aucun esprit non prévenu ne peut prendre au sérieux ; mais la transformation de la « résurrection *de* la chair » en « résurrection *dans* la chair » est une de ces petites habiletés qui risquent de faire mettre en doute la bonne foi de leur auteur.

Avant de quitter ce sujet, nous dirons encore quelques mots des textes évangéliques que les spirites et les occultistes invoquent en faveur de la réincarnation ; Allan Kardec en indique deux [2], dont le premier est celui-ci, qui suit le récit de la transfiguration : « Lorsqu'ils descendaient de la montagne, Jésus fit ce commandement et leur dit : Ne parlez à personne de ce que vous venez de voir, jusqu'à ce que le Fils de l'homme soit ressuscité d'entre les morts. Ses disciples l'interrogèrent alors et lui dirent : Pourquoi donc les scribes disent-ils qu'il faut qu'Elie vienne auparavant ? Mais Jésus leur répondit : Il est vrai qu'Elie doit venir et qu'il rétablira toutes choses. Mais je vous déclare qu'Elie est déjà venu, et ils ne l'ont point connu, mais l'ont fait souffrir comme ils ont voulu. C'est ainsi qu'ils feront mourir le Fils de l'homme. Alors ses disciples comprirent que c'était de Jean-Baptiste qu'il leur avait parlé » [3]. Et Allan Kardec ajoute : « Puisque Jean-Baptiste était Elie, il y a donc eu réincarnation de l'esprit ou de l'âme d'Elie dans le corps de Jean-Baptiste. » Papus, de son côté, dit également : « Tout d'abord, les Evangiles affirment sans ambages que Jean-Baptiste est Elie réincarné. C'était un mystère. Jean-Baptiste interrogé se tait, mais les autres savent. Il y a aussi cette parabole de l'aveugle de naissance puni pour ses péchés antérieurs, qui donne beaucoup à réfléchir » [4]. En

---

1 *L'Alliance Spiritualiste*, juillet 1911.
2 *Le Livre des Esprits*, pp. 105-107. — Cf. Léon Denis, *Christianisme et Spiritisme*, pp. 376-378. Voir aussi *Les Messies esséniens et l'Église orthodoxe*, pp. 33-35 ; cet ouvrage est une publication de la secte soi-disant « essénienne » à laquelle nous ferons allusion plus loin.
3 *St Mathieu*, XVII, 9-15. — Cf. *St Marc*, IX, 8-12 ; ce texte ne diffère guère de l'autre qu'en ce que le nom de Jean-Baptiste n'y est pas mentionné.
4 *La Réincarnation*, p. 170.

DEUXIÈME PARTIE

premier lieu, il n'est point dit dans le texte de quelle façon « Elie est déjà venu » ; et, si l'on songe qu'Elie n'était point mort au sens ordinaire de ce mot, il peut sembler au moins difficile que ce soit par réincarnation ; de plus, pourquoi Elie, à la transfiguration, ne s'était-il pas manifesté sous les traits de Jean-Baptiste [1] ? Ensuite, Jean-Baptiste interrogé ne se tait point comme le prétend Papus, il nie au contraire formellement : « Ils lui demandèrent : Quoi donc ? êtes-vous Elie ? Et il leur dit : Je ne le suis point » [2]. Si l'on dit que cela prouve seulement qu'il n'avait pas le souvenir de sa précédente existence, nous répondrons qu'il y a un autre texte qui est beaucoup plus explicite encore ; c'est celui où l'ange Gabriel, annonçant à Zacharie la naissance de son fils, déclare : « Il marchera devant le Seigneur *dans l'esprit et dans la vertu d'Elie*, pour réunir le cœur des pères avec leurs enfants et rappeler les désobéissants à la prudence des justes, pour préparer au Seigneur un peuple parfait » [3]. On ne saurait indiquer plus clairement que Jean-Baptiste ne serait point Elie en personne mais qu'il appartiendrait seulement, si l'on peut s'exprimer ainsi, à sa « famille spirituelle » ; c'est donc de cette façon, et non littéralement, qu'il fallait entendre la « venue d'Elie ». Quant à l'histoire de l'aveugle-né, Allan Kardec n'en parle pas, et Papus ne semble guère la connaître, puisqu'il prend pour une parabole ce qui est le récit d'une guérison miraculeuse ; voici le texte exact : « Lorsque Jésus passait, il vit un homme qui était aveugle dès sa naissance ; et ses disciples lui firent cette demande : Maître, est-ce le péché de cet homme, ou le péché de ceux qui l'ont mis au monde, qui est cause qu'il est né aveugle ? Jésus leur répondit : Ce n'est point qu'il ait péché, ni ceux qui l'ont mis au monde ; mais c'est afin que les œuvres de la puissance de Dieu éclatent en lui » [4]. Cet homme n'avait donc point été « puni pour ses péchés », mais cela aurait pu être, à la condition qu'on veuille bien ne pas torturer le texte en ajoutant un mot qui ne s'y trouve point : « pour ses péchés antérieurs » ; sans l'ignorance dont Papus fait preuve en l'occasion,

---

1 L'autre personnage de l'Ancien Testament qui s'est manifesté à la transfiguration est Moïse, dont « personne n'a connu le sépulcre » ; Hénoch et Elie, qui doivent revenir « à la fin des temps », ont été l'un et l'autre « enlevés aux cieux » ; tout cela ne saurait être invoqué comme des exemples de manifestation des morts.
2 S' *Jean*, I, 21.
3 S' *Luc*, I, 17.
4 S' Jean, IX, 1-3.

on pourrait être tenté de l'accuser de mauvaise foi. Ce qui était possible, c'est que l'infirmité de cet homme lui eût été infligée comme sanction anticipée en vue des péchés qu'il commettrait ultérieurement ; cette interprétation ne peut être écartée que par ceux qui poussent l'anthropomorphisme jusqu'à vouloir soumettre Dieu au temps. Enfin, le second texte cité par Allan Kardec n'est autre que l'entretien de Jésus avec Nicodème ; pour réfuter les prétentions des réincarnationnistes à cet égard, on peut se contenter d'en reproduire le passage essentiel : « Si un homme ne naît de nouveau, il ne peut voir le royaume de Dieu… En vérité, je vous le dis, si un homme ne renaît de l'eau et de l'esprit, il ne peut entrer dans le royaume de Dieu. Ce qui est né de la chair est chair, et ce qui est né de l'esprit est esprit. Ne vous étonnez pas de ce que je vous ai dit, qu'il faut que vous naissiez de nouveau » [1]. Il faut une ignorance aussi prodigieuse que celle des spirites pour croire qu'il peut s'agir de la réincarnation alors qu'il s'agit de la « seconde naissance », entendue dans un sens purement spirituel, et qui est même nettement opposée ici à la naissance corporelle ; cette conception de la « seconde naissance », sur laquelle nous n'avons pas à insister présentement, est d'ailleurs de celles qui sont communes à toutes les doctrines traditionnelles, parmi lesquelles il n'en est pas une, en dépit des assertions des « néo-spiritualistes », qui ait jamais enseigné quelque chose qui ressemble de près ou de loin à la réincarnation.

Chapitre VII
Extravagances réincarnationnistes

Nous avons dit que l'idée de la réincarnation contribue grandement à détraquer beaucoup de personnes à notre époque ; nous allons maintenant le montrer en citant des exemples des extravagances auxquelles elle donne lieu, et ce sera là, après toutes les considérations métaphysiques que nous avons dû exposer, une diversion plutôt amusante ; à vrai dire, il y a quelque chose d'assez triste au fond dans le spectacle de toutes ces folies, mais pourtant il est bien difficile de s'empêcher d'en rire quelquefois. Sous ce rapport, ce qu'on a le plus fréquemment l'occasion de constater dans

1 *Ibid.*, III, 3-7.

les milieux spirites, c'est une mégalomanie d'un genre spécial : ces gens s'imaginent presque tous qu'ils sont la réincarnation de personnages illustres ; nous avons fait remarquer que, si l'on en juge par les signatures des « communications », les grands hommes se manifestent beaucoup plus volontiers que les autres ; il faut croire qu'ils se réincarnent aussi beaucoup plus souvent, et même simultanément à de multiples exemplaires. En somme, ce cas ne diffère de la mégalomanie ordinaire que sur un point : au lieu de se croire de grands personnages dans le présent, les spirites reportent leur rêve maladif dans le passé ; nous parlons des spirites parce qu'ils sont le plus grand nombre, mais il est aussi des théosophistes qui ne sont pas moins atteints (nous avons vu ailleurs M. Leadbeater assurer gravement que le colonel Olcott était la réincarnation des rois Gushtasp et Ashoka) [1]. Il en est aussi chez qui le même rêve se transforme en une espérance pour l'avenir, et c'est peut-être une des raisons pour lesquelles ils trouvent la réincarnation si « consolante » ; dans la section des enseignements de la H. B. of L. dont nous avons reproduit quelques extraits au chapitre précédent, il est fait allusion à des gens qui affirment que « ceux qui ont mené une vie noble et digne d'un roi (fût-ce même dans le corps d'un mendiant), dans leur dernière existence terrestre, revivront comme nobles, rois, ou autres personnages de haut rang », et on ajoute très justement que « de telles assertions ne sont bonnes qu'à prouver que leurs auteurs ne parlent que sous l'inspiration de la sentimentalité, et que la connaissance leur manque ».

Les spirites antiréincarnationnistes des pays anglo-saxons ne se sont pas fait faute de railler ces folles imaginations : « Les partisans des rêveries d'Allan Kardec, dit Dunglas Home, se recrutent surtout dans les classes bourgeoises de la société. C'est leur consolation, à ces braves gens qui ne sont rien, de croire qu'ils ont été un grand personnage avant leur naissance et qu'ils seront encore une chose importante après leur mort » [2]. Et ailleurs : « Outre la confusion révoltante à laquelle cette doctrine conduit logiquement (en ce qui concerne les rapports familiaux et sociaux), il y a des impossibilités matérielles dont il faut tenir compte, si enthousiaste qu'on soit. Une dame peut croire tant qu'elle voudra qu'elle a été

---

1 *Le Théosophisme*, p. 105.
2 *Les Lumières et les Ombres du Spiritualisme*, p. 111.

la compagne d'un empereur ou d'un roi dans une existence antérieure. Mais comment concilier les choses si nous rencontrons, comme il arrive souvent, une bonne demi-douzaine de dames, également convaincues, qui soutiennent avoir été chacune la très chère épouse du même auguste personnage ? Pour ma part, j'ai eu l'honneur de rencontrer au moins douze Marie-Antoinette, six ou sept Marie Stuart, une foule de saint Louis et autres rois, une vingtaine d'Alexandre et de César, mais jamais un simple Jean-Jean » [1]. D'autre part, il est aussi, surtout parmi les occultistes, des partisans de la réincarnation qui ont cru devoir protester contre ce qu'ils regardent comme des « exagérations » susceptibles de compromettre leur cause ; ainsi, Papus écrit ceci : « On rencontre dans certains milieux spirites de pauvres hères qui prétendent froidement être une réincarnation de Molière, de Racine ou de Richelieu, sans compter les poètes anciens, Orphée ou Homère. Nous n'avons pas pour l'instant à discuter si ces affirmations ont une base solide ou sont du domaine de l'aliénation mentale au début ; mais rappelons-nous que Pythagore, faisant le récit de ses incarnations antérieures, ne se vanta pas d'avoir été grand homme [2], et constatons que c'est une singulière façon de défendre le progrès incessant des âmes dans l'infini (théorie du spiritisme) que celle qui consiste à montrer Richelieu ayant perdu toute trace de génie et Victor Hugo faisant des vers de quatorze pieds après sa mort. Les spirites sérieux et instruits, et il y en a plus qu'on ne croit, devraient veiller à ce que de pareils faits ne se produisent pas » [3]. Plus loin, il dit encore : « Certains spirites, exagérant cette doctrine, se donnent comme la réincarnation de tous les grands hommes quelque peu connus. Un brave employé est Voltaire réincarné... moins l'esprit. Un capitaine en retraite, c'est Napoléon revenu de Sainte-Hélène, quoique ayant perdu l'art de parvenir depuis. Enfin, il n'y a pas de groupe où Marie de Médicis, Mme de Maintenon, Marie Stuart ne soient revenues dans des corps de bonnes bourgeoises souvent enrichies, et où Turenne, Condé, Richelieu, Mazarin, Molière, Jean-Jacques Rousseau ne dirigent quelque petite séance. Là est le danger, là est la cause réelle de l'état stationnaire du spiritisme depuis cinquante ans ; il ne faut pas chercher d'autre raison que celle-là, ajoutée à

---

1 *Ibid.*, pp. 124-125.
2 Ceci n'est que la confusion ordinaire entre la métempsychose et la réincarnation.
3 *Traité méthodique de Science occulte*, p. 297.

l'ignorance et au sectarisme des chefs de groupe » [1]. Dans un autre ouvrage beaucoup plus récent, il revient sur ce sujet : « L'être humain qui a conscience de ce mystère de la réincarnation imagine tout de suite le personnage qu'il a dû être, et, comme par hasard, il se trouve que ce personnage a toujours été un homme considérable sur la terre, et d'une haute situation. Dans les réunions spirites ou théosophiques, on voit très peu d'assassins, d'ivrognes, ou d'anciens marchands de légumes ou valets de chambre (professions en somme honorables) réincarnés ; c'est toujours Napoléon, une grande princesse, Louis XIV, le Grand Frédéric, quelques Pharaons célèbres, qui sont réincarnés dans la peau de très braves gens qui arrivent à se figurer avoir été ces grands personnages qu'ils imaginent. Ce serait pour lesdits personnages déjà une assez forte punition d'être revenus sur terre dans de pareilles conditions… L'orgueil est la grande pierre d'achoppement de beaucoup de partisans de la doctrine des réincarnations, l'orgueil joue souvent un rôle aussi néfaste que considérable. Si l'on garde les grands personnages de l'histoire pour se réincarner soi-même, il faut reconnaître que les adeptes de cette doctrine conservent les assassins, les grands criminels et souvent les grands calomniés pour faire réincarner leurs ennemis » [2]. Pour remédier au mal qu'il a ainsi dénoncé, voici ce que Papus a trouvé : « On peut avoir l'intuition qu'on a vécu à telle époque, qu'on a été dans tel milieu, on peut avoir la révélation, par le monde des esprits, qu'on a été une grande dame contemporaine du très grand philosophe Abélard, si indignement compris par les grossiers contemporains, mais on n'a pas la certitude de l'être exact qu'on a été sur la terre » [3]. Donc, la grande dame en question ne sera pas nécessairement Héloïse, et, si l'on croit avoir été tel personnage célèbre, c'est simplement qu'on aura vécu dans son entourage, peut-être en qualité de domestique ; il y a là, pense évidemment Papus, de quoi mettre un frein aux divagations causées par l'orgueil ; mais nous doutons que les spirites se laissent si facilement persuader qu'ils doivent renoncer à leurs illusions. Malheureusement aussi, il y a d'autres genres de divagations qui ne sont guère moins pitoyables ; cette prudence et cette sagesse, d'ailleurs relatives, dont Papus fait preuve, ne l'empêchent pas d'écrire

---

1 *Ibid.*, p. 342.
2 *La Réincarnation*, pp. 138-139 et 142-143.
3 *Ibid.*, p. 141.

lui-même, et en même temps, des choses dans le goût de celles-ci : « Le Christ a un appartement *(sic)* renfermant des milliers d'esprits. Chaque fois qu'un esprit de l'appartement du Christ se réincarne, il obéit sur terre à la loi suivante : 1° il est l'aîné de sa famille : 2° son père s'appelle toujours Joseph ; 3° sa mère s'appelle toujours Marie, ou la correspondance numérale de ces noms en d'autres langues. Enfin, il y a dans cette naissance des esprits venant de l'appartement du Christ (et nous ne disons pas du Christ lui-même) des aspects planétaires tout à fait particuliers qu'il est inutile de révéler ici »[1]. Nous savons parfaitement à qui tout cela veut faire allusion ; nous pourrions raconter toute l'histoire de ce « Maître », ou soi-disant tel, que l'on disait être « le plus vieil esprit de la planète », et « le chef des Douze qui passèrent par la Porte du Soleil, deux ans après le milieu du siècle ». Ceux qui refusaient de reconnaître ce « Maître » se voyaient menacés d'un « retard d'évolution », devant se traduire par une pénalité de trente-trois incarnations supplémentaires, pas une de plus ni de moins !

Pourtant, en écrivant les lignes que nous avons reproduites en dernier lieu, Papus avait encore la conviction qu'il ne pouvait que contribuer par là à modérer certaines prétentions excessives, puisqu'il ajoutait : « Ignorant tout cela, une foule de visionnaires se sont prétendus la réincarnation du Christ sur la terre… et la liste n'est pas close. » Cette prévision n'était que trop justifiée ; nous avons raconté ailleurs l'histoire des Messies théosophistes, et il y en a encore bien d'autres dans des milieux analogues ; mais le messianisme des « néo-spiritualistes » est capable de revêtir les formes les plus bizarres et les plus diverses, en dehors de ces « réincarnations du Christ » dont un des prototypes fut le pasteur Guillaume Monod. Nous ne voyons pas que, à cet égard, la théorie des « esprits de l'appartement du Christ » soit beaucoup moins extravagante que les autres ; nous savons trop quel rôle déplorable elle joua dans l'école occultiste française, et cela continue toujours dans les groupements divers qui représentent aujourd'hui les débris de cette école. D'un autre côté, il est une « voyante » spirite, Mlle Marguerite Wolff (nous pouvons la nommer, la chose étant publique), qui a reçu de son « guide », en ces derniers temps, la mission d'annoncer « la prochaine réincarnation du Christ en France » ; elle-

---

[1] *La Réincarnation*, p. 140.

même se croit Catherine de Médicis réincarnée (sans parler de quelques centaines d'autres existences vécues antérieurement sur la terre et ailleurs, et dont elle aurait retrouvé le souvenir plus ou moins précis), et elle a publié une liste de plus de deux cents « réincarnations célèbres », dans laquelle elle fait connaître « ce que les grands hommes d'aujourd'hui ont été autrefois. » ; c'est là encore un cas pathologique assez remarquable [1]. Il est aussi des spirites qui ont des conceptions messianiques d'un genre tout différent : nous avons lu jadis, dans une revue spirite étrangère (nous n'avons pu retrouver la référence exacte), un article dont l'auteur critiquait assez justement ceux qui, annonçant pour un temps prochain la « seconde venue » du Christ, la présentent comme devant être une réincarnation ; mais c'était pour déclarer ensuite que, s'il ne peut admettre cette thèse, c'est tout simplement parce que le retour du Christ est déjà un fait accompli… par le spiritisme ; « Il est déjà venu, puisque, dans certains centres, on enregistre ses communications. » Vraiment, il faut avoir une foi bien robuste pour pouvoir croire ainsi que le Christ et ses Apôtres se manifestent dans des séances spirites et parlent par l'organe des médiums, surtout quand on voit de quelle qualité sont les innombrables « communications » qui leur ont été attribuées [2]. Il y eut d'autre part, dans quelques cercles américains, des « messages » où Apollonius de Tyane vint déclarer, en se faisant appuyer par divers « témoins », que c'est lui-même qui fut à la fois « le Jésus et le saint Paul des Ecritures chrétiennes », et peut-être aussi saint Jean, et qui prêcha les Evangiles, dont les originaux lui avaient été donnés par les Bouddhistes ; on peut trouver quelques-uns de ces « messages » à la fin du livre d'Henry Lacroix [3]. En dehors du spiritisme, il y eut

1 Cette équipée a eu une triste fin : tombée entre les mains d'escrocs qui l'exploitèrent odieusement, la malheureuse est aujourd'hui, paraît-il, complètement désabusée sur sa « mission ».

2 Une revue spirite assez indépendante qui se publiait à Marseille, sous le titre de *La Vie Posthume*, a donné jadis un amusant compte rendu d'une séance de « spiritisme piétiste » où se manifestèrent saint Jean, Jésus-Christ et Allan Kardec ; Papus a reproduit ce récit, non sans quelque malice, dans son *Traité méthodique de Science occulte*, pp. 332-339. — Mentionnons aussi, à propos, que les « prolégomènes » du *Livre des Esprits* portent les signatures suivantes : « Saint Jean l'Évangéliste, saint Augustin, saint Vincent de Paul, saint Louis, l'Esprit de Vérité, Socrate, Platon, Fénelon, Franklin, Swedenborg, etc., etc. » ; n'y a-t-il pas là de quoi rendre excusables les « exagérations » de certains disciples d'Allan Kardec ?

3 *Mes expériences avec les esprits*, pp. 259-280. — Les « témoins » sont Caïphe,

aussi une société secrète anglo-américaine qui enseigna l'identité de saint Paul et d'Apollonius, en prétendant que la preuve s'en trouvait « dans un petit manuscrit qui est maintenant conservé dans un monastère du Midi de la France » ; il y a bien des raisons de penser que cette source est purement imaginaire, mais la concordance de cette histoire avec les « communications » spirites dont il vient d'être question rend l'origine de celles-ci extrêmement suspecte, car elle permet de penser qu'il y eut là autre chose qu'un produit de la « subconscience » de deux ou trois déséquilibrés [1].

Il y a encore, chez Papus, d'autres histoires qui valent presque celle des « esprits de l'appartement du Christ » ; citons-en cet exemple : « De même qu'il existe des comètes qui viennent apporter la force au soleil fatigué et qui circulent entre les divers systèmes solaires, il existe aussi des envoyés cycliques qui viennent à certaines périodes remuer l'humanité engourdie dans les plaisirs ou rendue veule par une quiétude trop prolongée... Parmi ces réincarnés cycliques, qui viennent toujours d'un même appartement de l'invisible, s'ils ne sont pas du même esprit, nous citerons la réincarnation qui a frappé tant d'historiens : Alexandre, César, Napoléon. Chaque fois qu'un esprit de ce plan revient, il transforme brusquement toutes les lois de la guerre ; quel que soit le peuple qui soit mis à sa disposition, il le dynamise et en fait un instrument de conquête contre lequel rien ne peut lutter... La prochaine fois qu'il viendra, cet esprit trouvera le moyen d'empêcher la mort de plus des deux tiers de son effectif dans les combats, par la création d'un système défensif qui révolutionnera les lois de la guerre » [2]. La date de cette prochaine venue n'est pas indiquée, même approximativement, et c'est dommage ; mais peut-être faut-il louer Papus d'avoir été si prudent en la circonstance, car, chaque fois qu'il voulut se mêler de faire des prophéties un peu précises, les événements, par une incroyable malchance, ne manquèrent jamais de lui donner un dé-

---

Ponce-Pilate, le proconsul Félix, le gnostique Marcion (soi-disant saint Marc), Lucien (soi-disant saint Luc), Damis, biographe d'Apollonius, le pape Grégoire VII, et même un certain Deva Bodhastuata, personnage imaginaire qui se présentait comme « le vingt-septième prophète à partir de Bouddha » ; il paraît que plusieurs d'entre eux avaient pris pour interprète l' « esprit » de Faraday !

1 La société secrète dont il s'agit se désignait, façon plutôt énigmatique, par la dénomination d' « Ordre S. S. S. et Fraternité Z. Z. R. R. Z. Z. » ; elle fut en hostilité déclarée avec la H. B. of L.
2 *La Réincarnation*, pp. 155-159.

menti. Mais voici un autre « appartement » avec lequel il nous fait faire connaissance : « C'est encore la France (il vient de parler de Napoléon) qui eut le grand honneur d'incarner plusieurs fois une envoyée céleste de l'appartement de la Vierge de Lumière, joignant à la faiblesse de la femme la force de l'ange incarné. Sainte Geneviève forme le noyau de la nation française. Jeanne d'Arc sauve cette nation au moment où, logiquement, il n'y avait plus rien à faire » [1]. Et, à propos de Jeanne d'Arc, il ne faut pas laisser échapper l'occasion d'une petite déclaration anticléricale et démocratique : « L'Église Romaine est elle-même hostile à tout envoyé céleste, et il a fallu la formidable voix du peuple pour réformer le jugement des juges ecclésiastiques qui, aveuglés par la politique, ont martyrisé l'envoyée du Ciel » [2]. Si Papus fait venir Jeanne d'Arc de l' « appartement de la Vierge de Lumière », il y eut jadis en France une secte, surtout spirite au fond, qui s'intitulait « essénienne » (cette dénomination a eu beaucoup de succès dans tous les milieux de ce genre), qui la regardait comme le « Messie féminin », comme l'égale du Christ lui-même, enfin comme le « Consolateur céleste » et « l'Esprit de Vérité annoncé par Jésus » [3] ; et il paraît que certains spirites ont été jusqu'à la considérer comme une réincarnation du Christ en personne [4].

Mais passons à un autre genre d'extravagances auxquelles l'idée de la réincarnation a également donné lieu : nous voulons parler des rapports que les spirites et les occultistes supposent entre les existences successives ; pour eux, en effet, les actions accomplies au cours d'une vie doivent avoir des conséquences dans les vies suivantes. C'est là une causalité d'une espèce très particulière ; plus exactement, c'est l'idée de sanction morale, mais qui, au lieu d'être appliquée à une « vie future » extra-terrestre comme elle l'est dans les conceptions religieuses, se trouve ramenée aux vies terrestres en vertu de cette assertion, au moins contestable, que les actions

---

[1] *Ibid.*, p 160.
[2] *La Réincarnation*, p, 161.
[3] Il y aurait des choses assez curieuses à dire sur cette secte, qui était d'un anticatholicisme féroce ; les fantaisies pseudo-historiques de Jacolliot y étaient fort en honneur, et on y cherchait surtout à « naturaliser » le Christianisme ; nous en avons dit quelques mots ailleurs, à propos du rôle que les théosophistes attribuent aux anciens Esséniens (*Le Théosophisme*, p. 194).
[4] *Les Messies esséniens et l'Église orthodoxe*, p, 319.

accomplies sur terre doivent avoir des effets sur terre exclusivement ; le « Maître » auquel nous avons fait allusion enseignait expressément que « c'est dans le monde où l'on a contracté des dettes que l'on vient les payer ». C'est à cette « causalité éthique » que les théosophistes ont donné le nom de *karma* (tout à fait improprement, puisque ce mot, en sanscrit, ne signifie pas autre chose qu' « action ») ; dans les autres écoles, si le mot ne se trouve pas (quoique les occultistes français, malgré leur hostilité envers les théosophistes, l'emploient assez volontiers), la conception est la même au fond, et les variations ne portent que sur des points secondaires. Quand il s'agit d'indiquer avec précision les conséquences futures de telle ou telle action déterminée, les théosophistes se montrent généralement assez réservés ; mais spirites et occultistes semblent rivaliser à qui donnera à cet égard les détails les plus minutieux et les plus ridicules : par exemple, s'il faut en croire certains, si quelqu'un s'est mal conduit envers son père, il renaîtra boiteux de la jambe droite ; si c'est envers sa mère, il sera boiteux de la jambe gauche, et ainsi de suite. Il en est d'autres qui mettent aussi, dans certains cas, les infirmités de ce genre sur le compte d'accidents arrivés dans des existences antérieures ; nous avons connu un occultiste qui, étant boiteux, croyait fermement que c'était parce que, dans sa vie précédente, il s'était cassé la jambe en sautant par une fenêtre pour s'évader des prisons de l'Inquisition. On ne saurait croire jusqu'où peut aller le danger de ces sortes de choses : il arrive journellement, surtout dans les milieux occultistes, qu'on apprend à quelqu'un qu'il a commis autrefois tel ou tel crime, et qu'il doit s'attendre à le « payer » dans sa vie actuelle ; on ajoute encore qu'il ne doit rien faire pour échapper à ce châtiment qui l'atteindra tôt ou tard, et qui sera même d'autant plus grave que l'échéance en aura été plus reculée. Sous l'empire d'une telle suggestion, le malheureux courra véritablement au-devant du soi-disant châtiment et s'efforcera même de le provoquer ; s'il s'agit d'un fait dont l'accomplissement dépend de sa volonté, les choses les plus absurdes ne feront pas hésiter celui qui en est arrivé à ce degré de crédulité et de fanatisme. Le « Maître » (toujours le même) avait persuadé à un de ses disciples que, en raison de nous ne savons trop quelle action commise dans une autre incarnation, il devait épouser une femme amputée de la jambe gauche ; le disciple (c'était d'ailleurs un ingénieur, donc un homme devant avoir un certain degré d'intelligence et d'instruction) fit paraître des annonces dans divers journaux pour trouver une personne remplissant la condition requise, et il finit par la trouver en effet. Ce n'est là qu'un trait parmi bien d'autres analogues, et nous le citons parce qu'il est tout à fait caractéristique de la mentalité des gens dont il s'agit ; mais il en est qui peuvent avoir des résultats plus tragiques, et nous avons connu un autre occultiste qui, ne désirant rien tant qu'une mort accidentelle qui devait le libérer d'un lourd *karma*, avait tout simplement pris le parti de ne rien faire pour éviter les voitures qu'il rencontrerait sur son chemin ; s'il n'allait pas jusqu'à se jeter sous leurs roues, c'est seulement qu'il devait mourir par accident, et non par un suicide qui, au lieu d'acquitter son karma, n'eût fait au contraire que l'aggraver encore. Qu'on n'aille pas supposer que nous exagérons le moins du monde ; ces choses-là ne s'inventent pas, et la puérilité même de certains détails est, pour qui connaît ces milieux, une garantie d'authenticité ; du reste, nous pourrions au besoin donner les noms des diverses personnes auxquelles ces aventures sont arrivées. On ne peut que plaindre ceux qui sont les victimes de semblables suggestions ; mais que faut-il penser de ceux qui en sont les auteurs responsables ? S'ils sont de mauvaise foi, ils mériteraient assurément d'être dénoncés comme de véritables malfaiteurs ; s'ils sont sincères, ce qui est possible en bien des cas, on devrait les traiter comme des fous dangereux.

Quand ces choses restent dans le domaine de la simple théorie, elles ne sont que grotesques : tel est l'exemple, bien connu chez les spirites, de la victime qui poursuit jusque dans une autre existence sa vengeance contre son meurtrier ; l'assassiné d'autrefois deviendra alors assassin à son tour, et le meurtrier, devenu victime, devra se venger à son tour dans une autre existence,... et ainsi de suite indéfiniment. Un autre exemple du même genre est celui du cocher qui écrase un piéton ; par punition, car la « justice » posthume des spirites s'étend même à l'homicide par imprudence, ce cocher, devenu piéton dans sa vie suivante, sera écrasé par le piéton devenu cocher ; mais, logiquement, celui-ci, dont l'acte ne diffère pas du premier, devra ensuite subir la même punition, et toujours du fait de sa victime, de sorte que ces deux malheureux individus seront obligés de s'écraser ainsi alternativement l'un l'autre jusqu'à la fin des siècles, car il n'y a évidemment aucune raison pour que cela s'arrête ; que l'on demande plutôt à M. Gabriel Delaune ce qu'il pense de ce raisonnement. Sur ce point encore, il est d'autres « néo-spiritualistes » qui ne le cèdent en rien aux spirites, et nous avons entendu un occultiste à tendances mystiques raconter l'histoire suivante, comme exemple des conséquences effrayantes que peuvent entraîner des actes considérés généralement comme assez indifférents : un écolier s'amuse à briser une plume, puis la jette ; les molécules du métal garderont, à travers toutes les transformations qu'elles auront à subir, le souvenir de la méchanceté dont cet enfant a fait preuve à leur égard ; finalement, après quelques siècles, ces molécules passeront dans les organes d'une machine quelconque, et, un jour, un accident se produira, et un ouvrier mourra broyé par cette machine ; or il se trouvera justement que cet ouvrier sera l'écolier dont il a été question, qui se sera réincarné pour subir le châtiment de son acte antérieur. Il serait assurément difficile d'imaginer quelque chose de plus extravagant que de semblables contes fantastiques, qui suffisent pour donner une juste idée de la mentalité de ceux qui les inventent, et surtout de ceux qui y croient.

Dans ces histoires, comme on le voit, il est le plus souvent question de châtiments ; cela peut sembler étonnant chez des gens qui se vantent d'avoir une doctrine « consolante » avant tout, mais c'est sans doute ce qui est le plus propre à frapper les imaginations. De plus, comme nous l'avons dit, on fait bien espérer des récompenses pour l'avenir ; mais, quant à faire connaître ce qui, dans la vie présente, est la récompense de telle ou telle bonne action accomplie dans le passé, il paraît que cela aurait l'inconvénient de pouvoir donner naissance à des sentiments d'orgueil ; ce serait peut-être encore moins funeste, après tout, que de terroriser de pauvres gens avec le « paiement » de leurs « dettes » imaginaires. Ajoutons qu'on envisage aussi quelquefois des conséquences d'un caractère plus inoffensif : c'est ainsi que Papus assure qu' « il est rare qu'un être spirituel réincarné sur terre ne soit pas amené, par des circonstances en apparence fortuites, à parler, outre sa langue actuelle, la langue du pays de sa dernière incarnation antérieure »[1] ; il ajoute que « c'est une remarque intéressante à contrôler », mais, malheu-

---

1 *La Réincarnation*, p. 135.

reusement, il oublie d'indiquer par quel moyen on pourrait y parvenir. Puisque nous citons encore une fois Papus, n'oublions pas, car c'est une curiosité digne d'être notée, de dire qu'il enseignait (mais nous ne croyons pas qu'il ait osé l'écrire) que l'on peut parfois se réincarner avant d'être mort ; il reconnaissait que ce devait être un cas exceptionnel, mais enfin il présentait volontiers le tableau d'un grand-père et de son petit-fils n'ayant qu'un seul et même esprit, qui s'incarnerait progressivement dans l'enfant (telle est en effet la théorie des occultistes, qui précisent que l'incarnation n'est complète qu'au bout de sept ans) à mesure que le vieillard irait en s'affaiblissant. Du reste, l'idée qu'on peut se réincarner dans sa propre descendance lui était particulièrement chère, parce qu'il y voyait un moyen de justifier, à son point de vue, les paroles par lesquelles « le Christ proclame que le péché peut être puni jusqu'à la septième génération » [1] ; la conception de ce qu'on pourrait appeler une « responsabilité héréditaire » semblait lui échapper entièrement, et pourtant, même physiologiquement, il y a là un fait qui n'est guère contestable. Dès lors que l'individu humain tient de ses parents certains éléments corporels et psychiques, il les prolonge en quelque sorte partiellement sous ce double rapport, il est véritablement quelque chose, deux tout en étant lui-même, et ainsi les conséquences de leurs actions peuvent s'étendre jusqu'à lui ; c'est de cette façon, du moins, que l'on peut exprimer les choses en les dépouillant de tout caractère spécifiquement moral. Inversement, on peut dire encore que l'enfant, et même tous les descendants, sont potentiellement inclus dès l'origine dans l'individualité des parents, toujours sous le double rapport corporel et psychique, c'est-à-dire, non pas en ce qui concerne l'être proprement spirituel et personnel, mais en ce qui constitue l'individualité humaine comme telle ; et ainsi la descendance peut être regardée comme ayant participé, en une certaine manière, aux actions des parents, sans pourtant exister actuellement à l'état individualisé. Nous indiquons là les deux aspects complémentaires de la question ; nous ne nous y arrêterons pas davantage, mais peut-être cela suffira-t-il pour que quelques-uns entrevoient tout le parti qu'on en pourrait tirer quant à la théorie du « péché originel ».

---

1 *Ibid.*, p, 35. — Cette phrase paraît n'avoir aucun rapport avec le reste du passage dans lequel elle se trouve intercalée, mais nous savons qu'elle était la pensée de Papus sur ce point (cf. *ibid.*, pp. 103-105).

Les spirites, précisément, protestent contre cette idée du « péché originel », d'abord parce qu'elle choque leur conception spéciale de la justice, et aussi parce qu'elle a des conséquences contraires à leur théorie « progressiste » ; Allan Kardec ne veut y voir qu'une expression du fait que « l'homme est venu sur la terre, portant en soi le germe de ses passions et les traces de son infériorité primitive », de sorte que, pour lui, « le péché originel tient à la nature encore imparfaite de l'homme, qui n'est ainsi responsable que de lui-même et de ses propres fautes, et non de celles de ses pères » ; tel est du moins, sur cette question, l'enseignement qu'il attribue à l' « esprit » de saint Louis [1]. M. Léon Denis s'exprime en termes plus précis, et aussi plus violents : « Le péché originel est le dogme fondamental sur lequel repose tout l'édifice des dogmes chrétiens. Idée vraie au fond, mais fausse dans la forme et dénaturée par l'Église. Vraie en ce sens que l'homme souffre de l'intuition qu'il conserve des fautes commises dans ses vies antérieures, et des conséquences qu'elles entraînent pour lui. Mais cette souffrance est personnelle et méritée. Nul n'est responsable des fautes d'autrui, s'il n'y a participé. Présenté sous son aspect dogmatique, le péché originel, qui punit toute la postérité d'Adam, c'est-à-dire l'humanité entière, de la désobéissance du premier couple, pour la sauver ensuite par une iniquité plus grande, l'immolation d'un juste, est un outrage à la raison et à la morale, considérés dans leurs principes essentiels : la bonté et la justice ; Il a plus fait pour éloigner l'homme de la croyance en Dieu que toutes les attaques et toutes les critiques de la philosophie » [2]. On pourrait demander à l'auteur si la transmission héréditaire d'une maladie n'est pas également, suivant sa manière de voir, « un outrage à la raison et à la morale », ce qui ne l'empêche pas d'être un fait réel et fréquent [3] ; ou pourrait lui demander aussi si la justice, entendue au sens humain (et c'est bien ainsi qu'il l'entend, sa conception de Dieu étant tout anthropomorphique et « anthropopathique »), peut consister en autre chose qu'à « compenser une injustice par une autre injus-

---

1 *Le Livre des Esprits*, pp. 445-447.
2 *Christianisme et Spiritisme*, pp. 93-96.
3 En dépit de M. Léon Denis (*ibid.*, pp. 97-98), il n'est pas nécessaire d'être matérialiste pour admettre l'hérédité ; mais les spirites, pour les besoins de leur thèse, n'hésitent pas à nier l'évidence même. M. Gabriel Delanne, par contre, admet l'hérédité dans une certaine mesure (*L'Evolution animique*, pp.287-301).

tice », comme le disent les Chinois ; mais, au fond, les déclamations de ce genre ne méritent même pas la moindre discussion. Ce qui est plus intéressant, c'est de noter ici un procédé qui est habituel aux spirites, et qui consiste à prétendre que les dogmes de l'Église, et aussi les diverses doctrines de l'antiquité, sont une déformation de leurs propres théories ; ils oublient seulement que celles-ci sont d'invention toute moderne, et ils ont cela de commun avec les théosophistes, qui présentent leur doctrine comme « la source de toutes les religions » : M. Léon Denis n'a-t-il pas été aussi jusqu'à déclarer formellement que « toutes les religions, à leur origine, reposent sur des faits spirites et n'ont pas d'autres sources que le spiritisme »[1] ? Dans le cas actuel, l'opinion des spirites, c'est que la péché originel est une figure des fautes commises dans les vies antérieures, figure dont le vrai sens ne peut évidemment être compris que par ceux qui, comme eux, croient à la réincarnation ; il est fâcheux, pour la solidité de cette thèse, qu'Allan Kardec soit quelque peu postérieur à Moïse !

Les occultistes donnent du péché originel et de la chute de l'homme des interprétations qui, si elles ne sont pas mieux fondées, sont du moins plus subtiles en général ; il en est une que nous ne pouvons nous dispenser de signaler ici, car elle se rattache très directement à la théorie de la réincarnation. Cette explication appartient en propre à un occultiste français, étranger à l'école papusienne, et qui revendique pour lui seul le droit à la qualification d' « occultiste chrétien » (quoique les autres aient la prétention d'être chrétiens aussi, à moins qu'ils ne préfèrent se dire « christiques ») ; une de ses particularités est que, se moquant à tout propos des triples et septuples sens des ésotéristes et des kabbalistes, il veut s'en tenir à l'interprétation littérale des Ecritures, ce qui ne l'empêche pas, comme on va le voir, d'accommoder cette interprétation à ses conceptions personnelles. Il faut savoir, pour comprendre sa théorie, que cet occultiste est partisan du système géocentrique, en ce sens qu'il regarde la terre comme le centre de l'Univers, sinon matériellement, du moins par un certain privilège en ce qui concerne la nature de ses habitants [2] : pour lui, la terre est <u>le seul monde</u> où il y ait des êtres humains, parce que les condi-

[1] Discours prononcé au Congrès spirite de Genève, en 1913.
[2] D'autres occultistes, qui ont des conceptions astronomiques toutes spéciales, vont jusqu'à soutenir que la terre est, même matériellement, le centre de l'Univers.

tions de la vie sur les autres planètes ou dans les autres systèmes sont trop différentes de celles de la terre pour qu'un homme puisse s'y adapter, d'où il résulte manifestement que, par « homme », il entend exclusivement un individu corporel, doué des cinq sens que nous connaissons, des facultés correspondantes, et de tous les organes nécessaires aux diverses fonctions de la vie humaine terrestre. Par suite, les hommes ne peuvent se réincarner que sur la terre, puisqu'il n'y a aucun autre lieu dans l'Univers où il leur soit possible de vivre (il va sans dire qu'il ne saurait être question là-dedans de sortir de la condition spatiale), et que d'ailleurs ils demeurent toujours hommes en se réincarnant ; on ajoute même qu'un changement de sexe leur est tout à fait impossible. À l'origine, l'homme, « sortant des mains du Créateur » (les expressions les plus anthropomorphiques doivent être prises ici à la lettre, et non comme les symboles qu'elles sont en réalité), fut placé sur la terre pour « cultiver son jardin », c'est-à-dire, à ce qu'il paraît, pour « évoluer la matière physique », supposée plus subtile alors qu'aujourd'hui. Par « l'homme », il faut entendre la collectivité humaine tout entière, la totalité du genre humain, regardée comme la somme de tous les individus (que l'on remarque cette confusion de la notion d'espèce avec celle de collectivité, qui est très commune aussi parmi les philosophes modernes), de telle sorte que « tous les hommes », sans aucune exception, et en nombre inconnu, mais assurément fort grand, furent d'abord incarnés en même temps sur la terre. Ce n'est pas l'avis des autres écoles, qui parlent souvent des « différences d'âge des esprits humains » (surtout ceux qui ont eu le privilège de connaître « le plus vieil esprit de la planète »), et même des moyens de les déterminer, principalement par l'examen des « aspects planétaires » de l'horoscope ; mais passons. Dans les conditions que nous venons de dire, il ne pouvait évidemment se produire aucune naissance, puisqu'il n'y avait aucun homme non incarné, et il en fut ainsi tant que l'homme ne mourut pas, c'est-à-dire jusqu'à la chute, à laquelle tous durent ainsi participer en personne (c'est là le point essentiel de la théorie), et que l'on considère d'ailleurs comme « pouvant représenter toute une suite d'événements qui ont dû se dérouler au cours d'une période de plusieurs siècles » ; mais on évite prudemment de se prononcer sur la nature exacte de ces événements. À partir de la chute, la matière phy-

DEUXIÈME PARTIE

sique devint plus grossière, ses propriétés furent modifiées, elle fut soumise à la corruption, et les hommes, emprisonnés dans cette matière, commencèrent à mourir, à « se désincarner » ; ensuite, ils commencèrent également à naître, car ces hommes « désincarnés », restés « dans l'espace » (on voit combien l'influence du spiritisme est grande dans tout cela), ou dans l' « atmosphère invisible » de la terre, tendaient à se réincarner, à reprendre la vie physique terrestre dans de nouveaux corps humains, c'est-à-dire, en somme, à revenir à leur condition normale. Ainsi, suivant cette conception, ce sont toujours les mêmes êtres humains qui doivent renaître périodiquement du commencement à la fin de l'humanité terrestre (en admettant que l'humanité terrestre ait une fin, car il est aussi des écoles selon lesquelles le but qu'elle doit atteindre est de rentrer en possession de l' « immortalité physique » ou corporelle, et chacun des individus qui la composent se réincarnera sur la terre jusqu'à ce qu'il soit finalement parvenu à ce résultat). Assurément, tout ce raisonnement est fort simple et parfaitement logique, mais à la condition d'en admettre d'abord le point de départ, et spécialement d'admettre l'impossibilité pour l'être humain d'exister dans des modalités autres que la forme corporelle terrestre, ce qui n'est en aucune façon conciliable avec les notions même les plus élémentaires de la métaphysique ; il paraît pourtant, du moins au dire de son auteur, que c'est là l'argument le plus solide que l'on puisse fournir à l'appui de l'hypothèse de la réincarnation [1] !

Nous pouvons nous arrêter là, car nous n'avons pas la prétention d'épuiser la liste de ces excentricités ; nous en avons dit assez pour qu'on puisse se rendre compte de tout ce que la diffusion de l'idée réincarnationniste a d'inquiétant pour l'état mental de nos contemporains. On ne doit pas s'étonner que nous ayons pris certains de nos exemples en dehors du spiritisme, car c'est à celui-ci que cette idée a été empruntée par toutes les autres écoles qui l'enseignent ; c'est donc sur le spiritisme que retombe, au moins indirectement, la responsabilité de cette étrange folie. Enfin, nous nous excuserons d'avoir, dans ce qui précède, omis l'indication de certains noms ; nous ne voulons pas faire œuvre de polémique, et, si l'on peut assurément citer sans inconvénient, avec références à l'appui, tout ce

1 Ceci était écrit lorsque nous avons appris la mort de l'occultiste auquel nous faisions allusion ; nous pouvons donc dire maintenant que c'est du Dr Rozier qu'il s'agit dans ce paragraphe.

qu'un auteur a publié sous sa propre signature, ou même sous un pseudonyme quelconque, le cas est un peu différent lorsqu'il s'agit de choses qui n'ont pas été écrites ; pourtant, si nous nous voyons obligé de donner quelque jour des précisions plus grandes, nous n'hésiterons pas à le faire dans l'intérêt de la vérité, et les circonstances seules détermineront notre conduite à cet égard.

Chapitre VIII
Les limites de l'expérimentation

Avant de quitter la question de la réincarnation, il nous reste encore à parler des prétendues « preuves expérimentales » ; assurément, quand une chose est démontrée impossible, comme c'est le cas, tous les faits qui peuvent être invoqués en sa faveur sont parfaitement insignifiants, et l'on peut être assuré d'avance que ces faits sont mal interprétés ; mais il est parfois intéressant et utile de remettre les choses au point, et nous allons trouver là un bon exemple des fantaisies pseudo-scientifiques auxquelles se complaisent les spirites et même certains psychistes qui se laissent, souvent à leur insu, gagner peu à peu par la contagion « néo-spiritualiste ». Tout d'abord, nous rappellerons et nous préciserons ce que nous avons dit précédemment en ce qui concerne les cas que l'on présente comme des cas de réincarnation, en raison d'un prétendu « réveil de souvenirs » se produisant spontanément : lorsqu'ils sont réels (car il en est qui sont au moins fort mal contrôlés, et que les auteurs qui traitent de ces sortes de choses répètent l'un après l'autre sans jamais se donner la peine de les vérifier), ce ne sont là que de simples cas de métem-psychose, au vrai sens de ce mot, c'est-à-dire de transmission de certains éléments psychiques d'une individualité à une autre. Il en est même pour lesquels il n'y a peut-être pas besoin d'aller chercher si loin : ainsi, il arrive parfois qu'une personne rêve d'un lieu qu'elle ne connaît pas, et que, par la suite, allant pour la première fois dans un pays plus ou moins éloigné, elle y retrouve tout ce qu'elle avait vu ainsi comme par anticipation ; si elle n'avait pas gardé de son rêve un souvenir clairement conscient, et si cependant la reconnaissance se produisait, elle pourrait, en admettant qu'elle croie à la réincarnation, s'imaginer qu'il y a là quelque réminiscence d'une existence antérieure ;

et c'est ainsi que peuvent s'expliquer effectivement bien des cas, au moins parmi ceux où les lieux reconnus n'évoquent pas l'idée d'un événement précis. Ces phénomènes, que l'on peut rattacher à la classe des rêves dits « prémonitoires », sont loin d'être rares, mais ceux à qui ils arrivent évitent le plus souvent d'en parler par crainte de passer pour « hallucinés » (encore un mot dont on abuse et qui n'explique jamais rien au fond), et l'on pourrait en dire autant des faits de « télépathie » et autres du même genre ; ils mettent en jeu quelques prolongements obscurs de l'individualité, appartenant au domaine de la « subconscience », et dont l'existence s'explique plus facilement qu'on ne pourrait le croire. En effet, un être quelconque doit porter en lui-même certaines virtualités qui soient comme le germe de tous les événements qui lui arriveront, car ces événements, en tant qu'ils représentent des états secondaires ou des modifications de lui-même, doivent avoir dans sa propre nature leur principe ou leur raison d'être ; c'est là un point que Leibnitz, seul parmi tous les philosophes modernes, a assez bien vu, quoique sa conception se trouve faussée par l'idée que l'individu est un être complet et une sorte de système clos. On admet assez généralement l'existence, dès l'origine, de tendances ou de prédispositions d'ordres divers, tant psychologiques que physiologiques ; on ne voit pas pourquoi il en serait ainsi pour certaines choses seulement, parmi celles qui se réaliseront ou se développeront dans le futur, tandis que les autres n'auraient aucune correspondance dans l'état présent de l'être ; si l'on dit qu'il y a des événements qui n'ont qu'un caractère purement accidentel, nous répliquerons que cette façon de voir implique la croyance au hasard, qui n'est pas autre chose que la négation du principe de raison suffisante. On reconnaît sans difficulté que tout événement passé qui a affecté un être si peu que ce soit doit laisser en lui quelque trace, même organique (on sait que certains psychologues voudraient expliquer la mémoire par un soi-disant « mécanisme » physiologique), mais on a peine à concevoir qu'il y ait, sous ce rapport, une sorte de parallélisme entre le passé et le futur ; cela tient tout simplement à ce qu'on ne se rend pas compte de la relativité de la condition temporelle. Il y aurait, à cet égard, toute une théorie à exposer, et qui pourrait donner lieu à de longs développements ; mais il nous suffit d'avoir signalé qu'il y a là des possibilités qui ne devraient pas être négligées, encore qu'on puisse éprouver quelque gêne à les faire rentrer dans les cadres de la science ordinaire, qui ne s'appliquent qu'à une très petite portion de l'individualité humaine et du monde où elle se déploie ; que serait-ce s'il s'agissait de dépasser le domaine de cette individualité ?

Pour ce qui est des cas qui ne peuvent s'expliquer de la façon précédente, ce sont surtout ceux où la personne qui reconnaît un lieu où elle n'était jamais venue a en même temps l'idée plus ou moins nette qu'elle y a vécu, ou qu'il lui est arrivé là tel ou tel événement, ou encore qu'elle y est morte (le plus souvent de mort violente) ; or, dans les cas où l'on a pu procéder à certaines vérifications, on a été amené à constater que ce que cette personne croit ainsi lui être arrivé à elle-même est effectivement arrivé dans ce lieu à un de ses ancêtres plus ou moins éloignés. Il y a là un exemple très net de cette transmission héréditaire d'éléments psychiques dont nous avons parlé ; on pourrait désigner les faits de ce genre sous le nom de « mémoire ancestrale », et les éléments qui se transmettent ainsi sont en effet, pour une bonne part, de l'ordre de la mémoire. Ce qui est singulier à première vue, c'est que cette mémoire peut ne se manifester qu'après plusieurs générations ; mais on sait qu'il en est exactement de même pour les ressemblances corporelles, et aussi pour certaines maladies héréditaires. On peut fort bien admettre que, pendant tout l'intervalle, le souvenir en question est demeuré à l'état latent et « subconscient », attendant une occasion favorable pour se manifester ; si la personne chez laquelle le phénomène se produit n'était pas allée dans le lieu voulu, ce souvenir aurait continué plus longtemps encore à se conserver comme il l'avait fait jusque là, sans pouvoir devenir clairement conscient. D'ailleurs, il en est exactement de même pour ce qui, dans la mémoire, appartient en propre à l'individu : tout se conserve, puisque tout a, d'une façon permanente, la possibilité de reparaître, même ce qui semble le plus complètement oublié et ce qui est le plus insignifiant en apparence, comme on le voit dans certains cas plus ou moins anormaux ; mais, pour que tel souvenir déterminé reparaisse, il faut que les circonstances s'y prêtent, de sorte que, en fait, il y en a beaucoup qui ne reviennent jamais dans le champ de la conscience claire et distincte. Ce qui se passe dans le domaine des prédispositions organiques est exactement analogue : un individu peut porter en lui, à l'état latent, telle ou telle maladie, le cancer par exemple, mais cette maladie ne se développera que sous l'action d'un choc ou de quelque cause d'affaiblissement de l'organisme ; si de telles circonstances ne se rencontrent pas, la maladie ne se développera jamais, mais son germe n'en existe pas moins réellement et présentement dans l'organisme, de même qu'une tendance psychologique qui ne se manifeste par aucun acte extérieur n'en est pas moins réelle pour cela en elle-même. Maintenant, nous devons ajouter que, puisqu'il ne saurait y avoir de circonstances fortuites, et qu'une semblable supposition est même dépourvue de sens (ce n'est pas parce que nous ignorons la cause d'une chose que cette cause n'existe pas), il doit y avoir une raison pour que la « mémoire ancestrale » se manifeste chez tel individu plutôt que chez tout autre membre de la même famille, de même qu'il doit y en avoir une pour qu'une personne ressemble physiquement à tel de ses ancêtres plutôt qu'à tel autre et qu'à ses parents immédiats. C'est ici qu'il faudrait faire intervenir ces lois de l' « affinité » auxquelles il a été fait allusion plus haut ; mais nous risquerions d'être entraîné bien loin s'il fallait expliquer comment une individualité peut être liée plus particulièrement à une autre, d'autant plus que les liens de ce genre ne sont pas forcément héréditaires dans tous les cas, et que, si étrange que cela paraisse, il peut même en exister entre un être humain et des êtres non humains ; et encore, outre les liens naturels, il peut en être créé artificiellement par certains procédés qui sont du domaine de la magie, et même d'une magie assez inférieure. Sur ce point comme sur tant d'autres, les occultistes ont donné des explications éminemment fantaisistes ; c'est ainsi que Papus a écrit ceci : « Le corps physique appartient à une famille animale dont sont parvenues *(sic)* la plupart de ses cellules, après une évolution astrale. La transformation évolutive des corps se fait en plan astral ; il y a donc des corps humains qui se rattachent par leur forme physiognomonique, soit au chien, soit au singe, soit au loup, soit même aux oiseaux ou aux poissons. C'est là l'origine secrète des totems de la race rouge et de la race noire » [1]. Nous avouons ne pas comprendre ce que peut être une « évolution astrale » d'éléments corporels ; mais, après tout, cette explication vaut bien celle des sociologues, qui s'imaginent

---

[1] *La Réincarnation*, pp. 11-12.

que le « totem » animal ou même végétal est regardé, littéralement et matériellement, comme l'ancêtre de la tribu, sans paraître se douter que le « transformisme » est d'invention toute récente. En réalité, ce n'est pas d'éléments corporels qu'il s'agit dans tout cela, mais d'éléments psychiques (nous avons déjà vu que Papus faisait cette confusion sur la nature de la métempsychose) ; et il est évidemment peu raisonnable de supposer que la majorité des cellules d'un corps humain, ou plutôt de leurs éléments constituants, aient une provenance identique, tandis que, dans l'ordre psychique, il peut y avoir, comme nous l'avons dit, conservation d'un ensemble plus ou moins considérable d'éléments demeurant associés, Quant à l' « origine secrète des totems », nous pouvons affirmer qu'elle est restée vraiment secrète en effet pour les occultistes, tout aussi bien que pour les sociologues ; du reste, il vaut peut-être mieux qu'il en soit ainsi, car ces choses ne sont pas de celles sur lesquelles il est facile de s'expliquer sans réserves, à cause des conséquences et des applications pratiques que certains ne manqueraient pas de vouloir en tirer ; il y en a déjà bien assez d'autres, passablement dangereuses aussi, dont on ne peut que regretter qu'elles soient à la disposition du premier expérimentateur venu.

Nous venons de parler des cas de transmission non héréditaire ; quand cette transmission ne porte que sur des éléments peu importants, on ne la remarque guère, et même il est à peu près impossible de la constater nettement. Il y a certainement, en chacun de nous, de ces éléments qui proviennent de la désagrégation des individualités qui nous ont précédés (il ne s'agit naturellement ici que de la partie mortelle de l'être humain) ; si certains d'entre eux, ordinairement « subconscients », apparaissent à la conscience claire et distincte, on s'aperçoit bien qu'on porte en soi-même quelque chose dont on ne s'explique pas l'origine, mais on n'y prête généralement que peu d'attention, d'autant plus que ces éléments semblent incohérents et dépourvus de liaison avec le contenu habituel de la conscience. C'est surtout dans les cas anormaux, comme chez les médiums et les sujets hypnotiques, que les phénomènes de ce genre ont le plus de chances de se produire avec quelque ampleur ; et, chez eux aussi, il peut y avoir manifestation d'éléments de provenance analogue, mais « adventices », qui ne s'agrègent que passagèrement à leur individualité, au lieu d'en être partie intégrante ; mais il peut arriver encore que ces derniers éléments, une fois qu'ils ont pénétré en eux, s'y fixent d'une façon permanente, et ce n'est pas là un des moindres dangers de cette sorte d'expériences. Pour revenir au cas où il s'agit d'une transmission s'opérant spontanément, l'illusion de la réincarnation ne peut guère avoir lieu que par la présence d'un ensemble notable d'éléments psychiques de même provenance, suffisant pour représenter à peu près l'équivalent d'une mémoire individuelle plus ou moins complète ; cela est plutôt rare, mais il semble bien qu'on en ait constaté au moins quelques exemples. C'est vraisemblablement là ce qui se produit lorsque, un enfant étant mort dans une famille, il naît ensuite un autre enfant qui possède, au moins partiellement, la mémoire du premier ; il serait difficile, en effet, d'expliquer de tels faits par une simple suggestion, ce qui ne veut pourtant pas dire que les parents n'aient pas joué un rôle inconscient dans le transfert réel, que la sentimentalité ne contribuera pas peu à interpréter dans un sens réincarnationniste. Il est arrivé aussi que le transfert de la mémoire s'est opéré chez un enfant appartenant à une autre famille et à un autre milieu, ce qui va à l'encontre de l'hypothèse de la suggestion ; en tout cas, lorsqu'il y a eu mort prématurée, les éléments psychiques persistent plus facilement sans se dissoudre, et c'est pourquoi la plupart des exemples que l'on rapporte concernent des enfants. On en cite pourtant aussi quelques-uns où il s'agit de personnes ayant manifesté, dans leur jeune âge, la mémoire d'individus adultes ; mais il en est qui sont plus douteux que les précédents, et où tout pourrait fort bien se réduire à une suggestion ou à une transmission de pensée ; naturellement, si les faits se sont produits dans un milieu ayant subi l'influence des idées spirites, ils doivent être tenus pour extrêmement suspects, sans que la bonne foi de ceux qui les ont constatés soit pour cela en cause le moins du monde, pas plus que ne l'est celle des expérimentateurs qui déterminent involontairement la conduite de leurs sujets en conformité avec leurs propres théories. Toutefois, il n'y a rien d'impossible « à priori » dans tous ces faits, si ce n'est l'interprétation réincarnationniste ; il en est encore d'autres où certains ont voulu voir des preuves de la réincarnation, comme le cas des « enfants prodiges » [1], qui s'expliquent d'une façon très satisfaisante

---

[1] Allan Kardec, *Le Livre des Esprits*, p. 101 ; Léon Denis, *Après la mort*, p. 166 ; *Christianisme et Spiritisme*, p. 296 ; Gabriel Delanne, *L'Evolution animique*, p. 282,

par la présence d'éléments psychiques préalablement élaborés et développés par d'autres individualités. Ajoutons aussi qu'il est possible que la désintégration psychique, même en dehors des cas de mort prématurée, soit parfois empêchée ou tout au moins retardée artificiellement ; mais c'est encore là un sujet sur lequel il est préférable de ne pas insister. Quant aux véritables cas de « postérité spirituelle », dans le sens que nous avons indiqué précédemment, nous n'avons pas à en parler ici, car ces cas, par leur nature même, échappent forcément aux moyens d'investigation très restreints dont disposent les expérimentateurs.

Nous avons déjà dit que la mémoire est soumise à la désagrégation posthume, parce qu'elle est une faculté de l'ordre sensible ; il convient d'ajouter qu'elle peut aussi subir, du vivant même de l'individu, une sorte de dissociation partielle. Les multiples maladies de la mémoire, étudiées par les psycho-physiologistes, ne sont pas autre chose au fond ; et c'est ainsi qu'on doit expliquer, en particulier, les soi-disant « dédoublements de la personnalité », où il y a comme un fractionnement en deux ou plusieurs mémoires différentes, qui occupent alternativement le champ de la conscience claire et distincte ; ces mémoires fragmentaires doivent naturellement coexister, mais, une seule d'entre elles pouvant être pleinement consciente à un moment donné, les autres se trouvent alors refoulées dans les domaines de la « subconscience » ; d'ailleurs, il y a parfois communication entre elles dans une certaine mesure. De tels faits se produisent spontanément chez certains malades, ainsi que dans le somnambulisme naturel ; ils peuvent aussi être réalisés expérimentalement dans les « états seconds » des sujets hypnotiques, auxquels les phénomènes d' « incarnation » spirite doivent être assimilés dans la plupart des cas. Sujets et médiums diffèrent surtout des hommes normaux par une certaine dissociation de leurs éléments psychiques, qui va du reste en s'accentuant avec l'entraînement qu'ils subissent ; c'est cette dissociation qui rend possibles les phénomènes dont il s'agit, et qui permet également que des éléments hétéroclites viennent en quelque sorte s'intercaler dans leur individualité.

Le fait que la mémoire ne constitue pas un principe vraiment permanent de l'être humain, sans parler des conditions organiques

---

etc.

auxquelles elle est plus ou moins étroitement liée (au moins quant à ses manifestations extérieures), doit faire comprendre pourquoi nous n'avons pas fait état d'une objection que l'on oppose souvent à la thèse réincarnationniste, et que les défenseurs de celle-ci estiment pourtant « considérable » : c'est l'objection tirée de l'oubli, pendant une existence, des existences antérieures. La réponse qu'y fait Papus est assurément encore plus faible que l'objection elle-même : « Cet oubli, dit-il, est une nécessité inéluctable pour éviter le suicide. Avant de revenir sur terre ou dans le plan physique, tout esprit voit les épreuves qu'il aura à subir, il ne revient qu'après acceptation consciente de toutes ces épreuves. Or, si l'esprit savait, une fois incarné, tout ce qu'il aura à supporter, sa raison sombrerait, son courage se perdrait, et le suicide conscient serait l'aboutissant d'une vision claire… Il faudrait enlever la faculté de suicide à l'homme si l'on voulait qu'il gardât avec certitude le souvenir des existences antérieures »[1]. On ne voit pas qu'il y ait un rapport nécessaire entre le souvenir des existences antérieures et la prévision de l'existence présente ; si cette prévision n'a été imaginée que pour répondre à l'objection de l'oubli, ce n'était vraiment pas la peine ; mais il faut dire aussi que la conception toute sentimentale des « épreuves » joue un très grand rôle chez les occultistes. Sans en chercher aussi long, les spirites sont quelquefois plus logiques ; c'est ainsi que M. Léon Denis, tout en déclarant d'ailleurs que « l'oubli du passé est, pour l'homme, la condition indispensable de toute épreuve et de tout progrès terrestre », et en y joignant encore quelques autres considérations non moins sentimentales, dit simplement ceci : « Le cerveau ne peut recevoir et emmagasiner que les impressions communiquées par l'âme à l'état de captivité dans la matière. La mémoire ne saurait reproduire que ce qu'elle a enregistré. À chaque renaissance, l'organisme cérébral constitue, pour nous, comme un livre neuf sur lequel se gravent les sensations et les images »[2]. C'est peut-être un peu rudimentaire, parce que la mémoire, malgré tout, n'est pas de nature corporelle ; mais enfin c'est assez plausible, d'autant plus qu'on ne manque pas de faire remarquer qu'il y a bien des parties de notre existence actuelle dont nous semblons n'avoir aucun souvenir. Encore une fois, l'objection n'est pas si grave qu'on veut bien le dire, encore qu'elle ait

---

[1] *La Réincarnation*, pp. 136-137.
[2] *Après la mort*, p. 180.

une apparence plus sérieuse que celles qui ne se fondent que sur le sentiment ; peut-être même est-elle ce que peuvent présenter de mieux ceux qui ignorent tout de la métaphysique ; mais, quant à nous, nous n'avons nullement besoin de recourir à des arguments si contestables.

Jusqu'ici, nous n'avons pas encore abordé les « preuves expérimentales » proprement dites ; on désigne bien sous ce nom les divers cas dont il vient d'être question ; mais il y a encore autre chose, qui relève de l'expérimentation entendue dans son sens le plus strict. C'est ici surtout que les psychistes ne paraissent pas se rendre compte des limites dans lesquelles leurs méthodes peuvent être applicables ; ceux qui auront compris ce qui précède doivent voir déjà que les expérimentateurs, suivant les idées admises par la « science moderne » (même lorsqu'ils sont plus ou moins tenus à l'écart par ses représentants « officiels »), sont loin de pouvoir fournir des explications valables pour tout ce dont il s'agissait : comment les faits de métempsychose, par exemple, pourraient-ils bien donner prise à leurs investigations ? Nous avons signalé une singulière méconnaissance des limites de l'expérimentation chez les spirites qui ont la prétention de « prouver scientifiquement l'immortalité » ; nous allons en trouver une autre qui n'est pas moins étonnante pour quiconque est indemne du préjugé « scientiste », et, cette fois, ce ne sera plus même chez les spirites, mais bien chez les psychistes. D'ailleurs, entre spirites et psychistes, il est parfois difficile en fait de tracer une ligne de démarcation très nette, comme il devrait en exister une en principe, et il semble qu'il y ait des gens qui ne s'intitulent psychistes que parce qu'ils n'osent pas se dire franchement spirites, cette dernière dénomination ayant trop peu de prestige aux yeux de beaucoup ; il en est d'autres qui se laissent influencer sans le vouloir, et qui seraient fort étonnés si on leur disait qu'un parti pris inconscient fausse le résultat de leurs expériences ; pour étudier vraiment les phénomènes psychiques sans idée préconçue, les expérimentateurs devraient ignorer jusqu'à l'existence même du spiritisme, ce qui est évidemment impossible. S'il en était ainsi, on n'aurait pas songé à instituer des expériences destinées à vérifier l'hypothèse de la réincarnation ; et, si l'on n'avait pas eu tout d'abord l'idée de vérifier cette hypothèse, on n'aurait jamais constaté de faits comme ceux dont nous allons parler, car les sujets hypnotiques, qui sont employés dans ces expériences, ne font rien d'autre que de refléter toutes les idées qui leur sont suggérées volontairement ou involontairement. Il suffit que l'expérimentateur pense à une théorie, qu'il l'envisage comme simplement possible, à tort ou à raison, pour que cette théorie devienne, chez le sujet, le point de départ de divagations interminables ; et l'expérimentateur accueillera naïvement comme une confirmation ce qui n'est que l'effet de sa propre pensée agissant sur l'imagination « subconsciente » du sujet, tant il est vrai que les intentions les plus « scientifiques » n'ont jamais garanti personne contre certaines causes d'erreur.

Les premières histoires de ce genre où il ait été question de réincarnation sont celles que firent connaître les travaux d'un psychiste genevois, le professeur Flournoy, qui prit la peine de réunir en un volume [1] tout ce qu'un de ses sujets lui avait raconté sur les diverses existences qu'il prétendait avoir vécues sur terre et même ailleurs ; et ce qu'il y a de plus remarquable, c'est qu'il n'ait pas même songé à s'étonner que ce qui se passe sur la planète Mars fût si facilement exprimable en langage terrestre ! Cela valait tout juste le récit d'un rêve quelconque, et on aurait pu effectivement l'étudier au point de vue de la psychologie du rêve provoqué dans les états hypnotiques ; mais il est à peine croyable qu'on ait voulu y voir quelque chose de plus, et pourtant c'est ce qui eut lieu. Un peu plus tard, un autre psychiste voulut reprendre la question d'une façon plus méthodique : c'était le colonel de Rochas, réputé généralement comme un expérimentateur sérieux, mais à qui il manquait très certainement l'intelligence nécessaire pour savoir à quoi il avait affaire au juste dans cet ordre de choses et pour éviter certains dangers ; aussi, parti de l'hypnotisme pur et simple, il fit comme bien d'autres et, insensiblement, finit par se convertir à peu près entièrement aux théories spirites [2]. Un de ses derniers ouvrages [3] fut consacré à l'étude expérimentale de la réincarnation : c'était l'exposé de ses recherches sur les prétendues « vies successives » au

---

1 *Des Indes à la planète Mars.*
2 En 1914, le colonel de Rochas accepta, de même que M. Camille Flammarion, le titre de membre d'honneur de l' « Association des Etudes spirites » (doctrine Allan Kardec), fondée par M. Puvis (Algol), avec MM. Léon Denis et Gabriel Delanne comme présidents d'honneur (*Revue Spirite*, mars 1914, p. 140).
3 *Les Vies successives.*

moyen de ce qu'il appelait les phénomènes de « régression de la mémoire ». Au moment où parut cet ouvrage (c'était en 1911), il venait d'être fondé à Paris un « Institut de recherches psychiques », placé précisément sous le patronage de M. de Rochas, et dirigé par MM. L. Lefranc et Charles Lancelin ; il est bon de dire que ce dernier, qui se qualifie à peu près indifféremment de psychiste et d'occultiste, n'est guère au fond autre chose qu'un spirite, et qu'il était déjà bien connu comme tel. M. Lefranc, dont les tendances étaient les mêmes, voulut reprendre les expériences de M. de Rochas, et, naturellement, il arriva à des résultats qui concordaient parfaitement avec ceux qu'avait obtenus celui-ci ; le contraire eût été bien surprenant, puisqu'il partait d'une hypothèse préconçue, d'une théorie déjà formulée, et qu'il n'avait rien trouvé de mieux que de travailler avec d'anciens sujets de M. de Rochas lui-même. La chose est aujourd'hui devenue courante : il y a un certain nombre de psychistes qui croient très fermement à la réincarnation, tout simplement parce qu'ils ont des sujets qui leur ont raconté leurs existences antérieures ; il faut convenir qu'ils sont peu difficiles en fait de preuves, et c'est là un nouveau chapitre à ajouter à l'histoire de ce qu'on pourrait appeler la « crédulité scientifique ». Sachant ce que sont les sujets hypnotiques, et aussi comment ils passent indifféremment d'un expérimentateur à un autre, colportant ainsi le produit des suggestions variées qu'ils ont déjà reçues, il n'est pas douteux qu'ils se fassent, dans tous les milieux psychistes, les propagateurs d'une véritable épidémie réincarnationniste ; il n'est donc pas inutile de montrer avec quelque précision ce qu'il y a au fond de toutes ces histoires [1].

M. de Rochas a cru constater chez certains sujets une « régression de la mémoire » ; nous disons qu'il a cru la constater, car, si sa bonne foi est incontestable, il n'en est pas moins vrai que les faits qu'il interprète ainsi, en vertu d'une pure hypothèse, s'expliquent en réalité d'une façon tout autre et beaucoup plus simple. En somme, ces faits se résument en ceci : le sujet, étant dans un certain état de sommeil, peut être replacé mentalement dans les conditions où il se trouvait à une époque passée, et être « situé » ainsi à un âge

---

[1] Nous ne rappellerons que pour mémoire les « investigations dans le passé » auxquelles se livrent les « clairvoyants » de la Société Théosophique ; ce cas est tout à fait analogue à l'autre, sauf en ce que la suggestion hypnotique y est remplacée par l'autosuggestion.

quelconque, dont il parle alors comme du présent, d'où l'on conclut que, dans ce cas, il n'y a pas « souvenir », mais « régression de la mémoire » : « Le sujet ne se rappelle pas, déclare catégoriquement M. Lancelin, mais il est *replacé* à l'époque indiquée » ; et il ajoute avec un véritable enthousiasme que « cette simple remarque a été, pour le colonel de Rochas, le point de départ d'une découverte absolument supérieure »[1]. Malheureusement, cette « simple remarque » contient une contradiction dans les termes, car il ne peut évidemment être question de mémoire là où il n'y a pas de souvenir ; c'est même si évident qu'il est difficile de comprendre qu'on ne s'en soit pas aperçu, et cela donne déjà à penser qu'il ne s'agit que d'une erreur d'interprétation. Cette observation à part, il faut se demander avant tout si la possibilité du souvenir pur et simple est véritablement exclue par la seule raison que le sujet parle du passé comme s'il lui était redevenu présent, que, par exemple, quand on lui demande ce qu'il faisait tel jour et à telle heure, il ne répond pas : « Je *faisais* ceci », mais : « Je *fais* ceci ». À cela, on peut répondre immédiatement que les souvenirs, en tant que tels, sont toujours mentalement présents ; que ces souvenirs se trouvent d'ailleurs actuellement dans le champ de la conscience claire et distincte ou dans celui de la « subconscience », peu importe, puisque, comme nous l'avons dit, ils ont toujours la possibilité de passer de l'un à l'autre, ce qui montre qu'il ne s'agit là que d'une simple différence de degré. Ce qui, pour notre conscience actuelle, caractérise effectivement ces éléments comme souvenirs d'événements passés, c'est leur comparaison avec nos perceptions présentes (nous entendons présentes en tant que perceptions), comparaison qui permet seule de distinguer les uns des autres en établissant un rapport temporel, c'est-à-dire un rapport de succession, entre les événements extérieurs dont ils sont pour nous les traductions mentales respectives ; cette distinction du souvenir et de la perception ne relève d'ailleurs que de la psychologie la plus élémentaire, Si la comparaison vient à être rendue impossible pour une raison quelconque, soit par la suppression momentanée de toute impression extérieure, soit d'une autre façon, le souvenir, n'étant plus localisé dans le temps par rapport à d'autres éléments psychologiques présentement différents, perd son caractère représentatif du passé, pour ne plus

---

[1] *Le Monde Psychique*, janvier 1912.

conserver que sa qualité actuelle de présent. Or c'est précisément là ce qui se produit dans le cas dont nous parlons : l'état dans lequel est placé le sujet correspond à une modification de sa conscience actuelle, impliquant une extension, dans un certain sens, de ses facultés individuelles, mais au détriment momentané du développement dans un autre sens que ces mêmes facultés possèdent dans l'état normal. Si donc, dans un tel état, on empêche le sujet d'être affecté par les perceptions présentes, et si, en outre, on écarte en même temps de sa conscience tous les événements postérieurs à un certain moment déterminé, conditions qui sont parfaitement réalisables à l'aide de la suggestion, voici ce qui arrive : lorsque les souvenirs se rapportant à ce même moment se présentent distinctement à cette conscience ainsi modifiée quant à son étendue, et qui est alors pour le sujet la conscience actuelle, ils ne peuvent aucunement être situés dans le passé, ni même simplement envisagés sous cet aspect de passé, puisqu'il n'y a plus actuellement dans le champ de la conscience (nous parlons de la seule conscience claire et distincte) aucun élément avec lequel ils puissent être mis dans un rapport d'antériorité temporelle.

En tout cela, il ne s'agit de rien de plus que d'un état mental impliquant une modification de la conception du temps, ou mieux de sa compréhension, par rapport à l'état normal ; et, d'ailleurs, ces deux états ne sont l'un et l'autre que des modalités différentes de la même individualité, comme le sont également les divers états, spontanés ou provoqués, qui correspondent à toutes les altérations possibles de la conscience individuelle, y compris ceux que l'on range ordinairement sous la dénomination impropre et fautive de « personnalités multiples ». En effet, il ne peut être question ici d'états supérieurs et extra-individuels dans lesquels l'être serait affranchi de la condition temporelle, ni même d'une extension de l'individualité impliquant ce même affranchissement partiel, puisqu'on place au contraire le sujet dans un instant déterminé, ce qui suppose essentiellement que son état actuel est conditionné par le temps. En outre, d'une part, des états tels que ceux auxquels nous venons de faire allusion ne peuvent évidemment être atteints par des moyens qui sont entièrement du domaine de l'individualité actuelle, et même envisagée exclusivement dans une portion fort restreinte de ses possibilités, ce qui est nécessairement le cas de tout procédé expérimental ; et, d'autre part, même si de tels états étaient atteints d'une façon quelconque, ils ne sauraient en aucune manière être rendus sensibles à cette individualité, dont les conditions particulières d'existence n'ont aucun point de contact avec celles des états supérieurs de l'être, et qui, en tant qu'individualité spéciale, est forcément incapable d'assentir, et à plus forte raison d'exprimer, tout ce qui est au delà des limites de ses propres possibilités. Du reste, dans tous les cas dont nous parlons, il ne s'agit jamais que d'événements terrestres, ou tout au moins se rapportant au seul état corporel ; il n'y a là rien qui exige le moins du monde l'intervention d'états supérieurs de l'être, que d'ailleurs, bien entendu, les psychistes ne soupçonnent même pas.

Quant à retourner effectivement dans le passé, c'est là une chose qui est manifestement aussi impossible à l'individu humain que de se transporter dans l'avenir ; il est trop évident que cette idée d'un transport dans le futur en tant que tel ne serait qu'une interprétation complètement erronée des faits de « prévision », mais cette interprétation ne serait pas plus extravagante que celle dont il s'agit ici, et elle pourrait tout aussi bien se produire également un jour ou l'autre. Si nous n'avions eu connaissance des théories des psychistes en question, nous n'aurions assurément jamais pensé que la « machine à explorer le temps » de Wells pût être considérée autrement que comme une conception de pure fantaisie, ni qu'on en vînt à parler sérieusement de la « réversibilité du temps ». L'espace est réversible, c'est-à-dire que l'une quelconque de ses parties, ayant été parcourue dans un certain sens, peut l'être ensuite en sens inverse, et cela parce qu'il est une coordination d'éléments envisagés en mode simultané et permanent ; mais le temps, étant au contraire une coordination d'éléments envisagés en mode successif et transitoire, ne peut être réversible, car une telle supposition serait la négation même du point de vue de la succession, ou, en d'autres termes, elle reviendrait précisément à supprimer la condition temporelle. Cette suppression de la condition temporelle est d'ailleurs parfaitement possible en elle-même, aussi bien que celle de la condition spatiale ; mais elle ne l'est pas dans les cas que nous envisageons ici, puisque ces cas supposent toujours le temps ; du reste, il faut avoir bien soin de faire remarquer que la conception de l' « éternel présent », qui est la conséquence de cette suppression, ne peut rien avoir de commun avec un retour dans le passé ou un transport dans l'avenir, puisqu'elle supprime précisément le passé et l'avenir, en nous affranchissant du point de vue de la succession, c'est-à-dire de ce qui constitue pour notre être actuel toute la réalité de la condition temporelle.

Pourtant, il s'est trouvé des gens qui ont conçu cette idée pour le moins singulière de la « réversibilité du temps », et qui ont même prétendu l'appuyer sur un soi-disant « théorème de mécanique » dont nous croyons intéressant de reproduire intégralement l'énoncé, afin de montrer plus clairement l'origine de leur fantastique hypothèse. C'est M. Lefranc qui, pour interpréter ses expériences, a cru devoir poser la question en ces termes : « La matière et l'esprit peuvent-ils remonter le cours du temps, c'est-à-dire se replacer à une époque de vie soi-disant antérieure ? Le temps passé ne revient plus ; cependant, ne pourrait-il pas revenir ? » [1]. Pour y répondre, il est allé rechercher un travail sur la « réversibilité de tout mouvement purement matériel », publié jadis par un certain M. Breton [2] ; il est bon de dire que cet auteur n'avait présenté la conception dont il s'agit que comme une sorte de jeu mathématique, aboutissant à des conséquences qu'il considérait lui-même comme absurdes ; il n'en est pas moins vrai qu'il y avait là un véritable abus du raisonnement, comme en commettent parfois certains mathématiciens, surtout ceux qui ne sont que des « spécialistes », et il est à remarquer que la mécanique fournit un terrain particulièrement favorable à des choses de ce genre. Voici comment débute l'énoncé de M. Breton : « Connaissant la série complète de tous les états successifs d'un système de corps, et ces états se suivant et s'engendrant dans un ordre déterminé, du passé qui fait fonction de cause, à l'avenir qui a le rang d'effet (sic), considérons un de ces états successifs, et, sans rien changer aux masses composantes, ni aux forces qui agissent entre ces masses [3], ni aux lois de ces forces, non plus qu'aux situations actuelles des masses dans l'espace, remplaçons chaque vitesse par une vitesse égale et contraire... » Une vitesse contraire à une autre, ou bien de direction différente, ne peut, à vrai dire, lui être égale au sens rigoureux du mot, elle peut seulement lui être équivalente en quantité ; et, d'un autre côté, est-il

---

1 *Le Monde Psychique*, janvier 1912.
2 *Les Mondes*, décembre 1875.
3 « Sur ces masses » aurait peut-être été plus compréhensible.

possible de considérer ce remplacement comme ne changeant en rien les lois du mouvement considéré, étant donné que, si ces lois avaient continué à être normalement suivies, il ne se serait pas produit ? Mais voyons la suite : « Nous appellerons cela *révertir* toutes les vitesses ; ce changement lui-même prendra le nom de réversion, et nous appellerons sa possibilité, réversibilité du mouvement du système… » Arrêtons-nous un instant ici, car c'est justement cette possibilité que nous ne saurions admettre, au point de vue même du mouvement, qui s'effectue nécessairement dans le temps : le système considéré reprendra en sens inverse, dans une nouvelle série d'états successifs, les situations qu'il avait précédemment occupées dans l'espace, mais le temps ne redeviendra jamais le même pour cela, et il suffit évidemment que cette seule condition soit changée pour que les nouveaux états du système ne puissent en aucune façon s'identifier aux précédents. D'ailleurs, dans le raisonnement que nous citons, il est supposé explicitement (encore qu'en un français contestable) que la relation du passé à l'avenir est une relation de cause à effet, tandis que le véritable rapport causal, au contraire, implique essentiellement la simultanéité de ses deux termes, d'où il résulte que des états considérés comme se suivant ne peuvent pas, sous ce point de vue, s'engendrer les uns les autres, puisqu'il faudrait alors qu'un état qui n'existe plus produisit un autre état qui n'existe pas encore, ce qui est absurde (et il résulte aussi de là que, si le souvenir d'une impression quelconque peut être cause d'autres phénomènes mentaux, quels qu'ils soient, c'est uniquement en tant que souvenir présent, l'impression passée ne pouvant actuellement être cause de rien). Mais poursuivons encore : « Or, quand on aura opéré la réversion des vitesses d'un système de corps… » ; l'auteur du raisonnement a eu la prudence d'ajouter ici entre parenthèses : « non dans la réalité, mais dans la pensée pure » ; par là, sans s'en apercevoir, il sort entièrement du domaine de la mécanique, et ce dont il parle n'a plus aucun rapport avec un « système de corps » (il est vrai que, dans la mécanique classique, il se trouve aussi bien des suppositions contradictoires, comme celle d'un corps pesant réduit à un point mathématique, c'est-à-dire d'un corps qui n'est pas un corps, puisqu'il lui manque l'étendue) ; mais il est à retenir qu'il regarde lui-même la prétendue « réversion » comme irréalisable, contrairement à l'hypothèse de ceux qui ont voulu appliquer son raisonnement à la « régression de la mémoire ». En supposant la « réversion » opérée, voici quel sera le problème : « Il s'agira de trouver, pour ce système ainsi réverti, la série complète de ses états futurs et passés : cette recherche sera-t-elle plus ou moins difficile que le problème correspondant pour les états successifs du même système non réverti ? Ni plus ni moins... » Evidemment, puisque, dans l'un et l'autre cas, il s'agit d'étudier un mouvement dont tous les éléments sont donnés ; mais, pour que cette étude corresponde à quelque chose de réel ou même de possible, il ne faudrait pas être dupe d'un simple jeu de notation, comme celui qu'indique la suite de la phrase : « Et la solution de l'un de ces problèmes donnera celle de l'autre par un changement très simple, consistant, en termes techniques, à changer le signe algébrique du temps, à écrire — t au lieu de + t, et réciproquement... » En effet, c'est très simple en théorie, mais, faute de se rendre compte que la notation des « nombres négatifs » n'est qu'un procédé tout artificiel de simplification des calculs (qui n'est pas sans inconvénients au point de vue logique) et ne correspond à aucune espèce de réalité, l'auteur de ce raisonnement tombe dans une grave erreur, qui est d'ailleurs commune à bon nombre de mathématiciens, et, pour interpréter le changement de signe qu'il vient d'indiquer, il ajoute aussitôt : « C'est-à-dire que les deux séries complètes d'états successifs du même système de corps différeront seulement en ce que l'avenir deviendra passé, et que le passé deviendra futur... » Voilà, certes, une singulière fantasmagorie, et il faut reconnaître qu'une opération aussi vulgaire qu'un simple changement de signe algébrique est douée d'une puissance bien étrange et vraiment merveilleuse... aux yeux des mathématiciens de cette sorte. « Ce sera la même série d'états successifs parcourue en sens inverse. La réversion des vitesses à une époque quelconque révertit simplement le temps ; la série primitive des états successifs et la série révertie ont, à tous les instants correspondants, les mêmes figures du système avec les mêmes vitesses égales et contraires *(sic)*. » Malheureusement, en réalité, la réversion des vitesses révertit simplement les situations spatiales, et non pas le temps ; au lieu d'être « la même série d'états successifs parcourue en sens inverse », ce sera une seconde série inversement homologue de la première, quant à l'espace seulement ; le passé ne deviendra pas futur pour cela, et l'avenir ne deviendra passé qu'en vertu de la loi naturelle et normale de la succession, ainsi que cela se produit à chaque instant. Pour qu'il y ait vraiment correspondance entre les deux séries, il faudra qu'il n'y ait pas eu, dans le système considéré, de changements autres que de simples changements de situation ; ceux-là seuls peuvent être réversibles, parce qu'ils ne font intervenir que la seule considération de l'espace, qui est effectivement réversible ; pour tout autre changement d'état, le raisonnement ne s'appliquera plus. Il est donc absolument illégitime de vouloir tirer de là des conséquences du genre de celles-ci : « Dans le règne végétal, par exemple, nous verrions, par la réversion, une poire tombée qui se dépourrit, qui devient fruit mûr, qui se recolle à son arbre, puis fruit vert, qui décroît et redevient fleur flétrie, puis fleur semblable à une fleur fraîchement éclose, puis bouton de fleur, puis bourgeon à fruit, en même temps que ses matériaux repassent, les uns à l'état d'acide carbonique et de vapeur d'eau répandue dans l'air, les autres à l'état de sève, puis à celui d'humus ou d'engrais. » Il nous semble que M. Camille Flammarion a décrit quelque part des choses à peu près pareilles, mais en supposant un « esprit » qui s'éloigne de la terre avec une vitesse supérieure à celle de la lumière, et qui possède une faculté visuelle capable de lui faire distinguer, à une distance quelconque, les moindres détails des événements terrestres [1] ; c'était là une hypothèse au moins fantaisiste, mais enfin ce n'était pas une vraie « réversion du temps », puisque les événements eux-mêmes n'en continuaient pas moins à suivre leur cours ordinaire, et que leur déroulement à rebours n'était qu'une illusion d'optique. Dans les êtres vivants, il se produit à chaque instant une multitude de changements qui ne sont point réductibles à des changements de situation ; et, même dans les corps inorganiques qui paraissent rester le plus complètement semblables à eux-mêmes, il s'effectue aussi bien des changements irréversibles : la « matière inerte », postulée par la mécanique classique, ne se trouve nulle part dans le monde corporel, pour la simple raison que ce qui est véritablement inerte est nécessairement dénué de toute qualité sensible ou autre. Il est vraiment trop facile de montrer les sophismes inconscients et multiples qui se cachent dans de pareils arguments ; et voilà pourtant tout ce qu'on

---

[1] *Lumen.*

trouve à nous présenter pour justifier, « devant la science et la philosophie », une théorie comme celle des prétendues « régressions de la mémoire » !

Nous avons montré qu'on peut expliquer très facilement, et presque sans sortir du domaine de la psychologie ordinaire, le soi-disant « retour dans le passé », c'est-à-dire en réalité, tout simplement, le rappel à la conscience claire et distincte de souvenirs conservés à l'état latent dans la mémoire « subconsciente » du sujet, et se rapportant à telle ou telle période déterminée de son existence. Pour compléter cette explication, il convient d'ajouter que ce rappel est facilité d'autre part, au point de vue physiologique, par le fait que toute impression laisse nécessairement une trace sur l'organisme qui l'a éprouvée ; nous n'avons pas à rechercher de quelle façon cette impression peut être enregistrée par certains centres nerveux, car c'est là une étude qui ne relève que de la science expérimentale pure et simple, ce qui ne veut pas dire, d'ailleurs, que celle-ci ait obtenu présentement des résultats bien satisfaisants à cet égard. Quoi qu'il en soit, l'action exercée sur les centres qui correspondent aux différentes modalités de la mémoire, aidée du reste par un facteur psychologique qui est la suggestion, et qui est même celui qui joue le rôle principal (car ce qui est d'ordre physiologique ne concerne que les conditions de manifestation extérieure de la mémoire), cette action, disons-nous, de quelque manière qu'elle s'effectue, permet de placer le sujet dans les conditions voulues pour réaliser les expériences dont nous parlons, du moins quant à leur première partie, celle qui se rapporte aux événements auxquels il a réellement pris part ou assisté à une époque plus ou moins éloignée. Seulement, ce qui contribue à illusionner l'expérimentateur, c'est que les choses se compliquent d'une sorte de « rêve en action », du genre de ceux qui ont fait donner au somnambulisme sa dénomination : pour peu qu'il soit suffisamment entraîné, le sujet, au lieu de raconter simplement ses souvenirs, en arrivera à les mimer, comme il mimera tout aussi bien tout ce qu'on voudra lui suggérer, sentiments ou impressions quelconques. (C'est ainsi que M. de Rochas « a replacé, situé le sujet à dix, vingt, trente ans en arrière ; il en a fait un petit enfant, un bébé vagissant » ; il devait bien s'attendre en effet, dès lors qu'il suggérait à son sujet un retour à l'état d'enfance, à le voir agir et parler comme un véritable enfant ; mais, s'il lui avait suggéré de même qu'il était un animal quelconque, le sujet n'aurait pas manqué, d'une façon analogue, de se comporter comme l'animal en question ; en aurait-il donc conclu que le sujet avait été effectivement cet animal à quelque époque antérieure ? Le « rêve en action » peut avoir pour point de départ, soit des souvenirs personnels, soit la connaissance de la façon d'agir d'un autre être, et ces deux éléments peuvent même se mélanger plus ou moins ; ce dernier cas représente vraisemblablement ce qui se produit quand on veut « situer » le sujet dans l'enfance. Il peut aussi arriver qu'il s'agisse d'une connaissance que le sujet ne possède pas à l'état normal, mais qui lui est communiquée mentalement par l'expérimentateur, sans que celui-ci en ait eu la moindre intention ; c'est probablement ainsi que M. de Rochas « a situé le sujet antérieurement à la naissance, en lui faisant remonter sa vie utérine, où il prenait, en rétrogradant, les positions diverses du fœtus ». Toutefois, nous ne voulons pas dire que, même dans ce dernier cas, il n'y ait pas dans l'individualité du sujet quelques traces, organiques et même psychiques, des états dont il s'agit ; il doit au contraire y en avoir, et elles peuvent fournir une portion plus ou moins considérable, encore que difficile à déterminer, de son « rêve en action ». Mais, bien entendu, une correspondance physiologique quelconque n'est possible que pour les impressions qui ont réellement affecté l'organisme du sujet ; et de même, au point de vue psychologique, la conscience individuelle d'un être quelconque ne peut évidemment contenir que des éléments ayant quelque rapport avec l'individualité actuelle de cet être. Cela devrait suffire à montrer qu'il est parfaitement inutile et illusoire de chercher à poursuivre les recherches expérimentales au delà de certaines limites, c'est-à-dire, dans le cas actuel, antérieurement à la naissance du sujet, ou du moins au début de sa vie embryonnaire ; c'est pourtant là ce qu'on a prétendu faire, puisqu'on a voulu « le situer avant la conception », et que, s'appuyant sur l'hypothèse préconçue de la réincarnation, on a cru pouvoir, « en remontant toujours plus loin, lui faire revivre ses vies antérieures », tout en étudiant également, dans l'intervalle, « ce qui se passe pour l'esprit non incarné » !

Ici, nous sommes évidemment en pleine fantaisie ; et pourtant M. Lancelin nous affirme que « le résultat acquis peut être tenu pour énorme, non pas seulement par lui-même, mais par les voies qu'il ouvre à l'exploration des antériorités de l'être vivant », qu' « un grand pas vient d'être fait, par le savant de premier ordre qu'est le colonel de Rochas, dans la voie suivie par lui de la désoccultation de l'occulte » *(sic)*, et qu' « un principe nouveau vient d'être posé, dont les conséquences sont, dès à présent, incalculables » [1]. Comment donc peut-on parler des « antériorités de l'être vivant », lorsqu'il s'agit d'un temps où cet être vivant n'existait pas encore à l'état individualisé, et vouloir le reporter au delà de son origine, c'est-à-dire dans des conditions où il ne s'est jamais trouvé, donc qui ne correspondent pour lui à aucune réalité ? Cela revient à créer de toutes pièces une réalité artificielle, si l'on peut s'exprimer ainsi, c'est-à-dire une réalité mentale actuelle qui n'est la représentation d'aucune sorte de réalité sensible ; la suggestion donnée par l'expérimentateur en fournit le point de départ, et l'imagination du sujet fait le reste. Sans doute, il peut se faire quelquefois que le sujet rencontre, soit en lui-même, soit dans l'ambiance psychique, quelques-uns de ces éléments dont nous avons parlé, et qui proviennent de la désintégration d'autres individualités ; cela expliquerait qu'il puisse fournir certains détails concernant des personnes ayant existé réellement, et, si de tels cas venaient à être dûment constatés et vérifiés, ils ne prouveraient pas davantage que tous les autres. D'une façon générale, tout cela est entièrement comparable, à part la suggestion initiale, à ce qui se passe dans l'état de rêve ordinaire, où, comme l'enseigne la doctrine hindoue, « l'âme individuelle crée un monde qui procède tout entier d'elle-même, et dont les objets consistent exclusivement dans des conceptions mentales », pour lesquelles elle utilise naturellement tous les éléments de provenance variée qu'elle peut avoir à sa disposition. D'ailleurs, il n'est pas possible habituellement de distinguer ces conceptions, ou plutôt les représentations en lesquelles elles se traduisent, d'avec les perceptions d'origine extérieure, à moins qu'il ne s'établisse une comparaison entre ces deux sortes d'éléments psychologiques, ce qui ne peut se faire que par le passage plus ou moins nettement conscient de l'état de rêve à l'état de veille ; mais cette comparaison n'est jamais possible dans le cas du rêve provoqué par suggestion, puisque le sujet, à son réveil, n'en conserve aucun souvenir dans sa conscience

---

1 *Le Monde Psychique*, janvier 1912.

normale (ce qui ne veut pas dire que ce souvenir ne subsiste pas dans la « subconscience »). Disons encore que le sujet peut, dans certains cas, considérer comme des souvenirs des images mentales qui n'en sont pas réellement, car un rêve peut comprendre des souvenirs tout aussi bien que des impressions actuelles, sans que ces deux sortes d'éléments soient autre chose que de pures créations mentales du moment présent ; ces créations, comme toutes celles de l'imagination, ne sont du reste, en toute rigueur, que des combinaisons nouvelles formées à partir d'autres éléments préexistants. Nous ne parlons pas ici, bien entendu, des souvenirs de la veille qui viennent souvent, tout en se modifiant et se déformant plus ou moins, se mêler au rêve, parce que la séparation des deux états de conscience n'est jamais complète, du moins quant au sommeil ordinaire ; elle paraît l'être beaucoup plus lorsqu'il s'agit du sommeil provoqué, et c'est ce qui explique l'oubli total, au moins en apparence, qui suit le réveil du sujet. Cependant, cette séparation est toujours relative, puisqu'il ne s'agit, au fond, que de diverses parties d'une même conscience individuelle ; ce qui le montre bien, c'est qu'une suggestion donnée dans le sommeil hypnotique peut produire son effet après le réveil du sujet, alors que celui-ci semble pourtant ne plus s'en souvenir. Si l'on poussait l'examen des phénomènes du rêve plus loin que nous ne pouvons le faire ici, on verrait que tous les éléments qu'ils mettent en jeu entrent aussi dans les manifestations de l'état hypnotique ; ces deux cas ne représentent en somme qu'un seul et même état de l'être humain ; l'unique différence, c'est que, dans l'état hypnotique, la conscience du sujet se trouve en communication avec une autre conscience individuelle, celle de l'expérimentateur, et qu'elle peut s'assimiler les éléments qui sont contenus dans celle-ci, au moins dans une certaine mesure, comme s'ils ne constituaient qu'un de ses propres prolongements. C'est pourquoi l'hypnotiseur peut fournir au sujet certaines des données qu'il utilisera dans son rêve, données qui peuvent être des images, des représentations plus ou moins complexes, ainsi que cela a lieu dans les expériences les plus ordinaires, et qui peuvent être aussi des idées, des théories quelconques, telles que l'hypothèse réincarnationniste, idées que le sujet s'empresse d'ailleurs de traduire également en représentations imaginatives ; et cela sans que l'hypnotiseur ait besoin de formuler verbalement ces suggestions, sans même qu'elles soient aucunement voulues de sa part. Ainsi donc, un rêve provoqué, état en tout semblable à ceux où l'on fait naître chez un sujet, par des suggestions appropriées, des perceptions partiellement ou totalement imaginaires, mais avec cette seule différence que, ici, l'expérimentateur est lui-même dupe de sa propre suggestion et prend les créations mentales du sujet pour des « réveils de souvenirs », voire même pour un retour réel dans le passé, voilà à quoi se réduit finalement la prétendue « exploration des vies successives », l'unique « preuve expérimentale » proprement dite que les réincarnationnistes aient pu apporter en faveur de leur théorie.

L' « Institut de recherches psychiques » de Paris avait comme annexe une « clinique neurologique et pédagogique », où l'on essayait, comme on le fait ailleurs, d'appliquer la suggestion à la « psychothérapie », de s'en servir notamment pour guérir des ivrognes et des maniaques, ou pour développer la mentalité de certains idiots. Les tentatives de ce genre ne laissent pas que d'être fort louables, et, quels que soient les résultats obtenus, on n'y peut assurément rien trouver à redire, du moins quant aux intentions dont elles s'inspirent ; il est vrai que ces pratiques, même sur le terrain strictement médical, sont parfois plus nuisibles qu'utiles, et que les gens qui les emploient ne savent guère où ils vont ; mais enfin on ferait mieux de s'en tenir là, et, en tout cas, les psychistes, s'ils veulent qu'on les prenne au sérieux, devraient bien cesser d'employer la suggestion à des fantasmagories comme celles dont nous venons de parler. Il se rencontre pourtant encore, après cela, des gens qui viennent nous vanter « la clarté et l'évidence du spiritisme », et l'opposer à « l'obscurité de la métaphysique », qu'ils confondent d'ailleurs avec la plus vulgaire philosophie [1] ; singulière évidence, à moins que ce ne soit celle de l'absurdité ! Certains vont même jusqu'à réclamer des « expériences métaphysiques », sans se rendre compte que l'union de ces deux mots constitue un non-sens pur et simple ; leurs conceptions sont tellement bornées au monde des phénomènes, que tout ce qui est au delà de l'expérience n'existe pas pour eux. Assurément, tout cela ne doit nullement nous étonner, car il

---

[1] Ceci se trouve dans un article signé J. Rapicault, qui est également contenu dans le *Monde Psychique* de janvier 1912, et qui est tout à fait caractéristique des tendances propagandistes des spirites : la « simplicité », c'est-à-dire la médiocrité intellectuelle, y est ouvertement vantée comme une supériorité ; nous y reviendrons dans la suite.

est trop évident que spirites et psychistes de différentes catégories ignorent tous profondément ce que c'est que la métaphysique véritable, qu'ils n'en soupçonnent même pas l'existence ; mais il nous plaît de constater, chaque fois que l'occasion s'en présente à nous, combien leurs tendances sont celles qui caractérisent proprement l'esprit occidental moderne, exclusivement tourné vers l'extérieur, par une monstrueuse déviation dont on ne trouve l'analogue nulle part ailleurs. Les « néo-spiritualistes » ont beau se quereller avec les « positivistes » et les savants « officiels », leur mentalité est bien la même au fond, et les « conversions » de quelques savants au spiritisme n'impliquent pas chez eux de changements aussi graves ou aussi profonds qu'on se l'imagine, ou du moins elles n'en impliquent qu'un : c'est que leur esprit, tout en demeurant toujours aussi étroitement borné, a perdu, au moins sous un certain rapport, l'équilibre relatif dans lequel il s'était maintenu jusque là. On peut être un « savant de premier ordre », d'une façon beaucoup plus incontestable que ne l'était le colonel de Rochas, auquel nous n'entendons point dénier pour cela un certain mérite, on peut même être un « homme de génie », suivant les idées qui ont cours dans le monde « profane »[1], et n'être point à l'abri de tels accidents ; tout cela, encore une fois, prouve simplement qu'un savant ou un philosophe, quelle que soit sa valeur comme tel, et quel que soit aussi son domaine spécial, n'est pas forcément pour cela, en dehors de ce domaine, notablement supérieur à la grande masse du public ignorant et crédule qui fournit la majeure partie de la clientèle spirito-occultiste.

Chapitre IX
L'évolutionnisme spirite

Chez les spirites kardécistes, comme dans toutes les autres écoles qui l'admettent, l'idée de la réincarnation est étroitement liée à une conception « progressiste » ou, si l'on veut, « évolutionniste » ;

---

[1] M. Rapicault va peut-être un peu loin, tout de même, en affirmant que « beaucoup de grands génies ont été de fervents adeptes du spiritisme » ; c'est déjà trop qu'il y en ait eu quelques-uns, mais on aurait tort d'en être impressionné ou d'y attacher une grande importance, parce que ce qu'on est convenu d'appeler « génie » est quelque chose de fort relatif, et qui vaut incomparablement moins que la moindre parcelle de la véritable connaissance.

au début, on employait simplement le mot de « progrès » ; aujourd'hui, on préfère celui d' « évolution » : c'est la même chose au fond, mais cela a l'air plus « scientifique ». On ne saurait croire quelle séduction exercent, sur des esprits plus ou moins incultes ou « primaires », les grands mots qui ont une fausse apparence d'intellectualité ; il y a une sorte de « verbalisme » qui donne l'illusion de la pensée à ceux qui sont incapables de penser vraiment, et une obscurité qui passe pour de la profondeur aux yeux du vulgaire. La phraséologie pompeuse et vide qui est en usage dans toutes les écoles « néo-spiritualistes » n'est certainement pas un de leurs moindres éléments de succès ; la terminologie des spirites est particulièrement ridicule, parce qu'elle se compose en grande partie de néologismes fabriqués par des quasi-illettrés en dépit de toutes les lois de l'étymologie. Si l'on veut savoir, par exemple, comment le mot « périsprit » a été forgé par Allan Kardec, c'est bien simple : « Comme le germe d'un fruit est entouré du *périsperme*, de même l'esprit proprement dit est environné d'une enveloppe que, par comparaison, on peut appeler *périsprit* »[1]. Les amateurs de recherches linguistiques pourraient trouver, dans ces sortes de choses, le sujet d'une curieuse étude ; contentons-nous de le leur signaler en passant. Souvent aussi, les spirites s'emparent de termes philosophiques ou scientifiques qu'ils appliquent comme ils peuvent ; naturellement, ceux qui ont leurs préférences sont ceux qui ont été répandus dans le grand public par des ouvrages de vulgarisation, imbus du plus détestable esprit « scientiste ». Pour ce qui est du mot d' « évolution », qui est de ceux-là, il faut convenir que ce qu'il désigne est tout à fait en harmonie avec l'ensemble des théories spirites : l'évolutionnisme, depuis un siècle environ, a revêtu bien des formes, mais qui ne sont toutes que des complications diverses de l'idée de « progrès », telle qu'elle commença à se répandre dans le monde occidental au cours de la seconde moitié du XVIIIe siècle ; c'est une des manifestations les plus caractéristiques d'une mentalité spécifiquement moderne, qui est bien celle des spirites, et même, plus généralement, de tous les « néo-spiritualistes ».

Allan Kardec enseigne que « les esprits ne sont pas bons ou mau-

---

1 *Le Livre des Esprits*, p. 38. Un psychiste occultisant, le comte de Tromelin, a inventé le mot *mansprit* pour désigner spécialement le « périsprit » des vivants ; c'est le même auteur qui a imaginé aussi la « force *biolique* ».

vais par leur nature, mais ce sont les mêmes esprits qui s'améliorent, et qui, en s'améliorant, passent d'un ordre inférieur dans un ordre supérieur », que « Dieu a donné à chacun des esprits une mission dans le but de les éclairer et de les faire arriver progressivement à la perfection par la connaissance de la vérité et pour les rapprocher de lui », que « tous deviendront parfaits », que « l'esprit peut rester stationnaire, mais ne rétrograde pas », que « les esprits qui ont suivi la route du mal pourront arriver au même degré de supériorité que les autres, mais *les éternités (sic)* seront plus longues pour eux »[1]. C'est par la « transmigration progressive » que s'effectue cette marche ascendante : « La vie de l'esprit, dans son ensemble, parcourt les mêmes phases que nous voyons dans la vie corporelle ; il passe graduellement de l'état d'embryon à celui de l'enfance, pour arriver par une succession de périodes à l'état d'adulte, qui est celui de la perfection, avec cette différence qu'il n'a pas de déclin et de décrépitude comme dans la vie corporelle ; que sa vie, qui a eu un commencement, n'aura pas de fin ; qu'il lui faut un temps immense, à notre point de vue, pour passer de l'enfance spirite *(sic)* à un développement complet, et son progrès s'accomplit, non sur une seule sphère, mais en passant par des mondes divers. La vie de l'esprit se compose ainsi d'une série d'existences corporelles dont chacune est pour lui une occasion de progrès, comme chaque existence corporelle se compose d'une série de jours à chacun desquels l'homme acquiert un surcroît d'expérience et d'instruction. Mais, de même que dans la vie de l'homme il y a des jours qui ne portent aucun fruit, dans celle de l'esprit il y a des existences corporelles qui sont sans résultat, parce qu'il n'a pas su les mettre à profit... La marche des esprits est progressive et jamais rétrograde ; ils s'élèvent graduellement dans la hiérarchie et ne descendent point du rang auquel ils sont parvenus. Dans leurs différentes existences corporelles, ils peuvent descendre comme hommes (sous le rapport de la position sociale), mais non comme esprits »[2]. Voici maintenant une description des effets de ce progrès : « À mesure que l'esprit se purifie, le corps qu'il revêt se rapproche également de la nature spirite *(sic)*. La matière est moins dense, il ne rampe plus péniblement à la surface du sol, les besoins physiques sont moins grossiers, les êtres vivants n'ont plus besoin de s'entre-détruire pour se nourrir.

1 *Le Livre des Esprits*. pp. 49-53.
2 *Le Livre des Esprits*, pp. 83-85.

L'esprit est plus libre et a pour les choses éloignées des perceptions qui nous sont inconnues ; il voit par les yeux du corps ce que nous ne voyons que par la pensée. L'épuration des esprits amène chez les êtres dans lesquels ils sont incarnés le perfectionnement moral. Les passions animales s'affaiblissent, et l'égoïsme fait place au sentiment fraternel. C'est ainsi que, dans les mondes supérieurs à la terre, les guerres sont inconnues ; les haines et les discordes y sont sans objet, parce que nul ne songe à faire du tort à son semblable. L'intuition qu'ils ont de leur avenir, la sécurité que leur donne une conscience exempte de remords, font que la mort ne leur cause aucune appréhension ; ils la voient venir sans crainte et comme une simple transformation. La durée de la vie, dans les différents mondes, paraît être proportionnée au degré de supériorité physique et morale de ces mondes, et cela est parfaitement rationnel. Moins le corps est matériel, moins il est sujet aux vicissitudes qui le désorganisent ; plus l'esprit est pur, moins il a de passions qui le minent. C'est encore là un bienfait de la Providence, qui veut ainsi abréger les souffrances... Ce qui détermine le monde où l'esprit sera réincarné, c'est le degré de son élévation [1]... Les mondes aussi sont soumis à la loi du progrès. Tous ont commencé par être dans un état inférieur, et la terre elle-même subira une transformation semblable ; elle deviendra un paradis terrestre lorsque les hommes seront devenus bons... C'est ainsi que les races qui peuplent aujourd'hui la terre disparaîtront un jour et seront remplacées par des êtres de plus en plus parfaits ; ces races transformées succéderont à la race actuelle, comme celle-ci a succédé à d'autres plus grossières encore » [2]. Citons encore ce qui concerne spécialement la « marche du progrès » sur terre : « L'homme doit progresser sans cesse, et il ne peut retourner à l'état d'enfance. S'il progresse, c'est que Dieu le veut ainsi ; penser qu'il peut rétrograder vers sa condition primitive serait nier la loi du progrès. » C'est trop évident, mais c'est précisément cette prétendue loi que nous nions formellement ; continuons cependant : « Le progrès moral est la conséquence du progrès intellectuel, mais il ne le suit pas toujours immédiatement... Le progrès étant une condition de la nature humaine, il n'est au pouvoir de personne de s'y opposer. C'est une

---

[1] Rappelons que ce qu'Allan Kardec nomme des mondes, ce ne sont que des planètes différentes, qui, pour nous, ne sont que des portions du seul monde corporel.
[2] *Le Livre des Esprits*, pp. 79-80.

force vive que de mauvaises lois peuvent retarder, mais non étouffer… Il y a deux espèces de progrès qui se prêtent un mutuel appui, et pourtant ne marchent pas de front, c'est le progrès intellectuel et le progrès moral. Chez les peuples civilisés, le premier reçoit, dans ce siècle-ci, tous les encouragements désirables ; aussi a-t-il atteint un degré inconnu jusqu'à nos jours. Il s'en faut que le second soit au même niveau, et cependant, si l'on compare les mœurs sociales à quelques siècles de distance, il faudrait être aveugle pour nier le progrès. Pourquoi n'y aurait-il pas entre le dix-neuvième et le vingt-quatrième siècle autant de différence qu'entre le quatorzième et le dix-neuvième ? En douter serait prétendre que l'humanité est à l'apogée de la perfection, ce qui serait absurde, ou qu'elle n'est pas perfectible moralement, ce qui est démenti par l'expérience » [1]. Enfin, voici comment le spiritisme peut « contribuer au progrès » : « En détruisant le matérialisme, qui est une des plaies de la société, il fait comprendre aux hommes où est leur véritable intérêt. La vie future n'étant plus voilée par le doute, l'homme comprendra mieux qu'il peut assurer son avenir par le présent. En détruisant les préjugés de sectes, de castes et de couleurs, il apprend aux hommes la grande solidarité qui doit les unir comme des frères » [2].

On voit combien le « moralisme » spirite s'apparente étroitement à toutes les utopies socialistes et humanitaires : tous ces gens s'accordent à situer dans un avenir plus ou moins lointain le « paradis terrestre », c'est-à-dire la réalisation de leurs rêves de « pacifisme » et de « fraternité universelle » ; seulement, les spirites supposent en outre qu'ils sont déjà réalisés actuellement dans d'autres planètes. Il est à peine besoin de faire remarquer combien leur conception des « mondes supérieurs à la terre » est naïve et grossière ; il n'y a pas à s'en étonner, quand on a vu comment ils se représentent l'existence de l' « esprit désincarné » ; signalons seulement la prédominance évidente de l'élément sentimental dans ce qui constitue pour eux la « supériorité ». C'est pour la même raison qu'ils mettent le « progrès moral » au-dessus du « progrès intellectuel » ; Allan Kardec écrit que « la civilisation complète se reconnaît au développement moral », et il ajoute : « La civilisation a ses degrés comme toutes choses. Une civilisation incomplète est un état de transition qui

---

[1] *Le Livre des Esprits*, pp. 326-329.
[2] *Ibid.*, pp. 336-337.

engendre des maux spéciaux, inconnus à l'état primitif ; mais elle n'en constitue pas moins un progrès naturel, nécessaire, qui porte avec soi le remède au mal qu'il fait. A mesure que la civilisation se perfectionne, elle fait cesser quelques-uns des maux qu'elle a engendrés, et ces maux disparaîtront avec le progrès moral. De deux peuples arrivés au sommet de l'échelle sociale, celui-là seul peut se dire le plus civilisé, dans la véritable acception du mot, chez lequel on trouve le moins d'égoïsme, de cupidité et d'orgueil ; où les habitudes sont plus intellectuelles et morales que matérielles ; où l'intelligence peut se développer avec le plus de liberté ; où il y a le plus de bonté, de bonne foi, de bienveillance et de générosité réciproques : où les préjugés de caste et de naissance sont le moins enracinés, car ces préjugés sont incompatibles avec le véritable amour du prochain ; où les lois ne consacrent aucun privilège, et sont les mêmes pour le dernier comme pour le premier ; où la justice s'exerce avec le moins de partialité ; où le faible trouve toujours appui contre le fort ; où la vie de l'homme, ses croyances et ses opinions sont le mieux respectées ; où il y a le moins de malheureux, et enfin, où tout homme de bonne volonté est toujours sûr de ne point manquer du nécessaire »[1]. Dans ce passage s'affirment encore les tendances démocratiques du spiritisme, qu'Allan Kardec développe ensuite longuement dans les chapitres où il traite de la « loi d'égalité » et de la « loi de liberté » ; il suffirait de lire ces pages pour se convaincre que le spiritisme est bien un pur produit de l'esprit moderne.

Rien n'est plus facile que de faire la critique de cet « optimisme » niais que représente, chez nos contemporains, la croyance au « progrès » ; nous ne pouvons nous y étendre outre mesure, car cette discussion nous éloignerait beaucoup du spiritisme, qui ne représente ici qu'un cas très particulier ; cette croyance est répandue pareillement dans les milieux les plus divers, et, naturellement, chacun se figure le « progrès » conformément à ses propres préférences. L'erreur fondamentale, dont l'origine semble devoir être attribuée à Turgot et surtout à Fourier, consiste à parler de « la civilisation », d'une façon absolue ; c'est là une chose qui n'existe pas, car il y a toujours eu et il y a encore « des civilisations », dont chacune a son développement propre, et de plus, parmi ces civilisations, il

---

[1] *Le livre des Esprits*, pp. 333-334.

en est qui se sont entièrement perdues, dont celles qui sont nées plus tard n'ont nullement recueilli l'héritage. On ne saurait contester non plus qu'il y ait, au cours d'une civilisation, des périodes de décadence, ni qu'un progrès relatif dans un certain domaine puisse être compensé par une régression dans d'autres domaines ; d'ailleurs, il serait bien difficile à la généralité des hommes d'un même peuple et d'une même époque d'appliquer également leur activité aux choses des ordres les plus différents. La civilisation occidentale moderne est, à coup sûr, celle dont le développement se limite au domaine le plus restreint de tous ; il ne faut pas être bien difficile pour trouver que « le progrès intellectuel a atteint un degré inconnu jusqu'à nos jours », et ceux qui pensent ainsi montrent qu'ils ignorent tout de l'intellectualité véritable ; prendre pour un « progrès intellectuel » ce qui n'est qu'un développement purement matériel, borné à l'ordre des sciences expérimentales (ou plutôt de quelques-unes d'entre elles, car il en est dont les modernes méconnaissent jusqu'à l'existence), et surtout de leurs applications industrielles, c'est bien là la plus ridicule de toutes les illusions. Il y a eu au contraire en Occident, à partir de l'époque qu'on est convenu d'appeler la Renaissance, bien à tort selon nous, une formidable régression intellectuelle, que nul progrès matériel ne saurait compenser ; nous en avons déjà parlé ailleurs [1], et nous y reviendrons à l'occasion. Quant au soi-disant « progrès moral », c'est là affaire de sentiment, donc d'appréciation individuelle pure et simple ; chacun peut se faire, à ce point de vue, un « idéal » conforme à ses goûts, et celui des spirites et autres démocrates ne convient pas à tout le monde ; mais les « moralistes », en général, ne l'entendent pas ainsi, et, s'ils en avaient le pouvoir, ils imposeraient à tous leur propre conception, car rien n'est moins tolérant en pratique que les gens qui éprouvent le besoin de prêcher la tolérance et la fraternité. Quoi qu'il en soit, la « perfectibilité morale » de l'homme, suivant l'idée qu'on s'en fait le plus couramment, paraît être « démentie par l'expérience » bien plutôt que son contraire ; trop d'événements récents donnent tort ici à Allan Kardec et à ses pareils pour qu'il soit utile d'y insister ; mais les rêveurs sont incorrigibles, et, à chaque fois qu'une guerre éclate, il s'en trouve toujours pour prédire qu'elle sera la dernière ; ces gens qui invoquent l' « expérience » à tout

[1] Voir les premiers chapitres de notre *Introduction générale à l'étude des doctrines hindoues*.

propos semblent parfaitement insensibles à tous les « démentis » qu'elle leur inflige. Pour ce qui est des races futures, ou peut toujours les imaginer au gré de sa fantaisie ; les spirites ont du moins la prudence de ne pas donner, sur ce sujet, de ces précisions qui sont restées le monopole des théosophistes ; ils s'en tiennent à de vagues considérations sentimentales, qui ne valent peut-être pas mieux au fond, mais qui ont l'avantage d'être moins prétentieuses. Enfin, il convient de remarquer que la « loi du progrès » est pour ses partisans une sorte de postulat ou d'article de foi : Allan Kardec affirme que « l'homme doit progresser », et il se contente d'ajouter que, « s'il progresse, c'est que Dieu le veut ainsi » ; si on lui avait demandé comment il le savait, il aurait probablement répondu que les « esprits » le lui avaient dit ; c'est faible comme justification, mais croit-on que ceux qui émettent les mêmes affirmations au nom de la « raison » aient une position beaucoup plus forte ? Il est un « rationalisme » qui n'est guère que du sentimentalisme déguisé, et d'ailleurs il n'est pas d'absurdités qui ne trouvent le moyen de se recommander de la raison ; Allan Kardec lui-même proclame aussi que « la force du spiritisme est dans sa philosophie, dans l'appel qu'il fait à la raison, au bon sens » [1]. Assurément, le « bon sens » vulgaire, dont on a tant abusé depuis que Descartes a cru devoir le flatter d'une façon toute démocratique déjà, est bien incapable de se prononcer en connaissance de cause sur la vérité ou la fausseté d'une idée quelconque ; et même une raison plus « philosophique » ne garantit guère mieux les hommes contre l'erreur. Que l'on rie tant qu'on voudra d'Allan Kardec qui se trouve satisfait lorsqu'il a affirmé que, « si l'homme progresse, c'est que Dieu le veut ainsi » ; mais alors que faudra-t-il penser de tel sociologue éminent, représentant très qualifié de la « science officielle », qui déclarait gravement (nous l'avons entendu nous-même) que, « si l'humanité progresse, c'est parce qu'elle a une tendance à progresser » ? Les solennelles niaiseries de la philosophie universitaire sont parfois aussi grotesques que les divagations des spirites ; mais celles-ci, comme nous l'avons dit, ont des dangers spéciaux, qui tiennent notamment à leur caractère « pseudo-religieux », et c'est pourquoi il est plus urgent de les dénoncer et d'en faire apparaître l'inanité.

Il nous faut maintenant parler de ce qu'Allan Kardec appelle le

---

1 *Le Livre des Esprits*, p. 457.

« progrès de l'esprit », et, pour commencer, nous signalerons chez lui un abus de l'analogie, dans la comparaison qu'il veut établir avec la vie corporelle : puisque cette comparaison, d'après lui-même, n'est pas applicable en ce qui concerne la phase de déclin et de décrépitude, pourquoi serait-elle plus valable pour la phase de développement ? D'autre part, si ce qu'il appelle la « perfection », but que tous les « esprits » doivent atteindre tôt ou tard, est quelque chose de comparable à l' « état d'adulte », c'est là une perfection bien relative ; et il faut qu'elle soit toute relative en effet pour qu'on puisse y parvenir « graduellement », même si cela doit demander « un temps immense » ; nous reviendrons tout à l'heure sur ce point. Enfin, logiquement et surtout métaphysiquement, ce qui n'aura pas de fin ne peut pas avoir eu de commencement non plus, ou, en d'autres termes, tout ce qui est vraiment immortel (non pas seulement dans le sens relatif de ce mot) est par là même éternel ; il est vrai qu'Allan Kardec, qui parle de la « longueur des éternités » (au pluriel), ne conçoit manifestement rien de plus ni d'autre que la simple perpétuité temporelle, et, parce qu'il n'en voit pas la fin, il suppose qu'elle n'en a pas ; mais l'indéfini est encore du fini, et toute durée est finie par sa nature même. Il y a là, d'ailleurs, une autre équivoque à dissiper ; ce qu'on appelle « esprit », et qu'on suppose constituer l'être total et véritable, ce n'est en somme que l'individualité humaine ; on a beau vouloir la répéter à de multiples exemplaires successifs par la réincarnation, elle n'en est pas moins limitée pour cela. En un sens, les spirites limitent même trop cette individualité, car ils ne connaissent qu'une faible partie de ses possibilités réelles, et elle n'a pas besoin de se réincarner pour être susceptible de prolongements indéfinis ; mais, en un autre sens, ils lui accordent une importance excessive, car ils la prennent pour l'être dont elle n'est, avec tous ses prolongements possibles, qu'un élément infinitésimal. Cette double erreur n'est d'ailleurs pas particulière aux spirites, elle est même commune à presque tout le monde occidental : l'individu humain est à la fois beaucoup plus et beaucoup moins qu'on ne le croit ; et, si on ne prenait à tort cet individu, ou plutôt une portion restreinte de cet individu, pour l'être complet, on n'aurait jamais eu l'idée que celui-ci est quelque chose qui « évolue ». On peut dire que l'individu « évolue », si l'on entend simplement par là qu'il accomplit un certain développement cyclique ; mais, de nos jours, qui dit « évolution » veut dire développement « progressif », et cela est contestable, sinon pour certaines portions du cycle, du moins pour son ensemble ; même dans un domaine relatif comme celui-là, l'idée de progrès n'est applicable qu'à l'intérieur de limites fort étroites, et encore n'a-t-elle de sens que si l'on précise sous quel rapport on entend l'appliquer : cela est vrai des individus aussi bien que des collectivités. Du reste, qui dit progrès dit forcément succession : pour tout ce qui ne peut être envisagé en mode successif, ce mot ne signifie donc plus rien ; si l'homme lui attribue un sens, c'est parce que, en tant qu'être individuel, il est soumis au temps, et, s'il étend ce sens de la façon la plus abusive, c'est qu'il ne conçoit pas ce qui est en dehors du temps. Pour tous les états de l'être qui ne sont pas conditionnés par le temps ni par quelque autre mode de durée, il ne saurait être question de rien de semblable, même à titre de relativité ou de contingence infime, car ce n'est pas une possibilité de ces états ; à plus forte raison, s'il s'agit de l'être véritablement complet ; totalisant en soi la multiplicité indéfinie de tous les états, il est absurde de parler, non seulement de progrès ou d'évolution, mais d'un développement quelconque ; l'éternité, excluant toute succession et tout changement (ou plutôt étant sans rapport avec eux), implique nécessairement l'immutabilité absolue.

Avant d'achever cette discussion, nous tenons à citer encore quelques passages empruntés à des écrivains qui jouissent parmi les spirites d'une autorité incontestée ; et, tout d'abord, M. Léon Denis parle à peu près comme Allan Kardec : « Il s'agit de travailler avec ardeur à notre avancement. Le but suprême est la perfection ; la route qui y conduit, c'est le progrès. Cette route est longue et se parcourt pas à pas. Le but lointain semble reculer à mesure qu'on avance, mais, à chaque étape franchie, l'être recueille le fruit de ses peines ; il enrichit son expérience et développe ses facultés… Il n'y a entre les âmes que des différences de degrés, différences qu'il leur est loisible de combler dans l'avenir » [1]. Jusque là, il n'y a rien de nouveau ; mais le même auteur, sur ce qu'il appelle l' « évolution périspritale », apporte quelques précisions qui sont visiblement inspirées de certaines théories scientifiques, ou pseudo-scientifiques, dont le succès est un des signes les plus indéniables de la

---

[1] *Après la mort*, pp. 167-168.

faiblesse intellectuelle de nos contemporains : « Les rapports séculaires des hommes et des esprits [1], confirmés, expliqués par les expériences récentes du spiritisme, démontrent la survivance de l'être sous une forme fluidique plus parfaite. Cette forme indestructible, compagne et servante de l'âme, témoin de ses luttes et de ses souffrances, participe à ses pérégrinations, s'élève et se purifie avec elle. Formé dans les régions inférieures, l'être périsprital gravit lentement l'échelle des existences. Ce n'est d'abord qu'un être rudimentaire, une ébauche incomplète. Parvenu à l'humanité, il commence à refléter des sentiments plus élevés ; l'esprit rayonne avec plus de puissance, et le périsprit s'éclaire de nouvelles lueurs. De vies en vies, à mesure que les facultés s'étendent, que les aspirations s'épurent, que le champ des connaissances s'agrandit, il s'enrichit de sens nouveaux. Chaque fois qu'une incarnation s'achève, comme un papillon s'élance de sa chrysalide, le corps spirituel se dégage de ses haillons de chair. L'âme se retrouve, entière et libre, et, en considérant ce manteau fluidique qui la recouvre, dans son aspect splendide ou misérable, elle constate son propre avancement » [2]. Voilà ce qu'on peut appeler du « transformisme psychique » ; et certains spirites, sinon tous, y joignent la croyance au transformisme entendu dans son sens le plus ordinaire, encore que cette croyance ne se concilie guère avec la théorie enseignée par Allan Kardec, d'après qui « les germes de tous les êtres vivants, contenus dans la terre, y restèrent à l'état latent et inerte jusqu'au moment propice pour l'éclosion de chaque espèce » [3]. Quoi qu'il en soit, M. Gabriel Delanne, qui veut être le plus « scientifique » des spirites kardécistes, admet entièrement les théories transformistes ; mais il entend compléter l' « évolution corporelle » par l' « évolution animique » : « C'est le même principe immortel qui anime toutes les créatures vivantes. D'abord ne se manifestant que sous des modes élémentaires dans les derniers étages de la vie, il va petit à petit en se perfectionnant, à mesure qu'il s'élève sur l'échelle des êtres ; il développe, dans sa longue évolution, les facultés qui étaient renfermées en lui à l'état de germes, et les manifeste d'une manière

---

1 L'auteur vient de citer, comme exemples de médiums « en rapports avec les hautes personnalités de l'espace » (*sic*), « les vestales romaines, les sibylles grecques, les druidesses de l'île de Sein »,… et Jeanne d'Arc !
2 *Après la mort*, pp. 229-230.
3 *Le Livre des Esprits*, p. 18.

plus ou moins analogue à la nôtre, à mesure qu'il se rapproche de l'humanité… Nous ne pouvons concevoir, en effet, pourquoi Dieu créerait des êtres sensibles à la souffrance, sans leur accorder en même temps la faculté de bénéficier des efforts qu'ils font pour s'améliorer. Si le principe intelligent qui les anime était condamné à occuper éternellement cette position inférieure, Dieu ne serait pas juste en favorisant l'homme aux dépens des autres créatures. Mais la raison nous dit qu'il ne saurait en être ainsi, et l'observation démontre qu'il y a identité substantielle entre l'âme des bêtes et la nôtre, que tout s'enchaîne et se lie étroitement dans l'Univers, depuis l'infime atome jusqu'au gigantesque soleil perdu dans la nuit de l'espace, depuis la monère jusqu'à l'esprit supérieur qui plane dans les régions sereines de l'erraticité » [1]. L'appel à la justice divine était ici inévitable ; nous disions plus haut qu'il serait absurde de se demander pourquoi telle espèce animale n'est pas l'égale de telle autre, mais il faut croire pourtant que cette inégalité, ou plutôt cette diversité, heurte la sentimentalité des spirites presque autant que celle des conditions humaines ; le « moralisme » est vraiment une chose admirable ! Ce qui est bien curieux aussi, c'est la page suivante, que nous reproduisons intégralement pour montrer jusqu'où peut aller, chez les spirites, l'esprit « scientiste », avec son accompagnement habituel, une haine féroce pour tout ce qui a un caractère religieux ou traditionnel : « Comment s'est accomplie cette genèse de l'âme, par quelles métamorphoses a passé le principe intelligent avant d'arriver à l'humanité ? C'est ce que le transformisme nous enseigne avec une lumineuse évidence.

Grâce au génie de Lamarck, de Darwin, de Wallace, d'Hæckel et de toute une armée de savants naturalistes, notre passé a été exhumé des entrailles du sol. Les archives de la terre ont conservé les ossements des races disparues, et la science a reconstitué notre lignée ascendante, depuis l'époque actuelle, jusqu'aux périodes mille fois séculaires où la vie est apparue sur notre globe. L'esprit humain, affranchi des liens d'une religion ignorante, a pris son libre essor, et, dégagé des craintes superstitieuses qui entravaient les recherches de nos pères, il a osé aborder le problème de nos origines et en a trouvé la solution. C'est là un fait capital dont les conséquences morales et philosophiques sont incalculables.

---

[1] *L'Évolution animique*, pp. 102-103.

DEUXIÈME PARTIE

La terre n'est plus ce monde mystérieux que la baguette d'un enchanteur fait éclore un jour, tout peuplé d'animaux et de plantes, prêt à recevoir l'homme qui en sera le roi ; la raison éclairée nous fait comprendre, aujourd'hui, combien ces fables témoignent d'ignorance et d'orgueil ! L'homme n'est pas un ange déchu, pleurant un imaginaire Paradis perdu, il ne doit pas se courber servilement sous la férule du représentant d'un Dieu partial, capricieux et vindicatif, il n'a aucun péché originel qui le souille dès sa naissance, et son sort ne dépend pas d'autrui. Le jour de la délivrance intellectuelle est arrivé ; l'heure de la rénovation a sonné pour tous les êtres que courbait encore sous son joug le despotisme de la peur et du dogme. Le spiritisme a éclairé de son flambeau notre avenir, se déroulant dans les cieux infinis ; nous sentons palpiter l'âme de nos sœurs, les autres humanités célestes ; nous remontons dans les épaisses ténèbres du passé pour étudier notre jeunesse spirituelle, et, nulle part, nous ne rencontrons ce tyran fantasque et terrible dont la Bible nous fait une si épouvantable description. Dans toute la création, rien d'arbitraire ou d'illogique ne vient détruire l'harmonie grandiose des lois éternelles » [1]. Ces déclamations, tout à fait semblables à celles de M. Camille Flammarion, ont pour principal intérêt de faire ressortir les affinités du spiritisme avec tout ce qu'il y a de plus détestable dans la pensée moderne ; les spirites, craignant sans doute de ne jamais paraître assez « éclairés », renchérissent encore sur les exagérations des savants, ou soi-disant tels, dont ils voudraient bien se concilier les faveurs, et ils témoignent d'une confiance sans bornes à l'égard des hypothèses les plus hasardeuses : « Si la doctrine évolutionniste a rencontré tant d'adversaires, c'est que le préjugé religieux a laissé des traces profondes dans les esprits, naturellement rebelles, d'ailleurs, à toute nouveauté... La théorie transformiste nous a fait comprendre que les animaux actuels ne sont que les derniers produits d'une longue élaboration de formes transitoires, lesquelles ont disparu au cours des âges, pour ne laisser subsister que ceux qui existent actuellement. Les découvertes de la paléontologie font chaque jour découvrir les ossements des animaux préhistoriques, qui forment les anneaux de cette chaîne sans fin, dont l'origine se confond avec celle de la vie. Et comme s'il ne suffisait pas de

---

1 *L'Évolution animique*, pp. 107-108.

montrer cette filiation par les fossiles, la nature s'est chargée de nous en fournir un exemple frappant, à la naissance de chaque être. Tout animal qui vient au monde reproduit, dans les premiers temps de sa vie fœtale, tous les types antérieurs par lesquels la race a passé avant d'arriver à lui. C'est une histoire sommaire et résumée de l'évolution de ses ancêtres, elle établit irrévocablement la parenté animale de l'homme, en dépit de toutes les protestations plus ou moins intéressées… La descendance animale de l'homme s'impose avec une lumineuse évidence à tout penseur sans parti pris » [1]. Et, naturellement, nous voyons apparaître ensuite cette autre hypothèse qui assimile les hommes primitifs aux sauvages actuels : « L'âme humaine ne saurait faire exception à cette loi générale et absolue (de l'évolution) ; nous constatons sur la terre qu'elle passe par des phases qui embrassent les manifestations les plus diverses, depuis les humbles et chétives conceptions de l'état sauvage, jusqu'aux magnifiques efflorescences du génie dans les nations civilisées » [2]. Mais voilà de suffisants échantillons de cette mentalité « primaire » ; ce que nous voulons en retenir surtout, c'est l'affirmation de l'étroite solidarité qui existe, qu'on le veuille ou non, entre toutes les formes de l'évolutionnisme.

Bien entendu, ce n'est pas ici que nous pouvons faire une critique détaillée du transformisme, parce que, là encore, nous nous écarterions trop de la question du spiritisme ; mais nous rappellerons du moins ce que nous avons dit plus haut, que la considération du développement embryologique ne prouve absolument rien. Les gens qui affirment solennellement que « l'ontogénie est parallèle à la phylogénie » n'ont pas l'air de se douter qu'ils prennent pour une loi ce qui n'est que l'énoncé d'une simple hypothèse ; ils commettent une véritable pétition de principe, car il faudrait d'abord prouver qu'il y a une « phylogénie », et, à coup sûr, ce n'est pas l'observation qui leur a jamais montré une espèce se changeant en une autre. Le développement de l'individu est seul constatable directement, et, pour nous, les diverses formes qu'il traverse n'ont pas d'autre raison d'être que celle-ci ; c'est que cet individu doit réaliser, selon des modalités conformes à sa nature propre, les différentes possibilités de l'état auquel il appartient ; pour cela, il lui suffit d'ailleurs

---

1 *L'Évolution animique*, pp. 113-115.
2 *L'Évolution animique*, pp. 117.

d'une seule existence, et il le faut bien, puisqu'il ne peut repasser deux fois par le même état. Du reste, au point de vue métaphysique, auquel nous devons toujours revenir, c'est la simultanéité qui importe, et non la succession, qui ne représente qu'un aspect éminemment relatif des choses ; on pourrait donc se désintéresser entièrement de la question, si le transformisme, pour qui comprend la vraie nature de l'espèce, n'était une impossibilité, et non pas seulement une inutilité. Quoi qu'il en soit, il n'y a pas d'autre intérêt en jeu là-dedans que celui de la vérité ; ceux qui parlent de « protestations intéressées » prêtent probablement à leurs adversaires leurs propres préoccupations, qui relèvent surtout de ce sentimentalisme à masque rationnel auquel nous avons fait allusion, et qui ne sont même pas indépendantes de certaines machinations politiques de l'ordre le plus bas, auxquelles beaucoup d'entre eux, d'ailleurs, peuvent se prêter d'une façon fort inconsciente. Aujourd'hui, le transformisme paraît avoir fait son temps, et il a déjà perdu bien du terrain, au moins dans les milieux scientifiques un peu sérieux ; mais il peut encore continuer à contaminer l'esprit des masses, à moins qu'il ne se trouve quelque autre machine de guerre qui soit capable de le remplacer ; nous ne croyons point, en effet, que les théories de ce genre se répandent spontanément, ni que ceux qui se chargent de les propager obéissent en cela à des préoccupations d'ordre intellectuel, car ils y mettent trop de passion et d'animosité.

Mais laissons là ces histoires de « descendance », qui n'ont acquis une telle importance que parce qu'elles sont propres à frapper vivement l'imagination du vulgaire, et revenons à la prétendue évolution d'un être déterminé, qui soulève des questions plus graves au fond. Nous rappellerons ce que nous avons dit précédemment à propos de l'hypothèse d'après laquelle l'être devrait passer successivement par toutes les formes de vie : cette hypothèse, qui n'est pas autre chose en somme que l' « évolution animique » de M. Delanne, est d'abord une impossibilité, comme nous l'avons montré ; ensuite, elle est inutile, et elle l'est même doublement. Elle est inutile, en premier lieu, parce que l'être peut avoir simultanément en lui l'équivalent de toutes ces formes de vie ; et il ne s'agit ici que de l'être individuel, puisque toutes ces formes appartiennent à un même état d'existence, qui est celui de l'individualité humaine ; elles sont donc des possibilités comprises dans le domaine de celle-ci, à la condition qu'on l'envisage dans son intégralité. Ce n'est que pour l'individualité restreinte à la seule modalité corporelle, comme nous l'avons déjà fait remarquer, que la simultanéité est remplacée par la succession, dans le développement embryologique, mais ceci ne concerne qu'une bien faible partie des possibilités en question ; pour l'individualité intégrale, le point de vue de la succession disparaît déjà, et pourtant ce n'est encore là qu'un unique état de l'être, parmi la multiplicité indéfinie des autres états ; si l'on veut à toute force parler d'évolution, on voit par là combien sont étroites les limites dans lesquelles cette idée trouvera à s'appliquer. En second lieu, l'hypothèse dont nous parlons est inutile quant au terme final que l'être doit atteindre, quelle que soit d'ailleurs la conception que l'on s'en fait ; et nous croyons nécessaire de nous expliquer ici sur ce mot de « perfection », que les spirites emploient d'une façon si abusive. Evidemment, il ne peut s'agir pour eux de la Perfection métaphysique, qui seule mérite vraiment ce nom, et qui est identique à l'Infini, c'est-à-dire à la Possibilité universelle dans sa totale plénitude ; cela les dépasse immensément, et ils n'en ont aucune idée ; mais admettons qu'on puisse parler, analogiquement, de perfection dans un sens relatif, pour un être quelconque : ce sera, pour cet être, la pleine réalisation de toutes ses possibilités. Or il suffit que ces possibilités soient indéfinies, à n'importe quel degré, pour que la perfection ainsi entendue ne puisse être atteinte « graduellement » et « progressivement », suivant les expressions d'Allan Kardec ; l'être qui aurait parcouru une à une, en mode successif, des possibilités particulières en nombre quelconque, n'en serait pas plus avancé pour cela, Une comparaison mathématique peut aider à comprendre ce que nous voulons dire : si l'on doit faire l'addition d'une indéfinité d'éléments, on n'y parviendra jamais en prenant ces éléments un à un ; la somme ne pourra s'obtenir que par une opération unique, qui est l'intégration, et ainsi il faut que tous les éléments soient pris simultanément : c'est là la réfutation de cette conception fausse, si répandue en Occident, selon laquelle on ne pourrait arriver à la synthèse que par l'analyse, alors que, au contraire, s'il s'agit d'une véritable synthèse, il est impossible d'y arriver de cette façon. On peut encore présenter les choses ainsi : si l'on a une série indéfinie d'éléments, le terme final, ou la totalisation de la série, n'est aucun de ces éléments ; il ne peut se trouver dans la série, de sorte qu'on n'y parviendra jamais en la parcourant analytiquement ; par contre, on peut atteindre ce but d'un seul coup par l'intégration, mais peu importe pour cela qu'on ait déjà parcouru la série jusqu'à tel ou tel de ses éléments, puisqu'il n'y a aucune commune mesure entre n'importe quel résultat partiel et le résultat total. Même pour l'être individuel, ce raisonnement est applicable, puisque cet être comporte des possibilités susceptibles d'un développement indéfini ; il ne sert à rien de faire intervenir « un temps immense », car ce développement, si l'on veut qu'il soit successif, ne s'achèvera jamais ; mais, dès lors qu'il peut être simultané, il n'y a plus aucune difficulté ; seulement, c'est alors la négation de l'évolutionnisme. Maintenant, s'il s'agit de l'être total, et non plus seulement de l'individu, la chose est encore plus évidente, d'abord parce qu'il n'y a plus aucune place pour la considération du temps ou de quelque autre condition analogue (la totalité de l'être étant l'état inconditionné), et ensuite parce qu'il y a alors bien autre chose à envisager que la simple indéfinité des possibilités de l'individu, celles-ci n'étant plus, dans leur intégralité, qu'un élément infinitésimal dans la série indéfinie des états de l'être. Arrivé à ce point (mais, bien entendu, ceci ne s'adresse plus aux spirites, qui sont par trop incapables de le concevoir), nous pouvons réintroduire l'idée de la Perfection métaphysique, et dire ceci : quand bien même on admettrait qu'un être ait parcouru distinctement ou analytiquement une indéfinité de possibilités, toute cette évolution, si on veut l'appeler ainsi, ne pourrait jamais être que rigoureusement égale à zéro par rapport à la Perfection, car l'indéfini, procédant du fini et étant produit par lui (comme le montre clairement, en particulier, la génération des nombres), donc y étant contenu en puissance, n'est en somme que le développement des potentialités du fini, et, par conséquent, ne peut avoir aucun rapport avec l'Infini, ce qui revient à dire que, considéré de l'Infini, ou de la Perfection qui lui est identique, il ne peut être que zéro. La conception analytique que représente l'évolutionnisme, si on l'envisage dans l'universel, revient donc, non plus même à ajouter une à une des quantités infinitésimales, mais rigoureusement à ajouter indéfiniment zéro à lui-même, par une indéfinité d'additions distinctes et successives, dont le résultat final sera toujours zéro ; on ne peut sortir de cette suite stérile d'opérations analytiques que par l'intégration (qui devrait être ici une intégration multiple, et même indéfiniment multiple), et, nous y insistons, celle-ci s'effectue d'un seul coup, par une synthèse immédiate et transcendante, qui n'est logiquement précédée d'aucune analyse.

Les évolutionnistes, qui n'ont aucune idée de l'éternité, non plus que de tout ce qui est de l'ordre métaphysique, appellent volontiers de ce nom une durée indéfinie, c'est-à-dire la perpétuité, alors que l'éternité est essentiellement la « non-durée » ; cette erreur est du même genre que celle qui consiste à croire que l'espace est infini, et d'ailleurs l'une ne va guère sans l'autre ; la cause en est toujours dans la confusion du concevable et de l'imaginable. En réalité, l'espace est indéfini, mais, comme toute autre possibilité particulière, il est absolument nul par rapport à l'Infini ; de même, la durée, même perpétuelle, n'est rien au regard de l'éternité. Mais le plus singulier, c'est ceci : pour ceux qui, étant évolutionnistes d'une façon ou d'une autre, placent toute réalité dans le devenir, la soi-disant éternité temporelle, qui se compose de durées successives, et qui est donc divisible, semble se partager en deux moitiés, l'une passée et l'autre future. Voici, à titre d'exemple (et l'on pourrait en donner bien d'autres), un curieux passage que nous tirons d'un ouvrage astronomique de M. Flammarion : « Si les mondes mouraient pour toujours, si les soleils une fois éteints ne se rallumaient plus, il est probable qu'il n'y aurait plus d'étoiles au ciel. Et pourquoi ? Parce que la création est si ancienne, que nous pouvons la considérer comme éternelle dans le passé. Depuis l'époque de leur formation, les innombrables soleils de l'espace ont eu largement le temps de s'éteindre. Relativement à l'éternité passée *(sic)*, il n'y a que les nouveaux soleils qui brillent. Les premiers sont éteints. L'idée de succession s'impose donc d'elle-même à notre esprit. Quelle que soit la croyance intime que chacun de nous ait acquise dans sa conscience sur la nature de l'Univers, il est impossible d'admettre l'ancienne théorie d'une création faite une fois pour toutes. L'idée de Dieu n'est-elle pas, elle-même, synonyme de l'idée de Créateur ? Aussitôt que Dieu existe, il crée ; s'il n'avait créé qu'une fois, il n'y aurait plus de soleils dans l'immensité, ni de planètes puisant autour d'eux la lumière, la chaleur, l'électricité et la vie. Il faut, de toute nécessité, que la création soit perpétuelle. Et, si Dieu n'existait pas, l'ancienneté, l'éternité de l'Univers s'imposerait avec plus de force encore » [1]. Il est presque superflu d'attirer l'attention sur la quantité de pures hypothèses qui sont accumulées dans ces quelques lignes, et qui ne sont même pas très cohérentes : il faut qu'il y ait de nouveaux soleils parce que les premiers sont éteints, mais les nouveaux ne sont que les anciens qui se sont rallumés ; il faut croire que les possibilités sont vite épuisées ; et que dire de cette « ancienneté » qui équivaut approximativement à l'éternité ? Il serait tout aussi logique de faire un raisonnement de ce genre : si les hommes une fois morts ne se réincarnaient pas, il est probable qu'il n'y en aurait plus sur la terre, car, depuis qu'il y en a, ils ont eu « largement le temps » de mourir tous ; voilà un argument que nous offrons très volontiers aux réincarnationnistes, dont il ne fortifiera guère la thèse. Le mot d' « évolution » n'est pas dans le passage que nous venons de citer, mais c'est évidemment cette conception, exclusivement basée sur l' « idée de succession », qui doit remplacer « l'ancienne théorie d'une création faite une fois pour toutes », déclarée impossible en vertu d'une simple « croyance » (le mot y est). Du reste, pour l'auteur, Dieu lui-même est soumis à la succession ou au temps ; la création est un acte temporel : « aussitôt que Dieu existe, il crée » ; c'est donc qu'il a un commencement, et probablement doit-il aussi être situé dans l'espace, prétendu infini. Dire que « l'idée de Dieu est synonyme de l'idée de Créateur », c'est émettre une affirmation plus que contestable : osera-t-on soutenir que tous les peuples qui n'ont pas l'idée de création, c'est-à-dire en somme tous ceux dont les conceptions ne sont point de source judaïque, n'ont par là même aucune idée qui corresponde à celle de la Divinité ? C'est manifestement absurde ; et que l'on remarque bien que, quand il s'agit ici de création, ce qui est ainsi désigné n'est jamais que le monde corporel, c'est-à-dire le contenu de l'espace que l'astronome a la possibilité d'explorer avec son télescope ; l'Univers est vraiment bien petit pour ces gens qui mettent l'infini et l'éternité partout où il ne saurait en être question ! S'il a fallu toute l' « éternité passée » pour arriver à produire le monde corporel tel que nous le voyons aujourd'hui, avec des êtres comme les individus humains pour représenter la plus haute expression de la « vie universelle et éternelle », il faut convenir que c'est là un piteux

---

[1] *Astronomie populaire*, pp. 380-381.

résultat [1] ; et, assurément, ce ne sera pas trop de toute l' « éternité future » pour parvenir à la « perfection », si relative pourtant, dont rêvent nos évolutionnistes. Cela nous rappelle la bizarre théorie de nous ne savons plus trop quel philosophe contemporain (si nos souvenirs sont exacts, ce doit être Guyau), qui se représentait la seconde « moitié de l'éternité » comme devant se passer à réparer les erreurs accumulées pendant la première moitié ; et voilà les « penseurs » qui se croient « éclairés », et qui se permettent de tourner en dérision les conceptions religieuses !

Les évolutionnistes, disions-nous tout à l'heure, placent toute réalité dans le devenir ; c'est pourquoi leur conception est la négation complète de la métaphysique, celle-ci ayant essentiellement pour domaine ce qui est permanent et immuable, c'est-à-dire ce dont l'affirmation est incompatible avec l'évolutionnisme. L'idée même de Dieu, dans ces conditions, doit être soumise au devenir comme tout le reste, et c'est là, en effet, la pensée plus ou moins avouée, sinon de tous les évolutionnistes, du moins de ceux qui veulent être conséquents avec eux-mêmes. Cette idée d'un Dieu qui évolue (et qui, ayant commencé dans le monde, ou tout au moins avec le monde, ne saurait en être le principe, et ne représente ainsi qu'une hypothèse parfaitement inutile) n'est point exceptionnelle à notre époque ; elle se rencontre, non seulement chez des philosophes du genre de Renan, mais aussi dans quelques sectes plus ou moins étranges dont les débuts, naturellement, ne remontent pas au delà du siècle dernier. Voici, par exemple, ce que les Mormons enseignent au sujet de leur Dieu : « Son origine fut la fusion de deux particules de matière élémentaire, et, par un développement progressif, il atteignit la forme humaine... Dieu, cela va sans dire *(sic)*, a commencé par être un homme, et, par une voie de continuelle progression, il est devenu ce qu'il est, et il peut continuer à progresser de la même manière éternellement et indéfiniment. L'homme, de même, peut croître en connaissance et en pouvoir, aussi loin qu'il lui plaira. Si donc l'homme est doué d'une progression éternelle, il viendra certainement un temps où il

---

[1] Mlle Marguerite Wolff, dont nous avons déjà parlé, assurait que « Dieu s'était trompé en créant le monde, parce que c'était la première fois et qu'il manquait d'expérience » ; et elle ajoutait que, « s'il avait à recommencer, il ferait certainement beaucoup mieux » !

DEUXIÈME PARTIE

saura autant que Dieu en sait maintenant »[1]. Et encore : « Le plus faible enfant de Dieu qui existe maintenant sur la terre, possédera en son temps plus de domination, de sujets, de puissance et de gloire que n'en possède aujourd'hui Jésus-Christ ou son Père, tandis que le pouvoir et l'élévation de ceux-ci se seront accrus dans la même proportion »[2]. Ces absurdités ne sont pas plus fortes que celles qu'on trouve dans le spiritisme, dont nous ne nous sommes éloigné qu'en apparence, et parce qu'il est bon de signaler certains rapprochements : la « progression éternelle » de l'homme, dont il vient d'être question, est parfaitement identique à la conception des spirites sur le même sujet ; et, quant à l'évolution de la Divinité, si tous n'en sont pas là, c'est pourtant un aboutissement logique de leurs théories, et il en est effectivement quelques-uns qui ne reculent pas devant de semblables conséquences, qui les proclament même d'une façon aussi explicite qu'extravagante. C'est ainsi que M. Jean Béziat, chef de la secte « fraterniste », a écrit il y a quelques années un article destiné à démontrer que « Dieu est en perpétuelle évolution », et auquel il a donné ce titre : « Dieu n'est pas immuable ; Satan, c'est Dieu-Hier » ; on en aura une idée suffisante par ces quelques extraits : « Dieu ne nous paraît pas tout-puissant dans le moment considéré, puisqu'il y a la lutte du mal et du bien, et non bien absolu... De même que le froid n'est qu'un degré moindre de chaleur, le mal n'est, lui aussi, qu'un degré moindre de bien ; et le diable ou mal qu'un degré moindre de Dieu. Il est impossible de rétorquer cette argumentation. Il n'y a donc que vibrations caloriques, que vibrations bénéfiques ou divines plus ou moins actives, tout simplement. Dieu est l'Intention évolutive en incessante montée. N'en résulte-t-il pas que Dieu était hier moins avancé que Dieu-Aujourd'hui, et Dieu-Aujourd'hui moins avancé que Dieu-Demain ? Ceux qui sont sortis du sein divin hier sont donc moins divins que ceux sortis du sein du Dieu actuel, et ainsi de suite. Les issus de Dieu-Hier sont moins bons naturellement que ceux émanés du Dieu-Moment, et c'est par illusion, tout simplement, que l'on nomme Satan ce qui n'est encore que Dieu, mais seulement Dieu-Passé et non Dieu-Actuel »[3]. De pareilles élucubrations, assurément, ne méritent pas qu'on s'attache à les

---
1 *L'Etoile Millénaire*, organe du président Brigham Young, 1852.
2 Extrait d'un sermon de Joseph Smith, fondateur du Mormonisme.
3 *Le Fraterniste*, 27 mars 1914.

réfuter en détail ; mais il convient de souligner leur point de départ spécifiquement « moraliste », puisqu'il n'est question là-dedans que de bien et de mal, et aussi de faire remarquer que M. Béziat argumente contre une conception de Satan comme littéralement opposé à Dieu, qui n'est autre chose que le « dualisme » que l'on attribue d'ordinaire, et peut-être à tort, aux Manichéens ; en tout cas, c'est tout à fait gratuitement qu'il prête cette conception à d'autres, à qui elle est totalement étrangère. Ceci nous conduit directement à la question du satanisme, question aussi délicate que complexe, qui est encore de celles que nous ne prétendons pas traiter complètement ici, mais dont nous ne pouvons cependant nous dispenser d'indiquer au moins quelques aspects, bien que ce soit pour nous une tâche fort peu agréable.

Chapitre X
La question du satanisme

Il est convenu qu'on ne peut parler du diable sans provoquer, de la part de tous ceux qui se piquent d'être plus ou moins « modernes », c'est-à-dire de l'immense majorité de nos contemporains, des sourires dédaigneux ou des haussements d'épaules plus méprisants encore ; et il est des gens qui, tout en ayant certaines convictions religieuses, ne sont pas les derniers à prendre une semblable attitude, peut-être par simple crainte de passer pour « arriérés », peut-être aussi d'une façon plus sincère. Ceux-là, en effet, sont bien obligés d'admettre en principe l'existence du démon, mais ils seraient fort embarrassés d'avoir à constater son action effective ; cela dérangerait par trop le cercle restreint d'idées toutes faites dans lequel ils ont coutume de se mouvoir. C'est là un exemple de ce « positivisme pratique » auquel nous avons fait allusion précédemment : les conceptions religieuses sont une chose, la « vie ordinaire » en est une autre, et, entre les deux, on a bien soin d'établir une cloison aussi étanche que possible ; autant dire qu'on se comportera en fait comme un véritable incroyant, avec la logique en moins ; mais quel moyen de faire autrement, dans une société aussi « éclairée » et aussi « tolérante » que la nôtre, sans se faire traiter à tout le moins d'« halluciné » ? Sans doute, une certaine prudence est souvent nécessaire, mais prudence ne veut pas dire négation « a priori » et

DEUXIÈME PARTIE

sans discernement ; pourtant, on doit dire, à la décharge de certains milieu catholiques, que le souvenir de quelques mystifications trop fameuses, comme celles de Léo Taxil, n'est pas étranger à cette négation : on s'est jeté d'un excès dans l'excès contraire ; si c'est encore une ruse du diable que de se faire nier, il faut convenir qu'il n'y a pas trop mal réussi. Si nous n'abordons pas cette question du satanisme sans quelque répugnance, ce n'est point pour des raisons du genre de celles que nous venons d'indiquer, car un ridicule de cette sorte, si c'en est un, nous touche fort peu, et nous prenons assez nettement position contre l'esprit moderne sous toutes ses formes pour n'avoir point à user de certains ménagements ; mais on ne peut guère traiter ce sujet sans avoir à remuer des choses qu'on aimerait mieux laisser dans l'ombre ; il faut pourtant se résigner à le faire dans une certaine mesure, car un silence total à cet égard risquerait d'être fort mal compris.

Nous ne pensons pas que les satanistes conscients, c'est-à-dire les vrais adorateurs du diable, aient jamais été très nombreux ; on cite bien la secte des *Yézidis*, mais c'est là un cas exceptionnel, et encore n'est-il pas sûr qu'il soit correctement interprété ; partout ailleurs, on ne trouverait guère que des isolés, qui sont des sorciers de la plus basse catégorie, car il ne faudrait pas croire que même tous les sorciers ou les « magiciens noirs » plus ou moins caractérisés répondent également à cette définition, et il peut fort bien y en avoir, parmi eux, qui ne croient nullement à l'existence du diable. D'un autre côté, il y a aussi la question des Lucifériens : il y en a eu, très certainement, en dehors des récits fantastiques de Léo Taxil et de son collaborateur le Dr Hacks, et peut-être y en a-t-il encore, en Amérique ou ailleurs ; s'ils ont constitué des organisations, cela pourrait sembler aller contre ce que nous venons de dire ; mais il n'en est rien, car, si ces gens invoquent Lucifer et lui rendent un culte, c'est qu'ils ne le considèrent point comme le diable, qu'il est vraiment à leurs yeux le « porte-lumière » [1], et nous avons même entendu dire qu'ils allaient jusqu'à l'appeler « la Grande Intelligence Créatrice ». Ce sont bien des satanistes de fait, sans doute, mais, si

---

[1] Mme Blavatsky, qui donna ce nom de *Lucifer* à une revue qu'elle fonda en Angleterre vers la fin de sa vie, affectait de le prendre également dans ce sens étymologique de « porte-lumière », ou, comme elle disait, de « porteur du flambeau de la vérité » ; mais elle n'y voyait qu'un pur symbole, tandis que, pour les Lucifériens, c'est un être réel.

étrange que cela puisse paraître à ceux qui ne vont pas au fond des choses, ce ne sont que des satanistes inconscients, puisqu'ils se méprennent sur la nature de l'entité à laquelle ils adressent leur culte ; et pour ce qui est du satanisme inconscient, à des degrés divers, il est loin d'être rare. A propos des Lucifériens, nous tenons à signaler une singulière erreur : nous avons entendu affirmer que les premiers spirites américains reconnaissaient être en rapport avec le diable, auquel ils donnaient le nom de Lucifer ; en réalité, les Lucifériens ne peuvent aucunement être des spirites, puisque le spiritisme consiste essentiellement à se croire en communication avec des humains « désincarnés », et qu'il nie même généralement l'intervention d'autres êtres que ceux-là dans la production des phénomènes. Si même il est arrivé que des Lucifériens emploient des procédés analogues à ceux du spiritisme, ils n'en sont pas davantage spirites pour cela ; la chose est possible, quoique l'usage de procédés proprement magiques soit plus vraisemblable en général. Si des spirites, de leur côté, reçoivent un « message » signé de Lucifer ou de Satan, ils n'hésitent pas un seul instant à le mettre sur le compte de quelque « esprit farceur », puisqu'ils font profession de ne pas croire au démon, et qu'ils apportent même à cette négation un véritable acharnement ; en leur parlant du diable, on ne risque pas seulement d'éveiller chez eux du dédain, mais plutôt de la fureur, ce qui est du reste un assez mauvais signe. Ce que les Lucifériens ont de commun avec les spirites, c'est qu'ils sont assez bornés intellectuellement, et pareillement fermés à toute vérité d'ordre métaphysique ; mais ils sont bornés d'une autre façon, et il y a incompatibilité entre les deux théories ; cela ne veut pas dire, naturellement, que les mêmes forces ne puissent être en jeu dans les deux cas, mais l'idée qu'on s'en fait de part et d'autre est tout à fait différente.

Il est inutile de reproduire les innombrables dénégations des spirites, ainsi que des occultistes et des théosophistes, relativement à l'existence du diable ; on en remplirait facilement tout un volume, qui serait d'ailleurs fort peu varié et sans grand intérêt. Allan Kardec, nous l'avons déjà vu, enseigne que les « mauvais esprits » s'amélioreront progressivement ; pour lui, anges et démons sont également des êtres humains, mais qui se trouvent aux deux extrémités de l' « échelle spirite » ; et il ajoute que Satan n'est que

« la personnification du mal sous une forme allégorique » [1]. Les occultistes, de leur côté, font appel à un symbolisme qu'ils ne comprennent guère et qu'ils accommodent à leur fantaisie ; au surplus, ils assimilent généralement les démons à des « élémentals » plutôt qu'à des « désincarnés » ; ils admettent du moins des êtres qui n'appartiennent pas à l'espèce humaine, et c'est déjà quelque chose. Mais voici une opinion qui sort un peu de l'ordinaire, non quant au fond, mais par l'apparence d'érudition dont elle s'enveloppe : c'est celle de M. Charles Lancelin, dont nous avons déjà parlé ; il résume en ces termes « le résultat de ses recherches » sur la question de l'existence du diable, à laquelle il a d'ailleurs consacré deux ouvrages spéciaux [2] : « Le diable n'est qu'un fantôme et un symbole du mal. Le Judaïsme primitif l'a ignoré ; d'ailleurs, le Jéhovah tyrannique et sanguinaire des Juifs n'avait pas besoin de ce repoussoir. La légende de la chute des anges se trouve dans le Livre d'Hénoch, depuis longtemps reconnu apocryphe et écrit bien plus tard. Pendant la grande captivité de Babylone, le Judaïsme reçoit des religions orientales l'impression de divinités mauvaises, mais cette idée reste populaire, sans pénétrer dans les dogmes. Et Lucifer y est encore l'étoile du matin, et Satan un ange, un enfant de Dieu. Plus tard, si le Christ parle du *Mauvais* et du démon, c'est par pure accommodation aux idées populaires de son temps ; mais pour lui, le diable n'existe pas… Dans le Christianisme, le Jéhovah vindicatif des Juifs devient un Père de bonté : dès lors, les autres divinités sont, près de lui, des divinités du mal. En se développant, le Christianisme entre en contact avec l'Hellénisme et en reçoit la conception de Pluton et des Furies, et surtout du Tartare, qu'il accommode à ses propres idées en y faisant entrer confusément toutes les divinités mauvaises du paganisme gréco-romain et des diverses religions auxquelles il se heurte. Mais c'est au moyen âge que naît véritablement le diable. Dans cette période de bouleversements incessants, sans loi, sans frein, le clergé fut amené, pour mater les puissants, à faire du diable le gendarme de la société ; il reprit l'idée du Mauvais et des divinités du mal, fondit le tout dans la personnalité du diable et en fit l'épouvantail des rois et des peuples. Mais cette idée, dont il était le représentant, lui donnait un

---

1 *Le Livre des Esprits*, pp. 54-56. — Sur Satan et l'enfer, cf. Léon Denis, *Christianisme et Spiritisme*, pp. 103-108 ; *Dans l'Invisible*, pp. 395-405.
2 *Histoire mythique de Shatan* et *Le Ternaire magique de Shatan*.

pouvoir incontesté ; aussi se prit-il rapidement à son propre piège, et dès lors le diable exista ; dans le courant des temps modernes, sa personnalité s'affirma, et au XVIIe siècle il régnait en maître. Voltaire et les encyclopédistes commencèrent la réaction ; l'idée du démon déclina, et aujourd'hui beaucoup de prêtres éclairés la regardent comme un simple symbole... » [1]. Il va sans dire que ces prêtres « éclairés » sont tout bonnement des modernistes, et l'esprit qui les anime est étrangement pareil à celui qui s'affirme dans ces lignes ; cette façon plus que fantaisiste d'écrire l'histoire est assez curieuse, mais elle vaut bien, somme toute, celle des représentants officiels de la prétendue « science des religions » : elle s'inspire visiblement des mêmes méthodes « critiques », et les résultats ne diffèrent pas sensiblement ; il faut être bien naïf pour prendre au sérieux ces gens qui font dire aux textes tout ce qu'ils veulent, et qui trouvent toujours moyen de les interpréter conformément à leurs propres préjugés.

Mais revenons à ce que nous appelons le satanisme inconscient, et, pour éviter toute erreur, disons d'abord qu'un satanisme de ce genre peut être purement mental et théorique, sans impliquer aucune tentative d'entrer en relation avec des entités quelconques, dont, dans bien des cas, il n'envisage même pas l'existence. C'est en ce sens qu'on peut, par exemple, regarder comme satanique, dans une certaine mesure, toute théorie qui défigure notablement l'idée de la Divinité ; et il faudrait ici placer au premier rang les conceptions d'un Dieu qui évolue et celles d'un Dieu limité ; d'ailleurs, les unes ne sont qu'un cas particulier des autres, car, pour supposer qu'un être peut évoluer, il faut évidemment le concevoir comme limité ; nous disons un être, car Dieu, dans ces conditions, n'est pas l'Etre universel, mais un être particulier et individuel, et cela ne va guère sans un certain « pluralisme » où l'Etre, au sens métaphysique, ne saurait trouver place. Tout « immanentisme » soumet, plus ou moins ouvertement, la Divinité au devenir ; cela peut ne pas être apparent dans les formes les plus anciennes, comme le panthéisme de Spinoza, et peut-être même cette conséquence est-elle contraire aux intentions de celui-ci (il n'est pas de système philosophique qui ne contienne, au moins en germe, quelque contradiction interne) ; mais, en tout cas, c'est très net à partir de

---

1 *Le Monde Psychique*, février 1912.

DEUXIÈME PARTIE

Hegel, c'est-à-dire, en somme, depuis que l'évolutionnisme a fait son apparition, et, de nos jours, les conceptions des modernistes sont particulièrement significatives sous ce rapport. Quant à l'idée d'un Dieu limité, elle a aussi, à l'époque actuelle, bien des partisans déclarés, soit dans des sectes comme celles dont nous parlions à la fin du chapitre précédent (les Mormons vont jusqu'à soutenir que Dieu est un être corporel, à qui ils assignent pour résidence un lieu défini, une planète imaginaire nommée *Colob*), soit dans certains courants de la pensée philosophique, depuis le « personnalisme » de Renouvier jusqu'aux conceptions de William James, que le romancier Wells s'efforce de populariser [1]. Renouvier niait l'Infini métaphysique parce qu'il le confondait avec le pseudo-infini mathématique ; pour James, c'est tout autre chose, et sa théorie a son point de départ dans un « moralisme » bien anglo-saxon : il est plus avantageux, au point de vue sentimental, de se représenter Dieu à la façon d'un individu, ayant des qualités (au sens moral) comparables aux nôtres ; c'est donc cette conception anthropomorphique qui doit être tenue pour vraie, suivant l'attitude « pragmatiste » qui consiste essentiellement à substituer l'utilité (morale ou matérielle) à la vérité ; et d'ailleurs James, conformément aux tendances de l'esprit protestant, confond la religion avec la simple religiosité, c'est-à-dire qu'il n'y voit rien d'autre que l'élément sentimental. Mais il y a autre chose de plus grave encore dans le cas de James, et c'est ce qui nous a fait surtout prononcer à son propos ce mot de « satanisme inconscient », qui a, paraît-il, si vivement indigné quelques-uns de ses admirateurs, particulièrement dans des milieux protestants dont la mentalité est toute disposée à recevoir de semblables conceptions [2] : c'est sa théorie de l' « expérience religieuse », qui lui fait voir dans le « subconscient » le moyen pour l'homme de se mettre en communication effective avec le Divin ; de là à approuver les pratiques du spiritisme, à leur conférer un caractère éminemment religieux, et à considérer les médiums comme les instruments par excellence de cette communication,

---

1 *Dieu, l'Invisible Roi.*
2 On nous a reproché aussi, du même côté, ce qu'on a cru pouvoir appeler un « préjugé antiprotestant » ; notre attitude à cet égard est en réalité tout le contraire d'un préjugé, puisque nous y sommes arrivé d'une façon parfaitement réfléchie, et comme conclusion de maintes considérations que nous avons déjà indiquées en divers passages de notre *Introduction générale à l'étude des doctrines hindoues.*

251

il n'y avait qu'un pas, on en conviendra. Parmi des éléments assez divers, le « subconscient » contient incontestablement tout ce qui, dans l'individualité humaine, constitue des traces ou des vestiges des états inférieurs de l'être, et ce avec quoi il met le plus sûrement l'homme en communication, c'est tout ce qui, dans notre monde, représente ces mêmes états inférieurs. Ainsi, prétendre que c'est là une communication avec le Divin, c'est véritablement placer Dieu dans les états inférieurs de l'être, *in inferis* au sens littéral de cette expression [1] ; c'est donc là une doctrine proprement « infernale », un renversement de l'ordre universel, et c'est précisément ce que nous appelons « satanisme » ; mais, comme il est clair que ce n'est nullement voulu et que ceux qui émettent ou qui acceptent de telles théories ne se rendent point compte de leur énormité, ce n'est que du satanisme inconscient.

Du reste, le satanisme, même conscient, se caractérise toujours par un renversement de l'ordre normal ; il prend le contrepied des doctrines orthodoxes, il invertit de parti pris certains symboles ou certaines formules ; les pratiques des sorciers ne sont, dans bien des cas, que des pratiques religieuses accomplies à rebours. Il y aurait des choses bien curieuses à dire sur le renversement des symboles ; nous ne pouvons traiter cette question présentement, mais nous tenons à indiquer que c'est là un signe qui trompe rarement ; seulement, suivant que le renversement est intentionnel ou non, le satanisme peut être conscient ou inconscient [2]. Ainsi, dans la secte « carméléenne » fondée jadis par Vintras, l'usage d'une croix renversée est un signe qui apparaît à première vue comme éminemment suspect ; il est vrai que ce signe était interprété comme indiquant que le règne du « Christ douloureux » devait désormais faire place à celui du « Christ glorieux » ; aussi est-il fort possible que Vintras lui-même n'ait été qu'un sataniste parfaitement inconscient, en dépit de tous les phénomènes qui s'accomplissaient autour de lui et qui relèvent nettement de la « mystique diabolique » ; mais peut-

---

[1] L'opposé est *in excelsis*, dans les états supérieurs de l'être, qui sont représentés par les cieux, de même que la terre représente l'état humain.

[2] Certains ont voulu voir des symboles inversés dans la figure du « cep de vigne dessiné par les esprits » qu'Allan Kardec a placée, sur leur ordre, en tête du *Livre des Esprits* ; la disposition des détails est en effet assez étrange pour donner lieu à une telle supposition, mais ce n'est pas d'une netteté suffisante pour que nous en fassions état, et nous ne signalons ceci qu'à titre purement documentaire.

être ne pourrait-on pas en dire autant de certains de ses disciples et de ses successeurs plus ou moins légitimes ; cette question, d'ailleurs, demanderait une étude spéciale, qui contribuerait à éclairer singulièrement une foule de manifestations « préternaturelles » constatées pendant tout le cours du XIXe siècle. Quoi qu'il en soit, il y a certainement plus qu'une nuance entre « pseudo-religion » et « contre-religion »[1], et il faut avoir soin de se garder contre des assimilations injustifiées ; mais, de l'une à l'autre, il peut y avoir bien des degrés par où le passage s'effectue presque insensiblement et sans qu'on s'en aperçoive : c'est là un des dangers spéciaux qui sont inhérents à tout empiètement, même involontaire, sur le domaine proprement religieux ; quand on s'engage sur une pente comme celle-là, il n'est guère possible de savoir au juste où l'on s'arrêtera, et il est bien difficile de se ressaisir avant qu'il soit trop tard.

Notre explication relative au caractère satanique de certaines conceptions qui ne passent point habituellement pour telles appelle encore un complément que nous estimons indispensable, parce que trop de gens ne savent pas faire la distinction entre des domaines qui, pourtant, sont essentiellement et profondément séparés. Il y a naturellement, dans ce que nous avons dit, une allusion à la théorie métaphysique des états multiples de l'être, et ce qui justifie le langage que nous avons employé, c'est ceci : tout ce qui est dit théologiquement des anges et des démons peut aussi être dit métaphysiquement des états supérieurs et inférieurs de l'être. Cela est au moins très remarquable, et il y a là une « clef », comme diraient les occultistes ; mais les arcanes qu'ouvre cette clef ne sont point à leur usage. C'est là un exemple de ce que nous avons dit ailleurs[2], que toute vérité théologique peut être transposée en termes métaphysiques, mais sans que la réciproque soit vraie, car il est des vérités métaphysiques qui ne sont pas susceptibles d'être traduites en termes théologiques. D'autre part, ce n'est jamais là qu'une correspondance, et non une identité ni même une équivalence ; la différence de langage marque une différence réelle de point de vue, et, dès lors que les choses ne sont pas envisagées sous le même

---

1 Dans la sorcellerie, la « contre-religion » intentionnelle vient se superposer à la magie, mais elle doit toujours être distinguée de celle-ci, qui, même quand elle est de l'ordre le plus inférieur, n'a pas ce caractère par elle-même ; il n'y a aucun rapport direct entre le domaine de la magie et celui de la religion.

2 *Introduction générale à l'étude des doctrines hindoues*, pp. 112-115.

aspect, elles ne relèvent plus du même domaine ; l'universalité, qui caractérise la métaphysique seule, ne se retrouve aucunement dans la théologie. Ce que la métaphysique a proprement à considérer, ce sont les possibilités de l'être, et de tout être, dans tous les états ; bien entendu, dans les états supérieurs et inférieurs, aussi bien que dans l'état actuel, il peut y avoir des êtres non humains, ou, plus exactement, des êtres dans les possibilités desquels n'entre pas l'individualité spécifiquement humaine ; mais cela, qui semble être ce qui intéresse plus particulièrement le théologien, n'importe pas également au métaphysicien, à qui il suffit d'admettre qu'il doit en être ainsi, dès lors que cela est effectivement possible, et parce qu'aucune limitation arbitraire n'est compatible avec la métaphysique. D'ailleurs, s'il y a une manifestation dont le principe est dans un certain état, peu importe que cette manifestation doive être rapportée à tel être plutôt qu'à tel autre, parmi ceux qui se situent dans cet état, et même, à vrai dire, il peut se faire qu'il n'y ait lieu de la rapporter spécialement à aucun être déterminé ; c'est l'état seul qu'il convient de considérer, dans la mesure où nous percevons, dans cet autre état où nous sommes, quelque chose qui en est comme un reflet ou un vestige, suivant qu'il s'agit d'un état supérieur ou inférieur par rapport au nôtre. Il importe d'insister sur ce point, qu'une telle manifestation, de quelque nature qu'elle soit, ne traduit jamais qu'indirectement ce qui appartient à un autre état ; c'est pourquoi nous disons qu'elle y a son principe plutôt que sa cause immédiate. Ces remarques permettent de comprendre ce que nous avons dit à propos des « influences errantes », dont certaines peuvent être tenues véritablement pour « sataniques » ou « démoniaques », qu'on les regarde d'ailleurs comme des forces pures et simples ou comme le moyen d'action de certains êtres proprement dits [1] : l'un et l'autre peuvent être vrais suivant les cas, et nous devons laisser le champ ouvert à toutes les possibilités ; du reste, cela ne change rien à la nature intrinsèque des influences en question. On doit voir par là à quel point nous entendons rester en dehors de toute discussion d'ordre théologique ; nous nous abstenons volontairement de nous placer à ce point de vue, ce qui ne veut pas dire que nous n'en reconnaissions pleinement la légitimi-

---

[1] Divers occultistes prétendent que ce qui nous apparaît comme des forces, ce sont en réalité des êtres individuels, plus ou moins comparables aux êtres humains ; cette conception anthropomorphique est, dans bien des cas, tout le contraire de la vérité.

té ; et, alors même que nous employons certains termes empruntés au langage théologique, nous ne faisons en somme que prendre, en nous basant sur des correspondances réelles, les moyens d'expression qui sont propres à nous faire comprendre le plus facilement, ce qui est bien notre droit. Cela étant dit pour mettre les choses au point et pour prévenir autant que possible les confusions des gens ignorants ou mal intentionnés, il n'en est pas moins vrai que les théologiens pourront, s'ils le jugent à propos, tirer parti, à leur point de vue, des considérations que nous exposons ici ; pour ce qui est des autres, s'il en est qui ont peur des mots, ils n'auront qu'à appeler autrement ce que nous continuerons, quant à nous, à appeler diable ou démon, parce que nous n'y voyons aucun inconvénient sérieux, et aussi parce que nous serons probablement mieux compris de cette façon que si nous introduisions une terminologie plus ou moins inusitée, qui ne serait qu'une complication parfaitement inutile.

Le diable n'est pas seulement terrible, il est souvent grotesque ; que chacun prenne cela comme il l'entendra, suivant l'idée qu'il s'en fait ; mais que ceux qui pourraient être tentés de s'étonner ou même de se scandaliser d'une telle affirmation veuillent bien se reporter aux détails saugrenus que l'on trouve inévitablement dans toute affaire de sorcellerie, et faire ensuite un rapprochement avec toutes ces manifestations ineptes que les spirites ont l'inconscience d'attribuer aux « désincarnés ». En voici un échantillon pris entre mille : « On lit une prière aux esprits, et tout le monde place ses mains, qui sur la table, qui sur le guéridon qui lui fait suite, puis on fait l'obscurité… La table oscille quelque peu, et Mathurin, par ce fait, annonce sa présence… Tout à coup, un grattement violent, comme si une griffe d'acier égratignait la table sous nos mains, nous fait tous tressaillir. Désormais, les phénomènes sont commencés. Des coups violents sont frappés sur le plancher auprès de la fenêtre, à un endroit inaccessible pour nous, puis un doigt matérialisé gratte fortement mon avant-bras ; une main glacée vient successivement toucher mes deux mains. Cette main devient chaude ; elle tapote ma main droite et essaie de m'enlever ma bague, mais n'y parvient pas… Elle me ravit ma manchette et la jette sur les genoux de la personne qui est en face de moi ; je ne la retrouverai qu'à la fin de la séance. Mon poignet est pincé entre le pouce et l'index de la main invisible ; mon veston est tiré par le bas, on joue à plusieurs reprises du tambour avec les doigts sur ma cuisse droite. Un doigt s'introduit sous ma main droite qui repose entièrement sur la table, et trouve moyen, je ne sais comment, de me gratter le creux de la main... À chacun de ces exploits, Mathurin, qui paraît enchanté de lui-même, vient exécuter sur la table, tout contre nos mains, une série de roulements. À plusieurs reprises, il demande du chant ; il explique même, par coups frappés, les morceaux qu'il préfère ; on les chante... Un verre d'eau, comprenant du sucre, une carafe d'eau, un verre, un carafon de rhum et une petite cuiller, a été placé, avant la séance, sur la table de la salle à manger, près de la fenêtre. Nous entendons à merveille l'entité s'en approcher, mettre de l'eau, puis du rhum dans le verre, et ouvrir le sucrier. Avant de mettre du sucre dans le grog en préparation, l'entité en prend deux morceaux en produisant de curieuses étincelles, et vient les frotter au milieu de nous. Puis elle retourne au grog après avoir jeté sur la table les morceaux frottés, et puise dans le sucrier pour mettre du sucre dans le verre. Nous entendons tourner la cuiller, et des coups frappés annoncent que l'on va m'offrir à boire. Pour augmenter la difficulté, je détourne la tête, en sorte que Mathurin, s'il cherche ma bouche, ne rencontrera que mon oreille. Mais j'ai compté sans mon hôte : le verre vient chercher ma bouche où elle se trouve sans une hésitation, et le grog m'est envoyé d'une façon plutôt brusque, mais impeccable, car il ne s'en perd pas une seule goutte... Tels sont les faits qui, depuis bientôt quinze ans, se reproduisent tous les samedis avec quelques variations... » [1]. Il serait difficile d'imaginer quelque chose de plus puéril ; pour croire que les morts reviennent pour se livrer à ces facéties de mauvais goût, il faut assurément plus que de la naïveté ; et que penser de cette « prière aux esprits » par laquelle débute une telle séance ? Ce caractère grotesque est évidemment la marque de quelque chose d'un ordre fort inférieur ; même lorsque la source en est dans l'être humain (et nous comprenons dans ce cas les « entités » formées artificiellement et plus ou moins persistantes), cela

---

[1] *Le Fraterniste*, 26 décembre 1913 (article de M. Eugène Philippe, avocat à la Cour d'appel de Paris, vice-président de la Société française d'études des phénomènes psychiques). — Le récit d'une séance à peu près semblable, avec les mêmes médiums (Mme et Mlle Vallée) et la même « entité » (qui y est même qualifiée de « guide spirituel »), a été donné dans *L'Initiation*, octobre 1911.

provient assurément des plus basses régions du « subconscient » ; et tout le spiritisme, en y englobant pratiques et théories, est, à un degré plus ou moins accentué, empreint de ce caractère. Nous ne faisons pas d'exception pour ce qu'il y a de plus « élevé », au dire des spirites, dans les « communications » qu'ils reçoivent : celles qui ont des prétentions à exprimer des idées sont absurdes, ou inintelligibles, ou d'une banalité que des gens complètement incultes peuvent seuls ne pas voir ; quant au reste, c'est de la sentimentalité la plus ridicule. Assurément, il n'y a pas besoin de faire intervenir spécialement le diable pour expliquer de semblables productions, qui sont tout à fait à la hauteur de la « subconscience » humaine ; s'il consentait à s'en mêler, il n'aurait certes aucune peine à faire beaucoup mieux que cela. On dit même que le diable, quand il veut, est fort bon théologien ; il est vrai, pourtant, qu'il ne peut s'empêcher de laisser échapper toujours quelque sottise, qui est comme sa signature ; mais nous ajouterons qu'il n'y a qu'un domaine qui lui soit rigoureusement interdit, et c'est celui de la métaphysique pure ; ce n'est pas ici le lieu d'en indiquer les raisons, encore que ceux qui auront compris les explications précédentes puissent en deviner une partie sans trop de difficulté. Mais revenons aux divagations de la « subconscience » : il suffit que celle-ci ait en elle des éléments « démoniaques », au sens que nous avons dit, et qu'elle soit capable de mettre l'homme en relation involontaire avec des influences qui, même si elles ne sont que de simples forces inconscientes par elles-mêmes, n'en sont pas moins « démoniaques » aussi ; cela suffit, disons-nous, pour que le même caractère s'exprime dans quelques-unes des « communications » dont il s'agit. Ces « communications » ne sont pas forcément celles qui, comme il y en a fréquemment, se distinguent par la grossièreté de leur langage ; il se peut que ce soient aussi, parfois, celles devant lesquelles les spirites tombent en admiration. Il y a sous ce rapport, des marques qui sont assez difficiles à distinguer à première vue : là aussi, ce peut être une simple signature, pour ainsi dire, constituée par le ton même de l'ensemble, ou par quelque formule spéciale, par une certaine phraséologie ; et il y a de ces termes et de ces formules, en effet, qui se retrouvent un peu partout, qui dépassent l'atmosphère de tel ou tel groupe particulier, et qui semblent être imposés par quelque volonté exerçant une action plus générale.

Nous constatons simplement, sans vouloir en tirer une conclusion précise ; nous préférons laisser disserter là-dessus, avec l'illusion que cela confirme leur thèse, les partisans de la « troisième mystique », de cette « mystique humaine » qu'imagina le protestant mai converti qu'était Gœrres (nous voulons dire que sa mentalité était demeurée protestante et « rationaliste » par certains côtés) ; pour nous, si nous avions à poser la question sur le terrain théologique, elle ne se poserait pas tout à fait de cette façon, dès lors qu'il s'agit d'éléments qui sont proprement « infra-humains », donc représentatifs d'autres états, même s'ils sont inclus dans l'être humain ; mais, encore une fois, ce n'est point là notre affaire.

Les choses auxquelles nous venons de faire allusion se rencontrent surtout dans les « communications » qui ont un caractère spécialement moral, ce qui est d'ailleurs le cas du plus grand nombre ; beaucoup de gens ne manqueront pas de s'indigner qu'on fasse intervenir le diable là-dedans, si indirectement que ce soit, et qu'on pense qu'il peut prêcher la morale ; c'est même là un argument que les spirites font valoir souvent contre ceux de leurs adversaires qui soutiennent la théorie « démoniaque ». Voici, par exemple, en quels termes s'est exprimé à ce sujet un spirite qui est en même temps un pasteur protestant, et dont les paroles, en raison de cette double qualité, méritent quelque attention : « On dit dans les Églises : Mais ces esprits qui se manifestent, ce sont des démons, et il est dangereux de se mettre en relation avec le diable. Le diable, je n'ai pas l'honneur de le connaître *(sic)* ; mais enfin supposons qu'il existe : ce que je sais de lui, c'est qu'il a une réputation bien établie, celle d'être très intelligent, très malin, et en même temps de n'être pas un personnage essentiellement bon et charitable. Or, si les communications nous viennent du diable, comment se fait-il que, très souvent, elles ont un caractère si élevé, si beau, si sublime qu'elles pourraient très avantageusement figurer dans les cathédrales et dans la prédication des orateurs religieux les plus éloquents ? Comment se fait-il que ce diable, qui est si malfaisant et si intelligent, s'applique dans tant de circonstances à fournir à ceux qui communiquent avec lui les directions les plus consolantes et les plus moralisantes ? Donc je ne puis pas croire que je suis en communication avec le diable » [1]. Cet argument ne fait sur nous

---

[1] Discours du pasteur Alfred Bénézech au Congrès spirite de Genève, en 1913.

aucune impression, d'abord parce que, si le diable peut être théologien quand il y trouve avantage, il peut aussi, et « à fortiori », être moraliste, ce qui ne demande point tant d'intelligence ; on pourrait même admettre, avec quelque apparence de raison, que c'est là un déguisement qu'il prend pour mieux tromper les hommes et leur faire accepter des doctrines fausses. Ensuite, ces choses « consolantes » et « moralisantes » sont précisément, à nos yeux, de l'ordre le plus inférieur, et il faut être aveuglé par certains préjugés pour les trouver « élevées » et « sublimes » ; mettre la morale au-dessus de tout, comme le font les protestants et les spirites, c'est encore renverser l'ordre normal des choses ; cela même est donc « diabolique », ce qui ne veut pas dire que tous ceux qui pensent ainsi soient pour cela en communication effective avec le diable.

À ce propos, il y a encore une autre remarque à faire : c'est que les milieux où l'on éprouve le besoin de prêcher la morale en toute circonstances sont souvent les plus immoraux en pratique ; qu'on explique cela comme on voudra, mais c'est un fait ; pour nous, l'explication toute simple, c'est que tout ce qui touche à ce domaine met en jeu inévitablement ce qu'il y a de plus bas dans la nature humaine ; ce n'est pas pour rien que les notions morales de bien et de mal sont inséparables l'une de l'autre et ne peuvent exister que par leur opposition ; Mais que les admirateurs de la morale, s'ils n'ont pas les yeux fermés par un parti pris par trop incurable, veuillent bien regarder du moins s'il n'y aurait pas, dans les milieux spirites, bien des choses qui pourraient alimenter cette indignation qu'ils manifestent si facilement ; à en croire des gens qui ont fréquenté ces milieux, il y a là des dessous fort malpropres. Répondant à des attaques parues dans divers organes spirites [1], F.-K. Gaboriau, alors directeur du *Lotus* (et qui devait quitter la Société Théosophique un peu plus tard), écrivait ceci : « Les ouvrages spirites enseignent et provoquent fatalement la passivité, c'est-à-dire l'aveuglement, l'affaiblissement moral et physique des pauvres êtres dont on pétrit et déchiquette le système nerveux et psychique dans des séances où toutes les passions mauvaises et grotesques prennent corps… Nous aurions pu par vengeance, si la vengeance était admise en théosophie, publier une série d'articles sur le spiritisme, faisant défiler dans le *Lotus* toutes les his-

---

1 Notamment dans la *Revue Spirite* du 17 septembre 1887.

toires grotesques ou hideuses que nous connaissons (et n'oubliez pas que nous, les phénoménalistes, avons presque tous été de la maison), montrer *tous* les médiums célèbres pris la main dans le sac (ce qui ne leur enlève que la sainteté et non l'authenticité), analyser cruellement les publications des Bérels [1], et ils sont légion, dire, en l'expliquant, tout ce qu'il y a dans le livre de Hucher, *La Spirite*, revenir sur l'histoire des dessous du spiritisme, copier dans les revues spirites américaines des réclames spirites de maisons de prostitution, raconter en détail les horreurs de tout genre qui se sont passées et se passent encore dans les séances obscures à matérialisations, en Amérique, en Angleterre, dans l'Inde et en France, en un mot, faire peut-être une œuvre d'assainissement utile. Mais nous préférons nous taire et ne pas mettre le trouble en des esprits déjà suffisamment troublés » [2]. Voilà, malgré cette réserve, un témoignage très net et qu'on ne peut suspecter : c'est celui d'un « néo-spiritualiste », et qui, étant passé par le spiritisme, était bien informé. Nous en avons d'autres du même genre, et plus récents, comme celui de M. Jollivet-Castelot, un occultiste qui s'est surtout occupé d'alchimie, mais aussi de psychisme, et qui s'est d'ailleurs séparé depuis longtemps de l'école papusienne à laquelle il avait appartenu tout d'abord. C'était au moment où l'on faisait un certain bruit, dans la presse, autour des fraudes incontestables qui avaient été découvertes dans les expériences de matérialisation que Mme Juliette Alexandre-Bisson, la veuve du célèbre vaudevilliste, et le Dr von Schrenck-Notzing poursuivaient avec un médium qu'on ne désignait que par l'appellation mystérieuse d'Eva C... ; M. Jollivet-Castelot souleva contre lui la colère des spirites en faisant connaître, dans une lettre qui fut publiée par le Matin, que cette Eva C... ou Carrière, qui s'était aussi fait appeler Rose Dupont, n'était autre en définitive que Marthe Béraud, qui avait déjà mystifié le Dr Richet à la villa Carmen d'Alger (et c'est encore avec la même personne que d'autres savants officiels veulent aujourd'hui

---

1 Il s'agit d'un médium nommé Jules-Edouard Bérel, qui s'intitulait modestement « le secrétaire de Dieu », et qui venait de faire paraître un énorme volume rempli des pires extravagances. — Un autre cas pathologique analogue, bien qu'en dehors du spiritisme proprement dit, est celui d'un certain M. Paul Auvard, qui a écrit, « sous la dictée de Dieu », un livre intitulé *Le Saint Dictamen*, dans lequel il y a de tout, excepté des choses sensées.
2 *Le Lotus*, octobre 1887.

expérimenter dans un laboratoire de la Sorbonne) [1]. M. Chevreuil, en particulier, couvrit d'injures M. Jollivet-Castelot [2], qui, poussé à bout, dévoila assez brutalement les mœurs inavouables de certains milieux spirites, « le sadisme qui se mélange à la fraude, à la crédulité, à la sottise insondable, chez beaucoup de médiums... et d'expérimentateurs » ; il y employa même des termes trop crus pour que nous les reproduisions, et nous citerons seulement ces lignes : « Il est certain que la source est souvent impure. Ces médiums nus, ces examens de petites « cachettes », ces attouchements minutieux des fantômes matérialisés, traduisent plutôt l'érotisme qu'un miracle du spiritisme et du psychisme. J'ai idée que si des esprits revenaient, ils s'y prendraient d'une autre façon ! » [3]. Là-dessus, M. Chevreuil s'écria : « Je ne veux plus prononcer le nom de l'auteur qui, Psychosé par la Haine *(sic)*, vient de se noyer dans l'ordure ; son nom n'existe plus pour nous » [4]. Mais cette indignation, plutôt comique, ne pouvait tenir lieu d'une réfutation ; les accusations restent entières, et nous avons tout lieu de croire qu'elles sont fondées. Pendant ce temps, on discutait, chez les spirites, sur la question de savoir si les enfants doivent être admis aux séances : il paraît que, dans le « Fraternisme », ils sont exclus des réunions où l'on fait des expériences, mais qu'on a, en revanche, institué des « cours de bonté » *(sic)* à leur intention [5] ; d'autre part, dans une conférence faite devant la « Société française d'études des phénomènes psychiques », M. Paul Bodier déclarait nettement que « rien ne serait peut-être plus nuisible que de faire assister les enfants aux séances expérimentales qui se font un peu partout », et que « le spiritisme expérimental ne doit être abordé qu'à l'adolescence » [6]. Les spirites un peu raisonnables craignent donc l'influence néfaste que leurs pratiques ne pourraient manquer d'exercer sur l'esprit des enfants ; mais cet aveu ne constitue-t-il pas une véritable condamnation de ces pratiques, dont l'effet sur les adultes n'est guère moins déplorable ? Les spirites, en effet, insistent toujours pour que l'étude

---

1 Ces expériences, terminées depuis que ceci a été écrit, ont donné un résultat entièrement négatif ; il faut croire qu'on avait pris cette fois des précautions plus efficaces.
2 *Le Fraterniste*, 9 janvier, 1er et 6 février 1914.
3 *Les Nouveaux Horizons de la Science et de la Pensée*, février 1914, p. 87.
4 *Le Fraterniste*, 13 février 1914.
5 *Le Fraterniste*, 12 décembre 1913.
6 *Revue Spirite*, mars 1914, p. 178.

des phénomènes, aussi bien que la théorie par laquelle ils les expliquent, soit mise à la portée de tous indistinctement ; rien n'est plus contraire à leur pensée que de la considérer comme réservée à une certaine élite, qui pourrait être mieux prémunie contre ses dangers. D'un autre côté, l'exclusion des enfants, qui peut étonner ceux qui connaissent les tendances propagandistes du spiritisme, ne s'explique que trop quand on songe à toutes ces choses plus que douteuses qui se passent dans certaines séances, et sur lesquelles nous venons d'apporter des témoignages indéniables.

Une autre question qui jetterait un jour étrange sur les mœurs de certains milieux spirites et occultistes, et qui d'ailleurs se rattache plus directement à celle du satanisme, c'est la question de l'incubat et du succubat, à laquelle nous avons fait allusion en parlant d'une enquête où on l'avait fait intervenir, d'une façon plutôt inattendue, à propos du « sexe des esprits ». En publiant la réponse de Ernest Bosc à ce sujet, la rédaction du *Fraterniste* ajoutait en note : « M.-Legrand, de l'Institut n° 4 d'Amiens (c'est la désignation d'un groupement « fraterniste »), nous citait, au début de mars courant (1914), le cas d'une jeune fille vierge de dix-huit ans qui, depuis l'âge de douze ans, subit toutes les nuits la passion d'un incube. Des confidences circonstanciées et détaillées, stupéfiantes, lui ont été faites » [1]. On ne nous dit pas, malheureusement, si cette jeune fille avait, contrairement à la règle, fréquenté les séances spirites ; en tout cas, elle se trouvait évidemment dans un milieu favorable à de telles manifestations ; nous ne déciderons point si ce n'est là que détraquement et hallucination, ou s'il faut y voir autre chose. Mais ce cas n'est pas isolé : M. Ernest Bosc, tout en affirmant avec raison qu'il ne s'agit point là de « désincarnés », assurait que « des veuves, ainsi que des jeunes filles, lui avaient fait des confidences absolument renversantes, à lui aussi ; seulement, il ajoutait prudemment : « Mais nous ne saurions en parler ici, car ceci constitue un véritable secret ésotérique non communicable. » Cette dernière assertion est tout simplement monstrueuse : les secrets vraiment incommunicables, ceux qui méritent d'être appelés « mystères » au sens propre de ce mot, sont d'une tout autre nature, et ils ne sont tels que parce que toute parole est impuissante à les exprimer ; et le véritable ésotérisme n'a absolument rien à voir avec ces choses

---

[1] *Le Fraterniste*, 13 mars 1914.

malpropres [1]. Il est d'autres occultistes qui, à cet égard, sont loin d'être aussi réservés que M. Bosc, puisque nous en connaissons un qui est allé jusqu'à publier, sous forme de brochure, une « méthode pratique pour l'incubat et le succubat », où il ne s'agit, il est vrai, que d'autosuggestion pure et simple ; nous n'insistons pas, mais, si des contradicteurs possibles prétendaient réclamer de nous des précisions, nous les prévenons charitablement qu'ils ne pourraient avoir qu'à s'en repentir ; nous en savons trop long sur le compte de certains personnages qui se posent aujourd'hui en « grands-maîtres » de telles ou telles organisations pseudo-initiatiques, et qui feraient beaucoup mieux de rester dans l'ombre. Les sujets de cet ordre ne sont pas de ceux sur lesquels on s'étend volontiers, mais nous ne pouvons nous dispenser de constater qu'il est des gens qui éprouvent le besoin maladif de mélanger ces choses à des études occultistes et soi-disant mystiques ; il est bon de le dire, ne serait-ce que pour faire connaître la mentalité de ceux-là. Naturellement, il ne faut pas généraliser, mais ces cas sont beaucoup trop nombreux dans les milieux « néo-spiritualistes » pour que cela soit purement accidentel ; c'est encore un danger à signaler, et il semble vraiment que ces milieux soient aptes à produire tous les genres de détraquement ; quand même il n'y aurait que cela, trouvera-t-on que l'épithète de « satanique », prise dans un sens figuré si l'on veut, soit trop forte pour caractériser quelque chose d'aussi malsain ?

Il est encore une autre affaire, particulièrement grave, dont il est nécessaire de dire quelques mots : en 1912, le chevalier Le Clément de Saint-Marcq, alors président de la « Fédération Spirite Belge » et du « Bureau international du Spiritisme », publia, sous prétexte d' « étude historique », une ignoble brochure intitulée *L'Eucharistie*, qu'il dédia à Emmanuel Vauchez, ancien collaborateur de Jean Macé à la « Ligue française de l'Enseignement ». Dans une lettre qui fut insérée en tête de cette brochure, Emmanuel Vauchez affirmait, « de la part d'esprits supérieurs », que « Jésus n'est pas du tout fier du rôle que les cléricaux lui font jouer » ; on peut juger par là de la mentalité spéciale de ces gens qui, en même temps que des spirites éminents, sont des dirigeants des associations de libre-pensée. Le pamphlet fut distribué gratuitement, à titre de propagande,

---

1 Il faudrait parler aussi de certaines affaires de « vampirisme », qui relèvent de la plus basse sorcellerie ; même s'il n'intervient là-dedans aucune force extra-humaine, tout cela n'en vaut guère mieux.

à des milliers d'exemplaires ; l'auteur attribuait au clergé catholique, et même à tous les clergés, des pratiques dont il est impossible de préciser la nature, et qu'il ne prétendait d'ailleurs pas blâmer, mais dans lesquelles il voyait un secret de la plus haute importance au point de vue religieux et même politique ; cela peut paraître tout à fait invraisemblable, mais c'est ainsi. Le scandale fut grand en Belgique [1] ; beaucoup de spirites furent eux-mêmes indignés, et de nombreux groupes quittèrent la Fédération ; on réclama la démission du président, mais le comité déclara se solidariser avec lui. En 1913, M. Le Clément de Saint-Marcq entreprit dans les différents centres une tournée de conférences au cours desquelles il devait expliquer toute sa pensée, mais qui ne firent qu'envenimer les choses ; la question fut soumise au Congrès spirite international de Genève, qui condamna formellement la brochure et son auteur [2]. Celui-ci dut donc démissionner, et, avec ceux qui le suivirent dans sa retraite, il forma une nouvelle secte dénommée « Sincérisme », dont il formula le programme en ces termes : « La vraie morale est l'art d'apaiser les conflits : paix religieuse, par la divulgation des mystères et l'atténuation du caractère dogmatique de l'enseignement des Églises ; paix internationale, par l'union fédérale de toutes les nations civilisées du monde en une monarchie élective ; paix industrielle, par le partage de la direction des entreprises entre le capital, le travail et les pouvoirs publics ; paix sociale, par le renoncement au luxe et l'application de l'excédent des revenus à des œuvres de bienfaisance ; paix individuelle, par la protection de la maternité et la répression de toute manifestation d'un sentiment de jalousie » [3]. La brochure sur *L'Eucharistie* avait déjà fait voir suffisamment en quel sens il fallait entendre la « divulgation des mystères » ; quant au dernier article du programme, il était conçu en termes volontairement équivoques, mais que l'on peut comprendre sans peine en songeant aux théories des partisans de l' « union libre ». C'est dans le « Fraternisme » que M. Le Clément de Saint-Marcq trouva ses plus ardents défenseurs ; sans

---

[1] Il y a eu dans ce pays d'autres choses vraiment extraordinaires en ce genre, comme les histoires du *Black Flag* par exemple ; celles-là ne se rapportent pas au spiritisme, mais il y a entre toutes ces sectes plus de ramifications qu'on ne pense.
[2] Discours prononcé au Congrès national spirite belge de Namur par M. Fraikin, président, le 23 novembre 1913.
[3] *Le Fraterniste*, 28 novembre 1913.

oser pourtant aller jusqu'à approuver ses idées, un des chefs de cette secte, M. Paul Pillault, plaida l'irresponsabilité et trouva cette excuse : « Je dois déclarer qu'étant psychosiste, je ne crois pas à la responsabilité de M. Le Clément de Saint-Marcq, instrument très accessible aux diverses psychoses tout comme un autre humain. Influencé, il dut écrire cette brochure et la publier ; c'est ailleurs que dans la partie tangible et visible qu'il faut rechercher la cause, qu'il faut trouver l'action productrice du contenu de la brochure incriminée »[1]. Il faut dire que le « Fraternisme », qui n'est au fond qu'un spiritisme à tendances très fortement protestantes, donne à sa doctrine spéciale le nom de « psychosie » ou « philosophie psychosique » : les « psychoses » sont les « influences invisibles » (on emploie même aussi le mot barbare d' « influencisme »), il en est de bonnes et de mauvaises, et toutes les séances débutent par une invocation à la « Bonne Psychose »[2] ; cette théorie est poussée si loin qu'elle arrive, en fait, à supprimer à peu près complètement le libre arbitre de l'homme. Il est certain que la liberté d'un être individuel est chose relative et limitée, comme l'est cet être lui-même, mais il ne faut tout de même pas exagérer ; nous admettons très volontiers, dans une certaine mesure, et spécialement dans des cas comme celui dont il s'agit, l'action d'influences qui peuvent être de bien des sortes, et qui, d'ailleurs, ne sont point ce que pensent les spirites ; mais enfin M. Le Clément de Saint Marcq n'est pas médium, que nous sachions, pour n'avoir joué qu'un rôle d'instrument purement passif et inconscient. Du reste, nous l'avons vu, tout le monde, même parmi les spirites, ne l'excusa pas aussi facilement ; de leur côté, les théosophistes belges, il faut le dire à leur honneur, furent parmi les premiers à faire entendre de véhémentes protestations ; malheureusement, cette attitude n'était pas tout à fait désintéressée, car cela se passait à l'époque des scandaleux procès de Madras[3], et M. Le Clément de Saint-Marcq avait jugé bon d'invoquer, comme venant à l'appui de sa thèse, les théories que l'on reprochait à M. Leadbeater ; il était donc urgent de répudier une solidarité aussi compromettante. Par contre, un autre théosophiste, M. Theodor Reuss, Grand-Maître de l' « Ordre des Tem-

---

1 *Le Fraterniste*, 12 décembre 1913.
2 Compte rendu du premier Congrès des Fraternelles, tenu à Lille le 25 décembre 1913 : *Le Fraterniste*, 9 janvier 1914. — Cf. *id.*, 21 novembre 1913.
3 Voir *Le Théosophisme*, pp. 207-211.

pliers Orientaux », écrivit à M. Le Clément de Saint-Marcq ces lignes significatives (nous reproduisons scrupuleusement son jargon) : « Je vous adresse deux brochures : *Oriflammes* [1], dans lesquelles vous trouverez que l'Ordre des Templiers Orientaux a la même connaissance comme on trouve dans la brochure *Eucharistie*. » Dans l'*Oriflamme*, nous trouvons effectivement ceci, qui fut publié en 1912, et qui éclaircit la question : « Notre Ordre possède la clef qui ouvre tous les mystères maçonniques et hermétiques : c'est la doctrine de la Magie sexuelle, et cette doctrine explique, sans rien laisser d'obscur, toutes les énigmes de la nature, toute la symbolique maçonnique, tous les systèmes religieux. » Nous devons dire, à ce propos, que M. Le Clément de Saint-Marcq est un haut dignitaire de la Maçonnerie belge ; et un de ses compatriotes, M. Herman Boulenger, écrivait dans un organe catholique : « La Maçonnerie s'est-elle émue jusqu'à présent de posséder dans son sein un exégète aussi extraordinaire ? Je ne sais. Mais comme il déclare que sa doctrine est aussi le secret de la secte (et ma foi, si je ne connaissais ses procédés de documentation, je pourrais croire qu'il est fort bien placé pour le savoir), sa présence y est terriblement compromettante, surtout pour ceux de ses membres qui se sont élevés publiquement contre de telles aberrations » [2]. Il est à peine utile de dire qu'il n'y a absolument rien de fondé dans les prétentions de MM. Le Clément de Saint-Marcq et Theodor Reuss ; il est vraiment fâcheux que quelques écrivains catholiques aient cru devoir admettre une thèse analogue à la leur, soit en ce qui concerne la Maçonnerie, soit à l'égard des mystères antiques, sans s'apercevoir qu'ils ne pouvaient ainsi qu'affaiblir leur position (de même que lorsqu'ils acceptent l'identification fantaisiste de la magie et du spiritisme) ; il ne fallait voir là que les divagations de quelques esprits malades, et peut-être plus ou moins « psychosés », comme disent les « Fraternistes », ou « obsédés », comme nous dirions plus simplement. Il vient d'être fait allusion aux « procédés de documentation » de M. Le Clément de Saint-Marcq ; ces procédés, où éclate la plus insigne mauvaise foi, lui valurent un certain nombre de démentis de la part de ceux qu'il avait imprudemment

---

1 L'*Oriflamme*, petite revue rédigée en allemand, est l'organe officiel des divers groupements de Maçonnerie « irrégulière » dirigés par M. Theodor Reuss, et dont nous avons parlé en faisant l'histoire du théosophisme (pp. 39 et 243-244).
2 *Le Catholique*, décembre 1913.

mis en cause. C'est ainsi qu'il s'était prévalu de l'adhésion d' « un prêtre catholique encore en exercice », en citant une phrase qu'il détachait de son contexte, de façon à lui donner une acception toute différente de celle qu'elle comportait, et il appelait cela « une confirmation formidable »[1] ; le prêtre en question, qui était l'abbé J.-A. Petit, dont nous avons parlé précédemment, s'empressa de rectifier, et il le fit en ces termes : « La phrase est celle-ci : « Votre thèse repose sur une vérité primordiale que vous avez été le premier, à ma connaissance, à signaler au grand public. » Ainsi présentée, la phrase paraît approuver la thèse soutenue par M. le chevalier de Saint-Marcq. Il importe essentiellement que toute équivoque disparaisse. Quelle est cette vérité primordiale ? Les catholiques prétendent que, dans l'Eucharistie, c'est le corps même du Christ, né de la Vierge Marie et crucifié, qui est présent sous les apparences du pain et du vin. M. le chevalier de Saint-Marcq dit : Non, et, à mon avis, il a raison. Le Christ ne pouvait pas prétendre y mettre son corps, crucifié surtout, puisque l'institution du sacrement a précédé le crucifiement. Le Christ est présent dans l'Eucharistie par le principe vital qui s'est incarné dans la Vierge : c'est ce que M. le chevalier de Saint-Marcq a été premier, à ma connaissance, à signaler au grand public, et ce que j'appelle « une vérité primordiale ». Sur ce point, nous sommes d'accord ; mais là se borne la coïncidence de nos idées. M. de Saint-Marcq fait intervenir un élément humain, et moi un élément spirituel avec toute la portée que saint Paul attribue à ce mot[2], de sorte que nous sommes aux antipodes l'un de l'autre… Je suis son adversaire déclaré, ainsi que le témoigne la réfutation que j'ai faite de sa petite brochure »[3]. Les interprétations personnelles de l'abbé Petit, en l'occurrence, ne nous semblent guère moins hétérodoxes que lorsqu'il prétend que la « résurrection de la chair » signifie la réincarnation ; et peut-il être entièrement de bonne foi, lui aussi, en introduisant le mot « crucifié », comme il le fait, à propos du corps du Christ présent dans l'Eucharistie ? En tout cas, il met beaucoup de bonne volonté à se déclarer d'accord, même sur un point particulier, avec M. Le Clément de Saint-Marcq, pour qui Jésus n'est qu'un homme ; mais

---

1 *Id.*, octobre 1913.
2 *I Corinthiens*, XV, 44.
3 *Le Catholique*, décembre 1913. — La réfutation en question avait paru dans *La Vie Nouvelle*, de Beauvais.

sa réponse n'en constitue pas moins un démenti formel. D'autre part, Mgr Ladeuze, recteur de l'Université de Louvain, adressa à la *Revue Spirite Belge*, le 19 avril 1913, la lettre suivante : « On me communique votre numéro du 1er mars 1913, où il est fait allusion à un passage de la brochure *L'Eucharistie* lancée par M. Le Clément de Saint-Marcq, dans lequel celui-ci cite un de mes ouvrages pour prouver l'existence des pratiques immondes qui constitueraient le sacrement eucharistique. Je ne m'abaisserai pas jusqu'à entrer en discussion avec M. Le Clément de Saint-Marcq sur un sujet aussi ignoble ; je vous prie seulement de signaler à vos lecteurs… que, pour interpréter mon texte comme il le fait, il faut, ou bien être de mauvaise foi, ou bien ignorer la langue latine au point de n'en rien connaître. L'auteur me fait dire, par exemple (je choisis cet exemple parce qu'il est possible d'en parler sans se salir, l'auteur n'introduisant pas ici dans mes paroles la théorie nauséabonde en question) : « Le mensonge ne peut jamais être permis, *si ce n'est* pour éviter les plus grands maux temporels. » J'ai dit, en réalité, dans le passage visé : « Le mensonge ne peut jamais être permis, *pas même* pour éviter les plus grands maux temporels. » Voici le texte latin : « *Dicendum est illud nunquam, ne ad maxima quidem temporalia mala vitanda, fieri posse licitum.* » Un élève de quatrième latine ne pourrait pas se méprendre sur le sens de ce texte. » Après cela, la dénomination de « Sincérisme » apparaît comme plutôt ironique, et nous pouvons terminer là-dessus ce que M. Herman Boulenger a appelé « une histoire scabreuse où le lecteur un peu au courant des données de la théologie mystique a pu reconnaître, dans les choses qui lui ont été révélées, les caractères traditionnels de l'action diabolique » [1]. Nous ajouterons seulement que la brouille survenue dans le spiritisme belge à l'occasion de cette affaire ne fut pas de longue durée : le 26 avril 1914 eut lieu, à Bruxelles, l'inauguration de la « Maison des Spirites » ; la « Ligue Kardéciste » et la « Fédération Sincériste » avaient été invitées l'une et l'autre ; deux discours furent prononcés, le premier par M. Fraikin, le nouveau président de la « Fédération Spirite », et le second par M. Le Clément de Saint-Marcq ; la réconciliation était donc opérée [2].

---

[1] *Le Catholique*, décembre 1913.
[2] M. Le Clément de Saint-Marcq n'a jamais renoncé pour cela à ses idées spéciales ; il a même publié tout récemment une nouvelle brochure, dans laquelle il soutient encore les mêmes théories.

Nous n'avons voulu qu'apporter ici quelques faits, que chacun sera libre d'apprécier à son gré ; les théologiens y verront probablement quelque chose de plus et d'autre que ce que pourraient y trouver de simples « moralistes ». En ce qui nous concerne, nous ne voulons pas pousser les choses à l'extrême, et ce n'est pas à nous qu'il appartient de poser la question d'une action directe et « personnelle » de Satan ; mais peu nous importe, car, quand nous parlons de « satanisme », ce n'est pas nécessairement ainsi que nous l'entendons. Au fond, les questions de « personnification », si l'on peut s'exprimer ainsi, sont parfaitement indifférentes à notre point de vue ; ce que nous voulons dire en réalité est tout à fait indépendant de cette interprétation particulière aussi bien que de toute autre, et nous n'entendons en exclure aucune, sous la seule condition qu'elle corresponde à une possibilité. En tout cas, ce que nous voyons dans tout cela, et plus généralement dans le spiritisme et les autres mouvements analogues, ce sont des influences qui proviennent incontestablement de ce que certains appellent la « sphère de l'Antéchrist » ; cette désignation peut encore être prise symboliquement, mais cela ne change rien à la réalité et ne rend pas ces influences moins néfastes. Assurément, ceux qui participent à de tels mouvements, et même ceux qui croient les diriger, peuvent ne rien savoir de ces choses ; c'est bien là qu'est le plus grand danger, car beaucoup d'entre eux, très certainement, s'éloigneraient avec horreur s'ils pouvaient se rendre compte qu'ils se font les serviteurs des « puissances des ténèbres » ; mais leur aveuglement est souvent irrémédiable, et leur bonne foi même contribue à attirer d'autres victimes ; cela n'autorise-t-il pas à dire que la suprême habileté du diable, de quelque façon qu'on le conçoive, c'est de faire nier son existence ?

Chapitre XI
Voyants et guérisseurs

On sait que les spirites reconnaissent différentes sortes de médiums, qu'ils classent et désignent selon la nature spéciale de leurs facultés et des manifestations qu'ils produisent ; naturellement, les énumérations qu'ils en donnent sont assez variables, car on peut diviser et subdiviser presque indéfiniment. Voici une de ces énumérations, qui est assez complète : « Il y a les médiums à effets physiques, qui provoquent des phénomènes matériels, tels que des bruits ou fragments dans les murs, des apparitions [1], des déplacements d'objets sans contact, des apports, etc. [2] ; les médiums sensitifs, qui ressentent, par une vague impression, la présence des esprits ; les médiums auditifs, qui entendent les voix des « désincarnés », tantôt claires, distinctes, comme celles des personnes vivantes, tantôt comme des susurrations intimes dans leur for intérieur ; les médiums parlants [3] et les médiums écrivains, qui transmettent, par la parole ou l'écriture, et toujours avec une passivité complète, absolue, les communications d'outre-tombe ; les médiums voyants, qui, à l'état de veille, voient les esprits ; les médiums musiciens, les médiums dessinateurs, les médiums poètes, les médiums guérisseurs, etc., dont les noms désignent suffisamment la faculté dominante » [4]. Il faut ajouter que plusieurs genres de médiumnité peuvent se trouver réunis chez un même individu, et aussi que la médiumnité-type est celle qui est dite « à effets physiques », avec les diverses variétés qu'elle comporte ; presque tout le reste est assimilable à de simples états hypnotiques, ainsi que nous l'avons déjà expliqué, mais il est pourtant quelques catégories dont il convient de parler un peu plus spécialement, d'autant plus que certains leur attribuent une grande importance.

Les médiums sensitifs, voyants et auditifs, qu'on peut réunir en un seul groupe, ne sont appelés médiums par les spirites qu'en vertu de leurs idées préconçues ; ce sont des individus que l'on suppose doués de certains « sens hyperphysiques », pour prendre une expression qui a été employée par quelques-uns ; il en est qui appellent cela le « sixième sens », sans faire plus de distinctions, tandis que d'autres énumèrent, comme autant de sens différents, la « clairvoyance », la « clairaudience », et ainsi de suite. Il y a des écoles qui prétendent que l'homme, outre ses cinq sens externes, possède sept sens internes [5] ; à vrai dire, ce sont là des extensions

---

1 Ce cas, qui est celui des « médiums à matérialisations », est souvent séparé des autres, qui sont regardés comme plus communs et n'exigeant pas des facultés aussi développées.
2 Il faudrait joindre à cette liste les phénomènes de lévitation.
3 C'est ce qu'on appelle plus souvent « médiums à incarnations ».
4 Félix Fabart, *Histoire philosophique et politique de l'Occulte*, p. 133.
5 Nous faisons allusion ici à quelques organisations qui se prétendent « rosicru-

quelque peu abusives du mot « sens », et nous ne voyons pas qu'on puisse envisager d'autre « sens interne » que ce qui était appelé autrefois *sensorium commune*, c'est-à-dire, en somme, le « mental » dans sa fonction centralisatrice et coordinatrice des données sensibles. Nous admettons très volontiers que l'individualité humaine possède certaines facultés extra-corporelles, qui sont en tous à l'état latent, et qui peuvent être plus ou moins développées chez quelques-uns ; mais ces facultés ne constituent point véritablement des sens, et, si l'on en parle par analogie avec les sens corporels, c'est qu'il serait peut-être difficile d'en parler autrement ; cette assimilation, lorsqu'on la prend à la lettre, implique une large part d'illusion, provenant de ce que ceux qui sont doués de ces facultés, pour exprimer ce qu'ils perçoivent ainsi, sont forcés de se servir de termes qui sont faits pour désigner normalement les choses de l'ordre corporel. Mais il est encore une autre cause d'illusion plus complète et plus grave : c'est que, dans les milieux spirites et dans d'autres écoles « néo-spiritualistes », on s'exerce volontiers à acquérir ou à développer des facultés de ce genre ; sans parler des dangers qui sont inhérents à ces « entraînements psychiques », très propres à déséquilibrer ceux qui s'y livrent, il est évident que, dans ces conditions, on est exposé à prendre bien souvent pour une « clairvoyance » réelle ce qui n'est que l'effet d'une suggestion pure et simple. Dans certaines écoles, comme le théosophisme, l'acquisition de la « clairvoyance » semble même être considérée en quelque sorte comme le but suprême ; l'importance accordée à ces choses prouve encore que les écoles en question n'ont absolument rien d' « initiatique », en dépit de leurs prétentions, car ce ne sont là que des contingences qui apparaissent comme fort négligeables à tous ceux qui ont des connaissances d'un ordre plus profond ; c'est tout au plus un « à-côté » qu'ils se gardent bien de rechercher spécialement, et qui, dans la plupart des cas, représente plutôt un obstacle qu'un avantage. Les spirites qui cultivent

---

ciennes », mais qui n'ont pas le moindre rapport historique ou doctrinal avec le Rosicrucianisme authentique ; comme nous avons eu l'occasion de le faire remarquer ailleurs (*Le Théosophisme*, pp. 40 et 222), cette dénomination est une de celles dont on abuse le plus à notre époque ; les occultistes de toute école n'ont absolument aucun droit à se réclamer du Rosicrucianisme, non plus que de tout ce qui présente, à quelque égard que ce soit, un caractère vraiment traditionnel, ésotérique ou initiatique.

ces facultés s'imaginent que ce qu'ils voient et entendent, ce sont des « esprits », et c'est pourquoi ils regardent cela comme une médiumnité ; dans les autres écoles, on pense le plus souvent voir et entendre des choses toutes différentes, mais dont le caractère n'est guère moins fantaisiste ; en somme, c'est toujours une représentation des théories de l'école où ces faits se produisent, et c'est là une raison suffisante pour qu'on puisse affirmer, sans crainte de se tromper, que la suggestion y joue un rôle prépondérant, sinon exclusif. On peut avoir plus de confiance dans ce que rapportent les « voyants » isolés et spontanés, ceux qui n'appartiennent à aucune école et ne se sont jamais soumis à aucun entraînement ; mais, ici encore, il y a bien des causes d'erreur : c'est d'abord l'imperfection inévitable du mode d'expression qu'ils emploient ; ce sont aussi les interprétations qu'ils mélangent à leurs visions, involontairement et sans s'en rendre compte, car ils ne sont jamais sans avoir au moins quelques vagues idées préconçues ; et il faut ajouter que ces « voyants » n'ont généralement aucune des données d'ordre théorique et doctrinal qui leur permettraient de s'y reconnaître eux-mêmes et les empêcheraient de déformer les choses en y laissant intervenir l'imagination, que, malheureusement, ils ont souvent fort développée. Lorsque les « voyants » sont des mystiques orthodoxes, leurs tendances naturelles à la divagation se trouvent en quelque sorte comprimées et réduites au minimum ; presque partout ailleurs, elles se donnent libre cours, et le résultat en est souvent un fouillis à peu près inextricable ; les « voyants » les plus incontestables et les plus célèbres, comme Swedenborg par exemple, sont loin d'être exempts de ce défaut, et l'on ne saurait prendre trop de précautions si l'on veut dégager ce que leurs œuvres peuvent contenir de réellement intéressant ; encore vaut-il mieux recourir à des sources plus pures, car, après tout, il n'y a rien chez eux qui ne puisse se retrouver ailleurs, dans un état moins chaotique et sous des formes plus intelligibles.

Les défauts que nous venons d'indiquer atteignent leur plus haut degré chez des « voyants » illettrés et livrés à eux-mêmes, sans la moindre direction, comme ce paysan du Var, Louis Michel de Figanières, dont les écrits [1] font l'admiration des occultistes français. Ceux-ci y voient les « révélations » les plus extraordinaires, et c'est

---

1 *Clé de la Vie* ; *Vie universelle* ; *Réveil des peuples*.

DEUXIÈME PARTIE

là qu'il faut chercher, pour une bonne part, l'origine de la « science vivante », une de leurs principales idées fixes ; or ces prétendues « révélations » expriment, dans un jargon effroyable, les conceptions ou plutôt les représentations les plus grossièrement anthropomorphiques et matérialisées qu'on se soit jamais faites de Dieu, qui y est appelé le « grand homme infini » et le « président de la vie » *(sic)*, et de l'Univers, qu'on a jugé bon de dénommer « omnivers » [1] ; il n'y est question que de « voiries », de « chantiers », de « digestions », d' « arômes », de « fluides », et ainsi de suite. Voilà ce que les occultistes nous vantent comme une cosmogonie sublime ; il y a là-dedans, entre autres choses merveilleuses, une histoire de la formation de la terre que Papus a adoptée et répandue de son mieux ; ne voulant pas nous attarder sur ce sujet, mais tenant cependant à donner une idée de ces élucubrations, nous citerons seulement le résumé qui en a été fait par le spirite belge Jobard [2], et où le langage spécial de l'original a été soigneusement conservé : « Notre globe est relativement tout neuf ; il est construit avec de vieux matériaux ramassés dans la grande voirie de l'omnivers, de vieux débris de planètes réunis par l'attraction, l'incrustation, l'annexion en un seul tout de quatre satellites d'une planète antérieure qui, étant arrivée à l'état de maturité, fut cueillie par le grand Jardinier pour être conservée dans ses greniers et servir à son alimentation matérielle. Car, ainsi que l'homme cueille les fruits mûrs de son jardin terrestre, le grand homme infini récolte les fruits mûrs de son jardin omniversel, qui servent également à son alimentation. C'est ce qui explique la disparition d'un certain nombre d'astres du grand parterre des cieux, observée depuis deux siècles. Qu'est-ce que la digestion d'un fruit mûr dans l'estomac du déicule terrestre [3], si ce n'est le réveil et le départ des populations hominiculaires tombées en catalepsie ou extase de bonheur sur les mondicules qu'ils *(sic)* ont formés et amenés en harmonie par leurs travaux intelligents ?... Revenons à la formation de notre pla-

---

1 Les différentes parties de l' « omnivers » sont appelées « univers, binivers, trinivers, quadrivers », etc.
2 Ce résumé se trouve dans un des articles qui ont été reproduits en tête de la *Clé de la Vie*.
3 C'est-à-dire de l'homme : si Dieu est un « grand homme », l'homme est un « déicule » ; si l'on trouve des expressions du même genre ailleurs, chez Swedenborg par exemple, elles peuvent du moins être entendues symboliquement, tandis qu'ici tout doit être pris à la lettre.

nète incrustative par l'annexion simultanée des quatre anciens satellites : Asie, Afrique, Europe et Amérique, mis en catalepsie magnétique par l'âme collective céleste de notre terre chargée de cette opération, aussi difficile que l'union de plusieurs petits royaumes en un seul, de petites exploitations en une grande. Ce ne fut pas sans de longs pourparlers avec les âmes collectives spirituelles déchues des quatre satellites en question que la fusion put s'accomplir. La lune seule, cinquième satellite et le plus fort comme le plus mauvais, résista à toutes les sollicitations, et fit ainsi en même temps son malheur et celui de l'agglomération terrestre, où sa place demeura réservée au centre de l'Océan Pacifique [1]. Mais les âmes d'astres, bonnes ou mauvaises, ont comme l'unité humaine leur libre arbitre et disposent de leur destinée en bien ou en mal... Pour rendre cette sublime et sensible opération de l'*incrustation* moins pénible, l'âme céleste de la terre, ou bon germe fluidique de la greffe incrustative, commença, disons-nous, par cataleptiser magnétiquement le mobilier *(sic)* des quatre anciens satellites de bonne volonté. L'Asie était, de cette greffe, le bon plant matériel de beaucoup plus avancé que les trois autres, puisqu'elle avait vécu déjà bon nombre de siècles avec son mobilier tout éveillé, quand les autres dormaient encore en partie. Les hommes, les animaux et tous les germes vivants furent mis en état d'anesthésie complète pendant cette sublime opération de quatre globes confondant sous la pression des mains de Dieu, de ses Grands Messagers, leurs entrailles, leur croûte, leurs faces, leurs eaux, leurs atmosphères, leurs âmes collectives. » Nous pouvons nous arrêter là ; mais cette citation n'était pas inutile pour montrer où les occultistes vont puiser leur pseudo-tradition et leur ésotérisme de pacotille. Ajoutons que Louis Michel ne doit pas être rendu seul responsable des divagations qui ont été publiées sous son nom : il n'écrivait pas, mais dictait ce que lui inspirait un « esprit supérieur », et ses « révélations » étaient recueillies et arrangées par ses disciples, dont le principal était un certain Charles Sardou ; naturellement, le milieu où tout cela fut élaboré était fortement imbu de spiritisme [2].

---

1 D'autres ont encore renchéri sur cette histoire en prétendant que la lune, après avoir d'abord occupé sa place comme les autres satellites, s'était enfuie un peu plus tard, mais n'avait pu échapper complètement à l'attraction de la terre, autour de laquelle elle fut condamnée à tourner en punition de sa révolte !
2 Les rêveries de Louis Michel ont été abondamment développées aussi, en de nom-

DEUXIÈME PARTIE

Les « voyants » ont souvent une tendance à former des écoles, ou même il s'en forme parfois autour d'eux sans que leur volonté y soit pour rien ; dans ce dernier cas, il arrive qu'ils soient de véritables victimes de leur entourage, qui les exploite consciemment ou inconsciemment, comme le font les spirites pour tous ceux en qui ils découvrent quelques facultés médiumniques ; quand nous parlons ici d'exploitation, cela doit s'entendre surtout au sens psychique, mais les conséquences n'en sont pas moins désastreuses. Pour que le « voyant » puisse s'instituer « chef d'école » en réalité, et non pas seulement en apparence, il ne suffit pas qu'il en ait le désir ; il faut aussi qu'il ait, sur ses « disciples », quelque autre supériorité que celle que lui confèrent ses facultés anormales ; ce n'était pas le cas de Louis Michel, mais cela s'est vu quelquefois dans le spiritisme. Ainsi, il y eut jadis en France une école spirite d'un caractère assez spécial, qui fut fondée et dirigée par une « voyante », Mme Lucie Grange, qu'on désignait sous le nom « mystique » d'*Habimélah*, ou *Hab* par abréviation ; ce nom lui avait été donné, paraît-il, par Moïse en personne. Dans cette école, on avait une vénération particulière pour le fameux Vintras, qui y était qualifié de « prophète »[1] ; et l'organe du groupe, *La Lumière*, qui commença à paraître en 1882, compta parmi ses collaborateurs, cachés pour la plupart sous des pseudonymes, plus d'un personnage suspect. Mme Grange s'occupait beaucoup de « prophéties », et elle considérait comme telles les « communications » qu'elle recevait ; elle réunit en un volume[2] un assez grand nombre de ces « productions psychographiques, psychophoniques et de clairvoyance naturelle », ainsi qu'elle les nomme pour indiquer les divers genres de médiumnité qu'elle possédait (écriture, audition et vision). Ces « communications » sont signées du Christ, de la Vierge Marie, des archanges Michel et Gabriel[3], des principaux saints de l'Ancien et du Nouveau Testament, d'hommes illustres de l'histoire ancienne et moderne ; quelques signatures sont plus curieuses encore, comme

breux ouvrages, par Arthur d'Anglemont.
1 Voir une brochure intitulée *Le Prophète de Tilly*.
2 *Prophètes et Prophéties*.
3 Mlle Couédon, la « voyante » de la rue de Paradis, qui eut son heure de célébrité, se croyait inspirée par l'archange Gabriel ; sa faculté avait eu pour origine la fréquentation de séances spirites tenues chez une certaine Mme Orsat ; naturellement, les purs spirites regardaient le soi-disant archange Gabriel comme un simple « désincarné », et son interprète comme un « médium à incarnations ».

celle de « la sibylle Pasipée, de la Grotte du Croissant », ou celle de « Rafana, âme de la planète Jupiter ». Dans une « communication », saint Louis nous apprend qu'il fut le roi David réincarné, et que Jeanne d'Arc fut Thamar, fille de David ; et *Hab* ajoute cette note : « Un rapprochement significatif : David a été la souche d'une famille prédestinée, et il fut celle de nos derniers rois. Saint Louis a présidé aux premiers enseignements spirites et s'est fait, au nom de Dieu, Père du Christianisme régénéré, par sa protection spéciale sur Allan Kardec. » De tels rapprochements sont surtout « significatifs » quant à la mentalité de ceux qui les font, mais ils ont un sens assez clair pour qui connaît les dessous politico-religieux de certains milieux : on s'y préoccupait beaucoup de la question de la « survivance » de Louis XVII ; d'autre part, on y annonçait, comme plus ou moins imminente, une seconde venue du Christ ; voulait-on donc insinuer que celui-ci se réincarnerait dans la nouvelle « race de David », et que peut-être il serait le « Grand Monarque » annoncé par la « prophétie d'Orval » et quelques autres prédictions plus ou moins authentiques ? Nous ne voulons pas dire, d'ailleurs, que ces prédictions soient, en elles-mêmes, totalement dénuées de valeur ; mais, comme elles sont formulées en termes peu compréhensibles, chacun les interprète à sa façon, et il y a des choses bien étranges dans le parti que certains prétendent en tirer. Plus tard, Mme Grange fut « guidée » par un « esprit » soi-disant égyptien, qui se présentait sous le nom composite de *Salem-Hermès*, et qui lui dicta tout un volume de « révélations » ; mais cela est beaucoup moins intéressant que les manifestations qui ont un lien plus ou moins direct avec l'affaire de Louis XVII, et dont la liste, commençant dès les premières années du XIXe siècle, serait fort longue, mais aussi fort instructive pour ceux qui ont la curiosité bien légitime de rechercher les réalités dissimulées sous certaines fantasmagories.

Après avoir parlé des « voyants », nous devons dire aussi quelques mots des « médiums guérisseurs » : s'il faut en croire les spirites, c'est là une des formes les plus hautes de la médiumnité ; voici, par exemple, ce qu'écrit M. Léon Denis, après avoir affirmé que les grands écrivains et les grands artistes ont été presque tous des « inspirés » et des « médiums auditifs » ; « Le pouvoir de guérir par le regard, l'attouchement, l'imposition des mains, est aussi une des formes par lesquelles l'action spirituelle s'exerce sur le monde. Dieu, source de vie, est le principe de la santé physique, comme il est celui de la perfection morale et de la suprême beauté. Certains hommes, par la prière et l'élan magnétique, attirent à eux cet influx, ce rayonnement de la force divine qui chasse les fluides impurs, causes de tant de souffrances. L'esprit de charité, le dévouement poussé jusqu'au sacrifice, l'oubli de soi-même, sont les conditions nécessaires pour acquérir et conserver ce pouvoir, un des plus merveilleux que Dieu ait accordés à l'homme... Aujourd'hui encore, nombre de guérisseurs, plus ou moins heureux, soignent avec l'assistance des esprits... Au-dessus de toutes les Églises humaines, en dehors de tous les rites, de toutes les sectes, de toutes les formules, il est un foyer suprême que l'âme peut atteindre par les élans de la foi... En réalité, la guérison magnétique n'exige ni passes ni formules spéciales, mais seulement le désir ardent de soulager autrui, l'appel sincère et profond de l'âme à Dieu, principe et source de toutes les forces » [1]. Cet enthousiasme s'explique aisément si l'on songe aux tendances humanitaires des spirites ; et le même auteur dit encore : « Comme le Christ et les apôtres, comme les saints, les prophètes et les mages, chacun de nous peut imposer les mains et guérir s'il a l'amour de ses semblables et l'ardente volonté de les soulager... Recueillez-vous dans le silence, seul avec le patient ; faites appel aux esprits bienfaisants qui planent sur les douleurs humaines. Alors, d'en haut, vous sentirez l'influx descendre en vous et de là gagner le sujet. Une onde régénératrice pénétrera d'elle-même jusqu'à la cause du mal, et, en prolongeant, en renouvelant votre action, vous aurez contribué à alléger le fardeau des terrestres misères » [2]. On semble assimiler ici l'action des « médiums guérisseurs » au magnétisme proprement dit ; il y a cependant une différence dont il faut tenir compte : c'est que le magnétiseur ordinaire agit par sa propre volonté, et sans solliciter aucunement l'intervention d'un « esprit » quelconque ; mais les spirites diront qu'il est médium sans le savoir, et que l'intention de guérir équivaut chez lui à une sorte d'évocation implicite, même s'il ne croit point aux « esprits ». En fait, c'est exactement l'inverse qui est vrai : c'est le « guérisseur » spirite qui est un magnétiseur inconscient ; <u>que ses facultés</u> lui soient venues spontanément ou qu'elles aient

[1] *Dans l'Invisible*, pp. 453-455.
[2] *Ibid.*, p. 199.

été développées par l'exercice, elles ne sont rien d'autre que des facultés magnétiques ; mais, en vertu de ses conceptions spéciales, il s'imagine qu'il doit faire appel aux « esprits » et que ce sont ceux-ci qui agissent par lui, alors que pourtant, en réalité, c'est uniquement de lui-même que proviennent tous les effets produits. Ce genre de prétendue médiumnité est moins nuisible que les autres pour ceux qui en sont doués, parce que, n'impliquant pas le même degré de passivité (et même la passivité y est plutôt illusoire), il n'entraîne pas un égal déséquilibre ; cependant, il serait excessif de croire que la pratique du magnétisme, dans ces conditions ou dans les conditions ordinaires (la différence est plutôt dans l'interprétation que dans les faits), soit exempte de tout danger pour celui qui s'y livre, surtout s'il le fait d'une façon habituelle, « professionnelle » en quelque sorte. Pour ce qui est des effets du magnétisme, ils sont très réels dans certains cas, mais il ne faut pas en exagérer l'efficacité : nous ne pensons pas qu'il puisse guérir ni même soulager toutes les maladies indistinctement, et il est des tempéraments qui y sont complètement réfractaires ; de plus, certaines guérisons doivent être mises sur le compte de la suggestion, ou même de l'auto-suggestion, bien plus que sur celui du magnétisme. Quant à la valeur relative de telle ou telle façon d'opérer, cela peut se discuter (et les différentes écoles magnétiques ne s'en privent pas, sans parler des hypnotiseurs qui ne sont guère mieux d'accord) [1], mais ce n'est peut-être pas aussi totalement indifférent que le prétend M. Léon Denis, à moins qu'on n'ait affaire à un magnétiseur possédant des facultés particulièrement puissantes et qui constituent une sorte de don naturel ; ce cas, qui donne précisément l'illusion de la médiumnité (en supposant que l'on connaisse et que l'on accepte les théories spirites) parce qu'il ne donne lieu à aucun effort

---

1 Nous ne voulons pas aborder la question controversée des rapports de l'hypnotisme et du magnétisme : historiquement, le premier est dérivé du second, mais les médecins, qui avaient nié le magnétisme, ne pouvaient décemment l'adopter sans lui imposer un nom nouveau ; d'autre part, le magnétisme est plus étendu que l'hypnotisme, en ce sens qu'il opère souvent sur des sujets à l'état de veille, et il use moins de la suggestion. Comme exemples des discussions auxquelles nous faisons allusion, nous pouvons citer, chez les magnétiseurs, les disputes entre partisans et adversaires de la « polarité » ; chez les hypnotiseurs, la querelle des écoles de la Salpêtrière et de Nancy ; de part et d'autre, les résultats obtenus par les expérimentateurs sur leurs sujets concordent toujours avec les théories de chacun, ce qui prouve que la suggestion y joue un rôle capital, encore que souvent involontaire.

volontaire, est probablement celui des « guérisseurs » les plus célèbres, sauf, bien entendu, quand leur réputation est usurpée et que le charlatanisme s'en mêle, car cela s'est vu aussi quelquefois. Enfin, quant à l'explication des phénomènes magnétiques, nous n'avons pas à nous en occuper ici ; mais il va de soi que la théorie « fluidique », qui est celle de la plupart des magnétiseurs, est inadmissible ; nous avons déjà fait remarquer que c'est de là qu'est venue, dans le spiritisme, la conception des « fluides » de toutes sortes : ce n'est qu'une image fort grossière, et l'intervention des « esprits », que les spirites y ajoutent, est une absurdité.

La conception spirite, relativement aux « médiums guérisseurs », est particulièrement nette dans le « Fraternisme », où les médiums de cette catégorie occupent la première place ; il semble même que cette secte leur doive son origine, si l'on en croit ce qu'écrivait en 1913 M. Paul Pillault : « Il y a cinq ans à peine, je m'essayais chez moi, à Auby, dans mon petit bureau et quelquefois à domicile, sur les qualités de guérisseur que notre bon frère de l'espace *(sic)*, Jules Meudon, m'avait découvertes, et qu'il m'engagea à pratiquer. J'y réussis de très nombreuses cures des plus variées, depuis la cécité jusqu'au simple mal de dents. Heureux des résultats obtenus, je résolus d'en faire profiter le plus grand nombre possible de mes pareils. C'est alors que notre directeur Jean Béziat s'associa à moi pour fonder à Sin-le-Noble (près de Douai) l'*Institut général psychosique*, duquel sortit l'*Institut des Forces psychosiques n° 1*, et que naquit (en 1910) notre organe *Le Fraterniste* » [1]. Sans cesser de s'occuper de guérisons, on en arriva bientôt à avoir des préoccupations plus étendues (nous ne disons pas plus élevées, car ce n'est que du « moralisme » humanitaire), comme le montre cette déclaration de M. Béziat : « Nous incitons la science à tenter des recherches dans l'ordre spirite, et, si nous déterminons enfin la science à s'en occuper, elle trouvera. Et quand elle aura trouvé et prouvé, c'est l'Humanité tout entière qui aura rencontré le bonheur. Ainsi le *Fraterniste* est le journal non seulement le plus intéressant, mais le plus utile du monde. C'est de lui qu'il faut attendre la quiétude et la joie de l'Humanité. Quand on aura démontré le bienfondé du spiritisme, la question sociale sera à peu près résolue » [2]. Si c'est sincère, c'est

---

1 *Le Fraterniste*, 26 décembre 1913.
2 *Le Fraterniste*, 19 décembre 1913. — Signalons que le pacifisme et le féminisme sont spécialement inscrits au programme de ce journal.

d'une inconscience vraiment déconcertante ; mais venons-en à la théorie des « guérisons fluidiques psychosiques » ; elle fut exposée au tribunal de Béthune, le 17 janvier 1914, à l'occasion d'un procès pour exercice illégal de la médecine intenté à deux « guérisseurs » de cette école, MM. Lesage et Lecomte, qui furent d'ailleurs acquittés parce qu'ils n'ordonnaient pas de médicaments ; voici l'essentiel de leurs déclarations : « Ils soignent les malades par imposition des mains, passes, et invocation mentale simultanée aux forces bonnes de l'astral [1]. Ils ne donnent aucun remède, ni prescription ; il n'y a pas traitement au sens médical du mot, ni massage, mais soins au moyen d'une force fluidique qui n'est pas l'emploi du magnétisme ordinaire, mais de ce que l'on pourrait appeler magnétisme spirite (psychosisme), c'est-à-dire captation par le guérisseur de forces apportées par les bons esprits, et transmission de ces forces au malade qui sent une grande amélioration, ou obtient sa guérison complète, suivant le cas, et dans un laps de temps également très variable... Au cours des interrogatoires, M. le Président demande des explications au sujet du laboratoire, où se trouvent les cuvettes d'eau magnétisée, préparée par les guérisseurs... L'eau magnétisée n'a, au point de vue de la guérison, qu'une valeur relative : ce n'est pas elle qui guérit ; elle aide à l'évacuation des fluides mauvais, mais ce sont les soins spirites qui chassent le mal » [2]. On cherche d'ailleurs à persuader aux médecins eux-mêmes que, s'il leur arrive de guérir leurs malades, c'est aussi aux « psychoses » qu'ils le doivent sans s'en douter ; on le leur déclare solennellement en ces termes : « C'est la Psychose qui guérit, Messieurs ; le guérisseur en est simplement l'instrument. Vous aussi, vous êtes l'objet des psychoses ; seulement, il y a utilité pour vous à ce que les bonnes viennent de votre côté, comme elles sont venues du notre » [3]. Notons encore cette curieuse explication de M. Béziat : « Nous pouvons affirmer qu'une maladie, quelle qu'elle soit, est une des nombreuses variétés du Mal, avec un *M* majuscule. Or le guérisseur, par son fluide, qu'il infuse au patient, par ses bonnes intentions, tue ou noie le *Mal* en général. Il en résulte donc que, par la même occasion, il noie la va-

---

[1] On remarquera que les « Fraternistes », qui sont assez « éclectiques », font parfois des emprunts à la terminologie occultiste.
[2] *Id.*, 23 janvier 1914.
[3] *Le Fraterniste*, 19 décembre 1913.

riété, c'est-à-dire la maladie. Voilà tout le secret »[1]. C'est très simple en effet, au moins en apparence, ou plutôt très « simpliste » ; mais il y a d'autres « guérisseurs » qui trouvent plus simple encore de nier le mal : c'est le cas des sectes américaines telles que les « Mental Scientists » et les « Christian Scientists », et cette opinion est aussi celle des Antoinistes, dont nous reparlerons plus loin. Les « Fraternistes » vont jusqu'à faire intervenir la « force divine » dans leurs guérisons, et c'est encore M. Béziat qui proclame « la possibilité de guérir les malades par l'emploi des énergies astrales invisibles, par l'appel à la Grande Force. Dispensatrice Universelle qui est Dieu »[2] ; s'il en est ainsi, on pourrait leur demander pourquoi ils éprouvent le besoin de faire appel aux « esprits » et aux « forces de l'astral », au lieu de s'adresser à Dieu directement et exclusivement. Mais on a vu déjà ce qu'est le Dieu en évolution auquel croient les « Fraternistes » ; il est encore, à ce propos, une chose bien significative que nous tenons à rapporter : le 9 février 1914, Sébastien Faure fit à Arras la conférence sur « les douze preuves de l'inexistence de Dieu » qu'il répétait un peu partout ; M. Béziat prit la parole après lui, déclarant « poursuivre le même but quant au fond », lui adressant « ses plus sincères félicitations », et engageant tous les assistants à « s'associer sincèrement à lui dans la réalisation de son programme si humanitaire ». À la suite du compte rendu que son journal donna de cette réunion, M. Béziat ajouta ces réflexions : « Ceux qui, comme Sébastien Faure, nient le Dieu-Créateur de l'Église, se rapprochent d'autant plus, selon nous, du véritable Dieu qu'est la Force Universelle impulsive des mondes... Aussi ne craignons-nous pas d'avancer ce paradoxe que si les Sébastien Faure ne croient plus en le Dieu des cléricaux, c'est parce qu'ils croient davantage que d'autres en le Dieu réel. Nous disons qu'en l'état actuel de l'évolution sociale, ces négateurs sont plus divins que d'autres, puisqu'ils veulent plus de justice et de bonheur pour tous... J'en conclus que si Sébastien Faure ne croit plus en Dieu, c'est uniquement parce qu'il est arrivé à le connaître davantage, ou en tout cas à le ressentir davantage, puisqu'il veut en pratiquer les vertus »[3]. Depuis lors, il est arrivé à Sébastien Faure des mésaventures qui ne montrent que trop comment il entendait

---

1 *Id.*, 19 décembre 1913.
2 *Id.*, 10 avril 1914.
3 *Le Fraterniste*, 20 février 1914.

« en pratiquer les vertus » ; les « Fraternistes », défenseurs de M. Le Clément de Saint-Marcq, ont décidément de singulières amitiés.

Il y a eu bien d'autres écoles spirites plus ou moins indépendantes, qui furent fondées ou dirigées par des « médiums guérisseurs » : nous citerons par exemple A. Bouvier, de Lyon, qui unissait dans ses théories le magnétisme et le kardécisme, et qui avait un organe intitulé *La Paix Universelle*, où fut lancé cet extravagant projet du « Congrès de l'Humanité » dont nous avons parlé ailleurs [1]. En tête de cette revue figuraient les deux maximes suivantes : « La connaissance exacte de soi-même engendre l'amour de son semblable. — Il n'y a pas au monde de culte plus élevé que celui de la vérité. » Il n'est pas sans intérêt de faire remarquer que la seconde n'est que la transcription presque textuelle (sauf que le mot « religion » y est remplacé par « culte ») de la devise de la Société Théosophique. D'autre part, M. Bouvier, qui finit par se rallier au « Fraternisme », était, contrairement à ce qui a lieu le plus ordinairement, en fort bons termes avec les occultistes ; il est vrai que ceux-ci ont pour les « guérisseurs » une vénération au moins aussi excessive que celle des spirites. Le fameux « Maître inconnu » de l'école papusienne, auquel nous avons déjà fait allusion, n'était en somme rien d'autre qu'un « guérisseur », et qui n'avait aucune connaissance d'ordre doctrinal ; mais celui-là apparaît surtout comme une victime du rôle qu'on lui imposa : la vérité est que Papus avait besoin d'un « Maître », non pour lui, car il n'en voulait pas, mais de quelqu'un qu'il pût présenter comme tel pour donner à ses organisations l'apparence d'une base sérieuse, pour faire croire qu'il avait derrière lui des « puissances supérieures » dont il était le représentant autorisé ; toute cette fantastique histoire des « envoyés du Père » et des « esprits de l'appartement du Christ » n'a jamais eu, au fond, d'autre raison d'être, que celle-là. Dans ces conditions, il n'y a rien d'étonnant à ce que les naïfs, qui sont fort nombreux dans l'occultisme, aient cru pouvoir compter, au nombre des « douze Grands-Maîtres inconnus de la Rose-Croix », d'autres « guérisseurs » aussi complètement dépourvus d'intellectualité que le « Père Antoine » et l'Alsacien Francis Schlatter ; nous en avons parlé en une autre occasion [2]. Il en est d'autres encore que, sans les placer aussi haut, on

---

1 *Le Théosophisme*, pp. 171-173.
2 *Le Théosophisme*, p. 260.

vante beaucoup dans la même école ; tel est celui à propos duquel Papus a glissé cette note dans un de ses ouvrages : « A côté du spiritisme, nous devons signaler les adeptes de la théurgie et surtout Saltzman comme propagateurs de l'idée de réincarnation. Dans son beau livre, *Magnétisme spirituel*, Saltzman ouvre à tout esprit chercheur de magnifiques horizons » [1]. Saltzman n'est en réalité qu'un spirite quelque peu dissident, qui n'a rien d'un « adepte » au vrai sens de ce mot ; et ce qu'il appelle « théurgie » n'a pas le moindre point commun avec ce que les anciens entendaient par le même terme, et qu'il ignore totalement. Cela nous fait penser à un personnage plutôt ridicule qui fut jadis une célébrité parisienne, celui qu'on appelait le zouave Jacob : lui aussi avait cru bon de donner ce nom de « théurgie » à un vulgaire mélange de magnétisme et de spiritisme. En 1888, il publia une sorte de revue dont le titre, malgré sa longueur inusitée, mérite d'être transcrit intégralement : « Revue théurgique, scientifique, psychologique et philosophique, traitant spécialement de l'hygiène et de la guérison par les fluides et des dangers des pratiques médicales, cléricales, magnétiques, hypnotiques, etc., sous la direction du zouave Jacob » ; cela donne déjà une idée assez nette de sa mentalité. Au surplus, nous nous bornerons à reproduire, au sujet de ce personnage, l'appréciation d'un auteur entièrement favorable au spiritisme : « Le zouave guérisseur faisait florès. J'entrai en relation avec lui, mais je n'eus point lieu de m'en féliciter longtemps. Il prétendait opérer par l'influence des esprits, et, quand je risquai quelque objection, il s'emporta en insultes et en grossièretés dignes d'un bateleur *a quia* ; pauvres arguments dans la bouche d'un apôtre. J'écris « apôtre », car il se disait l'envoyé de Dieu pour « guérir les hommes physiquement, comme le Christ avait été envoyé pour les guérir moralement » ! Bien des personnes se rappelleront cette phrase typique. Je fus, il est vrai, témoin d'améliorations étonnantes survenues instanta-

---

[1] *La Réincarnation*, p. 173. — Nous pourrions aussi parler d'un groupement institué assez récemment par un occultiste qui prétend s'enfermer dans un mysticisme « christique », comme il dit, et où le traitement soi-disant « théurgique » des malades semble être également une des préoccupations dominantes. Il y a encore, dans le même ordre d'idées, une organisation auxiliaire du Martinisme, créée en Allemagne par le Dr Theodor Krauss (Saturnus), sous la dénomination d' « Ordre thérapeutique, alchimique et philanthropique des Samaritains Inconnus » ; et nous rappellerons enfin qu'il existe un « Ordre des Guérisseurs » parmi les nombreuses filiales de la Société Théosophique.

nément chez certains malades abandonnés des médecins. J'ai vu, entre autres cas, un paralytique que l'on apporta à dos de commissionnaire, parce qu'il ne pouvait plus remuer ni bras ni jambes, se mettre à marcher tout seul, sans soutien ni béquille,… juste le temps de quitter la chambre du guérisseur, c'est-à-dire tant qu'il demeura en sa présence. La porte franchie, le malheureux retomba inerte et dut être remporté comme il était venu. À entendre dire, aussi bien qu'à voir, les cures du fameux zouave n'étaient que des pseudo-guérisons, et ses clients retrouvaient invariablement, en rentrant chez eux, toutes les infirmités dont il les avait débarrassés chez lui, avec une en plus : le découragement. En tout cas, il ne parvint pas à me guérir de ce qu'il appelait ma « cécité morale », et, à l'heure présente, je persiste à croire que le secret de son influence sur les malades résidait, non dans l'assistance des esprits, comme il le prétendait, mais dans l'éducation déplorable dont il faisait montre. Il épouvantait ses clients par des regards furibonds, auxquels il adjoignait, à l'occasion, des épithètes salées. Il était dompteur, peut-être, mais non point thaumaturge »[1]. En somme, il y avait là-dedans, avec un certain pouvoir de suggestion, une forte dose de charlatanisme ; nous trouverons quelque chose d'assez analogue dans l'histoire de l'Antoinisme, à laquelle nous pensons qu'il est bon de consacrer un chapitre spécial, en raison de l'étonnante expansion de cette secte, et aussi parce que c'est là un cas vraiment typique, bien propre à faire juger de l'état mental de certains de nos contemporains. Nous ne voulons pas dire que tous les « guérisseurs » en soient là : il en est, très certainement, dont la sincérité est fort respectable, et dont nous ne contestons pas les facultés réelles, tout en regrettant que presque tous cherchent à les expliquer par des théories plus que suspectes ; il est assez curieux aussi de constater que ces facultés se trouvent surtout développées chez des gens peu intelligents. Enfin, ceux qui ne sont que des « suggestionneurs » peuvent obtenir, dans certains cas, des résultats plus durables que les cures du zouave Jacob, et il n'est pas jusqu'à une mise en scène appropriée qui ne soit susceptible d'agir effectivement sur certains malades ; on peut même se demander si les charlatans les plus manifestement tels ne finissent pas par se suggestionner eux-mêmes et par croire plus ou moins

---

1 Félix Fabart, *Histoire philosophique et politique de l'Occulte*, pp. 173-174.

aux pouvoirs extraordinaires qu'ils s'attribuent. Quoi qu'il en soit, nous tenons à répéter encore une fois que tout ce qui est « phénomène » ne prouve absolument rien au point de vue théorique : il est parfaitement vain d'invoquer, en faveur d'une doctrine, des guérisons obtenues par des gens qui la professent, et l'on pourrait d'ailleurs appuyer ainsi les opinions les plus contradictoires, ce qui montre assez que ces arguments sont sans valeur ; quand il s'agit de la vérité ou de la fausseté des idées, toute considération extra-intellectuelle doit être tenue pour nulle et non avenue.

Chapitre XII
L'antoinisme

Louis Antoine naquit en 1846 dans la province de Liège, d'une famille de mineurs ; il fut d'abord mineur lui-même, puis se fit ouvrier métallurgiste ; après un séjour de quelques années en Allemagne et en Pologne, il revint en Belgique et s'installa à Jemeppe-sur-Meuse. Ayant perdu leur fils unique, Antoine et sa femme se mirent à faire du spiritisme ; bientôt, l'ancien mineur, quoique à peu près illettré, se trouva à la tête d'un groupement dit des « Vignerons du Seigneur », dans lequel fonctionnait un véritable bureau de communication avec les morts (nous verrons que cette institution n'est pas unique en son genre) ; il édita aussi une sorte de catéchisme spirite, fait d'ailleurs entièrement d'emprunts aux ouvrages d'Allan Kardec. Un peu plus tard, Antoine adjoignit à son entreprise, dont le caractère ne semble pas avoir été absolument désintéressé, un cabinet de consultations « pour le soulagement de toutes les maladies et afflictions morales et physiques », placé sous la direction d'un « esprit » qui se faisait appeler le Dr Carita. Au bout de quelque temps encore, il se découvrit des facultés de « guérisseur » qui lui permettaient de supprimer toute évocation et d' « opérer » directement par lui-même ; ce changement fut suivi de près par une brouille avec les spirites, dont les motifs ne sont pas très clairs. Toujours est-il que c'est de ce schisme qu'allait sortir l'Antoinisme ; au Congrès de Namur, en novembre 1913, M. Fraikin, président de la « Fédération Spirite Belge », déclara textuellement : « L'Antoinisme, pour des raisons peu avouables, refusa toujours de marcher avec nous » ; il est permis de supposer que ces « raisons peu avouables » étaient surtout d'ordre commercial, si l'on peut dire, et qu'Antoine trouvait plus avantageux d'agir entièrement à sa guise, en dehors de tout contrôle plus ou moins gênant. Pour les malades qui ne pouvaient venir le trouver à Jemeppe, Antoine fabriquait un médicament qu'il désignait sous le nom de « liqueur Coune », et auquel il attribuait le pouvoir de guérir indistinctement toutes les affections ; cela lui valut un procès pour exercice illégal de la médecine, et il fut condamné à une légère amende ; il remplaça alors sa liqueur par l'eau magnétisée, qui ne pouvait être qualifiée de médicament, puis par le papier magnétisé, plus facile à transporter. Cependant, les malades qui accouraient à Jemeppe devinrent si nombreux qu'il fallut renoncer à les traiter individuellement par des passes ou même par une simple imposition des mains, et instituer la pratique des « opérations » collectives. C'est à ce moment qu'Antoine, qui n'avait jusqu'alors parlé que de « fluides », fit intervenir la « foi », comme un facteur essentiel, dans les guérisons qu'il accomplissait, et qu'il commença à enseigner que l'imagination est l'unique cause de tous les maux physiques ; comme conséquence, il interdit à ses disciples (car il se posa dès lors en fondateur de secte) de recourir aux soins d'un médecin. Dans le livre qu'il a intitulé *Révélation*, il suppose qu'un disciple lui adresse cette question : « Quelqu'un qui avait eu la pensée de consulter un médecin vient chez vous en disant : « Si je ne vais pas mieux après cette visite, j'irai chez tel médecin. » Vous constatez ses intentions et vous lui conseillez de suivre sa pensée. Pourquoi agissez-vous ainsi ? J'ai vu des malades qui, après avoir exécuté ce conseil, ont dû revenir chez vous. » Antoine répond en ces termes : « Certains malades, en effet, peuvent avoir eu la pensée d'aller chez le médecin avant de me consulter. Si je sens qu'ils ont plus de confiance dans le médecin, il est de mon devoir de les y envoyer. S'ils n'y trouvent pas la guérison, c'est que leur pensée de venir chez moi a mis obstacle dans le travail du médecin, comme celle d'aller chez le médecin a pu porter obstacle dans le mien. D'autres malades me demandent encore si tel remède ne pourrait les aider. Cette pensée falsifie en un clin d'œil toute mon opération ; elle est la preuve qu'ils n'ont pas la foi suffisante, la certitude que, sans médicaments, je peux leur donner ce qu'ils réclament… Le médecin ne peut donner que le résultat de ses études, et elles ont pour base la matière. La cause reste donc, et le mal reparaîtra, parce que tout ce qui est matière ne pourrait guérir que temporairement. » Dans d'autres passages, on lit encore : « C'est par la foi au guérisseur que le malade trouve sa guérison. Le docteur peut croire à l'efficacité des drogues, alors que celles-ci ne servent à rien pour celui qui a la foi… La foi est l'unique et universel remède, elle pénètre celui que l'on veut protéger, fût-il éloigné de milliers de lieues. » Toutes les « opérations » (c'est le terme consacré) se terminent par cette formule : « Les personnes qui ont la foi sont guéries ou soulagées. » Tout cela ressemble fort aux théories de la « Christian Science », fondée en Amérique, dès 1866, par Mme Baker Eddy ; les Antoinistes, comme les « Christian Scientists », ont eu parfois des démêlés avec la justice pour avoir laissé mourir des malades sans rien faire pour les soigner ; à Jemeppe même, la municipalité refusa à plusieurs reprises des permis d'inhumer. Les échecs ne découragèrent pas les Antoinistes et n'empêchèrent pas la secte de prospérer et de s'étendre, non seulement en Belgique, mais aussi dans le Nord de la France. Le « Père Antoine » mourut en 1912, laissant sa succession à sa veuve, qu'on appelait la « Mère », et à un de ses disciples, le « Frère » Deregnaucourt (qui est mort lui-même depuis lors) ; tous deux vinrent à Paris, vers la fin de 1913, pour inaugurer un temple antoiniste, et ils allèrent ensuite en inaugurer un autre à Monaco. Au moment où la guerre éclata, le « culte antoiniste » était sur le point d'être reconnu légalement en Belgique, ce qui devait avoir pour effet de mettre les traitements de ses ministres à la charge de l'État ; la demande qui avait été déposée à cet effet était appuyée tout spécialement par le parti socialiste et par deux des chefs de la Maçonnerie belge, les sénateurs Charles Magnette et Goblet d'Alviella. Il est curieux de noter quels appuis, motivés surtout par des raisons politiques, a trouvés l'Antoinisme, dont les adhérents se recrutent presque exclusivement dans les milieux ouvriers ; d'autre part, nous avons cité ailleurs [1] une preuve de la sympathie que lui témoignent les théosophistes, tandis que les spirites « orthodoxes » semblent y voir plutôt un élément de trouble et de division. Ajoutons encore que, pendant la guerre, on raconta des choses singulières sur la façon dont les Allemands respectèrent les temples antoinistes ; naturellement, les membres de

---

1 *Le Théosophisme*, pp. 259-260.

la secte attribuèrent ces faits à la protection posthume du « Père », d'autant plus que celui-ci avait déclaré solennellement : « La mort, c'est la vie ; elle ne peut m'éloigner de vous, elle ne m'empêchera pas d'approcher tous ceux qui ont confiance en moi, au contraire. »

Ce qui est remarquable dans le cas d'Antoine, ce n'est pas sa carrière de « guérisseur », qui présente plus d'une ressemblance avec celle du zouave Jacob : il y eut à peu près autant de charlatanisme chez l'un que chez l'autre, et, s'ils obtinrent quelques cures réelles, elles furent très probablement dues à la suggestion, bien plutôt qu'à des facultés spéciales ; c'est sans doute pour cela qu'il était si nécessaire d'avoir la « foi ». Ce qui est plus digne d'attention, c'est qu'Antoine se soit posé en fondateur de religion, et qu'il ait réussi à cet égard d'une façon vraiment extraordinaire, en dépit de la nullité de ses « enseignements », qui ne sont qu'un vague mélange de théories spirites et de « moralisme » protestant, et qui sont, de plus, rédigés souvent en un jargon presque inintelligible. Un des morceaux les plus caractéristiques, c'est une sorte de décalogue qui s'intitule « dix fragments en prose de l'enseignement révélé par Antoine le Guérisseur » ; bien qu'on prenne soin de nous avertir que ce texte est « en prose », il est disposé comme les « vers libres » de certains poètes « décadents », et on peut même y découvrir çà et là quelques rimes ; cela vaut la peine d'être reproduit [1] : « Dieu parle : — *Premier principe* : Si vous m'aimez, — vous ne l'enseignerez à personne, — puisque vous savez que je ne réside — qu'au sein de l'homme. — Vous ne pouvez témoigner qu'il existe — une suprême bonté — alors que du prochain vous m'isolez. — *Deuxième principe* : Ne croyez pas en celui qui vous parle de moi, — dont l'intention serait de vous convertir. — Si vous respectez toute croyance — et celui qui n'en a pas, — vous savez, malgré votre ignorance ; — plus qu'il ne pourrait vous dire. — *Troisième principe* : Vous ne pouvez faire de la morale à personne, — ce serait prouver — que vous ne faites pas bien, — parce qu'elle ne s'enseigne pas par la parole, — mais par l'exemple, — et ne voir le mal en rien. — *Quatrième principe* : Ne dites jamais que vous faites la charité — à quelqu'un qui vous semble dans la misère, — ce serait faire entendre — que je suis sans égards, que je ne suis pas bon, — que je suis un mauvais père, — un avare, — laissant avoir faim

---

[1] Pour éviter les alinéas, nous indiquons les coupures du texte par de simples tirets.

son rejeton. — Si vous agissez envers votre semblable — comme un véritable frère, — vous ne faites la charité qu'à vous-même, — vous devez le savoir. — Puisque rien n'est bien s'il n'est solidaire, — vous n'avez fait envers lui — que remplir votre devoir. — *Cinquième principe :* Tâchez toujours d'aimer celui que vous dites — « votre ennemi » : — c'est pour vous apprendre à vous connaître — que je le place sur votre chemin. — Mais voyez le mal plutôt en vous qu'en lui : — il en sera le remède souverain. — *Sixième principe :* Quand vous voudrez connaître la cause — de vos souffrances, — que vous endurez toujours avec raison, — vous la trouverez, dans l'incompatibilité de — l'intelligence avec la conscience, — qui établit entre elles les termes de comparaison. — Vous ne pouvez ressentir la moindre souffrance — qu'elle ne soit pour vous faire remarquer — que l'intelligence est opposée à la conscience ; — c'est ce qu'il ne faut pas ignorer. — *Septième principe :* Tâchez de vous en pénétrer, — car la moindre souffrance est due à votre — intelligence qui veut toujours plus posséder ; — elle se fait un piédestal de la clémence, — voulant que tout lui soit subordonné. — *Huitième principe :* Ne vous laissez pas maîtriser par votre intelligence — qui ne cherche qu'à s'élever toujours — de plus en plus ; — elle foule aux pieds la conscience, — soutenant que c'est la matière qui donne — les vertus, — tandis qu'elle ne renferme que la misère — des âmes que vous dites — « abandonnées », — qui ont agi seulement pour satisfaire — leur intelligence qui les a égarées. — *Neuvième principe :* Tout ce qui vous est utile, pour le présent — comme pour l'avenir, — si vous ne doutez en rien, — vous sera donné par surcroît. — Cultivez-vous, vous vous rappellerez le passé, — vous aurez le souvenir — qu'il vous a été dit : « Frappez, je vous ouvrirai. — Je suis dans le connais-toi… » — *Dixième principe :* Ne pensez pas faire toujours un bien — lorsqu'à un frère vous portez assistance ; — vous pourriez faire le contraire, — entraver son progrès. — Sachez qu'une grande épreuve — en sera votre récompense, — si vous l'humiliez et lui imposez le respect. — Quand vous voulez agir, — ne vous appuyez jamais sur votre croyance, — parce qu'elle peut encore vous égarer ; — basez-vous toujours sur la conscience — qui veut vous diriger, elle ne peut vous tromper. » Ces prétendues « révélations » ressemblent tout à fait aux « communications » spirites, tant par le style que par le contenu ; il est assurément inutile de chercher à en donner un commentaire suivi ou une explication détaillée ; il n'est même pas bien sûr que le « Père Antoine » se soit toujours compris lui-même, et son obscurité est peut-être une des raisons de son succès. Ce qu'il convient de remarquer surtout, c'est l'opposition qu'il veut établir entre l'intelligence et la conscience (ce dernier terme doit vraisemblablement être pris au sens moral), et la façon dont il prétend associer l'intelligence à la matière ; il y aurait là de quoi réjouir les partisans de M. Bergson, encore qu'un tel rapprochement soit assez peu flatteur au fond. Quoi qu'il en soit, on comprend assez bien que l'Antoinisme fasse profession de mépriser l'intelligence, et qu'il la dénonce même comme la cause de tous les maux : elle représente le démon dans l'homme, comme la conscience y représente Dieu ; mais, grâce à l'évolution, tout finira par s'arranger : « Par notre progrès, nous retrouverons dans le démon le vrai Dieu, et dans l'intelligence la lucidité de la conscience. » En effet, le mal n'existe pas réellement ; ce qui existe, c'est seulement la « vue du mal », c'est-à-dire que c'est l'intelligence qui crée le mal là où elle le voit ; l'unique symbole du culte antoiniste est une sorte d'arbre qu'on appelle « l'arbre de la science de la vue du mal ». Voilà pourquoi il faut « ne voir le mal en rien », puisqu'il cesse dès lors d'exister ; en particulier, on ne doit pas le voir dans la conduite de son prochain, et c'est ainsi qu'il faut entendre la défense de « faire de la morale à personne », en prenant cette expression dans son sens tout à fait populaire ; il est évident qu'Antoine ne pouvait interdire de prêcher la morale, puisque lui-même ne fit guère autre chose. Il y joignait des préceptes d'hygiène, ce qui était d'ailleurs dans son rôle de « guérisseur » ; rappelons à ce propos que les Antoinistes sont végétariens, comme les théosophistes et les membres de diverses autres sectes à tendances humanitaires ; ils ne peuvent cependant être considérés comme « zoophiles », car il leur est sévèrement interdit d'avoir des animaux chez eux ; « Nous devons savoir que l'animal n'existe qu'en apparence ; il n'est que l'excrément de notre imperfection *(sic)*… Combien nous sommes dans l'erreur en nous attachant à l'animal ; c'est un grand péché (dans le patois wallon qu'il parlait habituellement, Antoine disait « un doute »), parce que l'animal n'est pas digne d'avoir sa demeure où résident les humains. » La matière elle-même n'existe aussi qu'en apparence, elle n'est qu'une illusion produite par l'intelligence : « Nous disons que la matière n'existe pas parce que nous en avons surmonté l'imagination » ; elle s'identifie ainsi au mal : « Un atome de matière nous est une souffrance » ; et Antoine va jusqu'à déclarer : « Si la matière existe, Dieu ne peut exister. » Voici comment il explique la création de la terre : « Nulle autre que l'individualité d'Adam a créé ce monde *(sic)*. Adam a été porté à se constituer une atmosphère et à construire son habitation, le globe, tel qu'il voulait l'avoir. » Citons encore quelques aphorismes relatifs à l'intelligence : « Les connaissances ne sont pas du savoir, elles ne raisonnent que la matière... L'intelligence, considérée par l'humanité comme la faculté la plus enviable à tous les points de vue, n'est que le siège de notre imperfection... Je vous ai révélé qu'il y a en nous deux individualités, le moi conscient et le moi intelligent ; l'une réelle, l'autre apparente... L'intelligence n'est autre que le faisceau de molécules que nous appelons cerveau... À mesure que nous progressons, nous démolissons du moi intelligent pour reconstruire sur du moi conscient. » Tout cela est passablement incohérent ; la seule idée qui s'en dégage, si tant est qu'on puisse appeler cela une idée, pourrait se formuler ainsi : il faut éliminer l'intelligence au profit de la « conscience », c'est-à-dire de la sentimentalité. Les occultistes français, dans la dernière période, en sont arrivés à une attitude à peu près semblable ; encore n'avaient-ils pas, pour la plupart, l'excuse d'être des illettrés, mais il convient de noter que l'influence d'un autre « guérisseur » y fut bien pour quelque chose.

Pour être conséquent avec lui-même, Antoine aurait dû s'en tenir à l'énoncé de préceptes moraux du genre de ceux-ci, qui sont inscrits dans ses temples : « Un seul remède peut guérir l'humanité : la foi. C'est de la foi que naît l'amour : l'amour qui nous montre dans nos ennemis Dieu lui-même. Ne pas aimer ses ennemis, c'est ne pas aimer Dieu, car c'est l'amour que nous avons pour nos ennemis qui nous rend dignes de le servir ; c'est le seul amour qui nous fait vraiment aimer, parce qu'il est pur et de vérité. » C'est là, paraît-il, l'essentiel de la morale antoiniste ; pour le surplus, elle semble plutôt élastique : « Vous êtes libres, agissez comme bon vous semble, celui qui fait bien trouvera bien. En effet, nous jouissons à un tel point de notre libre arbitre, que Dieu nous laisse faire de lui ce que nous voulons. » Mais Antoine a cru devoir formuler aussi quelques théories d'un autre ordre, et c'est là surtout qu'il atteint le comble du ridicule ; en voici un exemple, tiré d'une brochure intitulée *L'Auréole de la Conscience* : « Je vais vous dire comment nous devons comprendre les lois divines et de quelle façon elles peuvent agir sur nous. Vous savez qu'il est reconnu que la vie est partout ; si le vide existait, le néant aurait aussi sa raison d'être. Une chose que je puis encore affirmer, c'est que l'amour existe aussi partout, et de même qu'il y a amour, il y a intelligence et conscience. Amour, intelligence et conscience réunis constituent une unité, le grand mystère, Dieu. Pour vous faire comprendre ce que sont les lois, je dois revenir à ce que je vous ai déjà répété concernant les fluides : il en existe autant que de pensées ; nous avons la faculté de les manier et d'en établir des lois, par la pensée, suivant notre désir d'agir. Celles que nous imposons à nos semblables nous imposent de même. Telles sont les lois d'intérieur, appelées ordinairement lois de Dieu. Quant aux lois d'extérieur, dites lois de la nature, elles sont l'instinct de la vie qui se manifeste dans la matière, se revêt de toutes les nuances, prend des formes nombreuses, incalculables, suivant la nature du germe des fluides ambiants. Il en est ainsi de toutes choses, toutes ont leur instinct, les astres même qui planent dans l'espace infini se dirigent par le contact des fluides et décrivent instinctivement leur orbite. Si Dieu avait établi des lois pour aller à lui, elles seraient une entrave à notre libre arbitre ; fussent-elles relatives ou absolues, elles seraient obligatoires, puisque nous ne pourrions nous en dispenser pour atteindre au but. Mais Dieu laisse à chacun la faculté d'établir ses lois, suivant la nécessité ; c'est encore une preuve de son amour. Toute loi ne doit avoir que la conscience pour base. Ne disons donc pas « lois de Dieu », mais plutôt « lois de la conscience ». Cette révélation ressort des principes mêmes de l'amour, de cet amour qui déborde de toutes parts, qui se retrouve au centre des astres comme au fond des océans, de cet amour dont le parfum se manifeste partout, qui alimente tous les règnes de la nature et qui maintient l'équilibre et l'harmonie dans tout l'univers. » À cette question : « D'où vient la vie ? », Antoine répond ensuite : « La vie est éternelle, elle est partout. Les fluides existent aussi à l'infini et de toute éternité. Nous baignons dans la vie et dans les fluides comme le poisson dans l'eau. Les fluides s'enchaînent et sont de plus en plus éthérés ; ils se distinguent par l'amour ; partout où celui-ci existe, il y a de la vie, car sans la vie l'amour n'a plus sa raison d'être. Il suffit que deux fluides soient en contact par un certain degré de chaleur solaire, pour que leurs deux germes de vie se disposent à entrer en rapport. C'est ainsi que la vie se crée une individualité et devient agissante. » Si l'on avait demandé à l'auteur de ces élucubrations de s'expliquer d'une façon un peu plus intelligible, il aurait sans doute répondu par cette phrase qu'il répétait à tout propos : « Vous ne voyez que l'effet, cherchez la cause. » N'oublions pas d'ajouter qu'Antoine avait soigneusement conservé, du spiritisme kardéciste par lequel il avait débuté, non seulement cette théorie des « fluides » que nous venons de le voir exprimer à sa façon, mais aussi, avec l'idée du progrès, celle de la réincarnation : « L'âme imparfaite reste incarnée jusqu'à ce qu'elle ait surmonté son imperfection… Avant de quitter le corps qui se meurt, l'âme s'en est préparé un autre pour se réincarner… Nos êtres chéris soi-disant disparus ne le sont qu'en apparence, nous ne cessons pas un instant de les voir et de nous entretenir avec eux. La vie corporelle n'est qu'une illusion. »

Aux yeux des Antoinistes, ce qui importe le plus dans l' « enseignement » de leur « Père », c'est le côté « moraliste » ; tout le reste n'est qu'accessoire. Nous en avons la preuve dans une feuille de propagande qui porte ce titre : « Révélation par le Père Antoine, le grand guérisseur de l'Humanité, pour celui qui a la foi », et que nous transcrivons textuellement : « L'Enseignement du Père a pour base l'amour, il révèle la loi morale, la conscience de l'humanité ; il rappelle à l'homme les devoirs qu'il a à remplir envers ses semblables ; fût-il arriéré même jusqu'à ne pouvoir le comprendre, il pourra, au contact de ceux qui le répandent, se pénétrer de l'amour qui en découle ; celui-ci lui inspirera de meilleures intentions et fera germer en lui des sentiments plus nobles. La religion, dit le Père, est l'expression de l'amour puisé au sein de Dieu, qui nous fait aimer tout le monde indistinctement. Ne perdons jamais de vue la loi morale, car c'est par elle que nous pressentons la nécessité de nous améliorer. Nous ne sommes pas arrivés tous au même degré de développement intellectuel et moral, et Dieu place toujours les faibles sur notre chemin pour nous donner l'occasion de nous rapprocher de Lui. Il se trouve parmi nous des êtres qui sont dépourvus de toute faculté et qui ont besoin de notre appui ; le devoir nous impose de leur venir en aide dans la mesure où nous croyons en un Dieu bon et miséricordieux. Leur développement ne leur permet pas de pratiquer une religion dont l'enseignement est au-dessus de la portée de leur compréhension, mais notre manière d'agir à leur égard les rappellera au respect qui lui est dû et les amènera à chercher le milieu le plus avantageux à leur progrès. Si nous voulons les attirer à nous par une morale qui repose sur des lois inaccessibles à leur entendement, nous les troublerons, nous les démoraliserons, et la moindre instruction sur celle-ci leur sera insupportable ; ils finiront par ne plus rien comprendre ; doutant ainsi de la religion, alors ils recourront au matérialisme. Voilà la raison pour laquelle notre humanité perd tous les jours de la vraie croyance en Dieu en faveur de la matière. Le Père a révélé qu'il était autrefois aussi rare de rencontrer un matérialiste qu'aujourd'hui un vrai croyant [1]. Aussi longtemps que nous ignorerons la loi morale, par laquelle nous nous dirigeons, nous la transgresserons. L'Enseignement du Père raisonne cette loi morale, inspiratrice de tous les cœurs dévoués à régénérer l'Humanité ; il n'intéresse pas seulement ceux qui ont foi en Dieu, mais tous les hommes indistinctement, croyants et non-croyants, à quelque échelon que l'on appartienne. Ne croyez pas que le Père demande l'établissement d'une religion qui restreigne ses adeptes dans un cercle, les oblige à pratiquer sa doctrine, à observer certain rite, à respecter certaine forme, à suivre une opinion quelconque, à quitter leur religion pour venir à Lui. Non, il n'en est pas ainsi : nous instruisons ceux qui s'adressent à nous de ce que nous avons compris de l'Enseignement du Père et les exhortons à la pratique sincère de la religion dans laquelle ils ont foi, afin qu'ils puissent acquérir les éléments moraux en rapport avec leur compréhension. Nous savons que la croyance ne peut être basée que sur l'amour ; mais nous devons toujours nous efforcer d'aimer et non de nous faire aimer, car ceci est le plus grand des fléaux. Quand nous serons pénétrés de l'Enseignement du Père, il n'y aura plus de dissension entre les religions parce qu'il n'y aura plus d'indifférence, nous nous aimerons tous parce que nous aurons enfin compris la loi du progrès, nous aurons les mêmes égards pour toutes les religions et même pour <u>l'incroyance, per</u>suadés que nul ne pourrait nous faire le moindre

1 Il n'y avait vraiment pas besoin d'une « révélation » pour cela ; mais les Antoinistes ignorent naturellement que le matérialisme ne date que du XVIIIe siècle.

mal et que, si nous voulons être utiles à nos semblables, nous devons leur démontrer que nous professons une bonne religion en respectant la leur et en leur voulant du bien. Nous serons alors convaincus que l'amour naît de la foi qui est la vérité ; mais nous ne la posséderons que lorsque nous ne prétendrons pas l'avoir. » Et ce document se termine par cette phrase imprimée en gros caractères : « L'Enseignement du Père, c'est l'Enseignement du Christ révélé à cette époque par la foi. » C'est aussi par cette assimilation incroyable que finissait l'article, tiré d'un organe théosophiste, que nous avons cité ailleurs : « Le Père ne prétend que rénover l'enseignement de Jésus de Nazareth, trop matérialisé à notre époque par les religions qui se réclament de ce grand Être »[1]. Cette prétention est d'une audace que l'inconscience seule peut excuser ; étant donné l'état d'esprit qu'elle trahit chez les Antoinistes, il n'y a pas lieu de s'étonner outre mesure qu'ils en soient arrivés à une véritable déification de leur fondateur, et cela de son vivant même ; nous n'exagérons rien, et nous en avons le témoignage dans cet extrait d'une de leurs publications : « Faire de M. Antoine un grand seigneur, ne serait-ce pas plutôt le rabaisser ? Vous admettrez, je suppose, que nous, ses adeptes, qui sommes au courant de son travail, ayons à son égard de tout autres pensées. Vous interprétez trop intellectuellement, c'est-à-dire trop matériellement, notre manière de voir, et, jugeant ainsi sans connaissance de cause, vous ne pouvez comprendre le sentiment qui nous anime. Mais quiconque a foi en notre bon Père apprécie ce qu'Il est à sa juste valeur parce qu'il l'envisage moralement. Nous pouvons Lui demander tout ce que nous voulons, Il nous le donne avec désintéressement. Néanmoins, il nous est loisible d'agir à notre guise, sans aucunement recourir à Lui, car Il a le plus grand respect du libre arbitre ; jamais Il ne nous impose quoi que ce soit. Si nous tenons à Lui demander conseil, c'est parce que nous sommes convaincus qu'Il sait tout ce dont nous avons besoin, et que nous, nous l'ignorons. Ne serait-il pas infiniment préférable de se rendre compte de son pouvoir avant de vouloir discréditer notre manière d'agir à son égard ? Comme un bon père, Il veille sur nous. Lorsque, affaiblis par la maladie, nous allons à Lui, pleins de confiance, Il nous soulage, nous guérit. Sommes-nous anéantis sous le coup des plus terribles

---

1 *Le Théosophe*, 1er décembre 1913.

peines morales, Il nous relève et ramène l'espoir dans nos cœurs endoloris. La perte d'un être cher laisse-t-elle dans nos âmes un vide immense, son amour le remplit et nous rappelle au devoir. Il possède le baume par excellence, l'amour vrai qui aplanit toute difficulté, qui surmonte tout obstacle, qui guérit toute plaie, et Il le prodigue à toute l'humanité, car Il est plutôt médecin de l'âme que du corps. Non, nous ne voulons pas faire d'Antoine le Guérisseur un grand seigneur, nous faisons de Lui notre sauveur. Il est plutôt notre Dieu, parce qu'Il ne veut être que notre serviteur. »

En voilà assez sur un sujet aussi totalement dénué d'intérêt en lui-même ; mais ce qui est terrible, c'est la facilité avec laquelle ces insanités se répandent à notre époque : en quelques années, l'Antoinisme a rassemblé des adhérents par milliers. Au fond, la raison de ce succès, comme de celui de toutes les choses similaires, c'est qu'elles correspondent à quelques-unes des tendances qui sont le propre de l'esprit moderne ; mais ce sont précisément ces tendances qui sont inquiétantes, parce qu'elles sont la négation même de toute intellectualité, et l'on ne peut se dissimuler qu'elles gagnent du terrain actuellement. Le cas de l'Antoinisme, nous l'avons dit, est tout à fait typique ; parmi les multiples sectes pseudo-religieuses qui se sont formées depuis un demi-siècle environ, il en est d'analogues, mais celle-là présente la particularité d'avoir pris naissance en Europe, tandis que la plupart des autres, de celles du moins qui ont réussi, sont originaires d'Amérique. Il en est d'ailleurs, comme la « Christian Science », qui sont parvenues à s'implanter en Europe, et même en France dans ces dernières années [1] ; c'est encore là un symptôme d'aggravation du déséquilibre mental dont l'apparition du spiritisme marque en quelque sorte le point de départ ; et, alors même que ces sectes ne sont pas directement dérivées du spiritisme comme l'est l'Antoinisme, les tendances qui s'y manifestent sont assurément les mêmes dans une large mesure.

Chapitre XIII
La propagande spirite

Nous avons déjà signalé les tendances propagandistes des spirites ; il est inutile d'en apporter des preuves, car ces tendances, toujours

[1] Cf. *Le Théosophisme*, p.259.

intimement liées aux préoccupations « moralistes », s'étalent dans toutes leurs publications. Du reste, nous l'avons dit, cette attitude se comprend beaucoup mieux chez les spirites que dans les autres écoles « néo-spiritualistes » qui ont des prétentions à l'ésotérisme : prosélytisme et ésotérisme sont évidemment contradictoires ; mais les spirites, qui sont imbus du plus pur esprit démocratique, sont beaucoup plus logiques en cela. Nous ne voulons pas revenir encore là-dessus ; mais il est bon de noter quelques caractères spéciaux de la propagande spirite, et de montrer que cette propagande sait, à l'occasion, se faire aussi insinuante que celle des sectes d'inspiration protestante plus ou moins directe : au fond, tout cela procède d'une même mentalité.

Les spirites croient pouvoir invoquer l'expansion de leur doctrine comme une preuve de sa vérité ; Allan Kardec écrivait déjà : « Ceux qui disent que les croyances spirites menacent d'envahir le monde, en proclament par cela même la puissance, car une idée sans fondement et dénuée de logique ne saurait devenir universelle ; si donc le spiritisme s'implante partout, s'il se recrute surtout dans les classes éclairées, ainsi que chacun le reconnaît, c'est qu'il a un fond de vérité »[1]. C'est là un argument cher à certains philosophes modernes, l'appel à un prétendu « consentement universel » pour prouver la vérité d'une idée ; rien ne saurait être plus insignifiant : d'abord, l'unanimité n'est sans doute jamais réalisée, et, le fût-elle, on n'aurait aucun moyen de le constater ; cela revient donc simplement, en fait, à prétendre que la majorité doit avoir raison ; or, dans l'ordre intellectuel, il y a bien des chances pour que ce soit précisément le contraire qui ait lieu le plus souvent, car les hommes d'intelligence médiocre sont assurément les plus nombreux, et d'ailleurs, sur n'importe quelle question, les incompétents forment l'immense majorité. Craindre l'envahissement du spiritisme, ce n'est donc pas lui reconnaître d'autre puissance que celle de la multitude, c'est-à-dire d'une force aveugle et brutale ; pour que des idées se répandent si facilement, il faut qu'elles soient d'une qualité fort inférieure, et, si elles se font accepter, ce n'est pas qu'elles aient la moindre force logique, c'est uniquement parce qu'on y attache quelque intérêt sentimental. Quant à prétendre que le spiritisme « se recrute surtout dans les classes éclairées », cela

---

1 *Le Livre des Esprits*, p. 454.

est certainement faux ; il est vrai qu'il faudrait savoir au juste ce qu'on entend par là, et que les gens dits « éclairés » peuvent ne l'être que d'une façon toute relative ; rien n'est plus lamentable que les résultats d'une demi-instruction. Du reste, nous avons déjà dit que l'adhésion même de certains savants plus ou moins « spécialistes » ne prouve pas davantage à nos yeux, parce que, dans les choses où la compétence leur fait défaut, ils peuvent se trouver exactement sur le même plan que le vulgaire ; et encore ce ne sont là que des cas exceptionnels, la très grande majorité de la clientèle spirite étant incontestablement d'un niveau mental extrêmement bas. Certes, les théories du spiritisme sont à la portée de tout le monde, et il en est qui veulent voir dans ce caractère une marque de supériorité ; voici, par exemple, ce que nous lisons dans un article auquel nous avons fait allusion précédemment : « Posez devant un ouvrier qui n'a pas eu le bonheur de faire des études approfondies un chapitre d'un traité métaphysique sur l'existence de Dieu, avec tout le cortège des preuves ontologiques, physiques, morales, esthétiques [1]. Qu'y comprendra-t-il ? Rien du tout. Avec de semblables renseignements, il sera condamné sans rémission à rester dans l'ignorance la plus complète... Au contraire, si on le fait assister à une séance de spiritisme, si même on lui raconte, s'il lit dans une revue ce qui s'y passe, il saisira de suite, sans aucune difficulté, sans besoin d'explication... Grâce à sa simplicité lui permettant de s'étendre partout, le spiritisme recueillera des admirateurs nombreux... Le bien progressera toujours, si tout le monde comprend la véracité de la doctrine spirite » [2]. Cette « simplicité » qu'on nous vante et qu'on trouve admirable, nous l'appelons, pour notre part, médiocrité et indigence intellectuelle ; quant à l'ouvrier qu'on juge bon de mettre en scène, à défaut d'une instruction religieuse élémentaire dont on se garde prudemment d'envisager la possibilité, nous pensons que même « l'ignorance la plus complète » vaudrait encore beaucoup mieux pour lui que les illusions et les folies du spiritisme : celui qui ne sait rien d'une question et celui qui n'a que

---

[1] Tout cela, naturellement, n'a pas le moindre rapport avec la métaphysique vraie ; ce que l'auteur appelle de ce nom, ce ne sont que les banalités de la philosophie universitaire, et il est facile de voir jusqu'où vont pour lui des « études approfondies » : un manuel de baccalauréat représente à ses yeux la plus haute intellectualité concevable !
[2] *Spiritisme et Métaphysique*, par J. Rapicault : *Le Monde Psychique*, janvier 1912.

des idées fausses sont pareillement ignorants, mais la situation du premier est encore préférable à celle du second, même sans parler des dangers spéciaux au cas dont il s'agit.

Les spirites, dans leur délire de prosélytisme, émettent parfois des prétentions absolument stupéfiantes : « La révélation nouvelle, s'écrie M. Léon Denis, se manifeste en dehors et au-dessus des Églises. Son enseignement s'adresse à toutes les races de la terre. Partout, les esprits proclament les principes sur lesquels il s'appuie. Sur toutes les régions du globe passe la grande voix qui rappelle l'homme à la pensée de Dieu et de la vie future » [1]. Que les spirites aillent donc prêcher leurs théories aux Orientaux : ils verront comment elles seront accueillies ! La vérité est que le spiritisme s'adresse exclusivement aux Occidentaux modernes, qu'il n'y a que parmi eux qu'il puisse se faire accepter, parce qu'il est un produit de leur mentalité, et que les tendances qu'il traduit sont précisément celles par où cette mentalité se différencie de toute autre : recherche du « phénomène », croyance au progrès, sentimentalisme et « moralisme » humanitaire, absence de toute intellectualité véritable ; là est toute la raison de son succès, et c'est sa sottise même qui fait sa plus grande force (au sens de cette force brutale dont nous parlions tout à l'heure) et qui lui acquiert un si grand nombre d'adhérents. D'ailleurs, les apôtres de la « révélation nouvelle » insistent surtout sur son caractère sentimental, « consolant », et « moralisateur » : « Cet enseignement peut donner satisfaction à tous, dit M. Léon Denis, aux esprits les plus raffinés comme aux plus modestes, mais il s'adresse surtout à ceux qui souffrent, à ceux qui ploient sous une lourde tâche ou de pénibles épreuves, à tous ceux qui ont besoin d'une foi virile qui les soutienne dans leur marche, dans leurs travaux, dans leurs douleurs. Il s'adresse à la foule des humains. La foule est devenue incrédule et méfiante à l'égard de tout dogme, de toute croyance religieuse, car elle sent qu'elle a été abusée pendant des siècles. Cependant, il subsiste toujours en elle des aspirations confuses vers le bien, un besoin inné de progrès, de liberté et de lumière, qui facilitera l'éclosion de l'idée nouvelle et son action régénératrice » [2]. Les esprits soi-disant « raffinés » que peut satisfaire le spiritisme ne sont vraiment pas bien difficiles ; mais retenons

---

[1] *Christianisme et Spiritisme*, pp. 277-278.
[2] *Ibid.*, pp. 319-320.

que c'est surtout à la foule qu'il entend s'adresser, et notons aussi au passage cette phraséologie pompeuse : « progrès, liberté, lumière », qui est commune à toutes les sectes du même genre, et qui est en quelque sorte une de ces « signatures » suspectes dont nous avons parlé. Citons encore cet autre passage du même auteur : « Le spiritisme nous révèle la loi morale, trace notre ligne de conduite et tend à rapprocher les hommes par la fraternité, la solidarité et la communauté de vues. Il indique à tous un but plus digne et plus élevé que celui poursuivi jusqu'alors. Il apporte avec lui un sentiment nouveau de la prière, un besoin d'aimer, de travailler pour les autres, d'enrichir notre intelligence et notre cœur... Venez vous désaltérer à cette source céleste, vous tous qui souffrez, vous tous qui avez soif de vérité. Elle fera couler dans vos âmes une onde rafraîchissante et régénératrice. Vivifiés par elle, vous soutiendrez plus allègrement les combats de l'existence ; vous saurez vivre et mourir dignement » [1]. Non, ce n'est pas de vérité qu'ont soif les gens à qui s'adressent des appels comme ceux-là, c'est de « consolations » ; s'ils trouvent que quelque chose est « consolant », ou si on le leur persuade, ils s'empressent d'y croire, et leur intelligence n'y a pas la moindre part ; le spiritisme exploite la faiblesse humaine, profite de ce qu'elle se trouve trop souvent, à notre époque, privée de toute direction supérieure, et fonde ses conquêtes sur la pire de toutes les déchéances. Dans ces conditions, nous ne voyons pas très bien ce qui autorise les spirites à déclamer, comme ils le font si volontiers, contre des choses telles que l'alcoolisme par exemple ; il y a aussi des gens qui trouvent dans l'ivresse le soulagement ou l'oubli de leurs souffrances ; si les « moralistes », avec leurs grandes phrases creuses sur la « dignité humaine », s'indignent d'une telle comparaison, nous les engagerons à faire le recensement des cas de folie dus à l'alcoolisme d'une part et au spiritisme de l'autre ; en tenant compte du nombre total respectif des alcooliques et des spirites et en établissant la proportion, nous ne savons pas trop de quel côté sera l'avantage.

Le caractère démocratique du spiritisme s'affirme par sa propagande dans les milieux ouvriers, que sa « simplicité » lui rend particulièrement accessibles : c'est là que des sectes telles que le « Fraternisme » recrutent presque tous leurs adhérents, et le cas

---

[1] *Après la mort*, pp. 417-420.

DEUXIÈME PARTIE

de l'Antoinisme est fort remarquable aussi sous ce rapport. Il faut croire, d'ailleurs, que les mineurs de la Belgique et du Nord de la France constituent un terrain plus favorable qu'aucun autre ; nous reproduirons encore, à ce propos, le récit suivant que nous trouvons dans un ouvrage de M. Léon Denis : « C'est un spectacle réconfortant que de voir tous les dimanches affluer à Jumet (Belgique), de tous les points du bassin de Charleroi, de nombreuses familles de mineurs spirites. Elles se groupent dans une vaste salle où, après les préliminaires d'usage, elles écoutent avec recueillement les instructions que leurs guides invisibles leur font entendre par la bouche des médiums endormis. C'est par l'un deux, simple ouvrier mineur, peu lettré, s'exprimant habituellement en patois wallon, que se manifeste l'esprit du chanoine Xavier Mouls, prêtre de grande valeur et de haute vertu, à qui on doit la vulgarisation du magnétisme et du spiritisme dans les « corons » du bassin. Mouls, après de cruelles épreuves et de dures persécutions, a quitté la terre, mais son esprit veille toujours sur ses chers mineurs. Tous les dimanches, il prend possession des organes de son médium favori et, après une citation des textes sacrés, avec une éloquence toute sacerdotale, il développe devant eux, en pur français, durant une heure, le sujet choisi, parlant au cœur et à l'intelligence de ses auditeurs, les exhortant au devoir, à la soumission aux lois divines. Aussi l'impression produite sur ces braves gens est grande ; il en est de même dans tous les milieux où le spiritisme est pratiqué d'une manière sérieuse par les humbles de ce monde »[1]. Il serait sans intérêt de poursuivre cette citation, à propos de laquelle nous ne ferons qu'une simple remarque : on sait combien est violent l'anticléricalisme des spirites ; mais il suffit qu'un prêtre soit en révolte plus ou moins ouverte contre l'autorité ecclésiastique pour qu'ils s'empressent de célébrer sa « grande valeur », sa « haute vertu », et ainsi de suite. C'est ainsi que M. Jean Béziat prit jadis la défense de l'abbé Lemire[2] ; et il y aurait de curieuses recherches à faire sur les relations plus que cordiales que tous les entrepreneurs de schismes contemporains ont entretenues avec les « néo-spiritualistes » de diverses écoles.

D'un autre côté, les spirites, comme les théosophistes, cherchent à

---

[1] *Christianisme et Spiritisme*, pp. 329-330.
[2] *Le Fraterniste*, 8 mai 1914.

étendre leur propagande jusqu'à l'enfance ; sans doute, comme nous l'avons vu, beaucoup d'entre eux n'osent pas aller jusqu'à admettre les enfants aux séances expérimentales, mais ils ne s'en efforcent pas moins de leur inculquer les théories, qui sont, en somme, ce qui constitue le spiritisme même. Nous avons déjà signalé les « cours de bonté » institués par les « Fraternistes » ; ce titre sent incontestablement l'humanitarisme protestant [1] ; dans l'organe de la même secte, nous lisons encore ce qui suit : « Nous savons que l'idée des sections enfantines fait du chemin, et nous n'avons pas négligé l'éducation fraterniste des enfants. Eduquer l'enfant, comme on l'a si souvent dit et écrit, c'est préparer le Fraternisme de demain. L'enfant lui-même se montre un excellent propagandiste à l'école et dans son milieu, il peut beaucoup pour notre œuvre. Sachons donc le diriger dans cette bonne voie et encourageons ses bonnes dispositions » [2]. Rapprochons de ces paroles celles qui ont été prononcées en une autre circonstance par le directeur du même journal, M. Jean Béziat : « N'est-il pas intolérable de voir de nos jours inculquer à des enfants des conceptions religieuses, et surtout, ce qui est bien plus grave, leur imposer l'accomplissement d'actes religieux avant qu'ils n'aient entière conscience de ce qu'ils font, actes qu'ils regretteront profondément plus tard ? » [3]. Ainsi, il ne faut pas donner d'instruction religieuse aux enfants, mais il faut leur donner une instruction spirite : l'esprit de concurrence qui anime ces sectes pseudo-religieuses ne saurait se manifester d'une façon plus évidente. En outre, nous savons qu'il est des spirites qui, malgré les avis qui leur sont donnés, font participer des enfants à leurs expériences, et qui, non contents de cela, vont même jusqu'à développer chez eux la médiumnité et surtout la « voyance » ; on devine sans peine quels peuvent être les effets de semblables pratiques. D'ailleurs, les « écoles de médiums », même pour les adultes, constituent un véritable danger public ; ces institutions, qui fonctionnent souvent sous le couvert de « sociétés d'études », ne sont pas aussi rares qu'on pourrait le croire, et, si le spiritisme

---

[1] Nous avons mentionné ailleurs (*Le Théosophisme*, p. 230) les « Ligues de Bonté », qui sont d'inspiration nettement protestante, et que les théosophistes appuient chaleureusement.
[2] *Le Fraterniste*, 19 juin 1914, (discours du délégué du groupe d'Anzin à l'assemblée générale des Fraternelles, le 21 mai 1914).
[3] *Le Fraterniste*, 27 mars 1914 (conférence donnée à Sallaumines, le 15 mars 1914).

continue à étendre ses ravages, on nous fait entrevoir à cet égard des perspectives peu rassurantes : « Une organisation pratique du spiritisme, dit M. Léon Denis, comportera dans l'avenir la création d'asiles spéciaux, où les médiums trouveront réunis, avec les moyens matériels d'existence, les satisfactions de l'esprit et du cœur, les inspirations de l'art et de la nature, tout ce qui peut imprimer à leurs facultés un caractère de pureté, d'élévation, en faisant régner autour d'eux une atmosphère de paix et de confiance »[1]. Nous ne savons que trop ce que les spirites entendent par « pureté » et par « élévation », et ces « asiles spéciaux » risquent fort de ressembler à des asiles d'aliénés ; malheureusement, leurs pensionnaires n'y resteront pas indéfiniment enfermés, et, tôt ou tard, ils s'en iront répandre au dehors leur folie éminemment contagieuse. De telles entreprises de détraquement collectif ont déjà été réalisées en Amérique[2], et il en existe depuis peu en Allemagne ; en France, il n'y a eu encore que des essais de proportions plus modestes, mais cela viendra aussi si l'on n'y veille soigneusement.

Nous avons dit que le spiritisme exploite toutes les souffrances et en tire profit pour gagner des adhérents à ses doctrines ; cela est vrai même pour la souffrance physique, grâce aux exploits des « guérisseurs » : les « Fraternistes », notamment, estiment que « les guérisons sont un puissant moyen de propagande »[3]. On voit comment cela peut se produire : un malade, ne sachant plus à qui s'adresser, va trouver un « guérisseur » spirite ; l'état d'esprit dans lequel il est alors le prédispose naturellement à recevoir sans résistance les « enseignements » dont on ne manquera pas de le gratifier, et qu'on lui présentera, au besoin, comme propres à faciliter sa guérison. En effet, au procès de Béthune, dont nous avons parlé, il fut déclaré ceci : « Quoique facilitant considérablement les guérisons, parce que cela leur en fait comprendre le mécanisme, les malades ne sont pas obligés de s'abonner au journal *Le Fraterniste* »[4] ; mais, si on ne les y oblige pas, on peut du moins leur en donner le conseil, et d'ailleurs la propagande orale est encore plus efficace. Si aucune amélioration ne se produit, on engagera le malade à revenir, et on

---

1 *Dans l'Invisible*, p. 59.
2 Nous ne parlons pas seulement des États-Unis, mais aussi du Brésil, où une « école de médiums » a été fondée en 1902.
3 *Le Fraterniste*, 22 mai 1914.
4 *Id.*, 23 janvier 1914.

parviendra à le persuader que, s'il en est ainsi, c'est parce qu'il n'a pas la « foi » ; peut-être arrivera-t-il à « se convertir » par simple désir de guérir, et il y arrivera plus sûrement encore s'il éprouve le moindre soulagement qui lui semble, à tort ou à raison, devoir être attribué à l'action du « guérisseur ». En publiant les guérisons obtenues (et, il s'en trouve toujours quelques-unes, d'autant plus qu'on est peu exigeant en fait de contrôle), on attire d'autres malades, et même, parmi les gens qui sont en bonne santé, il en est qui sont impressionnés par de semblables récits, et qui, pour peu qu'ils aient déjà quelque sympathie pour le spiritisme, croient y trouver une preuve de sa vérité. C'est là l'effet d'une étrange confusion : en supposant un homme qui possède des facultés de « guérisseur » aussi incontestables et aussi puissantes qu'on voudra, cela n'a aucun rapport avec les idées que professe cet homme, et l'explication qu'il donne lui-même de ses propres facultés peut être complètement erronée ; pour qu'on soit obligé d'insister sur des choses aussi évidentes, il faut la singulière mentalité de notre époque, qui, uniquement portée vers l'extérieur, voudrait trouver dans les manifestations sensibles le critérium de toute vérité.

Mais ce qui attire le plus de gens au spiritisme, et d'une façon plus directe, c'est la douleur causée par la perte d'un parent ou d'un ami : combien se laissent ainsi séduire par l'idée qu'ils pourront communiquer avec les disparus ? Nous rappellerons les cas, déjà cités, de deux individualités aussi différentes que possible sous tout autre rapport, Sir Oliver Lodge et le « Père Antoine » : c'est après avoir perdu un fils que l'un et l'autre devinrent spirites ; malgré les apparences, la sentimentalité était donc prédominante chez le savant aussi bien que chez l'ignorant, comme elle l'est chez la grande majorité des Occidentaux actuels. Du reste, l'incapacité de se rendre compte de l'absurdité de la théorie spirite prouve suffisamment que l'intellectualité du savant n'est qu'une pseudo-intellectualité ; nous nous excusons de revenir si souvent là-dessus, mais cette insistance est nécessaire pour réagir contre la superstition de la science. Maintenant, qu'on ne vienne pas nous vanter les bienfaits de la prétendue communication avec les morts : d'abord, nous nous refusons à admettre qu'une illusion quelconque soit, en elle-même, préférable à la vérité ; ensuite, si cette illusion vient à être détruite, ce qui est toujours possible, elle risque de ne laisser place chez certains qu'à un véritable désespoir ; enfin, avant que le spiritisme existe, les aspirations sentimentales trouvaient de quoi se satisfaire dans une espérance dérivée des conceptions religieuses, et, à cet égard, il n'y avait nul besoin d'imaginer autre chose. L'idée d'entrer en relation avec les défunts, surtout par des procédés comme ceux qu'emploient les spirites, n'est aucunement naturelle à l'homme ; elle ne peut venir qu'à ceux qui subissent l'influence du spiritisme, dont les adhérents ne se font pas faute d'exercer en ce sens, par l'éclair et par la parole, la propagande la plus indiscrète. L'exemple le plus typique de l'ingéniosité spéciale que déploient les spirites, c'est l'institution de ces bureaux de communication où chacun peut s'adresser pour obtenir des nouvelles des morts auxquels il s'intéresse : nous avons parlé de celui des « Vignerons du Seigneur », qui fut le point de départ du mouvement antoiniste, mais il en est un autre beaucoup plus connu, celui qui fonctionna à Londres, pendant trois ans, sous le nom de « Bureau Julia ». Le fondateur de ce dernier fut le journaliste anglais W. T. Stead, ancien directeur de la *Pall Mall Gazette* et de la *Review of Reviews*, qui devait périr en 1912 dans le naufrage du *Titanic* ; mais, d'après lui, l'idée de cette création venait d'un « esprit » appelé Julia. Voici les renseignements que nous trouvons dans un organe qui se prétend « psychique », mais qui est surtout spirite au fond : « Julia était le prénom de Miss Julia A. Ames ; elle avait fait partie de la rédaction de l'*Union Signal* de Chicago, organe de la *Women's Christian Temperance Union*, société de tempérance chrétienne (c'est-à-dire protestante) et féminine. Née dans l'Illinois en 1861, elle était de pure souche anglo-américaine, En 1890, au cours d'un voyage en Europe, elle alla voir M. Stead ; ils devinrent d'excellents amis. L'automne de l'année suivante, elle retourna en Amérique, tomba malade à Boston et mourut à l'hôpital de cette ville. Comme beaucoup d'autres âmes pieuses, Miss Ames avait fait un pacte avec sa meilleure amie, qui fut pour elle une sœur pendant des années. Il fut convenu qu'elle reviendrait de l'au-delà et se ferait voir pour donner une preuve de la survie de l'âme après la mort, et de la possibilité pour les défunts de communiquer avec les survivants. Beaucoup ont pris cet engagement, bien peu l'ont tenu ; Miss Ames, de l'avis de M. Stead, fut l'une de ces dernières [1]. C'est peu de temps

---

1 Rappelons à ce propos la promesse analogue faite par William James ; quant à Stead lui-même, à peine fut-il mort que divers médiums commencèrent à recevoir

après la mort de Miss Ames que la personnalité de « Julia » proposa d'ouvrir un *Bureau de communication* entre ce monde où nous sommes et l'autre... Pendant douze ans et plus, M. Stead se trouva tout à fait incapable de mettre à exécution cette suggestion » [1]. Il paraît que ce sont surtout les « messages » de son fils mort qui le déterminèrent à ouvrir enfin le « Bureau Julia », en avril 1909, avec l'aide de quelques personnes parmi lesquelles nous citerons seulement le théosophiste Robert King, qui est aujourd'hui à la tête de la branche écossaise de l' « Église vieille-catholique » [2]. Nous empruntons à un autre organe spirite ces quelques détails, qui montrent le caractère purement protestant du cérémonial dont les séances étaient entourées : « D'après les arrangements que Julia elle-même avait faits, chacun prenait à tour de rôle le « service », qui consistait en prières d'abord, suivies de la lecture du procès-verbal de la veille, puis des demandes adressées au Bureau, qui affluaient de tous les points du globe. Après une semaine ou deux de fonctionnement, Julia demanda que la prière, au commencement des séances, fût suivie d'une courte lecture biblique. M. Stead lisait quelques paragraphes de l'Ancien ou du Nouveau Testament. D'autres s'inspiraient des communications de Julia ou de Stainton Moses [3], d'autres encore de Fénelon ou autres auteurs... Les séances du matin étaient exclusivement réservées au petit cercle formant le Bureau. Les étrangers n'y étaient pas admis, excepté dans des cas très rares, Le but était de former un cénacle qui, ainsi que l'expliquait Julia, étant composé d'un groupe de personnes sympathisant les unes avec les autres, choisies par elle-même, devait produire un foyer dont la force psychique irait toujours en grandissant. Il devait, disait-elle, former un calice ou une coupe d'inspiration *(sic)*, une pure lumière, vibrant parmi les sept rayons (faisant allusion aux sept personnes qui le composaient) qui formaient les réunions mystiques » [4]. Et voici encore autre chose qui est très significatif quant au caractère pseudo-religieux de ces manifestations : « Dans

---

ses « communications » (*Le Monde Psychique*, juin 1912).
1 *Le Monde Psychique*, février 1912.
2 Voir *Le Théosophisme*, pp. 237-238.
3 Nous avons déjà parlé ailleurs du Rév. Stainton Moses, connu aussi sous le peudonyme de M. A. Oxon, et de ses relations avec les fondateurs de la Société Théosophique.
4 *Écho de la Doctrine spirite* (organe de l'Association des Etudes spirites), novembre 1916.

ses lettres, Julia recommande l'usage du Rosaire, mais du Rosaire modernisé. Voici comment elle l'entend. Notez les noms de tous ceux, morts ou vivants, avec lesquels vous avez été en relation. Chacun de ces noms représente un grain du Rosaire. Parcourez-les tous les jours, envoyant à chacun des noms une pensée affectueuse. Ce rayonnement répandrait un courant considérable de sympathie et d'amour, qui sont comme l'essence divine de l'humanité, comme les pulsations de la vie, et une pensée d'amour est comme un ange de Dieu apportant aux âmes une bénédiction » [1]. Reprenons maintenant la suite de notre première citation : « M. Stead déclare que Julia elle-même a entrepris d'en diriger les opérations au jour le jour : c'est elle qui aura l'invisible direction du Bureau... Quiconque aura perdu un ami, un parent aimé, pourra recourir au Bureau, qui lui fera savoir dans quelles conditions seulement pourra se faire la tentative de communication. En cas d'adhésion, le consentement de la direction (Julia) devra être obtenu. Ce consentement sera refusé à tous ceux qui ne viennent point pour entendre les êtres aimés et perdus. Sur ce point, Julia s'explique très positivement... Le Bureau de Julia, comme elle-même ne se lasse jamais de le répéter, doit s'en tenir à son objet propre, qui est de mettre en communication des personnes chères après qu'elles ont été séparées par le changement appelé mort. » Et l'on reproduit les explications données par Julia sur le but de sa fondation : « L'objet du Bureau, dit-elle, est de venir en aide à ceux qui veulent se retrouver après le changement qu'on appelle la mort. C'est une espèce de bureau postal de lettres en souffrance, où l'on trie, avec un nouvel examen, les correspondances, pour en faire la redistribution. Là où il n'y a point de messages d'amitié, ni de désir, d'une ou d'autre part, de correspondre, il n'y a pas lieu de s'adresser au Bureau. L'employé chargé du travail peut se comparer à un brave sergent de ville qui met tout en œuvre pour retrouver un enfant perdu dans la foule et le rend à sa mère en pleurs. Une fois qu'il les a réunis, sa tâche est terminée, On sera, il est vrai, constamment tenté d'aller plus loin et de faire du Bureau un centre d'exploration de l'au-delà. Mais céder à cette tentation ne pourrait être que prématuré. Non que j'aie quelque objection à opposer à cette exploration. C'est une conséquence toute naturelle, nécessaire et des plus importantes, de

---

[1] *Id.*, janvier-février, 1917.

votre travail. Mais le Bureau, mon Bureau, ne doit pas s'en charger. Il doit se borner à son premier devoir, qui est de jeter le pont, de renouer les liens brisés, de rétablir la communication entre ceux qui en sont privés » [1]. C'est bien là du spiritisme exclusivement sentimental et « piétiste » ; mais est-il si facile que cela d'établir nettement une ligne de démarcation entre celui-là et le spiritisme à prétentions « scientifiques », ou, comme disent certains, entre le « spiritisme-religion » et le « spiritisme-science », et le second n'est-il pas souvent un simple masque du premier ? Au début de 1912, l'« Institut de recherches psychiques » dirigé par MM. Lefranc et Lancelin, et dont l'organe nous a fourni la plus grande partie des indications précédentes, voulut constituer à Paris un « Bureau Julia » (cela devenait une dénomination générique), mais organisé sur des bases plus « scientifiques » que celui de Londres ; à cet effet, on fit « un choix définitif de procédés d'identification spirite », parmi lesquels figurait, en premier lieu, « l'anthropométrie digitale de la matérialisation partielle du décédé », et on alla même jusqu'à donner un modèle de « fiche signalétique », avec des cadres réservés aux photographies et aux empreintes des « esprits » [2] : les spirites qui veulent jouer aux savants ne sont-ils pas au moins aussi ridicules que les autres ? En même temps, on ouvrait « une école de médiums ayant pour but : 1° d'instruire et diriger dans la pratique les médiums des deux sexes ; 2° de développer les facultés spéciales des sujets les mieux doués dans le but d'aider les recherches d'identifications spirites du « Bureau Julia » de Paris » ; et l'on ajoutait : « Chaque sujet recevra les instructions théoriques et pratiques nécessaires au développement de sa médiumnité particulière. Les sujets seront réunis deux fois par semaine à des heures déterminées, pour leur développement. Ces cours sont gratuits » [3]. C'était vraiment une de ces entreprises de détraquement collectif dont nous avons parlé plus haut ; nous ne croyons pas qu'elle ait eu beaucoup de succès, mais il faut dire que le spiritisme, en France, n'avait pas alors l'importance qu'il a prise en ces dernières années [4].

Ces derniers faits appellent quelques commentaires : il n'y a pas

---

1 *Le Monde Psychique*, février 1912. — Cf. *L'Initiation*, octobre 1909 et mars 1910.
2 *Le Monde Psychique*, mars 1912.
3 *Id.*, février 1912.
4 Papus eut aussi l'idée d'organiser de son côté un autre « Bureau Julia », mais il ne parvint pas à la mettre à exécution.

DEUXIÈME PARTIE

en réalité deux spiritismes, il n'y en a qu'un ; mais ce spiritisme a deux aspects, l'un pseudo-religieux et l'autre pseudo-scientifique, et, suivant le tempérament des gens à qui l'on s'adressera, on pourra insister de préférence sur l'un ou sur l'autre. Dans les pays anglo-saxons, le côté pseudo-religieux paraît être plus développé que partout ailleurs ; dans les pays latins, il semble parfois que le côté pseudo-scientifique réussisse mieux ; cela n'est vrai, d'ailleurs, que d'une façon générale, et l'habileté des spirites consiste surtout à adapter leur propagande aux divers milieux qu'ils veulent atteindre ; du reste, chacun trouve ainsi à s'y employer suivant ses préférences personnelles, et les divergences sont beaucoup plus apparentes que réelles ; tout se réduit, en somme, à une question d'opportunité. C'est ainsi que certains spirites peuvent, à l'occasion, se déguiser en psychistes, et nous ne pensons pas qu'il faille voir autre chose dans cet « Institut de recherches psychiques » dont nous avons retracé les agissements ; ce qui est bien fait pour encourager cette tactique, c'est que les savants qui sont venus au spiritisme ont commencé par le psychisme ; ce dernier est donc susceptible de constituer un moyen de propagande qu'il est bon d'exploiter. Ce ne sont pas là, de notre part, de simples suppositions : nous avons, comme preuve à l'appui, les conseils adressés aux spirites par M. Albert Jounet ; celui-ci est un occultiste, mais d'un « éclectisme » invraisemblable, qui créa, en 1910, une « Alliance Spiritualiste » dans laquelle il rêvait d'unir toutes les écoles « néo-spi-tua-listes » sans exception [1]. En cette même année 1910, Jounet assista au Congrès spirite international de Bruxelles, et il y prononça un discours dont nous extrayons ce qui suit : « Faute d'organisation, le spiritisme n'a point, sur le monde, l'influence qu'il mérite… Cette organisation qui manque, essayons-la. Elle doit être doctrinale et sociale. Il faut que les vérités spirites se groupent et se présentent de manière à devenir plus admissibles pour la pensée. Et il faut que les spirites eux-mêmes se groupent et se présentent de manière à devenir plus invincibles dans l'humanité… Il est, pour les spirites, amer, humiliant, je l'avoue, lorsque des vérités furent décelées et propagées par le spiritisme, de ne les voir bien reçues des milieux officiels et du public bourgeois que reprises par le psychisme. Ce-

---

[1] Précédemment, M. P.-E. Heidet (Paul Nord) avait déjà eu l'idée d'une « Société Eclectique Universaliste », qui n'eut guère d'existence effective, et qui finit par fusionner avec le « Fraternisme ».

pendant, si les spirites acceptaient cette humiliation, elle assurerait leur exaltation. Ce recul apparent déclencherait le triomphe ; Mais alors, vous indignez-vous, faut-il changer de nom, cesser d'être spirites, nous déguiser en psychistes, abandonner nos maîtres, ceux qui, à l'origine du mouvement, ont souffert et découvert ? Ce n'est pas du tout cela que je vous conseille. L'humilité n'est point la lâcheté. Je ne vous invite aucunement à changer de nom. Je ne vous dis pas : « Délaissez le spiritisme pour le psychisme. » Il ne s'agit pas d'une substitution, mais d'un ordre de présentation. Je vous dis : « Présentez le psychisme *avant* le spiritisme. » Vous avez supporté le plus dur de la campagne et de la lutte. Il n'y a maintenant qu'à terminer la conquête. Je vous conseille d'envoyer en avant, pour la terminer plus vite, certains habitants du pays ralliés à vous, mais qui parlent la langue du pays. La manœuvre est fort simple et capitale. Dans la propagande et la polémique, dans les discussions avec les incrédules et les adversaires, au lieu de déclarer que, depuis longtemps, les spirites enseignent telle vérité et qu'aujourd'hui enfin des savants psychistes la confirment, déclarez que des savants psychistes prouvent telle vérité et montrez, seulement ensuite, que, depuis longtemps, les spirites l'ont dégagée et l'enseignent. Donc, la formule dominante de l'organisation doctrinale, c'est : d'abord le psychisme, et, après, le spiritisme. » Après être entré dans le détail de l' « ordre de présentation » qu'il proposait pour les différentes classes de phénomènes, l'orateur continua en ces termes : « Une telle organisation serait capable de conférer à la survie expérimentale *(sic)* toute l'intensité d'envahissement qu'une certitude aussi passionnante, et d'aussi formidables conséquences, devrait avoir. Classées et offertes de la sorte, les vérités spirites se feront jour à travers les épaisseurs des préjugés, la résistance des vieilles mentalités. Ce sera une transformation colossale de la pensée humaine. Les plus grands bouleversements de l'histoire, peuples engloutis par d'autres peuples, migration de races, avènement des religions, titanesque débordement des libertés, sembleront peu de chose auprès de cette prise de possession des hommes par l'âme *(sic)*. À l'organisation doctrinale s'adjoindra l'organisation sociale. Car, autant que les vérités spirites, il est urgent de classer et grouper les spirites eux-mêmes. Là encore, je ferai intervenir la formule : psychisme d'abord, spiritisme après. Vous élaborez une Fédération spirite universelle. J'approuve entièrement cette œuvre. Mais je désirerais que la Fédération spirite eût une section psychiste où l'on pourrait entrer d'abord. Elle servirait d'antichambre. Ne vous méprenez pas sur mon projet. Le titre de la société elle-même ne changerait pas. Elle demeurerait Fédération spirite. Mais il y aurait une section psychiste, à la fois annexe et préliminaire. J'estime que, dans le domaine social, non moins que dans le doctrinal, cette disposition contribuerait à la victoire. Un arrangement analogue se répéterait chez les Sociétés ou Fédérations nationales, membres de la Fédération spirite universelle »[1]. On comprendra toute l'importance de ce texte, qui est le seul, à notre connaissance, où l'on ait osé préconiser aussi ouvertement une semblable « manœuvre » (le mot est de M. Jounet lui-même) ; il y a là une tactique qu'il est indispensable de dénoncer, car elle est loin d'être inoffensive, et elle peut permettre aux spirites de s'annexer, sans qu'ils s'en aperçoivent, tous ceux que l'attrait des phénomènes rapproche d'eux, et qui répugneraient cependant à se dire spirites eux-mêmes : sans leur faire aucune concession réelle, on fera en sorte de ne pas les effaroucher, et, par la suite, on s'efforcera de les gagner insensiblement à la « cause », comme on dit dans ces milieux. Ce qui fait surtout le danger d'une tentative de ce genre, c'est la puissance de l'esprit « scientiste » à notre époque : c'est à cet esprit qu'on entend faire appel ; dans ce même discours, qui fut chaleureusement applaudi par tous les membres du Congrès, M. Jounet dit encore : « La proclamation de l'immortalité, dans ces conditions (c'est-à-dire comme conséquence des travaux des psychistes), est un fait révolutionnaire, un de ces coups puissants qui contraignent à changer de voie le genre humain. Pourquoi ? Parce qu'ici l'immortalité de l'âme est établie non par la foi ou le raisonnement abstrait, mais par l'expérience et l'observation, la science. Et la science maniée non par des spirites, mais par des savants de profession... Nous pouvons crier aux incrédules : « Vous ne voulez pas de foi, vous ne voulez pas de philosophie abstraite. Voici de l'expérience et de l'observation rigoureuses, de la science. » Et nous pouvons leur crier encore : « Vous ne voulez pas de spirites. Voici des savants. » Les incrédules seront bien empêchés de répondre. L'œuvre de Myers et de son école (la « Société des re-

---

[1] *L'Alliance Spiritualiste*, novembre 1910.

cherches psychiques » de Londres), c'est l'immortalité entrant au cœur de ce qu'il existe de plus moderne en le monde moderne, au plus positif du positif. C'est l'âme ancrée dans la méthode de la science officielle et dans le savant de profession. C'est le spiritisme vainqueur et maître, même hors du spiritisme. Reconnaissez qu'il n'est pas d'une mauvaise tactique de présenter d'abord le psychisme. » Nous avons vu ce qu'il faut penser d'une prétendue démonstration expérimentale de l'immortalité, mais les incrédules dont parle M. Jounet ne sont pas bien difficiles à convaincre ; il suffit d'invoquer la « science » et « l'expérience » pour qu'ils soient « bien empêchés de répondre » ! Le spiritisme récoltant les fruits du positivisme, voilà une chose qu'Auguste Comte n'avait certes pas prévue ; et pourtant, après tout, on voit assez bien les « guérisseurs » et autres médiums formant le sacerdoce de la « religion de l'Humanité »... Nous répéterons ici une fois de plus ce que nous avons déjà dit : le psychisme, s'il était bien compris, devrait être totalement indépendant du spiritisme ; mais les spirites tirent parti des tendances que certains psychistes ont en commun avec eux, et aussi des confusions qui ont cours dans le grand public. Souhaitons que les psychistes sérieux comprennent enfin tout le tort que leur font de tels rapprochements, et qu'ils trouvent le moyen de réagir efficacement ; pour cela, il ne leur suffit pas de protester qu'ils ne sont pas spirites, il faut qu'ils se rendent compte de l'absurdité du spiritisme, et qu'ils osent le dire. Qu'on n'aille pas nous objecter qu'il convient de garder à cet égard une impartialité prétendue scientifique : hésiter à rejeter une hypothèse quand on a la certitude qu'elle est fausse, c'est là une attitude qui n'a rien de scientifique au vrai sens de ce mot ; et il arrive aux savants, en bien d'autres circonstances, d'écarter ou de nier des théories qui, cependant, sont au moins possibles, tandis que celle-là ne l'est pas. Si les psychistes ne le comprennent pas, tant pis pour eux ; la neutralité, vis-à-vis de certaines erreurs, est bien près de la complicité ; et, s'ils entendent se solidariser le moins du monde avec les spirites, il serait plus loyal qu'ils le reconnaissent, même en y apportant toutes les réserves qu'il leur plaira ; on saurait du moins à qui l'on a affaire. De toutes façons, nous prendrions assez volontiers notre parti, quant à nous, d'un discrédit atteignant les recherches psychiques, car leur vulgarisation est probablement plus dangereuse qu'utile ;

si pourtant il en est qui veulent les reprendre sur des bases plus solides, qu'ils se gardent soigneusement de toute intrusion spirite ou occultiste, qu'ils se méfient de leurs sujets sous tous les rapports, et qu'ils trouvent des méthodes d'expérimentation plus adéquates que celles des médecins et des physiciens ; mais ceux qui possèdent les qualifications requises pour savoir vraiment ce qu'ils font dans un tel domaine ne sont pas fort nombreux, et, en général, les phénomènes ne les intéressent que médiocrement.

C'est quand ils invoquent des arguments sentimentaux que les spirites, dans leur propagande, montrent le mieux leurs tendances essentielles ; mais, comme ils prétendent appuyer leurs théories sur les phénomènes, les deux aspects que nous avons signalés, loin de s'opposer, sont en réalité complémentaires. Du reste, la recherche des phénomènes et le sentimentalisme vont fort bien ensemble, et cela n'a rien d'étonnant, car l'ordre sensible et l'ordre sentimental sont très proches l'un de l'autre ; dans l'Occident moderne, ils s'unissent étroitement pour étouffer toute intellectualité. Un des sujets préférés de la propagande proprement sentimentale, c'est la conception réincarnationniste ; à ceux qui font valoir qu'elle aide certaines personnes à supporter avec résignation une situation pénible, nous pourrions répondre en répétant à peu près tout ce que nous avons dit tout à l'heure pour les prétendus bienfaits d'une communication avec les « disparus », et nous les renverrons d'ailleurs au chapitre où nous avons relaté quelques-unes des extravagances auxquelles donne lieu cette idée, qui terrorise encore plus de gens qu'elle n'en console. En tout cas, le seul fait qu'on insiste surtout pour inculquer ces théories à « ceux qui souffrent » prouve qu'il s'agit bien d'une véritable exploitation de la faiblesse humaine : on semble compter sur un état de dépression mentale ou physique pour les faire accepter, et cela n'est certes pas en leur faveur. Actuellement, la théorie de la réincarnation est celle qu'on paraît tenir le plus à répandre dans la foule, et, pour y arriver, tous les moyens sont bons ; on a recours aux artifices de la littérature, et cette idée se déploie aujourd'hui dans les productions de certains romanciers. Le résultat, c'est que bien des gens qui se croient très éloignés du spiritisme et du « néo-spiritualisme » sont cependant contaminés par les absurdités qui émanent de ces milieux ; cette propagande indirecte est peut-être la plus malfaisante de toutes, parce qu'elle est celle qui assure la plus grande diffusion aux théories en question, en les présentant sous une forme agréable et séduisante, et parce qu'elle n'éveille guère la méfiance du grand public, qui ne va pas au fond des choses et ne soupçonne pas qu'il y a, derrière ce qu'il voit, tout un « monde souterrain » dont les ramifications s'étendent de toutes parts en s'enchevêtrant de mille manières diverses.

Tout cela peut aider à comprendre que le nombre des adhérents du spiritisme aille en s'accroissant d'une façon véritablement effrayante ; et encore faudrait-il ajouter, à ses adhérents proprement dits, tous ceux qui en subissent l'influence ou la suggestion plus ou moins indirecte, et tous ceux qui s'y acheminent par degrés insensibles, qu'ils aient débuté par le psychisme ou autrement. Il serait bien difficile d'établir une statistique, même pour les seuls spirites avérés ; la multiplicité des groupes, sans parler des isolés, est le principal obstacle qui s'oppose à une évaluation un peu précise. En 1886, le Dr Gibier écrivait déjà « qu'il ne croyait pas exagérer en disant qu'à Paris les spirites étaient près de cent mille » [1] ; à la même date, Mme Blavatsky évaluait à vingt millions le nombre des spirites répandus dans le monde entier [2], et les États-Unis devaient compter à eux seuls plus de la moitié de ce nombre, car Russell Wallace a parlé de onze millions pour ce pays. Ces chiffres devraient aujourd'hui être considérablement augmentés ; la France, où le spiritisme avait beaucoup moins d'extension qu'en Amérique et en Angleterre, est peut-être le pays où il a gagné le plus de terrain en ces dernières années, grâce à l'état de trouble et de déséquilibre général qui a été causé par la guerre ; il semble d'ailleurs qu'on puisse en dire à peu près autant en ce qui concerne l'Allemagne. Le danger devient de jour en jour plus menaçant ; pour le méconnaître, il faut être complètement aveugle et tout ignorer de l'ambiance mentale de notre époque, ou bien être soi-même suggestionné, et d'autant plus irrémédiablement qu'on est plus loin de s'en douter. Pour remédier à un tel état de choses, nous ne croyons guère à l'efficacité d'une intervention des pouvoirs publics, en admettant qu'ils veuillent s'en mêler, ce que bien des complicités et des affinités cachées font paraître fort douteux ; une telle interven-

---

[1] *Le Spiritisme*, p. 35.
[2] Lettre à Solovioff, février 1886.

tion ne pourrait atteindre que quelques manifestations extérieures, et elle serait sans action sur l'état d'esprit qui en est la vraie cause ; c'est plutôt à chacun de réagir par lui-même et dans la mesure de ses moyens, dès qu'il en aura compris la nécessité.

Chapitre XIV
Les dangers du spiritisme

Nous avons déjà signalé suffisamment, à mesure que l'occasion s'en présentait à nous, les multiples dangers du spiritisme, et nous pourrions nous dispenser d'y revenir spécialement, si nous ne tenions à enregistrer quelques témoignages et quelques aveux. Et, tout d'abord, notons qu'il y a même des dangers purement physiques, qui, s'ils ne sont pas les plus graves ni les plus habituels, ne sont cependant pas toujours négligeables ; nous en donnerons pour preuve ce fait qui a été rapporté par le Dr Gibier : « Trois *gentlemen*, dans le but de s'assurer si certaines allégations spirites étaient exactes, s'enfermèrent un soir sans lumière dans la chambre d'une maison inhabitée, non sans s'être engagés par un serment solennel à être absolument sérieux et de bonne foi. La pièce était complètement nue et, avec intention, ils n'y avaient introduit que trois chaises et une table autour de laquelle ils prirent place en s'asseyant. Il fut convenu qu'aussitôt que quelque chose d'insolite se passerait, le premier prêterait de la lumière avec des allumettes-bougies dont chacun s'était muni. Ils étaient immobiles et silencieux depuis un certain temps, attentifs aux moindres bruits, aux plus légers frémissements de la table sur laquelle ils avaient posé leurs mains entrelacées. Aucun son ne se faisait entendre ; l'obscurité était profonde, et peut-être les trois évocateurs improvisés allaient-ils se lasser et perdre patience, lorsque soudain un cri strident de détresse éclata au milieu du silence de la nuit. Aussitôt un fracas épouvantable se produisit et une grêle de projectiles se mit à pleuvoir sur la table, le plancher et les opérateurs. Rempli de terreur, l'un des assistants alluma une bougie ainsi qu'il était convenu, et, quand la lumière eut dissipé les ténèbres, deux d'entre eux se trouvèrent seuls en présence et s'aperçurent avec effroi que leur compagnon manquait ; sa chaise était renversée à une extrémité de la pièce. Le premier moment de trouble passé, ils le retrouvèrent sous la table, inanimé et la tête ainsi que la face couvertes de sang. Que s'était-il donc passé ? On constata que le manteau de marbre de la cheminée avait été descellé d'abord et qu'il avait été projeté ensuite sur la tête du malheureux homme et brisé en mille pièces. La victime de cet accident resta près de dix jours sans connaissance, entre la vie et la mort, et ne se remit que lentement de la terrible commotion cérébrale qu'elle avait reçue » [1]. Papus, qui reproduit ce récit, reconnaît que « la pratique spirite conduit les médiums à la neurasthénie en passant par l'hystérie », que « ces expériences sont d'autant plus dangereuses qu'on est plus inconscient et plus désarmé », et que « rien n'empêche les obsessions, les anémies nerveuses et les accidents plus graves encore » ; et il ajoute : « Personnellement, nous possédons une série de lettres très instructives, émanées de malheureux médiums qui se sont livrés de tout leur pouvoir à l'expérimentation et qui sont aujourd'hui obsédés dangereusement par les êtres qui se sont présentés à eux sous de faux noms et en accaparant les personnalités de parents décédés » [2]. Eliphas Lévi avait déjà signalé ces dangers et prévenu que ceux qui se livrent à ces études, même par simple curiosité, s'exposent à la folie ou à la mort [3] ; et un occultiste de l'école papusienne, Marius Decrespe, a écrit également : « Le danger est certain ; plusieurs sont devenus fous, dans d'horribles conditions, pour avoir voulu pousser trop loin leurs expériences... Ce n'est pas seulement son bon sens qu'on risque, c'est sa raison tout entière, sa santé, sa vie, et quelquefois même son honneur... La pente est glissante : d'un phénomène on passe à un autre et, bientôt, l'on n'est plus maître de s'arrêter. Ce n'est pas sans motif que, jadis, l'Église défendait toutes ces diableries » [4]. De même, le spirite Barthe a dit : « N'oublions pas que nous nous mettons par ces communications sous l'influence directe d'êtres inconnus parmi lesquels il en est de si rusés, de si pervers, qu'on ne saurait trop s'en méfier... Nous avons eu plusieurs exemples de graves maladies, de dérangements du cerveau, de morts subites causés par des révélations mensongères qui ne devinrent vraies que par la faiblesse et la crédulité de

---

[1] *Analyse des choses*, p. 185.
[2] *Traité élémentaire de Magie pratique*, pp. 505-507.
[3] *La Clef des Grands Mystères*.
[4] *La Main et ses mystères*, t. II, p. 174.

ceux auxquels elles étaient faites »[1].

À propos de cette dernière citation, nous devons attirer l'attention sur le danger spécial des prédictions contenues dans certaines « communications », et qui agissent comme une véritable suggestion sur ceux qui en sont l'objet ; du reste, ce danger existe aussi pour ceux qui, en dehors du spiritisme, ont recours aux « arts divinatoires » ; mais ces pratiques, si peu recommandables qu'elles soient, ne peuvent être exercées d'une façon aussi constante que celles des spirites, et ainsi elles risquent moins de tourner à l'idée fixe et à l'obsession. Il est des malheureux, plus nombreux qu'on ne pourrait le croire, qui n'entreprendraient rien sans avoir consulté leur table, et cela même pour les choses les plus insignifiantes, pour savoir quel cheval gagnera aux courses, quel numéro sortira à la loterie, et ainsi de suite[2]. Si les prédictions ne se réalisent pas, l' « esprit » trouve toujours quelque excuse ; les choses devaient bien se passer comme il l'avait dit, mais il est survenu telle ou telle circonstance qu'il était impossible de prévoir, et qui a tout changé ; la confiance des pauvres gens n'en est point ébranlée, et ils recommencent jusqu'à ce qu'ils se trouvent finalement ruinés, réduits à la misère, ou acculés à des expédients malhonnêtes que l' « esprit » ne se fait pas faute de leur suggérer ; et tout cela aboutit d'ordinaire à la folie complète ou au suicide. Parfois, il arrive encore que les choses se compliquent d'une autre façon, et que les victimes, au lieu de consulter elles-mêmes le prétendu « esprit » par lequel elles se laissent diriger aveuglément, s'adressent à un médium qui sera fortement tenté d'exploiter leur crédulité ; Dunglas Home lui-même en rapporte un remarquable exemple, qui s'est passé à Genève, et il raconte l'entretien qu'il eut, le 5 octobre 1876, avec une pauvre femme dont le mari était devenu fou à la suite de ces événements : « C'est en 1853, dit-elle, qu'une nouvelle assez singulière vint nous distraire de nos occupations ordinaires. Il s'agissait de quelques jeunes filles qui, chez un ami commun, avaient développé la faculté étrange de médiums écrivains. Le père aussi, disait-on, avait le don de se mettre en rapport avec les esprits, par le moyen d'une table... J'allai à une séance, et, comme tout ce qui s'y faisait me

---

[1] *Le Livre des Esprits* ; cité par Mgr Méric, *L'autre vie*, t. II, p. 425.
[2] M. Léon Denis reconnaît ces faits et proteste contre de tels « abus », qui provoquent ce qu'il appelle des « mystifications d'outre-tombe » (*Dans l'invisible*, p. 410).

parut de bon aloi, j'engageai mon mari à y venir avec moi… Donc, nous allâmes chez le médium, qui nous dit que l'esprit de Dieu parlait par sa table… La table finit pas nous donner à entendre que nous devions sans plus tarder installer chez nous le médium et sa famille, et partager avec eux la fortune qu'il avait plu à Dieu de nous donner. Les communications faites par la table étaient censées venir directement de Notre Sauveur Jésus-Christ. Je dis à mon mari : « Donnons-leur plutôt une somme d'argent ; leurs goûts et les nôtres sont différents, et je ne saurais vivre heureuse avec eux. » Mon mari alors me reprit, disant : « La vie de Celui que nous adorons fut une vie d'abnégation, et nous devons chercher à l'imiter en toutes choses. Surmonte tes préjugés, et ce sacrifice prouvera au Maître la bonne volonté que tu as à le servir. » Je consentis, et une famille de sept personnes s'ajouta à notre maison. Aussitôt commença pour nous une vie de dépenses et de prodigalités. On jetait l'argent par les fenêtres. La table nous commanda expressément d'acheter une autre voiture, quatre autres chevaux, ensuite un bateau à vapeur. Nous avions neuf domestiques. Des peintres vinrent décorer la maison du haut en bas. On changea plusieurs fois l'ameublement pour un mobilier chaque fois plus somptueux. Cela dans le but de recevoir le plus dignement possible Celui qui venait nous voir, et d'attirer l'attention des gens du dehors. Tout ce qu'on nous demandait, nous le faisions. C'était coûteux, nous tenions table ouverte. Peu à peu, des personnes convaincues arrivèrent en grand nombre, jeunes gens des deux sexes pour la plupart, auxquels la table prescrivait le mariage, qui se faisait alors à nos frais, et si le couple venait à avoir des enfants, on nous les confiait pour les élever. Nous avons eu jusqu'à onze enfants à la maison. Le médium à son tour se maria, et les membres de sa famille s'accrurent, si bien que nous ne tardâmes pas à compter trente personnes à table. Cela dura trois ou quatre ans. Nous étions déjà presque à bout de ressources. Alors la table nous dit d'aller à Paris, et que le Seigneur aurait soin de nous. Nous partîmes. Sitôt arrivé dans la grande capitale, mon mari reçut l'ordre de spéculer à la Bourse. Il y perdit le peu qui nous restait. C'était la misère cette fois, la misère noire, mais nous avions toujours la foi. Nous vivions je ne sais comment. Bien des jours, je me suis vue sans nourriture, sinon une croûte et un verre d'eau. J'oubliais de vous dire qu'à Genève nous avions été enjoints d'administrer le saint sacrement aux fidèles. Or il y avait parfois jusqu'à quatre cents communiants et communiantes. Un moine d'Argovie quitta son couvent, où il était supérieur, et abjura le catholicisme pour se joindre à nous. Ainsi, nous n'étions pas seuls dans notre aveuglement. Enfin, nous pûmes quitter Paris et revenir à Genève. C'est alors que nous réalisâmes toute l'étendue de notre malheur. Ceux avec qui nous avions partagé notre fortune furent les premiers à nous tourner le dos. » Et Home ajoute en manière de commentaire : « Voilà donc un homme qui, devant une table, débite une série de blasphèmes à l'appel lent et difficile de l'alphabet, et c'est assez pour jeter une famille pieuse et honnête dans un délire d'extravagance dont elle ne revient que lorsqu'elle est ruinée. Et alors même qu'ils sont ruinés, ces pauvres gens n'en restent pas moins aveugles. Quant à celui qui a causé leur ruine, il n'est pas le seul que j'aie rencontré. Ces êtres étranges, moitié fourbes, moitié convaincus, qu'on rencontre à toutes les époques, tout en illusionnant les autres hommes, finissent par prendre au sérieux leur rôle d'emprunt, et deviennent plus fanatiques que les personnes qu'ils abusent » [1].

On dira sans doute que de pareilles mésaventures ne peuvent arriver qu'à des esprits faibles, et que ceux que le spiritisme détraque devaient y être prédisposés ; cela peut être vrai jusqu'à un certain point, mais, dans des conditions plus normales, ces prédispositions auraient pu ne jamais se développer ; les gens qui deviennent fous à la suite d'un accident quelconque avaient aussi de telles prédispositions, et pourtant, si cet accident n'était pas survenu, ils n'auraient pas perdu la raison ; ce n'est donc pas une excuse valable. D'ailleurs, les personnes qui sont assez bien équilibrées pour être assurées de n'avoir rien à craindre en aucune circonstance ne sont peut-être pas très nombreuses ; nous dirions même volontiers que nul ne peut avoir une telle assurance, à moins d'être garanti contre certains dangers par une connaissance doctrinale qui rend impossible toute illusion et tout vertige mental ; et ce n'est pas chez les expérimentateurs qu'on rencontre d'ordinaire une telle connaissance. Nous avons parlé des savants que les expériences psychiques ont amenés à accepter plus ou moins complètement les théories spirites, ce qui, à nos yeux, est déjà chez eux l'indice d'un déséquilibre

---

1 *Les Lumières et les Ombres du Spiritualisme*, pp. 103-110.

partiel ; l'un d'eux, Lombroso, déclara à des amis après une séance d'Eusapia Paladino : « Maintenant il faut que je m'en aille d'ici, parce que je sens que je deviendrais fou ; j'ai besoin de me reposer l'esprit » [1]. Le Dr Lapponi, citant cette parole significative, fait remarquer avec raison que « des phénomènes prodigieux, lorsqu'ils sont observés par des esprits non préparés à certaines surprises, peuvent avoir pour résultat un dérangement du système nerveux, même chez des sujets suffisamment sains » [2]. Le même auteur écrit encore ceci : « Le spiritisme présente pour la société et pour l'individu tous les dangers, comme aussi toutes les conséquences funestes de l'hypnotisme ; il en présente mille autres plus déplorables encore... Chez les individus qui remplissent le rôle de médium, et chez ceux qui assistent à leurs opérations, le spiritisme produit ou bien l'obnubilation ou bien l'exaltation morbide des facultés mentales ; il provoque les névroses les plus graves, les plus graves névropathies organiques. C'est chose notoire que la plupart des médiums fameux, et bon nombre de ceux qui ont assidûment suivi les pratiques spirites, sont morts fous ou atteints de troubles nerveux profonds. Mais outre ces dangers et ces maux, qui sont communs à l'hypnotisme et au spiritisme, celui-ci en présente d'autres infiniment plus fâcheux... Et que l'on ne prétende point que le spiritisme puisse du moins présenter, en échange, quelques avantages, tels que celui d'aider à la reconnaissance et à la guérison de certaines maladies. La vérité est que, si parfois les indications ainsi obtenues se sont trouvées exactes et efficaces, presque toujours, au contraire, elles n'ont fait qu'aggraver l'état des malades. Les spirites nous disent bien que cela est dû à l'intervention d'esprits bouffons ou trompeurs ; mais comment pourrions-nous être prémunis contre l'intervention et l'action de ces esprits malfaisants ? Jamais donc le spiritisme, dans la pratique, ne saurait être justifié, sous quelque prétexte que ce fût » [3]. D'autre part, un ancien membre de la « Société des recherches psychiques » de Londres, M. J. Godfrey Raupert, après avoir expérimenté pendant de longues années, a déclaré que « l'impression qu'il a rapportée de ces études est celle

---

1 *Osservatore Cattolico*, 23-24 septembre 1892.
2 *L'Hypnotisme et le Spiritisme*, p. 209.
3 *Ibid.*, pp. 270-272. — Cet auteur a le tort de croire que le spiritisme est identique à la magie (*ibid.*, pp. 256-257) ; nous avons indiqué combien il en est différent en réalité.

du dégoût, et l'expérience lui a montré son devoir, qui est de mettre en garde les spirites, particulièrement ceux qui demandent aux êtres de l'autre monde des consolations, des conseils, ou même des renseignements. Ces expériences, dit-il, aboutissent à envoyer des centaines de gens dans les sanatoria ou les asiles d'aliénés. Et cependant, malgré le terrible danger pour la nation, on ne fait rien pour arrêter la propagande des spirites. Ceux-ci sont peut-être inspirés par des motifs élevés, par des idéals scientifiques, mais, en définitive, ils mettent les hommes et les femmes dans un état de passivité qui ouvre les portes mystiques de l'âme à des esprits mauvais ; dès lors, ces esprits vivent aux dépens de ces hommes, de ces femmes à l'âme faible, les poussent au vice, à la folie, à la mort morale » [1]. Au lieu de parler d' « esprits » comme le fait M. Raupert (qui ne semble d'ailleurs pas croire qu'il s'agisse de « désincarnés »), nous parlerions simplement d' « influences », sans en préciser l'origine, puisqu'il en est de fort diverses, et que, en tout cas, elles n'ont rien de « spirituel » ; mais cela ne change aucunement les terribles conséquences qu'il signale, et qui ne sont que trop réelles.

Nous avons cité ailleurs le témoignage de Mme Blavatsky et des autres chefs du théosophisme, qui dénoncent spécialement les dangers de la médiumnité [2] ; nous reproduirons cependant encore ici ce passage de Mme Blavatsky, que nous avions seulement résumé alors : « Les meilleurs, les plus puissants médiums, ont tous souffert dans leur corps et dans leur âme. Rappelez-vous la fin déplorable de Charles Foster, qui est mort de folie furieuse, dans un asile d'aliénés ; souvenez-vous de Slade, qui est épileptique, d'Eglinton, le premier médium d'Angleterre en ce moment, qui souffre du même mal. Voyez encore quelle a été la vie de Dunglas Home, un homme dont le cœur était rempli d'amertume, qui n'a jamais dit un mot en faveur de ceux qu'il croyait doués de pouvoirs psychiques, et qui a calomnié tous les autres médiums jusqu'à la fin. Ce Calvin du spiritisme a souffert, pendant des années, d'une terrible maladie de l'épine dorsale, qu'il avait prise dans ses rapports avec les « esprits », et il n'était plus qu'une ruine lorsqu'il mourut. Pensez ensuite au triste sort de ce pauvre Washington Irving Bishop. Je l'ai connu, à New-York, lorsqu'il n'avait que quatorze

---

1 *Daily Chronicle*, 15 novembre 1913.
2 *Le Théosophisme*, pp. 127-129.

ans ; il n'y a pas le moindre doute qu'il était médium. Il est vrai que le pauvre homme joua un tour à ses « esprits », qu'il baptisa du nom d' « action musculaire inconsciente », à la grande joie de toutes les corporations de savants et érudits, et au grand bénéfice de sa bourse qu'il remplit de cette façon. Mais... *de mortuis nil nisi bonum* ! Sa fin fut bien malheureuse. Il avait réussi à cacher soigneusement ses attaques d'épilepsie (le premier et le plus sûr symptôme de la véritable médiumnité), et qui sait s'il était mort ou s'il était en « trance », lorsqu'eut lieu l'autopsie de son corps ? Ses parents disent qu'il vivait encore, à en croire les dépêches télégraphiques de Reuter. Voici enfin les sœurs Fox, les plus anciens médiums, les fondatrices du spiritisme moderne ; après plus de quarante ans de rapports avec les « Anges », elles sont devenues, grâce à ces derniers, des folles incurables, qui déclarent à présent, dans leurs conférences publiques, que l'œuvre et la philosophie de leur vie entière n'ont été qu'un mensonge ! Je vous demande quel est le genre d'esprits qui leur inspirent une conduite pareilles... Si les meilleurs élèves d'une école de chant en arrivaient tous à perdre la voix, par suite d'exercices forcés, ne seriez-vous pas obligé d'en conclure qu'ils suivent une mauvaise méthode ? Il me semble que l'on peut en conclure autant des informations que nous obtenons au sujet du spiritisme, du moment que ses meilleurs médiums sont victimes d'un même sort » [1].

Mais il y a mieux encore : des spirites éminents avouent euxmêmes ces dangers, tout en cherchant à les atténuer, et en les expliquant naturellement à leur façon. Voici notamment ce que dit M. Léon Denis : « Les esprits inférieurs, incapables d'aspirations élevées, se complaisent dans notre atmosphère. Ils se mêlent à notre vie, et, uniquement préoccupés de ce qui captivait leur pensée durant l'existence corporelle, ils participent aux plaisirs ou aux travaux des hommes auxquels ils se sentent unis, par des analogies de caractère ou d'habitudes. Parfois même, ils dominent et subjuguent les personnes faibles qui ne savent résister à leur influence. Dans certains cas, leur empire devient tel, qu'ils peuvent pousser leurs victimes jusqu'au crime et à la folie. Ces cas d'obsession et de possession sont plus communs qu'on ne pense » [2]. Dans un autre

---

[1] *La Clef de la Théosophie*, pp. 272-274 de la traduction française.
[2] *Après la mort*, p. 239.

ouvrage du même auteur, nous lisons ceci : « Le médium est un être nerveux, sensible, impressionnable ; … l'action fluidique prolongée des esprits inférieurs peut lui être funeste, ruiner sa santé, en provoquant les phénomènes d'obsession et de possession… Ces cas sont nombreux ; quelques-uns vont jusqu'à la folie… Le médium Philippe Randone, dit la *Medianità*, de Rome [1], est en butte aux mauvais procédés d'un esprit, désigné sous le nom d'*uomo fui*, qui s'est efforcé, plusieurs fois, de l'étouffer la nuit, sous une pyramide de meubles qu'il s'amuse à transporter sur son lit. En pleine séance, il s'empare violemment de Randone et le jette à terre, au risque de le tuer. Jusqu'ici, on n'a pu débarrasser le médium de cet hôte dangereux. En revanche, la revue *Luz y Union*, de Barcelone (décembre 1902), rapporte qu'une malheureuse mère de famille, poussée au crime sur son mari et ses enfants par une influence occulte, en proie à des accès de fureur contre lesquels les moyens ordinaires étaient restés impuissants, fut guérie en deux mois par suite de l'évocation et de la conversion de l'esprit obsesseur, au moyen de la persuasion et de la prière » [2]. Cette interprétation de la guérison est plutôt amusante ; nous savons que les spirites aiment à tenir aux prétendus « esprits inférieurs » des discours « moralisateurs », mais c'est là véritablement « prêcher dans le désert », et nous ne croyons point que cela puisse avoir la moindre efficacité ; en fait, les obsessions cessent quelquefois d'elles-mêmes, mais il arrive que des impulsions criminelles comme celles dont il vient d'être question soient suivies d'effet. Parfois aussi, on prend pour une obsession véritable ce qui n'est qu'une autosuggestion ; dans ce cas, il est possible de la combattre par une suggestion contraire, et ce rôle peut être rempli par les exhortations adressées à l' « esprit », qui alors ne fait qu'un avec le « subconscient » de sa victime ; c'est probablement ce qui a dû se passer dans le dernier fait rapporté, à moins qu'il n'y ait eu simplement coïncidence, et non relation causale, entre le traitement et la guérison. Quoi qu'il en soit, il est incroyable que des gens qui reconnaissent la réalité et la gravité de ces dangers osent encore recommander les pratiques spirites, et il faut être vraiment inconscient pour prétendre que la « moralité » constitue une arme suffisante pour se préserver de tout accident de ce genre, ce qui est à peu près aussi sensé que de lui attribuer

---
1 Reproduit par le *Spiritualisme Moderne*, avril 1903.
2 *Dans l'Invisible*, pp. 382-384.

le pouvoir de protéger de la foudre ou d'assurer l'immunité contre les épidémies ; la vérité est que les spirites n'ont absolument aucun moyen de défense à leur disposition, et il ne saurait en être autrement, dès lors qu'ils ignorent tout de la nature des forces auxquelles ils ont affaire.

Il pourrait être, sinon très intéressant, du moins utile, de rassembler les cas de folie, d'obsession et d'accidents de toutes sortes qui ont été causés par les pratiques du spiritisme ; il ne serait sans doute pas bien difficile d'obtenir un bon nombre de témoignages sérieusement contrôlés, et, comme nous venons de le voir, les publications spirites elles-mêmes pourraient y fournir leur contingent ; un tel recueil produirait sur beaucoup de gens une impression salutaire. Mais ce n'est pas là ce que nous nous sommes proposé : si nous avons cité quelques faits, c'est uniquement à titre d'exemples, et l'on remarquera que nous les avons pris de préférence, pour la plupart, chez des auteurs spirites ou ayant tout au moins des affinités avec le spiritisme, auteurs qu'on ne saurait donc accuser de partialité ou d'exagération dans un sens défavorable. À ces citations, nous aurions sans doute pu en ajouter bien d'autres du même genre ; mais ce serait assez monotone, car tout cela se ressemble, et celles que nous avons données nous paraissent suffisantes. Pour résumer, nous dirons que les dangers du spiritisme sont de plusieurs ordres, et qu'on pourrait les classer en physiques, psychiques et intellectuels ; les dangers physiques, ce sont les accidents tels que celui que rapporte le Dr Gibier, et ce sont aussi, d'une façon plus fréquente et plus habituelle, les maladies provoquées ou développées chez les médiums surtout, et parfois chez certains assistants de leurs séances. Ces maladies, affectant principalement le système nerveux, sont le plus souvent accompagnées de troubles psychiques ; les femmes semblent y être plus particulièrement exposées, mais ce serait une erreur de croire que les hommes en soient exempts ; d'ailleurs, pour établir une proportion exacte, il faut tenir compte du fait que l'élément féminin est de beaucoup le plus nombreux dans la plupart des milieux spirites. Les dangers psychiques ne peuvent pas être entièrement séparés des dangers physiques, mais ils apparaissent comme bien plus constants et plus graves encore ; rappelons ici, une fois de plus, les obsessions de caractère varié, les idées fixes, les impulsions criminelles, les dissociations et altérations de la conscience ou de la mémoire, les manies, la folie à tous ses degrés ; si l'on voulait en dresser une liste complète, presque toutes les variétés connues des aliénistes y seraient représentées, sans compter plusieurs autres qu'ils ignorent, et qui sont les cas proprement dits d'obsession et de possession, c'est-à-dire ceux qui correspondent à ce qu'il y a de plus hideux dans les manifestations spirites. En somme, tout cela tend purement et simplement à la désagrégation de l'individualité humaine, et y atteint parfois ; les différentes formes de déséquilibre mental elles-mêmes ne sont là-dedans que des étapes ou des phases préliminaires, et, si déplorables qu'elles soient déjà, on ne peut jamais être sûr que les choses n'iront pas plus loin ; ceci, d'ailleurs, échappe en grande partie, sinon totalement, aux investigations des médecins et des psychologues. Enfin, les dangers intellectuels résultent de ce que les théories spirites constituent, sur tous les points auxquels elles se réfèrent, une erreur complète, et ils ne sont pas limités comme les autres aux seuls expérimentateurs ; nous avons signalé la diffusion de ces erreurs, par la propagande directe et indirecte, parmi des gens qui ne font point de spiritisme pratique, qui peuvent même se croire très éloignés du spiritisme ; ces dangers intellectuels sont donc ceux qui ont la portée la plus générale. Du reste, c'est sur ce côté de la question que nous avons le plus insisté dans tout le cours de notre étude ; ce que nous avons voulu montrer surtout et avant tout, c'est la fausseté de la doctrine spirite, et, à notre avis, c'est d'abord parce qu'elle est fausse qu'elle doit être combattue. En effet, il peut y avoir aussi des vérités qu'il serait dangereux de répandre, mais, si une telle chose venait à se produire, ce danger même ne pourrait nous empêcher de reconnaître que ce sont des vérités ; du reste, cela n'est guère à craindre, car les choses de ce genre sont de celles qui ne se prêtent guère à la vulgarisation. Il s'agit là, bien entendu, de vérités qui ont des conséquences pratiques, et non de l'ordre purement doctrinal, où l'on ne risque jamais, en somme, d'autres inconvénients que ceux qui résultent de l'incompréhension à laquelle on s'expose inévitablement dès lors qu'on exprime des idées qui dépassent le niveau de la mentalité commune, inconvénients dont on aurait tort de se préoccuper outre mesure. Mais, pour en revenir au spiritisme, nous dirons que ses dangers spéciaux, en s'ajoutant à son caractère d'erreur, rendent seulement plus pressante la nécessité de le combattre ; c'est là une considération secondaire et contingente en elle-même, mais ce n'en est pas moins une raison d'opportunité que, dans les circonstances actuelles, il n'est pas possible de tenir pour négligeable.

CONCLUSION

Certains seront peut-être tentés de nous reprocher d'avoir discuté trop sérieusement des théories qui sont peu sérieuses au fond ; à vrai dire, nous-même, il y a quelques années, nous étions un peu de cet avis, et nous eussions certainement hésité alors à entreprendre un travail de ce genre. Seulement, la situation a changé, elle s'est considérablement aggravée ; c'est là un fait qu'on ne peut se dissimuler, et qui nous a donné à réfléchir : si le spiritisme devient de jour en jour plus envahissant, s'il menace d'aboutir à un véritable empoisonnement de la mentalité publique, il faut bien se résoudre à le prendre en considération et à le combattre par d'autres moyens que s'il n'était qu'une aberration de quelques individualités isolées et sans influence. Assurément, c'est une sottise ; mais ce qui est terrible, c'est que cette sottise en est arrivée à exercer une action extraordinairement étendue, ce qui prouve qu'elle répond à des tendances assez générales, et c'est pourquoi nous disions tout à l'heure qu'on ne peut négliger la question d'opportunité : comme il n'est pas possible de s'attaquer à toutes les erreurs sans exception, car elles sont innombrables, il vaut mieux laisser de côté celles qui sont relativement inoffensives et qui n'ont aucune chance de succès ; mais le spiritisme, malheureusement, n'est pas de celles-là. Il n'est que trop facile, certes, de se moquer des « tourneurs de tables » et des « montreurs d'esprits », de faire rire les gens sensés à leurs dépens en étalant toutes leurs extravagances (et nous en avons signalé quelques-unes à l'occasion), de dénoncer les supercheries des faux médiums, de décrire les personnages grotesques qu'on rencontre dans les milieux spirites ; mais tout cela n'est pas suffisant, il faut d'autres armes que le ridicule, et d'ailleurs il s'agit là d'une chose qui est trop malfaisante pour être franchement comique, bien qu'elle le soit certainement par plus d'un côté.

On dira sans doute encore que les arguments que nous avons exposés sont trop difficiles à saisir, qu'ils ont le défaut de n'être pas à la portée de tout le monde ; cela peut être vrai dans une certaine mesure, et pourtant nous nous sommes efforcé d'être toujours aussi clair que possible ; mais nous ne sommes pas de ceux qui pensent qu'il est bon de dissimuler certaines difficultés, ou de simplifier les choses au détriment de la vérité. Nous croyons, d'ailleurs, qu'il ne faut rien exagérer, qu'on aurait tort de se laisser rebuter par l'apparence un peu aride de certaines démonstrations, et que chacun peut en comprendre assez pour se convaincre de la fausseté du spiritisme ; au fond, tout cela est plus simple qu'il ne peut sembler au premier abord à ceux qui n'en ont pas l'habitude. Du reste, sur n'importe quelle question, on ne peut exiger que tout soit également compréhensible pour tout le monde sans exception, puisqu'il y a nécessairement des différences intellectuelles entre les hommes ; ceux qui ne comprennent que partiellement sont donc bien forcés de s'en rapporter, pour le surplus, à la compétence de ceux qui comprennent davantage. Ce n'est point là un appel à l' « autorité », puisqu'il s'agit seulement de suppléer à une insuffisance naturelle, et que nous souhaitons que chacun s'efforce d'aller par lui-même aussi loin qu'il lui est possible ; ce n'est que la constatation d'une inégalité contre laquelle personne ne peut rien, et qui ne se manifeste pas uniquement en ce qui concerne le domaine métaphysique.

En tout cas, nous tenons à redire encore, en terminant, que ce n'est qu'en se plaçant au point de vue purement métaphysique qu'on peut établir absolument la fausseté du spiritisme ; il n'y a aucun autre moyen de démontrer que ses théories sont absurdes, c'est-à-dire qu'elles ne représentent que des impossibilités. Tout le reste n'est qu'approximations, que raisons plus ou moins plausibles, mais qui ne sont jamais rigoureuses ni pleinement suffisantes, et qui peuvent toujours prêter à discussion ; au contraire, dans l'ordre métaphysique, la compréhension entraîne nécessairement, d'une façon immédiate, l'assentiment et la certitude. Quand nous parlons d'approximations, nous ne pensons pas aux prétendus arguments sentimentaux, qui ne sont rien du tout, et nous ne pouvons comprendre que certains adversaires du spiritisme s'obstinent à développer de telles pauvretés ; ceux-là, en agissant ainsi, risquent de prouver surtout que l'intellectualité véritable leur fait à peu près aussi complètement défaut qu'à ceux qu'ils veulent combattre. Nous voulons parler des arguments scientifiques et philosophiques ; s'il en est qui ont quelque valeur, elle n'est encore que bien relative, et rien de tout cela ne peut tenir lieu d'une réfutation définitive ; il faut prendre les choses de plus haut. Nous pouvons donc prétendre, sans craindre aucun démenti, que nous avons fait, non seulement autre chose, mais beaucoup plus que tout ce qui avait été fait jusqu'ici dans le même sens ; et nous sommes d'autant plus à l'aise pour le dire que le mérite, en somme, n'en revient point à nous personnellement, mais à la doctrine dont nous nous inspirons, doctrine au regard de laquelle les individualités ne comptent pas ; ce qui ne doit être attribué qu'à nous, par contre, ce sont les imperfections de notre exposé, car il y en a sûrement, malgré tout le soin que nous y avons apporté.

D'autre part, la réfutation du spiritisme, en dehors de l'intérêt qu'elle présente par elle-même, nous a permis, comme nous l'avions annoncé au début, d'exprimer certaines vérités importantes ; les vérités métaphysiques surtout, alors même qu'elles sont formulées à propos d'une erreur, ou pour répondre à des objections, n'en ont pas moins une portée éminemment positive. Certes, nous préférerions de beaucoup, pour notre part, n'avoir qu'à exposer la vérité purement et simplement, sans nous préoccuper de l'erreur, et sans même nous embarrasser de toutes les complications accessoires que suscite la seule incompréhension, mais, à cet égard encore, il faut bien tenir compte de l'opportunité. D'ailleurs, cela peut, quant aux résultats, avoir quelques avantages ; en effet, le fait même que la vérité est présentée à l'occasion de telle ou telle chose contingente peut appeler sur elle l'attention de personnes qui ne sont point incapables de la comprendre, mais qui, n'ayant pas fait d'études spéciales, s'imaginaient peut-être à tort qu'elle n'était pas à leur portée, et n'auraient pas eu l'idée d'aller la chercher dans des traités d'un aspect trop didactique. Nous n'insisterons jamais assez sur ce point, que la métaphysique vraie n'est pas affaire de « spécialistes », que la compréhension proprement intellectuelle n'a rien de commun avec un savoir purement « livresque », qu'elle diffère totalement de l'érudition, et même de la science ordinaire. Ce que nous avons appelé ailleurs l'« élite intellectuelle » [1] ne nous apparaît point comme devant être composé de savants et de phi-

---

1 Voir la conclusion de notre *Introduction générale à l'étude des doctrines hindoues*.

losophes, et nous pensons même que bien peu de ceux-ci auraient les qualifications requises pour en faire partie ; il faut, pour cela, être beaucoup plus dépourvu de préjugés qu'ils ne le sont d'ordinaire, et il y a souvent plus de ressources avec un ignorant, qui peut s'instruire et se développer, qu'avec celui à qui certaines habitudes mentales ont imprimé une déformation irrémédiable.

 En outre des vérités d'ordre métaphysique qui ont servi de principe à notre réfutation, nous en avons aussi indiqué quelques autres, notamment à propos de l'explication des phénomènes ; celles-là ne sont que secondaires à nos yeux, mais elles ont pourtant quelque intérêt. Nous espérons qu'on ne s'arrêtera pas à l'apparente étrangeté de certaines de ces considérations, qui ne doivent heurter que ceux qui sont animés du plus déplorable esprit de système, et ce n'est pas à ceux-là que nous nous adressons, car ce serait peine perdue ; du reste, nous craindrions plutôt qu'on n'attache à ces choses une importance exagérée, soit à cause même de leur caractère inaccoutumé, soit surtout parce qu'elles se rapportent à l'ordre phénoménal ; en tout cas, nous n'aurons pas à nous reprocher d'avoir négligé à cet égard les précautions et les avertissements, et nous avons la conviction de n'avoir rien dit de plus que ce qu'il fallait strictement pour dissiper les confusions et les malentendus et couper court aux fausses interprétations. En dehors même des réserves qui s'imposent sur certains points, nous n'avons pas eu la prétention de traiter complètement tous les sujets que nous avons été amené à aborder ; il est des questions que nous pourrons avoir l'occasion de reprendre plus tard ; il en est aussi sur lesquelles nos indications, comme nous le disions en commençant, ouvriront peut-être à d'autres des voies de recherches qu'ils ne soupçonnaient pas. La seule chose que nous ne puissions encourager, c'est l'expérimentation, dont les résultats ne valent jamais assez pour compenser certains inconvénients, certains dangers même en bien des cas ; cependant, s'il est des gens qui veulent à toute force expérimenter, il est encore préférable, assurément, qu'ils le fassent sur des bases sérieuses, plutôt que de partir de données absurdes ou tout au moins erronées ; mais, encore une fois, nous sommes persuadé qu'il n'y a rien, dans ce que nous avons exposé, dont on puisse tirer parti pour se lancer dans des aventures plus ou moins fâcheuses, et nous croyons au contraire que ce serait plutôt de nature à en détourner les imprudents, en leur faisant entrevoir tout ce qui leur manque pour réussir en de telles entreprises.

Nous n'ajouterons plus qu'une dernière réflexion : l'histoire du spiritisme, à nos yeux, ne constitue qu'un épisode de la formidable déviation mentale qui caractérise l'Occident moderne ; il conviendrait donc, pour la comprendre entièrement, de la replacer dans cet ensemble dont elle fait partie ; mais il est évident qu'il faudrait pour cela remonter beaucoup plus loin, afin de saisir les origines et les causes de cette déviation, puis d'en suivre le cours avec ses péripéties multiples. C'est là un travail immense, qui n'a jamais été fait en aucune de ses parties ; l'histoire, telle qu'elle est enseignée officiellement, s'en tient aux événements extérieurs, qui ne sont que des effets de quelque chose de plus profond, et qu'elle expose d'ailleurs d'une façon tendancieuse, où se retrouve nettement l'influence de tous les préjugés modernes. Il y a même plus que cela : il y a un véritable accaparement des études historiques au profit de certains intérêts de parti, à la fois politiques et religieux ; nous voudrions que quelqu'un de particulièrement compétent ait le courage de dénoncer notamment, avec preuves à l'appui, les manœuvres par lesquelles les historiens protestants ont réussi à s'assurer un monopole de fait, et sont parvenus à imposer, comme une sorte de suggestion, leur manière de voir et leurs conclusions jusque dans les milieux catholiques eux-mêmes ; ce serait une besogne fort instructive, et qui rendrait des services considérables. Cette falsification de l'histoire semble bien avoir été accomplie suivant un plan déterminé ; mais, s'il en est ainsi, comme elle a essentiellement pour but de faire passer pour un « progrès », devant l'opinion publique, la déviation dont nous avons parlé, tout paraît indiquer que celle-ci doit être elle-même comme l'œuvre d'une volonté directrice. Nous ne voulons pas, pour le moment du moins, être plus affirmatif là-dessus ; il ne pourrait s'agir, en tout cas, que d'une volonté collective, car il y a là quelque chose qui dépasse manifestement le champ d'action des individus considérés chacun à part ; et encore cette façon de parler d'une volonté collective n'est peut-être qu'une représentation plus ou moins défectueuse. Quoi qu'il en soit, si l'on ne croit pas au hasard, on est bien forcé d'admettre l'existence de quelque chose qui soit l'équivalent d'un plan établi d'une manière quelconque, mais qui n'a d'ailleurs pas besoin, évidemment, d'avoir

CONCLUSION

jamais été formulé dans aucun document : la crainte de certaines découvertes de cet ordre ne serait-elle pas une des raisons qui ont fait de la superstition du document écrit la base exclusive de la « méthode historique » ? Partant de là, tout l'essentiel échappe nécessairement aux investigations, et, à ceux qui veulent aller plus loin, on a vite fait d'objecter que ce n'est plus « scientifique », ce qui dispense de toute autre discussion ; il n'y a rien de tel que l'abus de l'érudition pour borner étroitement l' « horizon intellectuel » d'un homme et l'empêcher de voir clair en certaines choses ; cela ne permet-il pas de comprendre pourquoi les méthodes qui font de l'érudition une fin en elle-même sont rigoureusement imposées par les autorités universitaires ? Mais revenons à la question que nous envisagions : un plan étant admis, sous n'importe quelle forme, il faudrait voir comment chaque élément peut concourir à sa réalisation, et comment telles ou telles individualités ont pu, à cet effet, servir d'instruments conscients ou inconscients ; qu'on se souvienne ici que nous avons déclaré, à propos des origines du spiritisme, qu'il nous est impossible de croire à la production spontanée de mouvements de quelque importance. En réalité, les choses sont encore plus complexes que nous ne venons de l'indiquer : au lieu d'une volonté unique, il faudrait envisager plusieurs volontés diverses, ainsi que leurs résultantes ; il y aurait même là toute une « dynamique » spéciale dont les lois seraient bien curieuses à établir. Ce que nous en disons n'est que pour montrer combien la vérité est loin d'être généralement connue ou même simplement soupçonnée, en ce domaine comme en beaucoup d'autres ; en somme, presque toute l'histoire serait à refaire sur des bases entièrement différentes, mais, malheureusement, trop d'intérêts sont en jeu pour que ceux qui voudront le tenter n'aient pas à vaincre de redoutables résistances. Cela ne saurait être notre tâche, car ce domaine n'est pas proprement le nôtre ; nous ne pouvons, en ce qui nous concerne, donner à cet égard que des indications et des aperçus, et d'ailleurs une telle œuvre ne pourra guère être que collective. En tout cas, il y a là tout un ordre de recherches qui, à notre avis, est autrement intéressant et profitable que l'expérimentation psychique ; cela demande évidemment des aptitudes que tout le monde n'a pas, mais pourtant nous voulons croire qu'il en est au moins quelques-uns qui les possèdent, et qui pourraient avantageusement tourner leur activité de ce côté. Le jour où un résultat appréciable serait obtenu en ce sens, bien des suggestions seraient par là même rendues désormais impossibles ; peut-être est-ce là un des moyens qui pourront contribuer à ramener, dans un temps plus ou moins éloigné, la mentalité occidentale aux voies normales dont elle s'est si fort écartée depuis plusieurs siècles.

ISBN : 978-2-37976-186-7